Phönix-Journal Nr. 47

Anleitung zur Flugvorbereitung für den Phönix

BAND I

von Jesus Sananda, Lord Michael, St. Germain
„Druthea"

Titel des Originals:
PRE-FLIGHT INSTRUCTIONS
FOR THE PHOENIX
VOLUME I
Dieses Buch basiert auf der
ersten englischen Ausgabe, gedruckt von
AMERICA WEST PUBLISHERS
P.O. Box 2208
Carson City, Nevada, 8902 USA
April 1992

1. deutsche Ausgabe 2022
Layout, Umschlaggestaltung, Titelbild: José Buchwald
Satz: Arina Zwetkowa
Lektorat: Svetlana Zemli

Verlag und Druck:
tredition GmbH, Halenreie 40-44, 22359 Hamburg, Deutschland

ISBN Paperback: 978-3-347-62607-2
ISBN Hardcover: 978-3-347-62608-9
ISBN eBook: 978-3-347-62609-6

Die Deutsche Nationalbibliothek verzeichnet diese Publikation
in der Deutschen Nationalbibliografie;
detaillierte bibliografische Daten sind im Internet
unter http://dnb.d-nb.de abrufbar.

PHÖNIX-JOURNAL

Phönix-Journal Nr. 47

Anleitung zur Flugvorbereitung für den Phönix

Band I

von Jesus Sananda,
Lord Michael, St. Germain

„Druthea"

Aus dem Amerikanischen übersetzt von
Lydia Alberts
2022

Herausgegeben von
CM Publishing

Veröffentlicht auf Wunsch von
CHRIST MICHAEL ATON VON NEBADON

tredition®

ERKLÄRUNG ZUM COPYRIGHT UND HAFTUNGSAUSSCHLUSS

Die Phönix-Journale sind gedacht als „Echt-Zeit"-Kommentare zu gegenwärtigen Ereignissen, so wie derzeitige Ereignisse in Verbindung stehen zur Vergangenheit und der Beziehung beider zur materiellen und spirituellen Entwicklung der Menschheit.

Geschichte, wie wir sie kennen, wurde von selbstsüchtigen Menschen revidiert, umgeschrieben, verdreht und verändert, um Kontrolle über die Menschheit sowohl zu bekommen als auch zu erhalten. Wenn man versteht, daß alles aus „Energie" besteht, daß sogar physische Materie „verschmolzene" [A.d.Ü.: im Sinne von „verdichtete"] Energie ist und daß alle Energie aus dem Gedanken GOTTES entsteht, kann man die Vorstellung akzeptieren, daß die erfolgreiche Ausrichtung von Millionen Gedanken auf ein zu erwartendes Ereignis es auch geschehen läßt.

Wenn man die vielen Prophezeiungen von Tausenden von Jahren ansieht, sind wir jetzt in der „Endzeit" (speziell nach dem Jahr 2000, das zweite Millennium usw.). Das würde bedeuten, daß wir uns jetzt in der Zeitspanne der „Auslese" befinden, nur ein paar Jahre von der Ziellinie entfernt. GOTT sprach, daß in der Endzeit das WORT ergeht – in alle vier Himmelsrichtungen – so daß sich jede/r für den Weg entscheiden kann, den er/sie gehen möchte – entweder mit der Hinwendung zum Göttlichen oder der Abkehr – beruhend auf der WAHRHEIT.

So sendet GOTT Seine Heerscharen – Seine Botschafter – um diese WAHRHEIT zu verkünden. Die Phönix-Journale sind die Art und Weise, wie Er gewählt hat, sie uns zu präsentieren. So sind diese Journale die Wahrheit, die nicht mit einem Urheberrecht belegt werden können. Sie bestehen aus gesammelten Informationen, die auf der

Erde bereits verfügbar sind, von Anderen recherchiert und zusammengestellt (einige zweifelsohne nur für diesen Zweck), und sollten nicht urheberrechtlich geschützt werden (außer *SIPAPU ODYSSEY*, was eine „Dichtung" ist).

Die ersten ungefähr sechzig Journale wurden von America West Publishing verlegt. Der Verlag entschied, daß aufgrund der ISBN-Nummer (notwendig für den Bücherverkauf) ein Urheberrecht angegeben werden müsse. Commander Hatonn, der ursprüngliche Autor und derjenige, der alles zusammenstellte, hat darauf bestanden, daß keine Urheberrechte bestehen und nach unserer Kenntnis wurden auch keine vergeben.

Wenn die Wahrheit alle Welt erreichen soll, muß sie frei weitergegeben werden können. Wir hoffen, daß jeder Leser das auch tun wird. Selbstverständlich sollte der Kontext erhalten bleiben.

DISCLAIMER

ÜBER DIE PHÖNIX-JOURNALE

Die Phönix-Journale sind Ende der Achtziger bis etwa Ende der Neunziger Jahre des letzten Jahrhunderts in Kalifornien, USA, entstanden und wurden bereits damals schon teilweise in Buchform herausgegeben.

Die Autoren sind Wesenheiten aus der sogenannten *Bruderschaft des Lichts* der Kosmischen Ebenen. Allen voran *Gyeorgos Ceres Hatonn*, Oberster Befehlshaber für das Projekt Erdübergang, Esu Jesus Jmmanuel Sananda, der bereits vor 2000 Jahren als Botschafter der Geistigen Ebenen auf diesem Planeten – allgemein als *Jesus Christus* bekannt – inkarniert war, und diverse Meister der Farbstrahlen, wie z. B. der wohl bekannteste Meister des Violetten Strahls, *Saint Germain*, der auch mehrere Male im körperlichen Gewand die Geschicke der Welt gelenkt hat.

Hatonn stellt sich mit diesen Worten selbst vor:

„Ich bin Gyeorgos Ceres Hatonn, Oberster Befehlshaber Projekt Erdübergang, Sektor Flugkommando der Plejaden, Intergalaktische Flottenföderation unter dem Kommando von Ashtar; Repräsentant der Erde für den Kosmischen Rat und Intergalaktischen Rat der Föderation zum Übergang der Erde. Ihr könnt mich ,Hatonn' nennen."

Eine kurze Zusammenfassung, was die Phönix-Journale sind, hat Kommandant Hatonn selbst gegeben:

„Diese Journale sind die Worte der Wahrheit, die Gottes Versprechen für die Veröffentlichung in der Endzeit darstellen, um der Menschheit eine letzte Chance zu geben, sich für die Wahrheit anstatt für die Lüge zu entscheiden."

Gyeorgos Ceres Hatonn outete sich später als niemand Geringeres als unser Schöpfersohn *Christ Michael Aton* und ist somit die höchste Autorität unter den Autoren.

Das Diktat wurde in englischer Sprache über radioähnliche Kurzwellen direkt an Doris Ekker alias „Dharma" übermittelt, die etwa 20 Jahre lang im Dienste der Himmlischen Heerscharen in etwa dreiwöchigem Rhythmus jeweils ein Journal fertiggestellt hat. Ihr Beitrag für die Entwicklung der Menschheit kann nicht hoch genug geschätzt werden und sie war der einzige Kanal, durch den Gyeorgos Ceres Hatonn übermittelt hat. Nicht nur, daß sie tagtäglich im Dienst der Geistigen Ebene stand, ganz irdisch hatte sie auch zu kämpfen mit Anfeindungen, Verleumdungen, Übergriffen und sie mußte von der Geistigen Welt nach körperlichen Angriffen drei Mal wiederbelebt werden. Außerdem wurde oftmals der Buchdruck seitens weltlicher Verhinderer boykottiert oder die Zusammenarbeit der Phönix-Mitarbeiter in den damals arrangierten Radiosendungen diffamiert. Hier muß man fairerweise sagen, daß sich in dieser Beziehung bis heute rein gar nichts verändert hat.

Die Phönix-Journale sind ein Zeitzeugnis einerseits und – verbunden mit den dazu passenden geschichtlichen Hintergründen andererseits – ein geschichtliches Werk in mehreren Bänden, das den Menschen als geistiges Wesen betrachtet und somit in seinen Aussagen auch alle Bereiche berührt, mit denen ein Mensch während seines irdischen Seins in Berührung kommt – Geschichte, Wissenschaft, Gesundheit, Politik, Gesellschaft und nicht zuletzt Spiritualität und Religion, also die Verbindung zu Gott, unserem Schöpfer. Die Ebenen sind untrennbar miteinander verbunden und erst das „Be-Leben" und „Er-Leben" aller Ebenen macht den Menschen in seiner Gesamtheit aus.

Sie befassen sich mit dem, was sich seit Anfang unserer Zivilisation hinter den Kulissen abspielte, niemals an die Öffentlichkeit drang, oder einfach durch „Brände" – wie die Bibliothek von Alexandria – der sinnlosen Zerstörung „zum Opfer fiel". Oder auch durch Sintfluten, die die lemurischen und atlantischen Zivilisationen verschlangen.

Aus geistiger Ebene gesehen, tragen solche Katastrophen eine Aufforderung an die Zivilisationen in sich, die da heißen: Denken und

Handeln überdenken, zu geistiger Einsicht gelangen und sein Tun darauf abstimmen. Die Lebensregeln dazu liefern die Phönix-Journale auch in Form der Gebote der Schöpfung und Gottes.

Das erwartete Goldene Zeitalter wird die Zeit sein, in der sich die Menschen diesen Geboten wieder zuwenden und nach bestem Wissen und Gewissen danach leben, um auch die Schöpfung auf unserem wunderbaren Blauen Planeten wieder neu zu beleben.

Im Zuge der spürbaren Veränderungen auf unserer Erde ist es an der Zeit, daß die Menschheit ihre Chancen für eine bessere Welt wahrnimmt, die Verantwortung für ihr Handeln übernimmt, die Zügel in die Hand nimmt und nicht mehr abgibt an Regierende, sondern sich bewußt wird, daß der einzige Sinn und Zweck eines menschlichen Lebens in der seelisch-geistigen Entwicklung, im Wachstum, im Reifeprozeß und auf allerhöchster Ebene in der Heimkehr zum Schöpfer in geläuterter, geistiger Form besteht.

Uns dies bewußt zu machen, wurden die Phönix-Journale als DAS WORT wieder auf die Erde gebracht, das uns Gott als Führung und Leitfaden durch die „Endzeiten" versprochen hat. Wie Gyeorgos Ceres Hatonn sagt: Wer hören will, der höre, wer sehen will, der sehe. Unerläßlich für diese Entwicklung ist Wissen und Weisheit, die uns die Phönix-Journale bringen. Die stoffliche Welt ist der Spielplatz, auf dem die Seele Mensch verfeinert und geschliffen werden soll, dazu gehört die in der Bibel genannte „Arbeit" – an sich selbst! Damit jeder Mensch in seiner Einzigartigkeit wie Phönix aus der Asche zum Schöpfer aufsteigen kann.

Sananda in Phönix Journal Nr. 12, Kapitel 10:

„Es mag nicht das sein, was Manche zu hören ‚wünschen', aber es wird die Wahrheit sein und die Herzen der Menschen sollen es wissen! So sei es und Selah!"

INHALTSVERZEICHNIS

VORWORT DES ÜBERSETZERS

Liebe Leser,

ein neues, ins Deutsche übersetztes Phönix-Journal erblickt das Licht der Welt: die Nr. 47 mit dem Titel „Anleitung zur Flugvorbereitung für den Phönix". Dieses Buch ist ein psychologischer Thriller. Und damit muß ich all diejenigen enttäuschen, die unter dem Wort „Phönix" nur das Kommandoschiff unseres Schöpfers Christ Michael verstehen. Sie mögen sich fragen, ob im englischen Originaltitel dieses Buches „Pre-Flight Instructions for the Phoenix" nicht „die Phönix", also Christ Michaels Schiff, gemeint ist. Ich bin durchaus der Ansicht, daß die Bezeichnung für dieses Buch doppeldeutig ist und meine, zuerst müssen wir in uns selbst durch Veränderungen in unserer Gedankenstruktur und der Umsetzung im Leben „wie ein Phönix aus der Asche" aufsteigen, bevor wir in „die Phönix" auf- oder umsteigen können. Deshalb ist es sicher kontraproduktiv, auf den „Aufstieg" in diesem oder in dieses Schiff zu „warten". Es wurde ja nun schon in genug anderen Journalen erschöpfend behandelt, daß das Warten auf die „Wolke" ein Trugschluß ist. Hier haben wir aber jetzt das Handbuch, wie es wirklich funktioniert, durch die Übernahme eigener Verantwortung für all unser Denken, Tun und Handeln. Und das ist mit richtig viel Arbeit an uns selbst verbunden.

Wie in unserer „Bibel" steht – wie immer, verwende ich Luther 1912 für die Zitate, Psalm 90, Verse 9 und 10:

„… *Darum fahren alle unsere Tage dahin durch deinen Zorn; wir bringen unsre Jahre zu wie ein Geschwätz. Unser Leben währet siebzig Jahre, und wenn's hoch kommt, so sind's achtzig Jahre, und wenn's köstlich gewesen ist, so ist es Mühe und Arbeit gewesen; denn es fährt schnell dahin, als flögen wir davon."*

… Darum fahren alle unsere Tage dahin durch deinen Zorn …
Esu drückt das in diesem Journal in Kapitel 26 so aus: „Ihr könnt DIE

WAHRHEIT bis in alle Ewigkeit negieren, aber solange Ihr keine Verantwortung für Euch selbst und Eure Entscheidungen übernehmt und GOTT nicht mit einbezieht, werdet Ihr Euch mit den Konsequenzen Eurer in Unwissenheit über die GÖTTLICHEN GESETZE getroffenen Entscheidungen auseinanderzusetzen haben." Was ist dieser Satz anderes als eine Aussage zu „Gottes Zorn"?

Und damit haben wir einmal mehr Hinweise für die aktuelle Situation auf unserer gesamten Welt, in allen Regierungen, Organisationen und ganz besonders bei uns einzelnen Menschen, die diese Unruhe, Unsicherheit und den Wandel spüren, aber oft nicht wissen, worauf alles zurückzuführen ist: auf jeden Einzelnen von uns. Wenn man in die Runde blickt, erkennt man eine Verantwortungslosigkeit sondergleichen gegenüber allem und jedem. Seien es verwaltungstechnische oder organisatorische Dinge oder zwischenmenschliche Beziehungen: Schuld ist immer der Andere. Und Viele vollbringen hier direkt Höchstleistungen: ist es doch zum Volkssport geworden, alles so zu verdrehen, daß der schwarze Peter immer bei „den Anderen" landet. Das hört jetzt dann mit Sicherheit auf.

Es geht um „Teilen und Herrschen" der Elite wie in den vergangenen Jahrtausenden in immer derselben Schleife, aber alles hat einmal ein Ende. Auch wenn man uns derzeit im letzten Aufbäumen des verwundeten Tieres mit aller Gewalt und jeder Rechtsverdrehung Toleranz in unsere Gehirne prügelt, um uns dazu zu bringen, alles positiv zu sehen und der elitären Gleichmacherei zuzustimmen.

Nun wird es Einige sicherlich verwundern, daß in diesem Phönix-Journal von „teilendem Denken des Schöpfers" die Rede ist. Was stimmt hier also nicht?

Nach meinem Dafürhalten ist besonders zu den Kapiteln, in denen Esu vom „geteilten" Denken des Schöpfers spricht, ein wenig Erklärung notwendig. Denn das Wort „teilen" ist für uns „moderne" Menschen durch das Treiben der Elite sehr negativ besetzt, weil man uns die Toleranz und Gleichmacherei als Nonplusultra aufs Auge zu drükken versucht, koste es, was es wolle. Sowohl Esu als auch Hatonn sagen oft, daß jeder Einzelne sich nach seinen Möglichkeiten innerhalb unserer menschlichen Gemeinschaft entfalten darf und soll und daß eine Dynamik, eine Bewegung entstehen muß, um etwas Neues oder eine Entwicklung anzustoßen und zu erfahren. Diese Dynamik oder Bewegung kann nur entstehen zwischen einem Plus- und einem Minuspol, zwischen Mann und Frau, also zwischen gegenpoligen Parteien. Yin und Yang aus dem asiatischen Raum ist vielleicht für Viele auch geläufig. Da aus Gleichmachereien und gleichgeschlechtlichen sexuellen Interaktionen nichts entstehen KANN, ist ein solches Verhalten auch nicht schöpfungskonform. ABER es unterstützt die Agenda der Elite, denn es dient der Ausrottung der Menschheit und wird deshalb heute mit aller Gewalt forciert, gefördert, und, wenn nichts anderes hilft, erzwungen. Jeder möge sich dazu im Netz die für ihn notwendigen Informationen suchen.

Ein „trennender Gedanke" des Schöpfers ist also in diesem obigen Sinne nichts „Trennendes", sondern die Voraussetzung für die erneute Zusammenführung auf anderer Ebene. Das ist Entwicklung, Bewegung, Dynamik, schlußendlich Göttliche Liebe in Aktion. Die Voraussetzung für den Schöpfungsakt. Die Voraussetzung für etwas Neues, um zum Schluß in die Ruhe der Einheit des Schöpfers zu finden. In die Liebe und die Vollkommenheit. Es ist das „solve et coagula", das „löse und verbinde" der Alchemisten. Wikipedia liefert hierzu eine sehr eingängige Erklärung:

„solve et coagula (Latein) – Bedeutungen: [1] löse und verbinde: eine alchemistische Schlüsselformel für die Prozesse des Analysierens, Trennens oder Auflösens einer Eigenschaft und das anschließende Zusammenfügen zu einem besseren Ergebnis." Das ist für meine Begriffe auch eine schöne Erklärung für das innere Wachstum – anschauen, was man gemacht hat und beim nächsten Durchgang anhand der gemachten Erfahrungen eine bessere Lösung finden. Das Schicksal testet nach, wie wir alle wissen, und Gottseidank bekommen wir immer wieder diese Chance, möchte ich fast dankbar sagen. Sonst würden wir irgendwann Alle am Ende einer Sackgasse ver-zwei-feln.

Wie Esu in Kapitel 26 sagt: „Gott ist LIEBE. Das aus Seinem Denken stammende Licht, aufgeteilt in die Geschlechter Vater und Mutter, kommt aus Seinem Wissen. Aus Seinem Wissen erwächst Sein Einziger Wunsch, Liebe in Bewegung zu setzen, aus welcher sein teilendes Denken ENTSPRINGT. Und dann natürlich die Rückkehr in die Ruhe und das Nichts des Bewußtseins Gottes. Das bedeutet einfach, daß keine Illusion der Trennung mehr erfahren werden kann. Nur das Göttliche Wissen und die Göttliche Liebe."

Das Einzige, was uns vom inneren Weiter- und Fortschreiten abhält, ist ANGST. Das wird von Esu in diesem Journal anhand der bei uns gängigen Praxis sehr schön herausgearbeitet: er schreibt sehr viele Gedanken zu VerSICHERungen nieder, die uns aber keinesfalls SICHERheit bieten. Jedermann weiß heutzutage, daß bei den meisten Schäden, die der Versicherungsnehmer anmeldet, die VerSICHERungen eine Möglichkeit finden, ihre eigenen SICHERheiten zu schützen, statt für die SICHERheit der Geschädigten aufzukommen. Wozu also dann VerSICHERungen? Und er hat noch viele Beispiele mehr aus dem täglichen Wahnsinn auf unserem Planeten parat, rundum: dieses Buch ist ein echtes Handbuch fürs Leben und sollte als Nachschlagewerk für alle Suchenden dienen! Denkt daran, was Commander Hatonn so kurz und bündig gesagt hat: „WISSEN VERRINGERT ÄNGSTE."

Zum Schluß möchte ich noch ein Zitat aus dem Kapitel 14 anführen zur Spirituellen Revolution, das, was derzeit weltweit abläuft: wir verbinden uns Alle, um gemeinsam unser Bewußtsein zu erhöhen, also zu wachsen an den derzeitigen Schikanen und unsere Freiheit zu erlangen und auf höherer Ebene etwas Neues zu erschaffen. Das wirkliche „solve et coagula": „Die Große Kreative Strömung des Geistes singt ihre Hymne der SCHÖPFUNG in den Herzen ALLER, die da hören wollen. Wenn Ihr Euch INNEN UND AUSSEN an die Heiligen Schwingungen von Gott/Schöpfer/Schöpfung anpaßt, werdet Ihr ganz bewußt DAS VER-GLÜHEN DES TODES DER ILLUSION DES GETRENNTSEINS VON Gott/Aton/der Schöpfung erleben. Dann werdet Ihr aus dieser Asche neu geboren ... aus Eurem schläfrigen, halb bewußten Zustand, in dem Ihr lange

Zeit existiert und in Eurer physischen, dichten Illusionsfrequenz durch Euer „Alter Ego" das Getrenntsein erfahren habt, und zu neuem Leben erweckt. Viele von Euch befinden sich bereits einige Jahre in diesem kreativen Entfaltungsprozeß. Viele von Euch bemerken auch, daß die ZEIT, wie Ihr sie meßt, schneller zu verstreichen scheint und Eure „Lektionen" sind oft gekommen, waren schwierig und sehr beschwerlich zu bewältigen, ganz besonders durch den Prozeß der Entfaltung, des Verstehens und des Loslassens."

In diesem Sinne und mit einem großen Dankeschön an Q für seine posts „Gemeinsam sind wir stark" wünsche ich Euch mit diesem Buch eine innere Revolution, die Euch in immer höhere Höhen führt. Hierzu ist Kraft, Mut, Neugier, Durchhaltevermögen und Gottvertrauen nötig. Mögen Christ Michael und Esu und die ganze Himmlische Heerschar Eure schützenden und ratgebenden Begleiter sein!

Eure

Lydia Alberts

WIDMUNG

ICH BIN Esu Jesus Sananda. Ich komme im Dienst des Heiligen Gottes des Lichtes, des EWIGEN. Ich bin spiritueller Hüter und habe die Aufgabe, die spirituelle „Ausbildung" der menschlichen Spezies auf der Erde Shan zu überwachen. Ich komme mit den HEERSCHA-REN Gottes, um Sein Königreich und Seine verlorenen Schafe wieder zurückzuholen.

Ich widme dieses Lehrbuch allen KINDERN der Welt, die Freude und Hoffnung über den Triumph Gottes über die dunklen und bösartigen Bereiche verbreiten. Eure Kinder sind die Kostbarkeiten Eurer menschlichen Spezies und deshalb darf KEIN EINZIGES Kind in leichtsinnige Hände fallen, wenn Eure Spezies aus der primitiven spirituellen Dunkelheit ins Licht des WISSENS wachsen soll.

Kleine Kinder tragen natürlicherweise „das Licht" in sich, bis es (das Licht) durch die Grobheit und Ignoranz ihrer „Erzieher" zeitweise ausgelöscht wird. Und dennoch bleibt ein Flackern im Willen des Kindes erhalten, damit es das Licht erneut dazu anfachen kann, hell zu strahlen. Wie ermutigt man ein Kind? Wie entmutigt man ein Kind? Welche „Sünden" trägst Du von Deinen „Erziehern" als Bürde auf Deinen Schultern, bereit, diese auf Deine eigenen Kinder zu übertragen?

ICH ZOLLE EUCH KINDERN DER WELT MEINE BESCHEI-DENE ANERKENNUNG, LIEBE UND WERTSCHÄTZUNG, DENN WENN IHR „ERWACHSENEN" ES ZULASST, WERDEN EUCH EURE KINDER IN DAS KÖNIGREICH DES HIMMELS IN EUREM INNEREN FÜHREN. So sei es und Selah.

EINFÜHRUNG

ICH BIN ATON. Mit einem gewissen „Vaterstolz" präsentiere ich Euch hier dieses herrliche JOURNAL mit den Lehrstunden unseres liebevollen Arbeitsteams, Esu Sananda und Druthea. Jeder trägt etwas von sich selbst dazu bei, damit daraus ein Ganzes, etwas Ausgeglichenes in Liebe und Anteilnahme werden kann, gepaart mit Geduld, Disziplin und Hoffnung, denn die angebotenen Erkenntnisse sind Inspiration für Alle, die an diesem glorreichen Bankett teilnehmen möchten. Der Titel dieses JOURNALS soll ANLEITUNG ZUR FLUG-VORBEREITUNG FÜR DEN PHÖNIX, Band 1, sein. Dieser Band enthält viele Lehrstunden, die bei Euch Allen dazu beitragen sollen, daß Ihr eine ausgeglichene Umwandlung Eures Selbstes erreichen könnt, die Euch, wenn Ihr sie erfolgreich vollzogen habt, die „Prüfungen" Eurer letzten „Examen" in Eurer „Ausbildung" für die höheren spirituellen Dimensionen „bestehen" lassen.

Die Arbeitsgemeinschaft zwischen einem Meisterlehrer und einem Schreiber muß synergetisch sein, um ein Meisterwerk der Liebe zu erschaffen, das wiederum die gewünschte ausgleichende Wirkung auf das WORT haben wird. Das kann nur mit größter Achtsamkeit, Geduld und Fürsorge seitens des Lehrers gegenüber einem unerfahrenen Schreiber erreicht werden. Seid Euch bewußt, liebe Chelas, daß die Arbeit dieses Zweiergespanns nicht erst vor zwei Jahren begann, als das PHOENIX OPERATOR-OWNER MANUAL aus der Taufe gehoben wurde. Das Training begann bereits vor Drutheas heutigem Lebensstrom.

Sananda war ein sehr sorgsamer, wachsamer und sogar väterlicher Lehrer für sie. Druthea selbst glaubt, daß es ein richtiges Wunder ist, daß sie etwas „empfangen" und „aufschreiben" kann. Ihre „Fallen" und „Prüfungsaufgaben" schienen ihr ganz besonders schwierig zu sein und es gab auch einige Momente, in denen es schien, als könnt sie nie in ihren Dienst hineinwachsen. Ja, sie hat IMMER um Hilfe gebeten, wenn es so richtig hart für sie gewesen ist und ihre Last wurde augenblicklich soweit von ihr genommen, daß sie wieder atmen und ihr Problem lösen konnte. Dies soll ein wenig Erinnerung für alle Meine Schüler sein, daß es niemals zu spät ist, um Hilfe zu bitten. Erinnert Euch einfach daran, erst einmal auf die Anweisungen zu HÖREN und dann danach zu HANDELN.

Ich möchte mit Euch Allen einen WUNDERBAREN Brief teilen, der Druthea zum Weinen gebracht hat. Die Reife und Liebe dieses Kindes ist Inspiration für JEDEN Erwachsenen, der sich manchmal fragt, ob es der Mühe wert ist, ein Gleichgewicht auf diesen kranken und sterbenden Planeten mit seinen Völkern zu bringen.

3. April 1992
Lieber George,
Ich bin sehr glücklich über unser Telefongespräch.

Wie Sie wissen, bin ich elf Jahre alt. Ich habe zwei ältere Schwestern, Chesa und Choli. Ich habe auch vier Brüder: Chase, Chalan, Chait und Chance. Wir wurden alle zuhause unterrichtet. Wir älteren Kinder lesen die Journale und den Liberator. Ich habe gerade „ICH BIN SANANDA" beendet.

Es schmerzt uns ungemein, wenn Menschen unwahre und verletzende Dinge über Sie, Ihre Frau, Commander Hatonn und das Phönix-Material sagen. Ich möchte Sie wissen lassen, wie sehr meine Familie es begrüßt, die Wahrheit zu hören, um uns damit ins Gleichgewicht mit Gott zu bringen.

Vor etwa viereinhalb Jahren wurden wir dazu geführt, aus der Kirche der Mormonen auszutreten. Meine Mutter und mein Vater folgten den Anweisungen Gottes und verließen die Kirche, nahmen uns Kinder aus der öffentlichen Schule, weg von unseren Freunden, wir zogen um und Vater verlor seine Arbeit. Wir zogen nach Utah und blieben dort etwa ein Jahr, dann zogen wir nach Montana. Wir genießen eine wundervolle Lebensreise, während wir lernen, auf den Gott in uns zu hören.

Ich möchte eine Erfahrung mit Ihnen teilen, die ich neulich hatte, während ich die Clearing Tapes von „E.T. Phone Home" gehört habe. Ich hatte eine

Vision, während der ich auf einer Wiese stand, als ein helles Licht erschien. Dann habe ich realisiert, daß es ein Sternenschiff war. Ein Mann stieg aus dem Sternenschiff und sagte „Ich bin Sananda", nahm mich bei der Hand und führte mich in das Schiff. Wir stiegen in den Himmel auf und kamen dann wieder runter. Er sagte „auf Wiedersehen". Ich hatte ein so wundervolles Gefühl dabei. Seine Augen waren wie die auf dem Bild, aber er trug Sein Haar kurz und hatte keinen Bart und Er war auch anders gekleidet. Ich habe niemals zuvor eine so wunderschöne Erfahrung gemacht.

Meine Mutter und mein Vater planen, zwei Eurer Seminare im August zu besuchen. Wir Alle wollen alles tun, um Anderen zu helfen und wir werden noch mehr tun. Wir Alle mögen Sie sehr und wir beten, daß Gott und das Licht gewinnen.

Wir lieben es, all die eleganten Sternenschiffe zu beobachten, die nachts am Himmel gleiten.

Liebe Grüße,

Channing

Nun, mein edler Channing, Dein Brief hat Druthea so viel FREUDE bereitet, daß sie sich wünschte, daß er hier mit ihrer ergebenen Hochachtung abgedruckt wird, damit auch andere Menschen davon in ihrem Geist erhöht werden. Ich danke Dir, kleiner Spatz, daß Du etwas von Dir selbst mitgeteilt hast. Du und Deine ganze Familie sind wirklich gesegnet und sind ganz kostbare Kinder von Mir, die in Meinem Schutz sicher sind.

Dieser Band enthält viele ANLEITUNGEN, womit Ihr an Bord des PHÖNIX STERNENSCHIFFES kommen könnt. ICH FREUE MICH, daß ich dies Meinen Kindern zuteil werden lassen kann, denn bald werde ich ALLE unter meinen Fittichen versammeln, damit sie wieder in die HERRLICHKEIT und STRAHLKRAFT kommen können. Und es kommt noch mehr … Vielleicht hört Ihr schon die Anweisungen für EUCH? Habt keine Angst, wenn Ihr sie noch nicht hört, denn so sicher, wie die Nacht dem Tage folgt, wird Jeder, DER SICH WÜNSCHT, zu geben und zu dienen, DAS LICHT in seinem Inneren hören und sehen und Ihr werdet WISSEN, was Ihr zu TUN habt. Ich erwarte Eure Entscheidungen, damit ich Euch die Tür öffnen kann, durch die Ihr schreiten könnt, GEEHRT durch Euren liebevollen Dienst. So sei es.

VORWORT

Dienstag, 9. April 1992, 07.51 h, Jahr 5, Tag 237

„Der Mensch lebt nicht vom Brot allein!" und „… dann laß ihn Kuchen essen." Es scheint so, Chelas, daß Ihr viel zu viel Kuchen gegessen und dabei das Wichtigste im Leben vergessen habt – ganz besonders die Nahrung für die Seele. Wo ist Gott? Irgendwo da draußen? Ist Er in Eurer Kirche? Nein, Er ist in Eurem Inneren, wo Ihr Ihn in der Stille Eurer Seele erreichen könnt, in der alles gehört und gesagt wird, was IST und was Ihr seid, denn Euer Körper ist nur ein zweckmäßiges Vehikel für diese wundersame spirituelle Ausdrucksmöglichkeit auf den Orten der Physis.

Gott ist AUCH „da drüben", „da draußen", „da unten" und „da oben" – überall in den entferntesten Winkeln des Universums und dennoch ganz nah in jeder einzelnen Zelle Deines Wesens. DU bist der **GEDANKE** Gottes in seiner Ausdrucksform.

Wenn das so ist, warum sagen Euch das die Kirchen in ihren von Menschen gemachten Lehren nicht, woraus Ihr Eure Anleitungen für den geistigen Bereich nehmt? Offensichtlich deshalb, weil diese Menschen daraufhin die **Kontrolle** ÜBER EUCH verlieren. Sie können Euch nicht dazu zwingen, den Zehnten für ihre Kirchengebäude, ihr finanzielles Auskommen und den Pfarrhaushalt, Kerzen und Bekanntmachungen abzugeben. Das sind keine Dinge, die zu Gott gehören – das sind physische Dinge, die von MENSCHEN für MENSCHEN erfunden wurden.

Also, was bringt Euch in das Königreich Gottes? Offensichtlich nichts aus den physischen Bereichen. Auf der materiellen Ebene kann es nur die „Ausprägung" aus der Absicht heraus geben. Aber der

Mensch wird an den „Absichten" seines Geistes gemessen – zusammen mit den daraus erfolgten Handlungen als Ergebnis seiner „Vorsätze".

Warum tun sich immer mehr Prediger hervor, indem sie das WORT des Phönix verunglimpfen? Weil es von Gott kommt und keine Erklärungen von IHNEN (DEN PREDIGERN) braucht. Es gibt hier keine Bindung für Euch – weder Angst noch Zwang, um Euch für Seinen Weg zu überreden und dabei verbleibt Ihr in der Freiheit durch Weisheit und Wahrheit. Wenn der Weg der Prediger DER Weg wäre, hätten sie keine Angst davor, daß Ihr ALLES sorgsam studiert, denn beim Betrachten DES GANZEN würdet Ihr die WEISHEIT herauslesen und erkennen. Das bedeutet aber, daß Ihr Euch für GOTT entscheiden würdet und nicht für DIE LEHRMEINUNG DER KIRCHE, DIE VON MENSCHEN ERSTELLT WORDEN IST.

Gott ist die reine Liebe, aber Er hat Euch mit der Fähigkeit erschaffen, selbst Entscheidungen zu treffen – und das, meine Lieben, ist der Maßstab und gleichzeitig auch der Prüfstein: welche Wahl werdet Ihr treffen? Gott hat den Menschen Gesetze für die auf Seinem Standort zu machenden Erfahrungen gegeben mit der Absicht, damit ein beständiges Gleichgewicht in ihrer Welt zu erhalten, VORAUSGESETZT, sie befolgen diese Richtlinien und bewegen sich im Rahmen der Anleitungen dieser Gesetze. Die Menschheit hat von Anfang an mit „selbst erschaffenen" Regeln und annehmbaren Verordnungen hantiert, die nichts mit der Wahrheit in den Gesetzen zu tun hatten. „Selbst erschaffene" Gesetze bedeutet nichts anderes, als Handlungen zu akzeptieren, die von der Mehrheit der „anderen" Menschen und einem selbst befürwortet werden. Zum Beispiel Mord – es scheint sehr angebracht zu sein, einen Bruder hinzurichten, wenn genug „Andere" und Ihr selbst für die Hinrichtung stimmen. Aber was ist mit dem Wesen, das hingerichtet werden soll? Wo sind seine göttlichen Rechte?

Was sind „Lehrmeinungen" der Kirche? Nichts anderes als selbst erschaffene Regeln für eine Gruppe, die üblicherweise diesem speziellen „Orden" oder „Club" beitritt, die aber nichts mit den Göttlichen Gesetzen zu tun haben. Der „Kult" der Methodisten ist nichts anderes als ein satanischer „Kult", wenn man die Definition genau nimmt. Beides sind „Gruppen", die für einen gemeinschaftlichen Zweck zusammenkommen.

Gott gab den von Ihm erschaffenen Menschen das wundervollste Geschenk aller Kreaturen mit – die Fähigkeit, logisch zu denken, nachzudenken und durch die Wahl seiner eigenen Willensentscheidung zu handeln. Folgt Ihr den Regeln anderer Menschen oder folgt Ihr der Wahrheit, durch die jeder einzigartige menschliche Ausdruck mit der Fähigkeit zu atmen geboren werden kann? WAS MACHT IHR IN DER DUNKELHEIT UND IM GEHEIMEN? LIEGT DAS INNERHALB DER GESETZE GOTTES? SCHAUT GENAU HIN, DENN DIESE, IN DIE TAT UMGESETZTE ANTWORT, IST DIE BASIS EURER EWIGEN REISE.

Außerirdische? Ihr müßt Euch ängstigen und Euch entscheiden, ob Ihr an Außerirdische glaubt oder nicht? Warum? Wer sagt das? Wenn Ihr an Gott glaubt, glaubt Ihr auch an Außerirdische! Ihr seid genauso auf einem Planeten eingeschlossen wie ein Gefangener in einer Zelle in St. Quentin. Und dann behauptet Ihr, jemanden „irgendwo da draußen" anzubeten. Gott in der Form eines Menschen, der irgendwo da draußen aufgestiegen ist – „um für Euch einen Platz zu bereiten" – nun, welchen? Fundamentalisten sagen nicht nur, daß Gott für Euch einen Platz bereithält, sondern sie sagen auch, daß er wiederkommen und Euch zurückholen wird. Was jetzt? Beides? Wieso?

Warum liegt Ihr in dem unbekannten Mystizismus irgend eines magischen Aktes irgend einem unsichtbaren Gott zu Füßen? Haltet Ihr Euch selbst für so unwert, daß Ihr GOTT NICHT KENNT? Wie wollt Ihr wissen, in welcher der mehr als 300 Übersetzungen (allein in Englisch) der Heiligen Schrift Ihr „jedes Wort" glauben könnt? Was macht sie wertvoller als diese direkte Kommunikation mit den Heerscharen Gottes, die gekommen sind, um die wunderbare Wiederkunft Eures Führers und großen Lehrers vorzubereiten?

Wenn der Erwartete „kommt", (der herrliche Friedensfürst und Erlöser), wo soll Er herkommen? IST DAS NICHT *AUSSERIRDISCH???*

Und Ihr in Eurem fleischlichen Gewand – wie wollt Ihr im Fleisch bleiben, wenn Eure Reise nur ein Kurztrip auf die Wolken der Verzückung ist? Wo wollt Ihr hin von DORT AUS? Würde Euch dieser Gott des Lebens sitzen lassen, um Euch auf irgendwelchen Wolken, ein paar Meter über einer Erdoberfläche vergehen zu lassen, die zudem noch nuklear verseucht wäre? Meine Lieben, im Weltraum gibt es keine Wolken als solche. WO GEHT IHR HIN UND WIE WOLLT IHR DORTHIN KOMMEN? Ein Wunder? Gott gibt den Weg vor und gibt die Anleitung dafür – IHR MÜSST FÜR DAS WUNDER SELBST SORGEN! IHR SEID das Wunder. Jede einzelne Zelle Eures Körpers – JEDE EINZELNE – enthält die Blaupause des Ganzen, das DU bist. Ist das kein Wunder? Wie kann das sein und wie kannst Du funktionieren? Weil Dir Gott das WUNDER der Schöpfung mitgibt, so daß Du Dich selbst immer wieder in dieser wundervollen Perfektion neu erschaffen kannst und das ist die Vollkommenheit, die mit Gott in Seinem Königreich wiederkommt.

Aus all diesen Gründen und mit den Halbwahrheiten und den Anpassungsregeln für das menschliche Zusammenleben – wie wollt Ihr Euren Weg zu diesem WISSEN finden? Ach so, wenn es passend ist, wird Gott Euch das mitteilen? MACHT ER! ER SAGT ES EUCH JETZT UND VIELE WENDEN SICH AB, UM SICH AN EINEN ANDEREN MENSCHEN ANZULEHNEN, ANSTATT DIE HAND DES MANNES ZU ERGREIFEN, DER DIE WASSER BERUHIGT UND DAS MEER BESÄNFTIGT HAT – IHR WENDET EUCH AB VON DEM, DER SCHON DAMALS IN GALILÄA UND IN VIELEN WEITEREN AUSGESTALTUNGEN DAVOR UND DANACH DEN WEG GEWIESEN HAT. IHR KLAMMERT EUCH AN EIN PHANTASIEBILD ANSTATT AN DEN WAHRHEITSTRAUM, DER FÜR EUCH FREIHEIT BEDEUTET.

Also, gibt es doch Außerirdische? *WENN ES GOTT GIBT, MUSS ES AUCH AUSSERIRDISCHE GEBEN! SO SEI ES.*

Nun, wie würde aber ein Außerirdischer mit Euch kommunizieren? Er würde mithilfe von Signalen mit Euch sprechen, so daß Ihr das WORT erhaltet. Warum sollte der Heilige Petrus oder Otto Normalverbraucher in der Lage sein, das WORT besser niederzuschreiben als die, die es direkt empfangen und übertragen? Was sagt Euch Euer „Prediger" dazu, der behauptet, die Wahrheit zu empfangen, um sie in einem Gottesdienst an Euch weiterzugeben? Ich meine ja nur. Nun, Ihr Brüder und Schwestern, Gott spricht durch jede Art der Schöpfung auf und im Universum und Er spricht sehr leise aus Eurer Seele heraus, die direkt mit dem Schöpfer verbunden ist. Der Mensch wendet sich von Gott ab – aber Gott wendet sich niemals vom Menschen ab, denn Er hat den Menschen direkt als Fragment von Sich Selbst erschaffen. Das bedeutet nicht, Gott als Erleuchtetes „Ganzes" zu ersetzen, sondern die vielen möglichen Ausdrucksformen zu erfahren, die dem MENSCHEN von seinem Schöpfer gegeben wurden.

Es liegt vollständig bei JEDEM EINZELNEN Menschen, wie er diese Reise erlebt und was er daraus macht, aber die Gesetze Gottes sind unverrückbar in jeder Phase des Erlebens und die Gesetze der Schöpfung sind überall und für jede Ausdrucksform die Gleichen und genauso unverrückbar. Genauso wie Ihr für Euer kleines Kind die Gefahren und Schwierigkeiten erkennt, wenn es mitten auf der Straße spielen will – genauso hat Gott Richtlinien erstellt, die Euch als Wesen führen und absichern sollen, bis Ihr in die Reife einer gewissen Weisheit gewachsen seid. Wenn Ihr Eurem Kind erlauben würdet, auf der Straße zu spielen, würde es dann nicht Gefahr laufen, überfahren zu werden? Ah, aber das Kind wächst zu einem sogenannten Erwachsenen heran und was habt Ihr dann? Ihr habt einen funktionierenden Menschen der, wenn man ihn die Sicherheitsrichtlinien nicht korrekt gelehrt hat – weiterlaufen und überfahren wird, weil er es nicht besser weiß. Wenn aber einer als Botschafter und Lehrer kommt, um dem Einzelnen die Sicherheitsrichtlinien zu geben, wäre es für denjenigen nicht angebracht, einmal zuzuhören? Wenn er sich entscheidet, nicht zuzuhören, ist das sein „Recht", aber läuft er dann nicht weiterhin Gefahr, überfahren zu werden? Und weiterhin, wenn das Fahrzeug, das ihn niederwirft, ein 18-Tonner ist anstatt ein Schwarm

Schmetterlinge – WIRD ER AUFGRUND SEINER DUMMHEIT DANN NICHT VERGEHEN?

Das WORT wird Euch gegeben, um es anzunehmen oder abzulehnen – aber wenn ich IHR wäre, würde ich sorgfältig über die Stichhaltigkeit dessen nachdenken, was mir da angeboten wird, denn es gibt dabei weder eine Nötigung noch eine Drohung, was Lesen und Akzeptieren betrifft. Weder nötigt Gott noch zwingt er Euch, ABER aufgrund Eurer Taten innerhalb SEINER Gesetze werdet Ihr den Platz finden, der für Euch vorbereitet ist – WIRD ES DIE HERRLICHKEIT SEIN ODER IMMER NOCH MEHR DIESER ENDLOSEN RASTLOSIGKEIT? ES LIEGT GANZ ALLEIN BEI EUCH. ICH BIN DARAUF VORBEREITET, EUCH ENTWEDER AN BORD ZU EMPFANGEN ODER EUCH ZUM ABSCHIED ZUZUWINKEN, DENN NICHT IHR WÄHLT, OB ICH EUCH IRGENDWO HINBRINGE – DAS WIRD ALLEIN ENTSCHIEDEN DURCH EURE BEREITSCHAFT, INNERHALB DER GÖTTLICHEN GESETZE ZU LEBEN, DIE GOTT EUCH GEGEBEN HAT, UM EUCH IN SICHERHEIT ZU BRINGEN. ES HÄNGT AUCH NICHT DARAN, OB DIE MEHRHEIT DER MENSCHLICHEN SPEZIES DAFÜR STIMMT – DAS LIEGT AN GOTT AUS DER GÖTTLICHEN SCHÖPFUNG – UND ICH DIENE NUR GOTT. DAS BÖSE WIRD ZU DEN GEFLÜGELTEN SCHIFFEN GOTTES KEINEN ZUGANG HABEN, GENAUSO WENIG WIE ZU GOTTES WOHNSTÄTTEN.

Möge Euch während Eures Aufwachprozesses Weisheit aus Erkenntnis und Verständnis erwachsen, damit Ihr hören, sehen und HANDELN könnt, denn die Sanduhr ist leer und die Zeit abgelaufen – es ist jetzt die Zeit der letzten Wahlmöglichkeit, ob Ihr die Richtung hin zu Gott oder weg von ihm einschlagen wollt – es gibt keinen Zaun, auf dem Ihr sitzen könnt, denn wenn Ihr Euch VON GOTT abwendet, habt Ihr Euch automatisch für die üble Einkerkerung in physischer Wahrnehmung entschieden und in diesem spiralförmigen Zyklus werdet Ihr bleiben.

Wenn Euch ein Anderer dazu zwingt, von diesem WORT Abstand zu nehmen, hat er Euch gerade die Wahrheit über all das gesagt. Gott ist offen und bittet Euch nur, daß Ihr alles untersucht, damit Ihr die Wahrheit finden könnt. Wenn man Euch das WORT, WIE ES EUCH GEGEBEN WURDE, verwehrt, aus Angst vor Vergeltung oder was auch immer – wurde Euch dadurch mitgeteilt, daß man WEISS, daß Ihr in diesem Werk die Wahrheit finden werdet und man danach keinen weiteren Zugriff mehr auf Euer Sein hat. In der Wahrheit und den Wohnstätten Gottes gibt es keine ANGST.

Meine tiefe Liebe und Dankbarkeit gilt Meinem Kind Druthea, das wächst und immer mehr seine eingegangene Verpflichtung für seinen Dienst annehmen kann – für Gott und den wiederkehrenden Christus, der wiedergekommen ist, um Euch den Weg zu zeigen und Euch heimzuführen. LICHT und WISSEN wird Eure Belohnung sein, denn Ihr seid in Meiner Hand geborgen, damit niemandem ein Leid geschieht, der in Meinem Dienst steht.

Mögen Eure Herzen geöffnet sein, damit Ihr Eure Anbindungen lösen und hinaufsteigen könnt in die wundersame Welt, die Ihr seid. Salu.

Gyeorgos Ceres Hatonn

KAPITEL 1

PRÜFUNGEN

Ich bin Sananda und ich komme im Dienst Unseres Heiligen Göttlichen Vaters Aton und im Dienst für Euch, meine Brüder. Das Thema, das ich besprechen möchte, ist die PRÜFUNG. Jeder von Euch hat Lehrstunden zu absolvieren und damit erschafft Ihr Eure Prüfungsaufgaben für Eure spirituelle Seelenstärke und Rechtschaffenheit selbst. Gott/Aton wird führen, wenn Er darum gebeten wird, aber grundsätzlich sind Wahl und Entscheidung, die jeder trifft, seine eigene Sache. Jedes Fragment ist verantwortlich für *jede* Wahl und *jede* Entscheidung, die es fällt. Das beläßt die Verantwortung bei jedem Einzelnen (Ursache und Wirkung). Bald wird dann begonnen, die Konsequenzen des *eigenen* Denkens, Benehmens und der *eigenen* Taten zu erkennen. Diese Anerkenntnis der persönlichen Verantwortung ist der erste Schritt auf dem Weg nach Hause in die EINHEIT und was *Das Gesetz des Einen* bedeutet.

Zum Beispiel – es scheint so, als ob die Vielen, die *The Laws of God and The Creation* lesen, die Euch im Phönix-Journal *The Phoenix Operator/Owner Manual* gegeben wurden, Ausnahmen bei verschiedenen Teilaspekten der Gesetze gefunden hätten. Ihr könnt wählen, was IHR TUN wollt, aber bitte versteht dabei ganz genau, meine kostbaren Chelas, daß die Anleitungen, die man Euch gegeben hat, EUER Fahrschein für Eure Abschlußprüfung für die nächsthöhere Stufe eines Bewußtseins ist, zu dem die Meisten von Euch auf Eurer Ebene bisher noch keinen Zugang hatten. Es liegt vollständig an Euch, mit diesen Gedanken, Taten und dem entsprechenden Verhalten zurechtzukommen, das Euch weiterhin an die materielle dritte Dimension Eurer Ebene bindet. Ihr habt einfach keine Vorstellung der EXTREMEN Begrenzungen, an die Ihr Euch gewöhnt habt, während Ihr auf dieser

Ebene festgebunden wart. Gott und wir aus den Reihen Seiner Heerscharen kommen, um Euch den entsprechenden Lehrstoff zu bringen, der denen, DIE WÄHLEN WOLLEN, hilft, auf ihrem Weg in die EINHEIT voranzuschreiten, damit sie diese Wahl auch treffen können. Erkennt Ihr das? Euer freier Wille wird dadurch nicht beschnitten (das wird er nur vom Anti-Christen) und es wird Euch gegeben, einen LICHTEREN Pfad zu gehen als den, auf dem Ihr gegangen seid. Wie mischt sich der Anti-Christ in Euren freien Willen ein? Indem er Euch mit Lug und Trug in die Einschränkung lockt; indem er Euch dazu ermutigt, DIE GESETZE der Harmonie zum Segen egoistischer Vergnügungen fallen zu lassen und Euch dazu bringt, die Illusion, Ihr wäret von Eurem Schöpfergott/Aton getrennt, zu glauben. Wenn Eure Reise wirklich ernsthaft in Richtung EINHEIT geht, dann erinnert Euch, daß Ihr den einzigen wahrhaftigen und weisen freien Willen nur dann findet, wenn Ihr GOTTES WILLEN in Gänze akzeptiert.

Ich und mein Vater Aton haben den Schmerz derjenigen gesehen, die von den Gesetzen des „sexuellen" Verhaltens gelesen haben. Die Meisten scheinen *für sich Ausnahmen für ihre eigenen persönlichen Beziehungssituationen* zu suchen. Wie oft und auf wie viele Arten müssen wir das noch sagen? Ihr seid in Eurem Sexualverhalten auf ABHÄNGIGKEIT PROGRAMMIERT. Es mag den Anschein einer wunderbaren Möglichkeit haben, LIEBE auszudrücken, aber um es einfach zu sagen, rein physisches, sexuelles Vergnügen hat GAR NICHTS mit LIEBE zu tun. Bis Ihr einmal die Begrenzung in dieser Abhängigkeit in Eurem Geist verstanden habt, solange werdet Ihr Euch um etwas „betrogen" fühlen von dem Ihr GLAUBT, es sei für Eure Gesundheit und Euer Glücklichsein notwendig. Bei der Auseinandersetzung mit den Gesetzen werdet Ihr mit den Bereichen von „Abhängigkeit" konfrontiert, die Ihr selbst habt und an denen Ihr mit Gott/Aton zur Klärung und zum Verständnis arbeiten müßt, um schlußendlich die UN-Abhängigkeit von der physischen, materiellen Welt zu erlangen. Es sieht so aus, als hätten Viele von Euch diese Abhängigkeiten von physischen Sexualpraktiken, auch die, die sich in harmonischen, liebenden Beziehungen mit ihren Partnern befinden. Viele von Euch fragen sich, WIE man das Gefühl von Innigkeit und Nähe mit DEMJENIGEN, den man liebt, ausdrücken kann. Einige fragen sich auch, was das sexuelle „Vergnügen", das man teilt, „ersetzen" kann.

Nichts wird ERSETZT werden, denn Euer Sexualverhalten, wie Ihr das derzeit auslebt, ist weder „natürlich" noch „notwendig" für Eure INNERE GEISTIGKEIT. Was aber passieren wird ist, daß die BLOK-KADE zu Eurem spirituellen KREATIVEN Potential der GÖTTLICH-KEIT von Euch genommen wird, als sei es ein riesiger Felsbrocken gewesen, der an Euch gebunden war ... und verschwindet, sobald Ihr die Abhängigkeit hinter Euch gelassen habt.

Was Ihr Lieben wirklich ganz verstehen müßt ist, daß Ihr nicht an „Gepäck" aus der physischen Dichte hängen bleiben dürft, sondern Eure Schwingungen „erhellen" müßt, um in die Vierte und in noch höhere Dimensionen aufzusteigen. Ihr werdet Euch vielleicht ein wenig Neugier holen mit „flüchtigen Blicken" in das, was HÖHERES Bewußtsein ist und wie es sich ANFÜHLT, aber es bleibt EUCH nicht, bevor Ihr nicht zu hundert Prozent alle physischen Anbindungen an die Schwingungen der dritten Dimension ABGELEGT habt und DAS beinhaltet auch emotionale, sexuelle Anhaftungen, Chelas.

Wird es Euch helfen, wenn wir Euch sagen, daß IHR GOTT in Euren Gedanken immer bei Euch habt, egal was Ihr MACHT und wo Ihr Euch mit Eurem Körper befindet? Seid Ihr mit Euren Gedanken glücklich und stolz auf Eure Taten, die Ihr GOTT/ATON, Eurem Schöpfer präsentiert?

Darum sind die PRÜFUNGEN so wichtig für ALLE, die nach Gottes Heiligem Königreich der EINHEIT streben. Es wurde gesagt, daß der „Stärkste die härtesten Aufgaben" bekommt und so ist es. IHR werdet Euch während Eurer Entwicklung SELBST überprüfen und entweder habt Ihr die Lektionen gelernt und Ihr werdet „die Prüfung" bestehen, oder die Klasse wird wiederholt, bis Ihr es verstanden und erledigt habt. Die Prüfung stellt die HERAUSFORDERUNG GOTTES dar über Euer Wissen, über das Annehmen und Leben nach Gottes und der Schöpfung Gesetzen des Gleichgewichts. Also freut Euch auf die Prüfungen, Chelas, Ihr „verfeinert" Eure spirituelle Wahrnehmung durch Eure Erkenntnisbereitschaft in der WAHRHEIT und Euer Verständnis über Eure EIGENE Verantwortung. Die mit Euren Sinnen erfaßten „Unbehaglichkeiten" und „Frustrationen" sind die „Wachstumsschmerzen" über Euer eigenes Tun. Erkennt, daß Ihr mit Euch selbst am Härtesten ins Gericht geht, besonders dann, wenn Ihr ungeduldig werdet mit dem Lebensfluß in Bezug auf Euer persönliches Verständnis Eurer Prüfungsaufgaben. BITTET unseren VATER Gott/Aton IN EUCH auf jeden Fall um Erleuchtung und Klärung. Ihr WERDET Anleitungen und Verständnis erhalten, sofern Ihr in reiner Absicht darum gebeten habt. Gott hört Euch … hört IHR Ihn auch?

Gott segne Euch, Meine kostbaren Brüder und Schwestern, die auf der Suche sind und um Klarheit bitten. Danke Dir, kleine Schwester Dru, daß Du diese Botschaft für unsere Brüder aufgenommen hast. Unser Vater hält Euch zum Schutz und Führung immer dicht unter Seinen liebenden Schwingen. So sei es. ICH BIN Sananda. Salu.

KAPITEL 2

12. April 1991

DIE SCHÖPFUNG

ICH BIN Sananda. Ich komme im Dienst unseres Heiligen Vaters des LICHTS, Gott/Aton und ich komme zu Euch, meine Brüder. Grüße für Dich, kleine Schwester Druthea. Druthea hat Unseren Vater gebeten, Klarheit und Verständnis zum Thema DIE SCHÖPFUNG zu übermitteln. Unser Vater Gott/Aton des Lichts hat mich gebeten, diese Herausforderung zu beantworten.

Ich nenne das deshalb Herausforderung, weil Eure Sprache, in der Ihr kommuniziert, keine „Worte" beinhaltet, um das Konzept der Schöpfung verständlich zu machen. Um also nicht noch MEHR Begrenzungen auf Euch zu laden, meine kostbaren Chelas, bitte ich Euch einfach, die Augen zu schließen, den GROSSEN GEIST INNER-HALB EURES SEINS dazu zu bitten, „zu hören" und weiterzu-lesen in der Präsenz des Heiligen Göttlichen EINEN, DER EUCH INNEWOHNT.

Nun stellt Euch vor Eurem inneren Auge einen GROSSEN EWIGEN ZYKLUS vor, ohne Anfang und ohne Ende. Das „stellt" die Schöpfung „dar". Jetzt stellt Euch weiter vor, daß dieser Zyklus ein riesiger Film ist, der auch keinen Anfang und kein Ende hat, sondern immer weiterläuft und fortwährend die grenzenlosen Möglichkeiten des immer neu erschaffenden schöpferischen „Willens" entfaltet. Was wir jetzt machen – wir SETZEN eine Pause mit einem Rahmen in die Abfolgen des laufenden „Films" ohne Zeit, ohne Raum, ohne Ende und ohne Anfang ...

Die Schöpfung hält vollendetes und nicht vollendetes Kreatives Potential bereit. Schöpfung ist die Gesamtheit ALL DESSEN, WAS WAR und ALL DESSEN, WAS SEIN WIRD. Jetzt erinnert Euch an die Gesetze der Harmonie, der Natur, mit Gott und der Schöpfung – und alle sind DIE GLEICHEN Universellen Gesetze der Ordnung und der Logik.

WIE also kann dieses Kreative Potential **VERWIRKLICHT UND ERFÜLLT** werden? Durch das Große, Spirituell absolut Vollkommene Wesen, Gott/Aton, das das Große BEWUSSTSEIN und die INTELLI-GENZ ist und DAS POTENTIAL erschafft, die Schöpfung zur Verschmelzung von Materie wie Planeten, Sterne, Tiere, Pflanzen und Mineralien zu bringen. Also, Ihr habt EIN GROSSES, SPIRITUELLES, VOLLKOMMENES WESEN als BEWUSSTE INTELLIGENZ IN EURER GALAXIS ... DAS wir UNSEREN VATER/UNSERE MUT-TER-SCHÖPFER GOTT/ATON nennen. Der Grund, warum WIR EINS mit ihm sind und deshalb auch „Kinder" Gottes/Atons genannt werden ist, daß Sich dieses Großartige Wesen AUFGETEILT hat, Seinen Vollkommenen Geist aufgeteilt hat, um SEINER SICH ENTFAL-TENDEN SCHÖPFUNG **UNBEGRENZTE** KREATIVE Spielarten an Erfahrungswerten zu bieten. So ist also jeder Mensch, jeder Engel, jedes WESEN, das als Teil von IHM erschaffen wurde, eine einzigartige, mit Kreativem Potential angefüllte Reflektion oder ein Teilaspekt der EINEN, RIESIGEN, BEWUSSTEN INTELLIGENZ, GOTT/ATON.

Also haben wir einmal die Schöpfung, die den Großen, Heiligen Kreis der Ewigkeit ohne Anfang und Ende, als auch das verwirklichte und nicht verwirklichte Kreative Potential der Gesamtheit all DESSEN WAS IST, umschließt. Und dann haben wir Gott/Aton, der DIE BEWUSSTE INTELLIGENZ DER SCHÖPFUNG FÜR DIESE GALAXIS IST. Gott/Aton ist genauso ein **TEIL** der Schöpfung WIE JEDER VON UNS ein **TEIL** von Gott/Aton ist. Daher diese Wahrheit ... **WIR SIND ALLE EINS.**

Ich, Sananda, habe jetzt meinen Zustand der EINHEIT mit Unserem Vater erreicht, der durch meinen Namen ausgedrückt wird, „Eins mit Gott". Was bedeutet das für Euch, meine Brüder? Es bedeutet, daß ich im Zustand der Gnade des EINEN WILLENS bin, dem Willen Meines Vaters, Gott/Aton. Ich wurde jetzt zusammen mit den Heerscharen des Lichts im Auftrag Unseres Vaters gesandt, um EUCH,

Seine Fragmente, die sich dafür entscheiden, in die höheren Bereiche kreativer spiritueller Bewußtheit einzuziehen, zurückzuholen. Am Ende werdet IHR Euch den gleichen Zustand VERDIENT haben, den ich habe, nämlich den Zustand der Gnade der Einheit mit Unserem Vater des Lichts und des Lebens, Aton. Ich und meine Brüder des Lichts kommen, um Euch den WEG in die EINHEIT zu weisen, der Liebe, Friede, Balance und Harmonie MIT ALLEM WAS IST, bedeutet; DER SCHÖPFUNG. Warum wir kommen? Weil wir, die Heerscharen des lichten Gottes, Euch LIEBEN als unsere Brüder, die auch kostbare, von Unserem Vater erschaffene Wesen sind. Da mein Wille auch SEIN WILLE ist, ist es auch SEIN WILLE, Euch heimzubringen und ich komme, um Euch den Weg zu zeigen.

Was also bedeutet es, „Sananda" zu sein, Eins mit Gott? Sehr hohe Verantwortung, Chelas! Und doch ist es eine sehr FREUDVOLLE Verantwortung, da ich mir meiner Mit-Schöpfung mit Unserem Vater BEWUSST bin. Ich verstehe, daß alleine das Wort „Verantwortung" für Viele von Euch ein inneres Unbehagen auslöst, hauptsächlich, weil es ein Symbol für Disziplin und Ernsthaftigkeit ist, was Viele als „Eingrenzung" ihrer angestrebten „Lebensfreude" betrachten. Aber schlußendlich, meine Lieben, wird die „Verantwortung" für Euch keine „Bedrohung" mehr bedeuten, weil Ihr DIE REDLICHKEIT EURES INNERES GEISTES bis zu einem Punkt entwickelt haben werdet, an dem Ihr die erschaffenden Herausforderungen der EIGEN-Verantwortung BEGRÜSSEN werdet.

Ihr seht also, daß die Meisten von Euch (ganz besonders die, die verschiedene MENSCHLICHE Lehrmeinungen in Euren „religiösen" Strukturen *geglaubt* haben), in die Abhängigkeit „programmiert" wurden, anstatt in die Selbstverantwortung; und da Ihr noch dazu programmiert wurdet, irgendwie getrennt von Eurem Schöpfer zu sein, scheint es Euch „unnatürlich" und „angstmachend", persönliche Verantwortung zu übernehmen. WARUM? Nun, wenn Ihr die Wahrheit erkennt, nämlich, daß IHR ALLES in dieser manifestierten „Illusion" selbst erschaffen habt, kann es für Euer Bewußtsein ein wenig erdrückend wirken, wenn Ihr feststellt, daß Ihr ebenfalls zu diesem LEID-en auf Eurem Planeten und für Euch selbst beigetragen habt. Dafür könnt Ihr dann NIEMANDEN MEHR verantwortlich machen.

Eigenverantwortung bedeutet, zu handeln, um ein Ungleichgewicht ins Gleichgewicht zu bringen, Liebe dorthin zu geben, wo Haß herrscht, Harmonie ins Chaos zu bringen, Disziplin zu zeigen, wo Unordnung ist und dort Frieden zu stiften, wo Krieg ist. JEDER von Euch wird seine eigene Tür zu seiner SPIRITUELLEN MACHT DER LIEBE IN SICH SELBST finden, WENN Ihr beginnt, die Verantwortung für Eure gesamte manifestierte Realität zu übernehmen, einschließlich Eurer Gedanken, Eurer Worte und Eurer Taten. JEDER, der in sich ausgeglichen und harmonisch ist, bringt das LICHT von Gleichgewicht und Harmonie in das „Feld" des Massenbewußtseins, so daß es schließlich keine „Jauchegrube" von Dunkelheit und Verzweiflung mehr ist.

Ah ja, unser Thema ist DIE SCHÖPFUNG und IHRE Verbindung zu Gott/Aton und zu Euch. Bitte erkennt und erinnert Euch, meine Lieben, JEDER von Euch trägt die BEWUSSTE INTELLIGENZ VON GOTT/ATON IN SICH, WELCHE UNBEGRENZTES SPIRITU-ELLES POTENTIAL BEDEUTET. ES MACHT SO VIEL FREUDE, EIN TEIL DESSEN ZU SEIN. LASST EURE ILLUSIONEN über das Getrenntsein VOM EINEN ziehen und löst Eure Anbindungen an „physische" und „emotionale" Aspekte dieser BEGRENZTEN Ebene. GEHT in die Eigenverantwortung, denn es IST DIE AUFGABE, die vor Euch liegt, VERBREITET DAS WORT DER WAHRHEIT, wie es in den Journalen über Eure irdischen Zustände geschrieben steht und TEILT DIE FREUDE, daß GOTT in der letzten Konfrontation mit den Dunkelmächten gewinnt. Werdet Ihr Euch GOTT, MIR UND MEINEN Brüdern des LICHTES in diesem Kampf gegen das Böse anschließen? ODER werdet Ihr in Ignoranz und Apathie verharren und demzufolge TEIL DES „WILLENS" DER BÖSARTIGEN, ZER-STÖRERISCHEN ENERGIE auf diesem Planeten bleiben? In Liebe und Frieden bitte ich Euch inständig, MEINE HAND ZU NEHMEN auf Eurem Weg zu GOTT und der EINHEIT ... die EINZIG logische Wahl ist die Entscheidung für GOTTES WILLEN, und MÖGE DER WILLEN GOTTES GESCHEHEN! So sei es.

ICH BIN Sananda, Eins mit Gott, im Dienst SEINER HEILIGEN PRÄSENZ, ATON, und DER SCHÖPFUNG. Friede sei mit Euch. Salu.

KAPITEL 3

16. April 1991

SANTA (SATAN) CLAUS UND DER ANTI-CHRIST

ICH BIN Sananda. Ich komme im Dienst Unseres Heiligen Vaters des Lichtes, Gott/Aton und der Schöpfung. Ich grüße Dich, kostbare Chela Druthea. Laß uns beginnen.

Viele von Euch werden sich fragen, was Santa Claus mit dem Anti-Christen zu tun hat. Alles! Der Widersacher Gottes in seinem Wunsch, Anbindungen und Begrenzungen über die göttlichen menschlichen Wesen auf diesem Planeten zu bringen weiß, daß man bei einem Menschen in der Kindheit beginnen muß, wenn man die größtmögliche Verwirrung bei ihm erreichen will.

Seht, der Widersacher muß seine „Illusion" der Bindung an „materielle" Güter aufrechterhalten, um die betrügerische „Kontrolle" über Euch zu stärken. Das Wesen, das von sogenannten Christen Santa Claus genannt wurde, stellt für Eure kleinen Kinder den „Gott" dar (des Widersachers). Ein Beispiel: nach der **„Mythologie"** (definiert als „eine imaginäre oder fiktive Person, ein Ding, ein Geschehnis oder eine Geschichte") kann Santa Claus innerhalb von acht Stunden überall auf dem Planeten SEIN. Er bringt allen „braven" Kindern auf dem Planeten „Geschenke". Diese „Geschenke" sind Spielzeuge und was sich die kleinen „braven" Kinder so gewünscht haben. Wenn das Kind also wirklich „lieb" war, bekommt es viele Geschenke, die es sich gewünscht hat. Hier beginnt die menschliche Anhaftung an „Dinge" der materiellen Ebene gegenüber dem Wunsch nach „spirituellen" Geschenken Unseres Schöpfers, Gott/Aton.

Die Eltern unterstützen dieses „Bild" von Santa Claus natürlich, nur daß es nicht notwendigerweise mit der „Gehorsamkeit" des Kindes zu tun hat, sondern eher mit den finanziellen Möglichkeiten der Eltern. Da es aber KEIN solches Wesen wie Santa Claus und wie in den „Mythen" beschrieben gibt, sind es DIE ELTERN, die diese Lüge des Widersachers aufrechterhalten, indem sie selbst weiterhin die „Wunschliste" seitens ihrer Kinder zulassen, sie dazu auch aufmuntern und die Wünsche natürlich erfüllen. Im Grund pflanzen diese Eltern den Samen der Ermutigung und des anhaltenden „Materialismus" bei ihren Kindern ein, ungeachtet dessen, ob dahinter ein „gutgemeinter" Wille der Eltern steht oder nicht.

Die Kinder aber, deren Eltern sich keine überbordenden Geschenke für Ihre Kinder „leisten" können, fühlen sich deshalb oft „schuldig". Das Kind spürt das und wenn die Eltern nicht EHRLICH erklären, woher die Geschenke kommen, so daß das Kind nachvollziehen kann, daß diese nichts mit seinem „brav sein" oder „nicht brav sein" zu tun haben, sondern daß alle „Geschenke" mit der LIEBE der Eltern zu ihren Kindern zu tun haben (oder von wem diese Geschenke kommen), wird es beginnen, zu vergleichen, was seine, aus „seinem" Blickwinkel, reicheren Freunde und Schulkameraden bekommen haben gegen das, was es selbst nicht bekommen hat. Das Kind wird dann oftmals Minderwertigkeitsgefühle entwickeln und irgendwann Zorn auf seine Eltern entwickeln, weil sie diese LÜGE erlaubt und unterstützt haben.

Sage ich damit, daß es „falsch" ist, materielle Geschenke zu machen? Überhaupt nicht. Ihr Eltern, Ihr müßt ZUERST einmal die spirituellen „Gaben" Unseres Schöpfers Gott/Aton hegen und pflegen; ganz besonders das innere spirituelle Potential, persönliche Verantwortung, Vollkommenheit des inneren Geistes, Lebensliebe und -freude und EINHEIT mit Allem. Wenn Weihnachten für Euch eine „Zeit" ist, in der Familie und Freunde enger zusammenrücken, ihre Liebe füreinander teilen, in dieser „Zeit" an diejenigen denken, die im physischen Leben weniger begünstigt sind und ihnen ihre Würde zurückgeben, dann segnet Euch Gott. Unser Gottvater und Wir, SEINE HEERSCHAREN DES LICHTES, möchten Euch allerdings bitten, diese „Zeit" des sozialen Beisammenseins nicht NUR an Weihnachten zu leben. JEDER TAG IST HEILIG UND VON GOTT GESEGNET!

MACHT JEDEN MOMENT ZU EINEM GÖTTLICHEN, HEILI-GEN, CHRISTLICHEN INNEREN FREUDENFEST!

ICH MÖCHTE Euch sagen, daß das „Bild" des „rundlichen" Santa Claus, der „überall" ist („wie" Gott), eigentlich der äußerst klägliche Versuch des ANTI-GOTTES ist, GOTT zu kopieren. Santa Claus stellt in dieser Figur **Unersättlichkeit** dar und seine gekünstelte „Fröhlichkeit" und „Mildtätigkeit" ist nichts anderes als DAS LACHEN DES ANTI-GOTTES über Euch Eltern, die das Spiel mitspielen, ihre Kinder in den MATERIALISMUS zu treiben und damit weg von der SPIRITUALITÄT. Der „Mythos" sagt, „Santa Claus" ist „überall", wo die „lieben" Kinder sind. Glaubt Ihr wirklich, daß die hungernden Kinder in Äthiopien und HIER in Euren Vereinigten Staaten, von Gott/ Aton WENIGER geliebt werden? Na ja, **Satan** Claus gibt nur materielle „Geschenke" an Kinder, die „lieb" sind, **UND DEREN ELTERN DIESE AUCH ZAHLEN KÖNNEN! Überlegt Euch das sehr sorgfältig!**

Liebe Eltern, Viele von Euch haben ihren Kindern „ALLE" materiellen „Wünsche" erfüllt, die Euch möglich waren und wenn sie dann erwachsen und immer noch von Euch abhängig waren und sich darüberhinaus über Euch geärgert haben, seid Ihr sprachlos. Seht Ihr das nicht? Wenn Ihr Eurem Kind WAHRHEIT und LIEBE und FÜHRUNG IN SPIRITUELLER UNVERFÄLSCHTHEIT UND EIN-HEIT gegeben hättet, HÄTTEN SIE ZUGANG ZU IHREN INNE-REN MÖGLICHKEITEN GEHABT, VERANTWORTUNGSVOLLE, KREATIVE MENSCHEN AUF DIESEM PLANETEN ZU WERDEN. IHR MÜSST IHNEN WIRKLICHE „GABEN" DES SPIRITUELLEN WISSENS UND INNERER KRAFT GEBEN, damit sie MIT FREUDE UND INNEREM FRIEDEN weiterschreiten können UND DIE Herausforderungen, die vor ihnen liegen, **WILLKOMMEN HEISSEN** ALS DIE GELEGENHEITEN, DIE IHNEN ZU WISSEN UND VER-STEHEN DER WAHRHEIT ÜBER **IHR HEILIGES, GÖTTLICHES, INNERES SPIRITUELLES ERBE VERHELFEN!**

Was also schlage ich vor? Ganz deutlich – erklärt Euren Kindern den „Mythos" von Santa Claus ganz EHRLICH und von Anfang an.

Ihr müßt DIESE LÜGE DES ANTI-GOTTES nicht weiterhin befeuern und damit Eure Kinder lähmen, weil Ihr ihnen Begrenzungen und Anbindung an „materielle" Güter beigebracht habt. Sie müssen lernen und WISSEN, daß SIE SELBST ALLES innerhalb ihres Lebens erschaffen, einschließlich des vermeintlichen „Mangels". Ihr müßt Eure Kinder VERANTWORTUNG für ihre Gedanken, Worte und Taten lehren sowie „GEDANKENDISZIPLIN", indem sie IMMER ihre eigenen Gedanken beobachten. Für die Eltern, die ihren Kindern **bereits** den „Mythos" von „Santa Claus" erklärt haben, ist JETZT die Zeit, den aufgeblasenen, vollgefressenen Bauch von Santa Claus „anzustechen" und die „heiße Luft" rauszulassen, die in diesem „satanischen Mythos" steckt. Ihr seht also, „Satan" Claus ist KEIN Bild der WAHRHAFTIGEN Christen. WAHRE Christen sind jene, die die Lehren des CHRISTLICHEN Bewußtseins und der GESETZE VON GOTT UND DER SCHÖPFUNG leben, und NICHT diejenigen, die sich selbst das Schild „christlich" umhängen, weil sie das „glauben", was irrtümlicherweise in Euren verschiedenen Bibeln steht und was man ihnen in der „Christenlehre" präsentiert.

SEHT in Santa Claus, was dieses Bild wirklich darstellt: ein lächerliches, gefräßiges Konterfei, um das GESCHÄFT mit materiellen „Gütern" und „Dienstleistungen" anzukurbeln. Schaut es Euch genau an, meine Lieben, VIELE Geschäftszweige sind ABHÄNGIG von Eurer WEIHNACHTSZEIT, in der sie den größten Teil ihres Umsatzes machen. Sie sind davon genauso ABHÄNGIG wie der ANTI-GOTT von Eurer IGNORANZ über die Wahrheit, um Euch seinen BÖSARTIGEN LEICHTSINN weiterhin verkaufen zu können. IHR füttert das TIER selbst, indem Ihr Euch dafür entscheidet, spirituell unbedarft zu bleiben.

Viele von Euch werden sich jetzt über IHR GESCHÄFT Sorgen machen, besonders, wenn sie in der Branche des MASSEN-BEWUSSTSEINS weihnachtlicher Geschenke tätig sind. WENN NICHT die Seriosität und Notwendigkeit EURES Produktes, sondern der Umsatzverlust EURE GRÖSSTE Sorge ist, solltet Ihr über EURE

Prioritäten erneut NACHDENKEN. Wenn Ihr ein Geschäft habt, das Euren Mitmenschen UND GOTT einen ehrlichen DIENST erweist, müßt Ihr Euch über Euren Erfolg keine Gedanken machen ... DES HERRN WILLE **WIRD GESCHEHEN!** Wenn aber Euer Geschäft auf den Wünschen basiert, die von den MEDIEN erschaffen werden, auf Suchtstrukturen und „sozialen" Traditionen fußt ... kann es Zeit sein, EURE PERSÖNLICHE VERANTWORTUNG GEGENÜBER GOTT, EUCH SELBST UND EUREN MITMENSCHEN GEGEN-ÜBER zu überprüfen und EUER Geschäft ZU ÄNDERN! UNMÖG-LICH, SAGT IHR?! **NICHTS IST UNMÖGLICH, WENN** IHR EURER FESTEN VERPFLICHTUNG NACHKOMMT, **IN HARMO-NIE** GOTT/ATON UND DER SCHÖPFUNG ZU DIENEN. „Wird es leicht sein, das zu ändern?" fragt Ihr. DAS hängt von EUCH ab! Das bedeutet, es ist abhängig vom Grad Eures Widerstands und der Abhängigkeit von der „materiellen" Ebene, die Euer „verändertes" Ich akzeptiert, welches natürlich vom Anti-Gott gefüttert wird, dem IHR die Erlaubnis gegeben habt, IN EUREM GÖTTLICHEN TEMPEL zu wohnen. Ob es leicht ist oder NICHT, ist nicht so wichtig. WENN Ihr auf SEELENEBENE EURE BEREITSCHAFT BEI GOTT KUNDGE-TAN HABT, WIRD EUCH EURE SEELE DIE PASSENDEN ERFAH-RUNGEN SCHICKEN, UM EURE SPIRITUELLE VERBINDUNG UND EURE VERPFLICHTUNG MIT GOTT ZU STÄRKEN. DAS WIRD VOLLKOMMEN VON EURER INNERLICH ENTWICKEL-TEN INTEGRITÄT ABHÄNGEN, ob IHR in EURER NEUERLI-CHEN PRÜFUNG SO ERFOLGREICH SEID, daß EUCH Eingang in GOTTES HEILIGES KÖNIGREICH DES LICHTS gewährt wird. So sei es.

ICH BIN Sananda, EINS mit GOTT, im Dienst von Gott/Aton und der Schöpfung. Ich danke Euch, meine kostbaren Chelas, für Eure Ver-bundenheit. Möget Ihr VON GOTT Klarheit und Verstehen erhalten, wie hier ausgeführt. Segen über Dich, kleine Schwester Druthea, für Deinen Dienst. Friede sei mit Dir. Salu.

KAPITEL 4

17. April 1991

SYSTEM DER SOZIALEN (UNSOZIALEN) FÜRSORGE UND DER ANTI-CHRIST

Ich grüße Dich, meine liebe Chela Druthea. ICH BIN Sananda im Dienst Gottes/Atons aus dem LICHT und der Schöpfung. Heute behandeln wir das Thema „Wohlfahrtssystem", was sich aber nicht um das Wohlergehen der Einzelnen kümmert, sondern sie stattdessen in die lahmlegenden Bandagen von WÜRDELOSIGKEIT und sozialer Trennung zwingt.

Wohlfahrt wird wie folgt definiert: 1. „Zustand des Wohlergehens. 2. Hilfen wie Geld, Nahrung oder Kleidung für die Bedürftigen." **Auf Sozialhilfe** sein wird definiert als „Empfänger sozialer Hilfe von der Regierung".

Ihr in den Vereinigten Staaten von Amerika habt JETZT ein System, das WOHLFAHRTSSTAAT genannt wird, definiert als „Eine Regierung, die in großem Maß die Verantwortung für das soziale Wohlergehen ihrer Bürger" übernimmt. Eure Regierung, das bedeutet, Ihr, die Steuerzahler, die die Verantwortung für ihr eigenes soziales Wohlergehen übernommen haben, übernehmen auch die finanzielle Verantwortung für Alle, auch die Familien, die sich selbst als „unfähig" ansehen, finanziell für sich selbst zu sorgen.

Bemerkt Ihr, daß Ihr GANZE Familiengenerationen habt, DIE in selbst empfundener Hilflosigkeit stecken und AN EUER SOZIAL-SYSTEM GEBUNDEN SIND? Das sind trainierte Parasiten Eures Systems, weil sie keine andere Möglichkeit als Kriminalität, Drogen, Waffen usw. KENNEN, um sich durchzubringen. Ihre Eltern sind abhängig und sie vermitteln ihren Kindern die gleiche Abhängigkeit, Würdelosigkeit und das Fehlen der persönlichen Verantwortung. Sie stecken in HOFFNUNGSLOSIGKEIT fest, da sie nicht WISSEN, daß

SIE SELBST es schaffen können, ihre Lebensumstände zu ändern. Stattdessen entscheiden sie sich dafür, gesellschaftliche Ausgestoßene zu bleiben, sind zornig und schieben dem System die Schuld zu, welches ihnen ihre menschliche Würde nimmt, bleiben aber hilflos, etwas daran zu ändern. Die Meisten von ihnen haben das Gefühl, daß SICH NIEMAND um sie kümmert, und das zu Recht.

Eine Regierung, die auf der Basis der „Sozialfürsorge" operiert, übernimmt Verantwortung für etwas, das sie NICHTS angeht. Ihr werdet zu hilflosen, nicht denkenden Sklaven erzogen, weshalb ich Euer System auch UNSOZIALFÜRSORGE nenne, weil es wie ein Krebsgeschwür hilfloser Apathie um sich greift und damit die menschliche Würde und Eure EINMAL große FREIE Nation zerstört.

Dieser durchgehende Faden ist eingewoben in ein Netz lähmender Gleichgültigkeit, besonders in Euren sogenannten CHRISTLICHEN Kirchen. Ihr habt sicherlich schon mal den Satz gehört „Gott sorgt für Dich", der von den Christen ziemlich locker dahergesagt wird. Die sogenannten christlichen Führer sagen das auch oft in einer SEHR herablassenden Art und Weise zu denjenigen, die sozial oder finanziell „nicht so gut betucht" sind. Und bald wird dieser, von der menschlich-religiösen Betrugsdoktrin Betrogene zu sich selbst sagen „Gott wird für mich sorgen", wenn er Schlange steht für seinen Sozialhilfescheck oder bei Familie und Freunden um Unterstützung bittet.

Ich sage Euch, GOTT WIRD FÜR EUCH SORGEN, aber: GOTT HILFT DENEN, DIE SICH SELBST HELFEN! Das bedeutet, Ihr Lieben, daß Ihr EUREN VON GOTT GEGEBENEN VERSTAND nutzen, um Führung BITTEN und PERSÖNLICHE VERANTWORTUNG übernehmen sollt, dabei aber ETWAS TUT, um EUCH selbst von DER VERGIFTETEN MUTTERMILCH DES SOZIALSYSTEMS (UNSOZIALSYSTEMS) ZU BEFREIEN. Gott/Aton hat JEDEN VON EUCH mit Fähigkeiten ausgestattet, die Euch die Möglichkeiten verleihen, für Euch selbst zu sorgen, wenn Ihr die Verantwortung für Euch selbst übernehmt und IN SEINEM DIENST steht. Also, wem dient Ihr, wenn Ihr Opfer im SOZIALSYSTEM werdet, gepaart mit der MENTALITÄT, „Big Brother kümmert sich um mich, ich kann mich nicht selbst um mich kümmern"?

Jetzt höre ich schon die Proteste, „wie kann man von denen, die innerhalb des Sozialsystems leben, erwarten, daß sie dort einfach aussteigen?". Wäre es nicht besser, diese „Illusion" des Abhängigkeitssystems UNSOZIALFÜRSORGE zu durchbrechen, solange IHR EUCH SELBST DAFÜR ENTSCHEIDEN KÖNNT? Worauf ich hinaus will, meine Lieben, ist, daß eine Zeit auf Euch zukommt – und sie kommt schneller als Ihr denkt – in welcher EURE REGIERUNG NICHT MEHR die Mittel haben wird, um alle SOZIALHILFE-EMPFÄNGER aller Arten weiterhin zu versorgen. Eure Regierung befindet sich im finanziellen BANKROTT und das wurde so geplant, wie Ihr wissen solltet, wenn Ihr die Botschaften von Commander Hatonn in den *Phönix-Journalen* gelesen habt. Das Tier, das über EURE Regierungen und EURE Medien operiert und Euch kontrolliert, hat Euch in die ABHÄNGIGKEIT konditioniert ... auf diese Art und Weise entstehen mehr gefügige Sklaven.

DIE MEISTEN von Euch wüßten ja gar nicht, wie sie sich ernähren sollten, wenn sie keine funktionierenden Lebensmittelgeschäfte hätten! Es ist an der Zeit, daß JEDER EINZELNE VON EUCH, ob nun SOZIALHILFEEMPFÄNGER oder Angestellter in einer Firma innerhalb des Systems, wirklich NACHDENKT, wo SEINE persönlichen Schwachstellen liegen, was ehrliche EIGENVERANTWORTLICH-KEIT (selbstbestimmt), UNABHÄNGIGKEIT und SELBSTVERSOR-GUNG betrifft. JEDER von Euch muß seine Schwächen anschauen, damit IHR Euch SELBST in den Bereichen STÄRKEN könnt, in denen Ihr noch abhängig seid in diesem sichtbar offenkundigen Kommunismus, den die „Elite" jetzt allerdings **Demokratie** nennt, die definiert wird als „1. Eine Art Regierung, in welcher die politische Macht beim Volke liegt und von ihm direkt oder über Bevollmächtigte ausgeführt wird. 2. Ein auf diese Weise geführter Staat. 3. Geist oder Praxis einer politischen, rechtlichen oder sozialen Gleichheit." Das Problem bei diesem Begriff, wie SIE ihn auslegen ist, daß sie darunter die

Gleichstellung der Elite sehen, die zu ihrem eigenen ZWECK harte Kontrolle über die Massen ausübt. Und die Gleichberechtigung VON EUCH SKLAVEN, KEINE Rechte zu haben außer die, die SIE, die Tyrannen, Euch zugestehen.

Was Ihr eigentlich wollt ist, Eure Regierung als FREIE und unabhängige Individuen zu sehen, was aber **REPUBLIK** bedeutet, definiert wie folgt: „Ein Staat, in welchem das Volk der Souverän ist und die gesetzgebende und ausführende Macht bei den Handlungsbevollmächtigten liegen, die von ihm gewählt werden." Eure DERZEITIGE Regierung ist ein lächerlicher Witz, in dem Ihr, das Volk, NIEMANDEN wählt und die FÜHRUNGSMACHT völlig AUSSER KONTROLLE GERATEN IST ... es sei denn, natürlich, wenn GENÜGEND von Euch bereit sind, die Einhaltung EURER Verfassung und der Bill of Rights einzufordern und EUCH DIE MACHT eines unabhängigen Souveräns in einer REPUBLIK FÜR UND DURCH DAS VOLK ZURÜCKZUHOLEN ... EINE NATION UNTER GOTT.

Ich, Sananda, und meine Brüder des LICHTS, die bei mir sind, Lord Michael, Saint Germain, Commander Hatonn und ALL die Anderen, die ungenannt dienen sowie UNSER Göttlicher Vater Aton, wünschen sich nur eines, daß IHR ERKENNT, DASS IHR EURE SELBSTERSCHAFFENE, SEHR SCHWIERIGE SITUATION ÄNDERN KÖNNT, wenn Ihr nur EURE EIGENVERANTWORTUNG UND EURE INNERE MACHT, DIE DAMIT EINHERGEHT, ERKENNEN WOLLTET ... JEDER EINZELNE VON EUCH!

Ich möchte hier WB meine Anerkennung aussprechen, denn er hat als wahrhafter PATRIOT für Freiheit gekämpft und er gehört zu denen, die unserem Vater Gott/Aton dienen. Er hat eine exzellente Idee geboren, wie man erfolgreich Eure sogenannten gewählten politischen Vertreter erreichen kann. Seinen Plan nennt er „Adoptiert einen Gesetzgeber". Der Plan ist einfach genial. Man geht hin und „adoptiert" mehr oder weniger einen oder mehrere Mitglieder des Kongresses, Senatoren und andere Vertreter seines Staates und macht SICH BUCHSTÄBLICH LAUT, DEUTLICH UND IMMER WIEDER

BEMERKBAR. Wißt Ihr, NICHT ALLE innerhalb eines Systems gehören zu den Bösen. Wenn sie nur noch einen Funken Verantwortungsbewußtsein in sich tragen, können sie gedreht und aus den Fängen des Widersachers befreit werden, WENN sie wissen, daß IHR, DAS VOLK, EUCH GEDANKEN MACHT UND SIE AUF IHREM WEG UNTERSTÜTZEN WERDET! Gottes Segen für Dich, Du wunderbarer WB, und möge SEIN Licht auf Dich scheinen immerdar.

Nun, bis jetzt haben sich wahrscheinlich Viele gefragt, ob ich Euch empfehle, diejenigen nicht zu unterstützen, die in ihre eigene Falle gegangen sind, weil sie ignorant und apathisch innerhalb des Systems gelebt haben, das man Sozialfürsorge nennt, was aber eigentlich eine Unsozialfürsorge ist. [A.d.Ü.: Sananda bringt in diesem Kapitel immer wieder das englische Wortspiel „Welfare-Sick-fare", was man leider so nicht ins Deutsche übertragen kann.] Ich sage Euch, IHR unterstützt DEREN Fesselungen, weil Ihr die Sozialfürsorge durch Eure Steuerzahlungen fortwährend finanziert. Würdet Ihr einem Obdachlosen oder einer obdachlosen Familie helfen, wenn Ihr plötzlich vor dieser Entscheidung stündet? NATÜRLICH WÜRDET IHR DAS TUN! Aber NICHT, INDEM IHR IHNEN IHRE WÜRDE NEHMT UND IHREN GLAUBENSSATZ UNTERSTÜTZT, DASS SIE „HILFLOS" SIND. Ihr würdet Euch stattdessen so etwas wie „HILFE DURCH ARBEIT" einfallen lassen, indem Ihr ihnen zuerst ihre hungrigen Mägen füllen und dann diesen Unglücklichen helfen würdet, SICH SELBST ZU HELFEN. Das ist kein neuer Ausdruck, HILFE DURCH ARBEIT, Viele haben schon versucht, diese Art von Programm innerhalb Eures derzeitigen aufgeblasenen und korrupten Systems zu installieren, aber meistens erfolglos.

Wer von Euch umsichtig war und seine Hausaufgaben bezüglich unabhängiger Selbstversorgung gemacht hat, hat das ja nicht NUR für sich und seine Familie getan. Viele von Euch, die diese Fähigkeiten haben, haben MEHR erwirtschaftet als sie und ihre Familien gebraucht haben. Eure größten „ÜBERLEBENSCHANCEN" in den wahrscheinlich kommenden Zeiten der finanziellen Veränderungen und Unsicherheiten habt Ihr, wenn Ihr Euch als GEMEINSCHAFT zusammentut nach dem Motto Nachbar hilft Nachbar, indem Ihr Eure Produkte verkauft oder tauscht, genauso wie Eure handwerklichen oder sonstigen Fähigkeiten. GENAU AUS DIESEM GRUND haben Commander Hatonn und Andere auf Eurer Ebene immer wieder die Wichtigkeit von KLEINEN STÄDTISCHEN GEMEINSCHAFTEN als Lebensräume hervorgehoben. Mit weniger Menschen, und die meisten von ihnen als Selbsternährungsgemeinschaften, werdet Ihr unter verhältnismäßig guten Bedingungen überleben können, verglichen mit den Straßen riesiger Großstädte.

Für Euch wird es jetzt Zeit zu lernen, wie man EHRLICHE GEMEINSCHAFT PRAKTIZIERT, damit Ihr ein BAND zwischen EUCH UNTEREINANDER UND GOTT weben könnt. Gemeinschaft wird wie folgt definiert: „1. Eine Gruppe von Menschen, die zusammen in einer nachbarschaftlichen Lage leben und gemeinsames Brauchtum und Interessen pflegen. 2. Der Landkreis, in dem Ihr lebt. 3. Menschen mit besonderen gemeinsamen Interessen: wissenschaftliche *Gemeinschaft*; die deutsch-amerikanische *Gemeinschaft*. 4. Die Öffentlichkeit; die Gesellschaft im Allgemeinen. 5. Gemeinsamer Besitz oder Teilhabe." DIESE Gemeinschaft hier, die Tejas Shape genannt wird (Tal der Leuchtkraft) ist DAS VORHERRSCHENDE MODELL, das dazu ausersehen wurde, Geschäftstätigkeiten zu entwickeln, die im Einklang MIT DEM DIENST AN GOTT stehen. Es gibt viele andere Gemeinschaften, die gerade am Beginn stehen und sich formieren werden. Tehachapi, wie es derzeit genannt wird, hat den stillen und ehrenwerten Vorteil, daß es VON GOTT als Modell gewählt wurde, wie man einen harmonischen Kreis von souveränen, sich selbst versorgenden Einzelpersonen bildet, die wie ein Team zusammenarbeiten und zeigen, wie man DIE GESETZE GOTTES UND DER SCHÖPFUNG UNTERSTÜTZT UND AUCH LEBT. Auf der anderen Seite kann eine **Gemeinschaft** auch definiert werden als: „Eine Gruppe von Personen, die keine einzelne Familie darstellen, aber ein gemeinschaftliches Heim oder Land besitzen." Das bedeutet üblicherweise, sich Heim,

Land und auch BETT zu teilen. AUS DIESEM GRUND WERDEN DIESE HIER, ALSO DIE SOUVERÄNEN EINZELPERSONEN, DIE AN DER VERBREITUNG DES WORTES ARBEITEN, NICHT ALS **GRUPPE** ODER **GEMEINSCHAFT** BEZEICHNET ... es sind einzelne Personen, die ein GEMEINSAMES Interesse daran haben, die WAHRHEIT zu verbreiten, um als GÖTTLICHES TEAM EUCH, ihre Brüder, durch die Veröffentlichung DES WORTES zu helfen, damit Ihr wieder in GÖTTLICHE Harmonie und Verhalten kommt. Ich hoffe, daß ich mich klar genug ausgedrückt habe. So sei es.

KAPITEL 5

18. April 1991

VER-*SICHER*-UNG – (NICHT-*SICHER*-UNG) UND DER ANTI-CHRIST

Ich grüße Dich, liebste Chela Druthea. ICH BIN Sananda. Ich komme im Dienst zusammen mit meinen Brüdern des LICHTS und im Dienst von Gott/Aton, unserem Heiligen, Göttlichen Schöpfer und der Schöpfung.

Unsere kleine Schwester hat sich bei mir erkundigt, warum ich solche Themen wie Santa Claus, Fürsorge und Versicherung bespreche und was diese mit „spirituellen" Lehrstunden zu tun haben. Sie selbst hat diese Fragen jetzt nicht mehr, aber ich werde für Euch, die Ihr ähnliche Fragen gestellt habt, noch ein paar Erläuterungen dazu geben.

Könnt Ihr Euch erinnern, daß wir ein ganzes Buch (The Phoenix Operator/Owner Manual) darüber geschrieben haben, was DER **INNERE** ANTI-CHRIST IST, über DIE TODSÜNDEN und, noch wichtiger, ÜBER DIE GESETZE GOTTES UND DER SCHÖPFUNG, und daß sich ALLE daran halten müssen, um die Balance WIEDER HERZUSTELLEN UND AUFRECHTZUERHALTEN? Und hat nicht Commander Hatonn durch seine wunderbare Sekretärin Dharma etwa FÜNFUNDZWANZIG Bände über die PHYSISCHEN MANI-FESTATIONEN des Anti-Gottes innerhalb Eurer politischen, sozialen, wirtschaftlichen und religiösen Institutionen auf diesem Planeten geschrieben? Woher, glaubt Ihr, kommen diese ÄUSSEREN Mani-festationen des BÖSEN und wieso wurde ihnen zugestanden, als KRANK-heit eines rasend zerstörerischen KREBSGESCHWÜRS auf Eurer Ebene weiter zu existieren? SIE (DIESE ÄUSSERLICHE ZER-SETZUNG) ENTSTEHT **ZUERST IN EUCH**, DAMIT SIE SICH IN DER ÄUSSEREN WAHRNEHMUNG EURER WESENHEITEN MANIFESTIEREN KANN! IHR HABT DAS TIER IN EUCH

ZUGELASSEN UND GENÄHRT, ALSO HABT IHR AUCH DIE JETZT NAHE ZERSTÖRUNG EURER MENSCHHEIT UND EURES GELIEBTEN PLANETEN MANIFESTIERT!

Meine Absicht ist die gleiche wie die UNSERES Bruders Hatonn, so, wie sie von GOTT/ATON, UNSEREM SCHÖPFER von EUCH erbeten wurde, (bittet, so wird EUCH GEGEBEN), Euch DAS BÖSE, DAS IN DEN MEISTEN Eurer kulturellen EINRICHTUNGEN vorherrscht, STÜCK FÜR STÜCK aufzuzeigen, da Ihr es einfach als gegeben hingenommen habt, OHNE sorgfältig darüber nachzudenken. Nun, JETZT ist die Zeit, daß ALLES, was nicht im Einklang und in Harmonie MIT DEN KOSMISCHEN GESETZEN ARBEITET, aufgedeckt wird wegen der bösartigen Verlogenheiten über materielle Anhaftungen, die sie darstellen. ALLES BÖSE WIRD IN DIE ASCHE DER SELBSTZERSTÖRUNG ZERFALLEN UND ALS SOLCHES ERKANNT WERDEN, NÄMLICH ALS EINE ILLUSION TRÜGERISCHER LÜGENGEBÄUDE UND „VERNEBELUNG", DIE SIE IST. Aus diesem Grund trägt die Wiederkunft Gottes DEN PHÖNIX ALS SEIN SYMBOL, denn er zeigt das sich selbst auffressende Böse UND DIE WIEDERGEBURT DER GOTTGEFÄLLIGKEIT auf Eurem Planeten! Für Euch, die Ihr das BÖSE im Inneren und im Äußeren überwinden müßt, sind wir, ICH UND MEINE BRÜDER AUS DEM LICHT gekommen, um die Illusionen aufzulösen, die Euch GEBUNDEN UND GEKNEBELT und Euch in die Abkoppelung von EUREM GÖTTLICHEN, HEILIGEN ERBE DER EINHEIT MIT ALLEM getrieben haben. WAS BLEIBT EUCH, wenn Ihr Euch von ALLEN BÖSEN ILLUSIONEN GELÖST HABT? GOTT, meine Lieben, Eure unsterbliche Seele als Teil DES EINEN IST DAS EINZIG WAHRE UND GEHEILIGTE KLEINOD DER WAHRHEIT und mit DEM WILLEN GOTTES IN EUCH, WIRD SIE VON DER FESSEL DIESES MATERIELL ORIENTIERTEN PLANETEN BEFREIT!

Jetzt möchte ich auf unser Thema zurückkommen, Versicherung (Ver-UNsicherung) und der Anti-Christ: Zuerst wieder die Definition von **Versicherung**: „1. Finanzieller Schutz gegen Risiko, Verlust oder Ruin, gewährleistet durch eine Firma gegen Beitragszahlungen; auch: das Geschäft, diesen Schutz zu gewährleisten; 2. Jede Sicherheitsvorkehrung gegen Risiko oder Schäden." Jetzt wollen wir aber auch **garantieren, gewährleisten und Sicherheit, Vertrauen, Zusicherung** definieren: „1. Absichern oder sicherstellen; fest gewährleisten. 2. Etwas sichern, befestigen; garantieren. 3. Dafür sorgen, sich sicher zu fühlen; überzeugt sein. 4. Versprechen. 5. Versichern gegen Verluste. **Sicherheit, Vertrauen, Zusicherung,** „1. Der Akt der Zusicherung oder der Status des Vertrauens. 2. Selbstbewußtheit; Mut, Tapferkeit." [A.d.Ü.: Sananda spielt hier mit den beiden englischen Begriffen „Insurance" und „Assurance", was im Deutschen über das Wort „Versicherung" nicht so klar zu erkennen ist.]

Na also, es scheint, Ihr habt sehr gute Arbeit geleistet, um Eure ÄNGSTE und MÖGLICHE „MATERIELLE" SCHÄDEN IN DER ZUKUNFT zu versichern. Ihr BEZAHLT einfach irgendwem, in diesem Fall einer „Versicherung", eine Gebühr, die so berechnet wurde, daß dieser Beitrag IHNEN den GERINGSTEN Verlust und den HÖCHSTEN Profit beschert und SIE beschwichtigen damit Eure Ängste vor VERLUST. Natürlich habt Ihr erst DIE KOSTEN für die Neubeschaffung dieser Werte zusammengestellt, wie zum Beispiel dem Haus oder dem Auto oder der MEDIZINISCHEN VERSORGUNG und zwar in einem solchen EXTREM, daß die MEISTEN von Euch es sich gar nicht leisten können, sich OHNE einen Versicherungsvertrag um sich selbst zu kümmern.

Sage ich damit, daß es falsch ist, in Eurer derzeitigen Struktur und Gesellschaft KEINE Versicherung zu haben, wenn Ihr in der Lage seid, Euch diese zu leisten? ÜBERHAUPT NICHT. Was ich Euch aber sagen möchte ist, daß dieses „Versicherungssystem" ÄNGSTE und EURE ANGENOMMENE UNFÄHIGKEIT UNTERSTÜTZT, AUS EUCH HERAUS POSITIVE BALANCE ZU MANIFESTIEREN, WIE ES mit dem SOZIALSYSTEM Eurer Regierung auch ist und auch VERSICHERUNGSGESELLSCHAFTEN VERSAGEN, denn es wird wahrscheinlich eine Zeit kommen, in der sie NICHT MEHR die

FINANZIELLEN MITTEL aufbringen können, um EURE Forderungen zu bezahlen.

Die gesamte theoretische Struktur einer „Versicherung" gründet auf einer Gruppe oder einer Firma, die eine *Garantie* aufgrund eines Finanzpools anbietet, der durch sogenannte *Beiträge* einer großen Anzahl von Teilnehmern zustande kommt und bei möglichen Verlusten bei ZUKÜNFTIGEN Umständen haftet, die aber in sich schon VERMUTEN lassen, daß es *mögliche* Umstände sind, über die IHR keine Kontrolle habt. Die Versicherungsgesellschaft oder Gruppe hat durch versicherungsmathematische Berechnungen aus gesammelten Statistiken sogenannte TABELLEN entwickelt, die nur dazu dienen, DAS RISIKO der Versicherungsgesellschaft ZU BEGRENZEN, indem sie das Risiko bestimmen und kategorisieren, und zum Beispiel bei Lebensversicherungen zu Alter und Geschlecht der Person auch solche Details wie Wohnort und Arbeitsplatz aufnehmen, die ebenfalls in den „Risikofaktor" mit einfließen. Bis vor ein paar Jahren waren die größten Versicherungsgesellschaften sehr gewinnträchtig, besonders die, die „KAPITAL-LEBENSVERSICHERUNGEN" verkauft haben gegenüber den „RISIKO-LEBENSVERSICHERUNGEN", die für den Verbraucher generell günstiger sind. WARUM? Weil sie VIEL höhere Beiträge von den Versicherungsnehmern, Familien und Firmen kassiert haben, als sie jemals an Forderungen hätten zurückzahlen müssen. Nun, da die meisten Versicherungsgesellschaften ihre Gewinne in Immobilien und Aktien INVESTIERT haben, haben die Meisten enorme VERLUSTE eingefahren, weil ihre Investments aus verschiedenen Gründen „faul" wurden, hauptsächlich wegen vieler schwächelnder Firmen, wegen des Rückgangs der Immobilienwerte und -verkäufe, wegen Eurer riesigen Staatsverschuldung und des allgemeinen Vertrauensverlustes innerhalb Eurer Firmen- und Regierungsstrukturen, was ja den Meisten von Euch bewußt ist. So, was das offensichtlich bedeutet ist, daß IHR mit hoher Wahrscheinlichkeit NICHT in der Lage sein werdet, irgendwelche Forderungen an Eure Versicherungsgesellschaften durchzusetzen, da sie höchstwahrscheinlich nicht weiter bestehen und deshalb auch keine Finanzkraft mehr besitzen, um Euch auszuzahlen.

Was läuft jetzt wirklich falsch mit dieser menschlichen Institution, genannt Versicherung, soweit IHR betroffen seid, die Ihr doch nur EUREN Gott der LICHTMÄCHTE und FREIHEIT beansprucht? Ganz einfach – sie schüren Eure ÄNGSTE über die von Euch angenommenen UNBEKANNTEN MÖGLICHKEITEN, die eventuell passieren könnten, die Euch VERLUSTE von üblicherweise *materiellen* Gütern bringen könnten. Erinnert Ihr Euch, was wir im Journal *The Phoenix Operator/Owner Manual* besprochen haben, wie Eure EINSTELLUNG ZU ZUKUNFTSÄNGSTEN EUCH DAVON ABHÄLT, FÜR EURE JETZTZEIT POSITIVE MANIFESTATIONEN ZU SCHAFFEN? Und auch, DASS JEDER VON EUCH die VERANTWORTUNG dafür trägt, was SICH in SEINER Illusion manifestiert? BITTE LEST DIESES JOURNAL NOCH EINMAL, WENN IHR IMMER NOCH DARÜBER VERUNSICHERT SEID! Eine Versicherung, die eine menschen-gemachte Garantie gegen mögliche VERLUSTE gewährt, die IHR selbst erschaffen habt, ist eine Garantie dafür, Euch machtlos zu halten und Euch der Verantwortung für Eure manifestierten Erschaffungen und Erfahrungen zu entziehen. DIE EINZIGE VERSICHERUNG ODER ZUSICHERUNG, DIE IHR HABT IST, DASS IHR DURCH DIE GNADE UNSERES SCHÖPFERS GOTT/ATON MIT EINER WUNDERBAREN, UNSTERBLICHEN SEELE UND EINER VERNUNFTBEGABUNG AUSGESTATTET SEID, DIE ALLE „SCHLÜSSELELEMENTE" FÜR EIN UNBEGRENZTES SPIRITUELLES SCHÖPFERPOTENTIAL ENTHÄLT, WELCHE ALS FRAGMENT GOTTES/ATONS UND DEM EINEN VON ALLEM WAS IST, EXISTIERT! ...

Meine lieben Chelas, welche „Garantien" braucht IHR noch? Wenn Ihr das Gefühl habt, eine Versicherung haben zu müssen, sagen wir für den Fall eines Brandes in Eurem Haus, nährt Ihr dann nicht Eure eigene Angst vor einem solchen Fall? Und auch Euren Glaubenssatz, daß IHR nicht mehr ausgleichende Umstände für Euch selbst erschaffen könnt? Ihr erschafft ALLES, jede einzelne Gegebenheit! Was glaubt Ihr, würde passieren, wenn Ihr EUREN WILLEN MIT GOTTES WILLEN IN EINKLANG BRINGT? Euer inneres unbegrenztes Schöpfungspotential beginnt zu FLIEGEN innerhalb der Bereiche von AUSFÜHRUNG UND VERWIRKLICHUNG. IHR WERDET ZU EINEM BEWUSSTEN MIT-SCHÖPFER IM UNIVERSUM! EURE VER-SICHER-UNG IST DIE GNADE GOTTES UND DER EUCH INNEWOHNENDE LEBENSSINN!

Meint Ihr jetzt, ich schlage Euch vor, daß Ihr heute noch ALLE Versicherungen kündigt? Natürlich NICHT. Es ist klar, daß Ihr damit wahrscheinlich extreme Schwierigkeiten haben würdet, denn viele Versicherungsarten, wie zum Beispiel die „Haftpflichtversicherung" für ein Haus oder für Euer Auto, sind als PFLICHTVERSICHERUNGEN in Euer System eingebaut, entweder von der US-Regierung oder dem Bundesstaat, in dem Ihr lebt. Dahinter stand die eigentliche Absicht von Einigen, die diese Haftpflichtversicherungen zu gesetzlichen PFLICHTVERSICHERUNGEN machten, diejenigen in die Verantwortung zu nehmen, die sich laut ihrer Beobachtungen der **Eigenverantwortung** bei „Unfällen", wie Ihr das nennt, als Fahrer der Fahrzeuge entziehen. Mittlerweile wißt Ihr aber, daß es KEINE Unfälle gibt. Alle beteiligten Parteien tragen zu diesem Umstand bei und tragen auch die Verantwortung für die Lehrstunden zu diesem Thema sowie auch entsprechende Justizirrtümer.

Worauf ich hinaus will – ich möchte, daß Ihr wirklich darüber NACHDENKT, warum Ihr die Dinge tut, die Ihr tut. Warum, zum Beispiel, meint Ihr, eine Versicherung (wenn Ihr die Wahl habt) für einen in der Zukunft liegenden möglichen Verlust haben zu müssen? „Klebt Ihr immer noch so fest" an Euren materiellen Besitztümern? Könnt Ihr nicht ALLES mit der Hilfe Eures INNEREN Gottes wieder neu erschaffen? Natürlich könnt Ihr das! Ihr habt es nur vergessen.

Also laßt uns die menschlichen Versicherungen als „Begrenzungen" sehen, die Euch „Seelenfrieden" bescheren, während Ihr Euch auf DIESER Ebene aufhaltet, aber wißt, daß das NICHT nötig ist, wenn Ihr in die vierte Dimension oder in höhere Bereiche der Göttlichen Existenz aufsteigt.

Es gibt natürlich neben dem Kauf einer Versicherung bei einer Gesellschaft noch andere Wege, an die man bei dem Wort „Versicherung" denken kann. Ihr wurdet zum Beispiel durch die *Phönix-Journale* geführt mit dem Gedanken, daß Ihr auch andere Arten von Schutzvorkehrungen gegen wahrscheinliche und **bekannte** Veränderungen treffen könnt, die mit der Transformation von Euch selbst und Eurem Planeten einhergehen. Das würde ich jetzt INTELLIGENTE Versicherung nennen, die Ihr mit Vorbereitungen für Lebensmittel und Kleidung schon gemacht habt, denn damit werdet Ihr auf diesem physischen Planeten relativ bequem EUREN DIENST AN GOTT FORTFÜHREN KÖNNEN, wenn Ihr den TRANSFORMATIONS-PROZESS durchlauft. Noch seid Ihr „physische" Wesen, die innerhalb der angenommenen Grenzen auf dem Planeten leben. So, wie Ihr das wahrnehmt, brauchen Eure Körper „stoffliche" Nahrung und Bekleidung, während wir, die HIMMLISCHEN HEERSCHAREN, Euer inneres, spirituelles Wissen nähren und Euch innere Kraft und Dokumentationen über Euer bereits erschaffenes physisches Umfeld geben. Wir müssen deshalb mit Euch, Ihr Brüder, die sich für die Zusammenarbeit mit Gott verpflichtet haben, in einer Art Ausgleich zusammenarbeiten, der die Begrenzungen Eures Planeten erkennt und respektiert und dennoch Euer Bewußtsein über den Stand Eurer von Euch selbst erschaffenen physischen Begrenzungen hinaus ausweitet. Das ist eine unserer größten Herausforderungen und es liegt auch mir und speziell unserem Geliebten Bruder Hatonn am Herzen, uns ständig darum zu bemühen, in den Meisten von Euch ein Erwachen in schnellstmöglicher und effektivster Art und Weise zu erreichen oder es zu entzünden.

Was ist also dann der Unterschied zwischen einer positiven, **intelligenten** Versicherung und einer ANGST-schürenden Versicherung? Eine intelligente Versicherung zu haben bedeutet, die Verantwortung für das zu übernehmen, WAS IHR BEREITS MANIFESTIERT habt und für BEKANNTE, mögliche Vorkommnisse. UND die Akzeptanz der Transformation von EUCH UND EUREM PLANETEN und EURE Rolle im DIENST AN GOTT, indem Ihr diesen Transformationsprozeß AKTIV unterstützt durch die VERBANNUNG des Bösen und die darauf folgende Erschaffung einer GÖTTLICHEN Harmonie, indem Ihr Seine und die Gesetze der Schöpfung befolgt. Nun, die angstbasierte Versicherung verwehrt Euch Eure positiven Schöpfungsfähigkeiten und unterstützt stattdessen die Teilnahmslosigkeit gegenüber Eurer Verantwortung für ALLES, was Ihr erschafft. Außerdem gründet SIE auf Euren VERLUSTÄNGSTEN gegenüber „materiellen" Objekten, Eurem Leben oder auf der Angst vor möglicher Krankheit und der Unfähigkeit, die Behandlungskosten bezahlen zu können. Versteht Ihr jetzt den Unterschied?

Nun habe ich auch festgestellt, daß Ihr häufig und über längere Zeit hinweg mit ANGST reagiert, wenn Euch das Wissen über die Wahrheit Eurer selbst erschaffenen „schlechten" Lebensumstände erreicht und Euch das „vor Augen" geführt wird. Viele von Euch bleiben auch für eine größere Zeitspanne ängstlich, bis sie diese Informationen verarbeitet und die Verantwortung und persönliche Macht, die damit zusammenhängt, akzeptiert und verinnerlicht haben. Ihr werdet aber herausfinden, daß Eure Ängste verschwinden, sobald Ihr angefangen habt, Euch ernsthaft um den DIENST AN GOTT zu bemühen, Ihr deshalb Führung bei Euren Zielen erhaltet und die notwendigen inneren und äußeren Veränderungen und Vorbereitungen vollzogen habt ... und zum Schluß, wenn Ihr Euer spirituelles Erwachen in Eurem Inneren stärkt, werden sie sich vollständig aufgelöst haben.

Jetzt wollen wir etwas näher auf Lebensversicherungen eingehen. Normalerweise ist es so, daß der „Haushaltsvorstand", der „Ernährer" oder der Finanzträger der Familie dazu neigt, eine Versicherung abzuschließen, damit seine Familie im Falle seines Ablebens eine gewisse Summe erhält, um ihren täglichen Lebensstandard aufrechterhalten zu können. Das ist für Viele in diesen, Euren Zeiten eine sehr edle Denkweise, die finanzielle Unterstützung zu sichern, wenn man weiß, daß die Familie harten Zeiten entgegengeht, wenn der Ernährer nicht mehr „da" ist, um dafür zu sorgen. Aber, sagen wir es mal so, diese Familie hier hat sich UNABHÄNGIG gemacht, der gesamte „Besitz" ist bezahlt, einschließlich Ihres Hauses, WEIL sie die Möglichkeiten dazu hatten. Und außerdem legen sie Beträge für Notfälle zur Seite, die ausreichen, den Haushalt aufrechtzuerhalten, bis sie wieder finanzielle Unabhängigkeit erreicht haben. Und außerdem haben sie weise die Maßnahmen für den Schutz ihres „unbelasteten" Vermögens und ihrer Privatsphäre umgesetzt, die in solchen *Phönix-Journalen* wie „Privacy in a Fishbowl" und „You can slay the Dragon" beschrieben sind. Dazu gehört auch, daß sie eine Gemeinschaft aufgebaut haben, in der ihre Nachbarn, Freunde und vielleicht andere Familienmitglieder „mit anpacken", wenn durch einen „Unglücks-" oder „Todesfall" Not am Mann ist.

Ihr habt zum Beispiel auch welche, die tief „religiös" sind, aber (trotzdem) doch eine Art „Gemeinschaft" als Bruderschaft in der Verpflichtung für Andere eingehen. In dieser Beziehung sind sie ein wunderbares Beispiel. Sie nennen sich Amish (Protestantische Christen), benannt nach ihrem Gründer Jacob Ammann und es ist eine Sekte der sogenannten Mennoniten. Habt Ihr von denen schon mal gehört, die bevorzugt in Euren nordöstlichen Staaten, besonders in Pennsylvania, leben? Dann gibt es noch die Mennoniten (daher kommt auch die Sekte der Amish), und diese sind benannt nach Menno Simons, dem Sektenführer, der von 1492 bis 1559 gelebt hat. Beide dieser religiösen „Sekten" verweigern die Ausführung eines Eides, einen Beruf beim Staat und den Militärdienst. Sie sind überwiegend Landwirte, und (sie) (speziell die Amish) nutzen nur selten moderne Technik wie Autos, Wasch- oder Spülmaschinen, ja sogar nicht einmal Telefon. Sie sind diejenigen, die als Ganzes gesehen, in EUREM Land und in Euren Zeiten mit der Natur am meisten in Einklang leben. Sie haben sich als Einheit autark und UN-abhängig gemacht und leben die GEMEIN-SCHAFT in wahrsten Sinne des Wortes GEMEINSCHAFT. Durch die eingegangene Verpflichtung „Bruder hilft Bruder" haben sie selbst den Nutzen einer „eingebauten" SICHERHEIT jedes Einzelnen innerhalb der Gemeinschaft als Teil des GANZEN. Nun, ich möchte keine Meinung zu ihrer spirituellen „Vollkommenheit" abgeben, denn ihre „Glaubenssätze" sind genauso belastet mit Begrenzungen wie bei FAST ALLEN anderen, sogenannten „christlichen" und „anderen" Glaubensarten. Denkt daran, es geht nicht darum, WIE Ihr Euch in den menschlichen Religionsstrukturen benennt, ES KOMMT DAR-AUF AN, WIE IHR DENKT, WIE ES IN EUREM HERZEN AUS-SIEHT UND WIE IHR HANDELT, denn das wird von Eurem Selbst beurteilt, wenn Ihr nackt und bloß vor GOTT/ATON steht. Auf einen Nenner gebracht, Ihr könnt SEHR VIEL über GEMEINSCHAFT lernen, wenn Ihr den Lebensstil dieser Geschätzten studieren würdet, die sich zum größten Teil strikt an die GEBOTE GOTTES halten, da sie damit indoktriniert worden sind. Sie sehen, genau wie viele andere „christliche" Sekten Gott aber immer noch AUSSERHALB ihrer eigenen Wesen und sie haben noch andere „angenommenen" Grenzen innerhalb ihrer „Glaubens"struktur. Ich hoffe, ich habe meinen STANDPUNKT KLAR gemacht, was Vorteile und Verständnis eines solchen Lebens innerhalb der GÖTTLICHEN Struktur mit sich bringt und WAS EINE ECHTE GEMEINSCHAFT IST … INNERHALB DER GESETZE GOTTES UND DER SCHÖPFUNG. So sei es.

Jetzt besprechen wir noch das, was Ihr MEDIZINISCHE und ZAHNMEDIZINISCHE Versicherungen nennt. Ihr habt etwas, was Ihr ein Regierungs-unterstütztes (Steuerzahler) medizinisches Versicherungsprogramm nennt für solche, die sich keine Versicherung leisten können und für ältere Menschen – ich glaube, Ihr nennt es Medicaid. Und wieder – aller Wahrscheinlichkeit nach wird eine Zeit kommen, in der es KEINE Mittel mehr gibt, um diese „Geschenkprogramme" zu finanzieren. Habt Ihr aber bemerkt, daß die Gebühren für MEDIZINISCHE und ZAHNMEDIZINISCHE Behandlungen, die von Ärzten, Zahnärzten und Krankenhäusern abgerechnet werden, STÄNDIG STEIGEN? Diese Kosten liegen JETZT SCHON außerhalb der Möglichkeiten eines Durchschnittsamerikaners, der keine VERSI-CHERUNG hat. Was also macht Ihr in der Zwischenzeit? Mit dem

Wissen, daß EURE Versicherungsgesellschaft möglicherweise in den Bankrott geht, was viele von Euch in ein Dilemma stürzen wird? Und doch lernen viele von Euch von der KRAFT, Euch selbst GESUND zu erhalten, und wenn Ihr darüber hinaus in Gottes Dienst steht, werden die Meisten von Euch ERNSTE Krankheiten oder „Unfälle" vermeiden können. Viele von Euch entdecken ALTERNATIVE, „natürliche" Heilmittel und „Homöopathie" (ein Behandlungssystem, das winzige Mengen von Stoffen einsetzt, die die gleichen Symptome hervorrufen wie die zu behandelnde Krankheit) und wenden PRÄVENTIVE Möglichkeiten der Selbstbehandlung an, wie zum Beispiel einen gesunden Ernährungsplan, Sport und Nahrungsergänzungsmittel. Das sind **wundervolle** Möglichkeiten, die IHR für Euren Körper tun könnt, um Verantwortung für die Aufrechterhaltung EURER Gesundheit zu übernehmen. Vergeßt dabei aber bitte nicht, meine Lieben, daß IHR Eure Krank-heiten und Unpäßlichkeiten selbst erschafft und daß die KRAFT der VORSORGE und selbst die BEHANDLUNGEN PRI-MÄR IN EUREM WUNDERBAREN, VON GOTT ERSCHAFFE-NEM VERSTAND LIEGEN!

Während sich Euer System im Zerfall befindet, würde ich sagen, daß Ihr logischerweise „NEUE" Wege für die Behandlungen von Krankheiten finden werdet, die verhältnismäßig wenig kosten. Und in der Zwischenzeit muß sich JEDER, der sich die medizinische oder zahnmedizinische Versicherung noch leisten kann, FÜR SICH SELBST entscheiden, wie lange er noch bereit ist, seine Beiträge innerhalb dieser „falschen" Versicherung zu leisten, die immer noch von den Versicherungsgesellschaften erhoben werden, obwohl sie bald nicht mehr sein werden. Letztendlich werdet Ihr Alle herausfinden, daß Ihr keinerlei menschliche Krankenversicherungen mehr BRAUCHT, weil Ihr ganz in die MACHT EURES GEISTES INNERHALB GOTT/ATON gewachsen seid, so daß Ihr Euer Wohlbefinden selbst aufrechterhalten könnt und Ihr Euch selbst mit ALLEN Möglichkeiten versorgen könnt, die Euer „Körper braucht". Was die „anderen" Arten der Versicherungen angeht, also die „Pflichtversicherungen" wie Auto- und

Hausversicherungen, habt Ihr wirklich keine Chance, wenn Ihr denn das „Privileg" haben wollt, ein Haus oder ein Auto zu besitzen (es sei denn, Ihr ändert die Gesetze auf Regierungsebene entsprechend). Euer System hat nun mal diese „eingebauten" Gesetze, genauso wie die Gesetze zur Besteuerung des „Eigentums", die Eure Freiheiten und Rechte wirklich „eingeschränkt" haben, weil sie ganz sorgfältig in Eure ursprüngliche Verfassung und die Bill of Rights eingebaut wurden. Das ist die Natur des erschaffenen und erlaubten TIERES, des Anti-Christen, wie er in das heimtückische Netz der destruktiven KONTROLLE ÜBER EUCH eingewebt wurde, wobei das Netz immer enger zugezogen wird, UM DEN LEBENSGEIST GOTTES/ATONS in Euch zu ersticken.

Ich gehe davon aus, daß Ihr jetzt sehr viel mehr über Eure persönlichen Lebensumstände NACHZUDENKEN habt. Möge die Macht von LICHT und WAHRHEIT, die aus der Schöpfung und Gott/Aton kommt, sicher in Euren Wesen ruhen. Gott segne Euch, meine Lieben, da ich komme, um Euch in die wahrhaftige und getreue Heimat bei GOTT/ATON und DER EINHEIT MIT ALLEM zu geleiten. So sei es. ICH BIN Sananda, EINS mit GOTT. Salu.

KAPITEL 6

22. April 1991

WAS IST „WOHLFAHRT DURCH ARBEIT"?

Ich grüße Dich, meine liebe Chela Druthea. Wir sind Sananda, Lord Michael und Saint Germain. Wir kommen im Dienst unseres Heiligen, Göttlichen Vaters, Gott/Aton und stehen in Seinem Dienst, deshalb auch in Eurem, unsere Brüder.

Wir sind sehr froh über die Anfrage von DK. Wir erkennen ein kleines Flackern des Funkens des Erwachens, der in Euch glimmt. Wir möchten nun sanft aber bestimmt diesen Funken des Verstehens pflegen, bevor die „Winde" des Widersachers diese wachsende Flamme wieder auslöschen. DK stellte folgende Frage: „Gibt es gedruckte Bücher, die die Idee der ‚Wohlfahrt durch Arbeit' ausarbeiten?"

Nun, mein Lieber, vielleicht wirst Du es sein, der es schreiben wird? Ich, Sananda, sagte in dem Kapitel *„SYSTEM DER SOZIALEN (UNSOZIALEN) FÜRSORGE UND DER ANTI-CHRIST"* [A.d.Ü.: Kapitel 4 dieses Journals], daß das Konzept dessen, was ich *„Hilfe durch Arbeit"* genannt habe, nicht neu ist. Es gibt Einzelne und „Gruppen", die versucht haben, diese Art von Programm zu verwirklichen und Einige praktizieren es auch bis zu einem gewissen Grad, obwohl sie es nicht so nennen. Laßt mich definieren, was „Wohlfahrt durch Arbeit" bedeutet, aber zuerst definiere ich „Wohlfahrt". Wohlfahrt bedeutet, Geld und Nahrungsmittel an die zu verteilen, die behaupten, „in Not" zu sein, weil sie „nicht fähig", oder, allgemeiner gesagt, „unwillig" sind, die Verantwortung für ihre eigene Fürsorge zu übernehmen. Dafür müssen sie weiter nichts TUN, als zu ihrem lokalen Sozialamt zu gehen, wobei sie kein Vermögen „haben" dürfen, oder zumindest nur in begrenztem Maß, wie zum Beispiel ein Auto. Jetzt erklären wir das Konzept der „Wohlfahrt durch Arbeit", damit Ihr SELBST recherchieren und Euren GOTTGEGEBENEN Verstand nutzen könnt, um „Wohlfahrt durch Arbeit" umzusetzen, wenn es notwendig wird.

Wohlfahrt durch Arbeit funktioniert etwa so: jemand hat weder Arbeit noch etwas zu essen und kommt zu Dir, der einen landwirtschaftlichen Betrieb hat und Helfer braucht. Du würdest ihm Essen und einen Platz zur Verfügung stellen ALS AUSGLEICH für seine ARBEIT, die er leistet, indem er Dir zur Hand geht, wenn Du ihn brauchst. Wenn Du in der Lage bist, ihm zusätzlich noch Geld zu geben, wirst Du das tun. Du unterstützt also nicht die Verhaltensmuster der Verantwortungslosigkeit, indem Du das abgibst, was DU erarbeitet hast an jemanden, der gar nicht für sich selbst SORGEN will. Ich gebe Euch ein paar Ratschläge. Fragt mal bei Euren Großeltern oder Anderen nach, die während der Großen Depression in den 1930ern und dem nachfolgenden Krieg „gelebt" haben. Dabei werdet Ihr feststellen, daß eine sogenannte „Arbeits"-Ethik gelehrt wurde, weil sie für das Überleben notwendig war. In kleinen Städten halfen sich die Nachbarn gegenseitig, da gab es echte Bemühungen um eine „Gemeinschaft", in der diejenigen, die körperlich dazu in der Lage waren, dem Ganzen dienten, um das Überleben zu sichern. Es gab damals einen Zusammenhalt, der mittlerweile verschwunden ist, weil die „EGOISTISCHEN" Generationen programmiert wurden, die folgten. Dann geht mal zu Eurem lokalen Regierungssitz. Findet dort heraus, ob ein solches Programm jemals innerhalb der Sozialfürsorgeeinrichtungen überhaupt eingeführt wurde. Wenn ja, dann findet heraus, ob sie Euch zu „Forschungszwecken" Zugang zu den Informationen geben. Damit habt Ihr dann erstmal eine Grundlage.

Jetzt werdet Ihr bemerkt haben, daß ich nicht gesagt habe, Ihr sollt zu Eurer Regierung gehen, um Sozialmittel in Anspruch zu nehmen. WARUM WOHL? WEIL ES JETZT WIRKLICH AN DER ZEIT IST ZU VERSTEHEN, DASS IHR IN ALLER KÜRZE WAHRSCHEINLICH NICHT GENUG SOZIALGELDER FÜR ALLE HABT, DIE ZUM BETTELN KOMMEN!! UND FÜR DIE, DIE IMMER NOCH ALS „QUERKOPF" AUF IHREM ZAUN DER UNENTSCHIEDENHEIT

SITZEN, DIE IMMER NOCH FEST IM JETZIGEN SYSTEM VER-
ANKERT SIND, IHR WERDET EUCH ÜBER DEN „ANTRAG"
FÜR DIE ANWENDUNG VON „HILFE DURCH ARBEIT" FÜR
ANDERE KEINE GEDANKEN MEHR MACHEN MÜSSEN, DENN
IHR WERDET DIEJENIGEN SEIN, DIE DANN VOLLER VER-
ZWEIFLUNG UND HOFFNUNGSLOSIGKEIT AUF DEN STRAS-
SEN SITZEN!!

Meine Lieben, WIR von den HIMMLISCHEN HEERSCHAREN
bereiten Euch auf eine Zeit vor, in der Ihr „andere Möglichkeiten"
anwenden müßt als die, die man Euch gelehrt hat. EUER SYSTEM UND
EURE KULTURELLEN INSTITUTIONEN, WIE IHR SIE KENNT,
ZERFALLEN ZU ASCHE UND WER AM ALTEN HÄNGT ... „ZER-
FÄLLT" DAMIT AUCH. Der Anti-Christ, der mittlerweile in beinahe
jedem menschlichen „System" auf Eurer Ebene seßhaft geworden ist,
versucht, so viele wie möglich in die vermeintliche „hilflose" Apathie
und schlußendliche Hoffnungslosigkeit zu ziehen, damit Ihr Sklaven
BLEIBT und DAMIT ins Nichts von ignoranter, unbewußter Dunkel-
heit fallt, während zur gleichen „Zeit" GOTT ALLE ZURÜCKRUFT,
DIE AUSERWÄHLT SIND ODER SICH DAFÜR ENTSCHIEDEN
HABEN, SEINE WAHRHAFTEN GETREUEN ZU WERDEN!

Wir möchten EUCH einmal fragen, welche Möglichkeiten IHR
seht, die GESETZE GOTTES in diesem Konzept der WOHLFAHRT
DURCH ARBEIT einzubringen? WIR BEGRÜSSEN ES, WENN
IHR EURE IDEEN MIT UNSEREN ANDEREN LESERN DER
„PHÖNIX-JOURNALE" TEILT. Merkt Ihr was? Wir tun Euch kei-
nen Gefallen, WENN WIR EUCH DAS DENKEN ABNEHMEN.
HABT IHR IMMER NOCH NICHT GENUG DAVON, DASS IHR
VON WELCHEN IM „MENSCHLICHEN" GEWAND GESAGT
BEKOMMT, WAS IHR **DENKEN SOLLT UND WAS NICHT, WIE
ES AKTUELL DER FALL IST?!** IHR MÜSST ERWACHSEN WER-
DEN, CHELAS, ES IST DIE ZEIT DER REIFEPRÜFUNG/BEFREI-
UNG, ERINNERT IHR EUCH?!? DER GEIST DES GÖTTLICHEN
WISSENS VERBLEIBT IN JEDEM VON EUCH, AUCH WENN

IHR DEN WILLEN DES MENSCHLICHEN „ALTER EGO" DORT DURCHSETZT, WO NUR DER GÖTTLICHE WILLE ZÄHLEN SOLLTE. DESHALB KANN MAN AUCH DAVON AUSGEHEN, DASS DIE **ANTWORTEN IN JEDEM VON EUCH LIEGEN**, DER DEM WILLEN GOTTES/ATONS EHRENHAFT UND HARMONISCH DIENEN MÖCHTE. BITTET GOTT/ATON IN EUCH, EUCH ZU ZEIGEN, WAS IHR DAZU BENÖTIGT, UM SEINEM WILLEN GERECHT DIENEN ZU KÖNNEN. Bittet und Ihr werdet Führung bei Euren Antworten bekommen. Und dann liegt es natürlich an EUCH, das auch zu TUN, wozu Ihr geführt werdet. So sei es.

Wir möchten Euch aber auch sagen, daß die Befreiung aus der „Systemabhängigkeit" das Erste ist, das Ihr TUN müßt. Wir können das nicht genug betonen! Entweder Ihr macht das jetzt, und zwar freiwillig, oder Ihr werdet dazu GEZWUNGEN werden, weil Ihr sonst unfähig sein werdet zu überleben, wenn das System zusammenbricht. Ihr braucht Euch über solche Dinge wie WOHLFAHRT DURCH ARBEIT keine Gedanken zu machen, WENN IHR NICHT BALD IN EURE SOUVERÄNITÄT UND EIGENVERANTWORTUNG kommt! Wir hoffen, daß wir Euch das ausführlich genug erklärt haben und daß die Ernsthaftigkeit Eurer Lage es jetzt erforderlich macht, SICH DARAUF VORZUBEREITEN, damit Ihr Euch in GOTTES LICHT UND DIENST erhalten könnt.

NICHTSTUN, RENTENDASEIN UND DER ANTI-CHRIST

Nun, da wir Eure Aufmerksamkeit geweckt haben, gehen wir mal zu dem Begriff **NICHTSTUN**, der wie folgt definiert ist: „1. Keine Anforderungen und Verpflichtungen mehr im Arbeitsleben. 2. Freie Zeit zur Erholung und Entspannung. **Frei sein:** 1. Frei von drängenden Verpflichtungen. 2. Nicht beschäftigt, keiner Arbeit nachgehen." Jetzt definieren wir **IN RENTE SEIN: „Rückzug:** 1. Weggehen oder sich zurückziehen aus privaten Gründen, um sich zu schützen oder sich zur Ruhe begeben. 2. Zu Bett gehen. 3. Sich aus dem geschäftlichen oder öffentlichen Leben oder dem aktiven Dienst zurückziehen. **Berentet sein:** 1. Rückzug aus der Öffentlichkeit; Rückzug in die Einsamkeit oder die Abgeschiedenheit: ein *zurückgezogenes* Leben führen. 2. Zurückgezogen aus dem aktiven Dienst, dem Geschäfts- oder Büroleben usw.".

Beide Begriffe beinhalten einen gewählten Zustand der NICHT-AKTIVITÄT gegenüber dem, was Ihr als Orientierung an ARBEIT oder PRODUKTION versteht. Jetzt gibt es natürlich verschiedene Wege, wie Ihr Eure „freie Zeit" definiert und verbringt. Manche mögen sich für Spiele, wie zum Beispiel Bridge, oder Sportarten wie Baseball oder Golf entscheiden und auf diese Art ihre NICHT-produktive „Arbeitszeit" verbringen. Das würde man „aktives" Nichtstun nennen, da Ihr Euch entweder physisch und/oder mental „beschäftigt", und das aus „Spaß" oder zu Eurer „Freude". Wieder Andere mögen ihre „Freizeit" mit Fernsehen oder Kinogängen verbringen, werden ein Nickerchen machen oder in der Sonne liegen, was wir „passives" Nichtstun nennen, da Ihr Unterhaltung oder Entspannung sucht, bei der Ihr nichts TUN müßt, außer unterhalten zu werden oder zu schlafen. Wer vom NICHTSTUN oder NICHTS-DENKEN abhängig ist, nennen wir „Freizeitlöwen". [A.d.Ü.: Im Original steht hier: „Leisure Lizards". No offense to the beauteous creatures called lizards, of course. Etwa: *„Faul in der Sonne dösende Eidechsen". Das soll aber kein Affront gegen die wunderschönen Tierchen namens Eidechsen sein.*]

Nun, wir sagen ja auch nicht, daß diese inaktiven Freizeitbeschäftigungen unbedingt etwas Schlechtes sind. Was wir aber herausstellen möchten ist, daß die Meisten von Euch ihr kreatives Potential durch eine Arbeit erstickt haben, die sie nicht schnell genug hinter sich bringen können, damit sie sich wieder in ihre maßlose Apathie und Vergnügungssucht stürzen können. Haben wir gesagt, daß es falsch ist, neben Eurer „Arbeit" noch etwas anderes zu tun, oder Euch einfach auszuruhen, wenn Ihr müde und gestreßt seid? ÜBERHAUPT NICHT. Aber Ihr wurdet darauf programmiert, Euch DEM UNPRO-DUKTIVEN MÜSSIGGANG HINZUGEBEN, denn Einige von Euch haben sich einfach deshalb für eine unerfüllende Arbeit entschieden, weil sie GELD MACHEN WOLLTEN, so daß sie hoffentlich frühzeitig IN RENTE gehen und sich aus der sozialen PRODUKTIVITÄT hätten HERAUSNEHMEN können. Natürlich hat die „ELITE" diese Art des NICHT-Denkens, des Müßiggangs und die Ausrichtung auf frühe Rente befeuert. Wer dann einmal in Rente geht, wird solche Dinge sagen wie: „ICH HABE hart gearbeitet, um jetzt die Freiheit für Spiele zu haben." Oder: „ICH HABE mir diese Rente verdient." Das ist alles gut und schön, meine Lieben, ABER WIE KÖNNT IHR weiterhin Golf spielen gehen und reisen, während Eure Welt unter Euren Füßen zerbröselt? „Spaß haben" wurde zu einem großen amerikanischen Zeitvertreib. Das ist ein Geschäft mit einer MULTI-MILLIARDEN-DOLLAR-„ABLENKUNG", die EUCH TRÄGE MACHT GEGENÜBER EURER ILLEGALEN UND VERRÄTERI-SCHEN REGIERUNGSPOLITIK, DIE EUCH KOMPLETT DAMIT BESCHÄFTIGT, VÖLLIG EGOISTISCH EUREM VERGNÜGEN NACHZUGEHEN UND SCHNELL EINZUSCHLAFEN, während man Euch langsam Eure Freiheit WEGNIMMT. Ihr, die Ihr JETZT damit beschäftigt seid, dem „Müßiggang" zu frönen und auf Eure „Rente" hinzuarbeiten, werdet ein ziemlich böses Erwachen erleben, wenn Eure VERFASSUNG NICHT MEHR DA und DIE NEUE WELTORDNUNG vollständig eingesetzt ist. Die einzige Arbeit, die Ihr (die, die körperlich überleben), noch tun werdet, wird Eurem blanken Überleben dienen, denn der ANTI-GOTT wird die Regierungen führen. Und die Begriffe „Freizeit" und „Rente" werden nur noch in Euren „Träumen" zu finden sein, während Ihr Euch qualvoll nach Eurer Freiheit sehnt ... aber sie wird verloren sein! Denkt darüber sorgfältig nach, meine Lieben!

JETZT ist die Zeit, Euch Eure Freiheit zurückzuholen und sie unter EURER URSPRÜNGLICHEN VERFASSUNG zu verankern! Ihr habt jetzt keine Zeit mehr zum „Spielen" und zur UNPRODUKTI-VITÄT. EURE BRÜDER UND SCHWESTERN, DIE SICH BEREITS IM DIENST GOTTES UND DER MENSCHHEIT BEFINDEN,

BENÖTIGEN EURE HILFE, UM DIE LAGE ZU VERÄNDERN, DIE EUCH JETZT HEIMSUCHT! WACH AUF, DU PENSIONIERTES VOLK AMERIKAS! EURE ENKEL BRAUCHEN EURE UNTERSTÜTZUNG, WENN SIE IHR LEBEN IN FREIHEIT VERBRINGEN WOLLEN! WERDET IHR IHNEN BEISTEHEN FÜR EINE ZUKUNFT IN GOTT? ODER werdet Ihr einfach nur Eure Augen verschließen, nur an EURE „verdiente" Rentenzeit denken und Golf spielen gehen? GOTT/ATON erwartet eine Entscheidung von Euch! Wenn Ihr die Geschenke Gottes, die Er Euch in Eurem Inneren mitgegeben hat, um SEINEM WILLEN und Euren Brüdern zu dienen, alle ausgepackt habt, werdet Ihr das Wort „in Rente sein" aus Eurem Wortschatz streichen. MIT EUREM WUNSCH, GOTT ZU DIENEN, WERDET IHR ZUGANG ZU EUREM INNEREN KREATIVEN POTENTIAL erhalten. Dieser Dienst wird Euch ganz durchdringen und obwohl Ihr Euch Freizeit für die Zwiesprache mit Gott und die Freude an GOTTES Geschenken und Seiner Schöpfung nehmt, werdet Ihr Eure „Arbeit im Dienst" FREUDIG wieder aufnehmen. Wir wissen von Einigen von Euch, die das einfach als Idealfall betrachten. Nun scheint es auch so zu sein, aber BEDENKT EINES: WENN Ihr Euer ganzes Wesen dem DIENST AN GOTT/ATON widmet, werdet Ihr nicht nur davon durchdrungen und erfüllt sein, sondern Ihr werdet ein verantwortungsvoller, ganz bewußter MITSCHÖPFER EINES GÖTTLICHEN LEBENS! Und das sind die TATSACHEN, meine Lieben. Ihr müßt Euch nur daran erinnern ... und dann wird für Euch DAS LEBEN BEGINNEN.

Noch ein Gedanke dazu. Viele werden am Anfang ihres „Dienstes" überrascht oder unzufrieden mit dem sein, was Ihnen zu TUN gegeben wird. GOTT testet oftmals zuerst, WAS IHR BEREIT SEID FÜR EUREN DIENST ZU GEBEN. **JEDE ARBEIT** IN DER UNTERSTÜTZUNG DES GÖTTLICHEN WILLENS , ZUM BEISPIEL DIE VERBREITUNG DES WORTES, IST WICHTIG! Diejenigen, die das aus freien Stücken und willig machen, ohne Erwartungshaltung, sind wirklich gesegnet. Und Ihr, die Ihr die tägliche Arbeit VERRICHTET, die auch getan werden muß, ohne zu Murren, aber dabei eine „grünere" Weide suchen, sind noch mehr gesegnet. Aber Ihr, denen eine Aufgabe gegeben wird, die Ihr eher „widerwillig" ausführt, bis etwas „BESSERES" vorbeikommt, solltet Euch sehr tiefgründige Gedanken darüber machen, WESSEN WILLEN **IHR EIGENTLICH DIENT.** Wir schlagen Euch vor, dem, WAS EUER INNERER GOTT FÜR EUCH ENTFALTET, KEINE Begrenzungen aufzuerlegen. **IHR MÜSST** EHRENHAFT UND MIT UNVERSEHRTHEIT UND EINIGKEIT AUF EUREN EIGENEN FÜSSEN STEHEN, um die belanglosen Spielchen und scheinheiligen Aktionen ZUM ENDE ZU BRINGEN ... ODER **IHR WERDET** EUCH SELBST AUS DEM DIENST GOTTES **HERAUS KATAPULTIEREN** UND DAMIT AUCH AUS GOTTES KÖNIGREICH! So sei es.

Mögen Euch diese Worte Klarheit und Verständnis über die WAHRHEIT bringen, Ihr lieben Chelas, auf daß Ihr WEISHEIT UND WISSEN erlangt, das EURE GESCHENKE GOTTES FÜR DIE MENSCHHEIT SIND. WIR WERDEN EUCH DAFÜR EHREN UND GOTT SEGNE JEDEN VON EUCH! Ich danke Dir, Du kostbare Druthea, für Deinen Dienst. Gott hält Dich sicher unter SEINEN Schwingen von LIEBE UND WAHRHEIT UND SCHUTZ. Wir sind Sananda, Lord Michael und St. Germain, EURE HIMMLISCHEN HEERSCHAREN, die in GOTTES/ATONS NAMEN UND IM NAMEN DER SCHÖPFUNG gesandt wurden. Salu.

KAPITEL 7

25. April 1991

ZUGANG ZU EUREM INNEREN GOTT/ATON, UM ERFOLGREICH KOSMISCHES WISSEN, HARMONIE UND WAHRHEIT ZU EMPFANGEN

Ich grüße Euch, meine wunderbaren Chelas. WIR sind Sananda, Lord Michael und St. Germain. Wir kommen im Dienste des LICHTS unseres STRAHLENDEN zu Euch, unseren Brüdern. Wir möchten Druthea von Herzen für den Empfang dieser Botschaft danken, die auf Anweisung DES ALLEM INNEWOHNENDEN GOTTES gegeben wird. Beginnen wir.

Wir, die HEERSCHAREN Gottes, SEINEM Kosmischen Rat zugehörig, freuen uns sehr, Euch heute eine Gelegenheit zu geben, Euch und Eure Handlungen besser zu verstehen. Drutheas „Gegenspielerin" hat ihre Einwilligung dazu gegeben (obgleich etwas zögernd), etwas aus ihren derzeitigen „Lebensumständen" preiszugeben und es mit Euch zu teilen, weil es gerade bei ihr ansteht, Entscheidungen dazu zu treffen, welche für sie sehr schwierig und unbequem sind. Nun, ein Grund, weshalb wir sie gebeten haben, diese Situation mit Euch teilen zu dürfen, ist der, daß Viele von Euch etwas „Ähnliches" in ihren täglichen Herausforderungen finden oder aber sich so etwas gut „vorstellen" können. Der andere Grund ist der, daß SIE [A.d.Ü.: Druthea] ihren inneren Gott darum gebeten hat, sie in ihren Handlungen und Entscheidungen zu führen, damit sie in der Lage ist, für sich „ehrenhaft", ausgeglichen und mit Respekt vor sich selbst und GOTT zu handeln. Wir möchten hier die Umstände, ihre Führung und ihre Entscheidungen etwas ausführlicher darstellen und wie das alles zu ihrer wachsenden Bewußtheit beigetragen hat. Jetzt mögt Ihr vielleicht sagen, wir „schlagen hier zwei Fliegen mit EINER Klappe" [A.d.Ü.: er hat bei dieser Redewendung eine „sanftere" englische Version benutzt:

„Feeding two birds with one worm", original wäre „kill two birds with one stone" und fügt hinzu: (das ist eine etwas liebenswertere Floskel, oder?).

Leider im Deutschen nicht übertragbar, und vielleicht auch nicht liebenswerter, wenn man sich in den Wurm hineinversetzt], indem wir Euch durch einen Prozeß der kreativen Entfaltung führen, hin zu persönlicher Verantwortung und mehr Verständnis, so daß Ihr damit beginnen könnt, EURE EIGENEN, Euch innewohnenden Fähigkeiten zu entwickeln.

Jetzt der Grund, warum Drutheas Gegenspielerin etwas zögerte, ihre Lebensumstände als Beispiel preiszugeben; sie sieht sich und ihr „persönliches Leben" als etwas sehr „Privates" an und sie ist es gewöhnt, ihre eigenen „Probleme" selbst zu lösen, ohne mit irgend jemandem darüber zu „sprechen", außer vielleicht mit einem oder zwei sehr vertrauten „Anderen". VIELEN von Euch geht es ebenso. Das liegt daran, daß Teile des Entfaltungsprozesses in solchen Situationen höchst schmerzhaft und beängstigend für sie sind und sie nicht möchte, daß irgend jemand weiß, daß sie sehr verletzlich ist, damit man sie nicht auf die eine oder andere Weise geringschätzig betrachtet oder als unwert EINSTUFT. Worauf wir hinaus wollen ist, daß IHR ALLE immer noch Momente habt, die Euch wie unüberwindbare Hindernisse erscheinen oder es sich für Euch anfühlt, als ob die Euch aufgebürdete Last ungerecht wäre und Ihr nicht darauf „vorbereitet" seid. Es gibt noch zwei Punkte, die ich Euch sagen und auf die ich eingehen möchte, bevor wir Euch „die Geschichte" erzählen. Bedenkt, daß IHR Euch JEDEN Lebensumstand erschafft, dem Ihr gegenübersteht. Das sind MÖGLICHKEITEN für Euch, mit denen Ihr VERANTWOR-TUNG in Eurer spirituellen und kreativen Entwicklung lernen könnt und auch, um die „Dämonen" aus den dunklen Ecken Eures Bewußtseins ans Licht zu holen. Gott schickt Euch niemals mehr als Ihr „verkraften" könnt. Und zweitens, wenn wir Euch jetzt die Geschichte erzählen, dann bittet Euer inneres GÖTTLICHES Selbst, in die Haut von Drutheas Gegenspielerin zu schlüpfen, die wir Drew nennen wollen, damit Ihr ZUSAMMEN MIT ihr die Erfahrungen durchleben und damit den Prozeß der BEWUSSTEN SELBST-ENTDECKUNG besser verstehen könnt.

Wir möchten nun damit beginnen, die Kindheit dieses wunderbaren Gotteskindes etwas näher zu beleuchten, die relativ glücklich und bis zu seinem elften Lebensjahr auch irgendwie abenteuerlich war. Sie war sehr aktiv, wißbegierig, unabhängig und jemand mit großer Liebe zu Natur, Tieren und Wesenheiten beinahe aller Arten. Sie hatte zwei jüngere Schwestern, denen sie oft aus dem Weg ging, da sie es vorzog, alleine zu sein oder alleine zu spielen oder nur mit Freunden, die sie sich selbst auswählte. Ihre Mutter, selbst eine Einzelgängerin, war zuhause und verbrachte ihre Zeit mit Lesen und ihren Haushaltsarbeiten. Ihr Vater war oft geschäftlich unterwegs, war aber normalerweise über die Wochenenden auch zuhause. Solange sie noch klein war, zogen sie oft um, blieben dann aber einige Jahre in einer kleinen, stillen Gemeinde der unteren Mittelklasse.

Als sie elf Jahre alt war, verkündeten ihre Eltern den Mädchen, daß sie sich SCHEIDEN lassen würden. Das war die Zeit, als viele schwierige emotionale, psychologische und physische Herausforderungen sehr plötzlich auf die kleine Drew und ihre Familie niederprasselten. Ihre Mutter erhielt das Sorgerecht und innerhalb von etwa 18 Monaten bewarb sich ihr Vater um eine neue Arbeit mit Versetzung außerhalb der USA, heiratete eine wesentlich jüngere Frau und gründete eine „neue" Familie. Innerhalb dieser Zeit verkaufte Drew's Mutter ihr ehemals „glückliches" Heim, zog in eine Wohnung in einer anderen, größeren Stadt und ihre Mutter hatte zum ersten Mal in ihrem Leben ein Arbeitsverhältnis. Nach etwa drei Jahren nach der Scheidung hatte ihre Mutter ein ernstes Alkoholproblem entwickelt, suchte die „Gesellschaft" vieler Männer, wobei sie die Meisten in Bars traf. Ihre „Lebensqualität" ließ drastisch nach und die kleine Drew, jetzt 14 Jahre alt, fing an, das Interesse an der Schule zu verlieren, obwohl sie vorher sehr gerne zur Schule ging und mit ihren Leistungen immer über dem Durchschnitt lag. Sie suchte die Gesellschaft „älterer" Freunde und begann mit ihrem eigenen, selbstzerstörerischen Verhaltensmuster.

Ihr Vater besuchte sie gelegentlich, schrieb jedoch meistens Briefe und rief manchmal an. Wie Ihr bereits seht, wurden die Folgen der Gefühle von Zurückweisung aller drei Kinder seitens der Mutter höchst zerstörerisch.

Wir möchten hier noch einfügen, daß Drew's beide Elternteile „Einzelkinder" waren. Beide kamen aus Scheidungsehen. Drew's Mutter ist eine sehr zarte und hochkreative Seele. Sie hatte eine dominante Mutter mit einem Alkoholproblem und sie hat sich sehr schwer getan, sich in dieser „harten" Welt zurechtzufinden. Drew's Vater ist Meister im Verstecken seiner Gefühle und flüchtet vor seiner Verantwortung. Er ist mittlerweile langsam in seine Verantwortung hineingewachsen, ist aber generell ziemlich bewußt ahnungslos und ignorant, wenn es um den emotionalen Aufruhr geht, den seine Aktionen zu Anfang seiner ersten Ehe und in seiner „ersten" Familie angerichtet haben.

Als Drew etwas über 15 Jahre alt war, traf sie einen Mann, der viel älter war als sie und „verliebte" sich in ihn. Als sie eines Abends von einem Treffen mit ihm 30 Minuten zu spät nach Hause kam, machte ihr ihre betrunkene Mutter klar, daß sie zu gehen hätte, wenn sie sich nicht an die Ausgehzeiten halten würde. Also ging Drew, holte am nächsten Tag, als ihre Mutter arbeiten war, ihre Habseligkeiten und „zog" zu ihrem Freund und dessen Mutter.

Jetzt machen wir einen kleinen Zeitsprung. Drew trennte sich schlußendlich von ihm, hatte danach einige Freunde, schaffte es aber, während dieser Zeit weiterhin in die Schule zu gehen und ihren Abschluß dennoch sechs Monate vor ihrer Klasse zu machen. Sie hatte verschiedene Jobs, kümmerte sich um sich, ging zwar hin und wieder aus, war aber meistens alleine. Dann traf sie einen sehr besonderen, liebevollen und großzügigen Mann, der später auch ihr Ehemann wurde. Mit seiner Liebe, Zustimmung und Unterstützung begann sie ihren Prozeß der „Heilung" und „Vergebung". Von ihren Eltern sah sie sehr wenig. Sie blieb aber mit einer ihrer Schwestern in Kontakt. Nach fünf Jahren Kontaktlosigkeit mit beiden Elternteilen war sie bereit, der Hochzeit ihrer Schwester beizuwohnen, zu der auch ihr Vater und dessen Familie eingeladen waren. Kurz danach besuchten sie und ihre Schwester ihre Mutter, die jetzt mit ihrer eigenen Stiefmutter in einem anderen Staat lebte und als Buchhalterin arbeitete.

Drew und ihre Schwester waren überaus bestürzt über den Verfall ihrer einstmals schönen Mutter. Bedingt durch hohen Blutdruck und übermäßigen Zigarettenkonsum wurde ein Lungenemphysem bei ihr diagnostiziert. Obwohl sie erst 47 Jahre alt war, war ihr Haar komplett ergraut. Sie hatte etwa 25-30 kg Übergewicht, konnte nur schwer gehen und mußte alle paar Schritte stehen bleiben, um „Luft zu holen".

Dieser Besuch ist jetzt schon mehr als vier Jahre her. In dieser Zeit hat sich der Zustand ihrer Mutter so sehr verschlechtert, daß sie jetzt fast dauernd ein Sauerstoffgerät benutzen muß. Seitens Drew und ihren Schwestern gab es Akzeptanz und Verständnis, aber eigentlich keinen dringenden Grund, mehr zu tun, als den Kontakt per Telefon oder mit Briefen aufrechtzuerhalten und sie ab und an zu besuchen, wenn sie es arrangieren konnten.

Es ist interessant und bemerkenswert, daß trotz ihrer offensichtlichen Widrigkeiten beim „Heranwachsen" zwei der drei Schwestern für sich ein relatives Glück gefunden haben mit sicheren Ehen und finanzieller Unabhängigkeit. Die Dritte und Jüngste der Schwestern lebt jetzt von Sozialhilfe, ist von ihrem Ehepartner getrennt und hat drei Kinder, für die sie sorgen muß.

Und jetzt kommen wir zu der derzeitigen Herausforderung für Drew. So ungefähr vor drei Wochen rief Drew ihre Mutter für einen Plausch an. Nun, sie (ihre Mutter) war wegen ihrer körperlichen Verschlechterung sehr depressiv und hatte Angst, nicht mehr länger arbeiten zu können. Außerdem fühlte sie sich in der Umgebung ihrer Stiefmutter nicht wohl, der Drew's Mutter und deren Gesundheitszustand in ihrem „Lebensstil" als unternehmungslustige Großmutter eher unbequem war. Nun, Drew war nicht immer in der Lage, wirklich offen über die Gefühle zu ihrer Mutter zu sprechen. Deshalb hängten sie nach dem Gespräch einfach auf.

Nach langem Nachdenken und Bitten um die Hilfe GOTTES, entschied sich Drew, ihre Sorgen über ihre Mutter zuerst mit ihren Schwestern zu besprechen. Ihre mittlere Schwester sagte rundheraus, daß sie nicht bereit war, sich auf irgendeine Art um ihre Mutter zu kümmern, sie aber – wenn nötig – gerne finanzielle Unterstützung geben würde. Die Jüngere hatte natürlich gar keine Möglichkeit, weder das Eine noch das Andere zu tun. Also besprach Drew mit ihrem Mann, ob man ihre Mutter nicht in ihre Stadt holen, für sie eine Wohnung suchen (so daß jeder seine Privatsphäre aufrechterhalten kann) und jemanden finden sollte, der sich um sie kümmert. Ihr Mann versprach, hier großzügig zu helfen. Soweit ist alles gut.

Nun wird Drew von ihrem inneren GOTT geführt, ihrer Mutter einen Brief zu schreiben und darin ihre Gefühle auszudrücken. Drew willigte ein und bat Gott um Hilfe, weil sie ihre ehrlichen Gefühle von Vergebung, Verständnis und Mitgefühl ihrer Mutter gegenüber ausdrücken wollte und es auch so „rüberkommen" sollte, „wie SIE mit ihrem Vater Gott/Aton sprechen würde". Nun, sie schrieb einen wunderbaren Brief über ihr Wissen der Macht Gottes in ihr, ihre Gefühle von Liebe und Vergebung ihrer Mutter gegenüber, ihr Wissen über Krankheiten und wie sie ihr Hilfe anbieten könnte, wenn ihre Mutter wünschte, sich selbst zu heilen. Am Schluß des Briefes erzählte sie ihrer Mutter, daß sie willkommen sei, wenn sie in ihre Nähe ziehen würde, daß für sie gesorgt sei und sie näher bei ihren drei Kindern und Enkeln leben würde. Mit den Wünschen, daß ihr Brief von ihrer Mutter mit der gleichen Achtsamkeit, dem Verständnis und der Liebe empfangen werden würde, die sie hineingelegt hatte, schickte sie ihn ab.

Zwei Wochen lang fragte sich Drew, wie sich ihre Mutter wohl zu diesem Brief äußern würde und hoffte, daß sie (ihre Mutter) ihn nicht als weiteren Grund nehmen würde, sich selbst zu schaden. Endlich, nach fast drei Wochen, erhielt Drew eine schriftliche Antwort von ihrer Mutter. Mit großer Erwartung ... öffnete sie den Brief. Die erste Zeile, die sie las, sagte *„ich möchte mich dafür entschuldigen, daß ich* *mich zu Deinem WUNDERVOLLEN Brief erst jetzt äußere.* " Drew atmete erleichtert auf (nachdem sie das Wort „wunderbar" zuerst falsch als „boshaft" gelesen hatte). [A.d.Ü.: im Englischen ein Wortspiel von „marvellous" (wunderbar) und „malicious" (boshaft).] Beim Weiterlesen war sie immer mehr erfüllt von FREUDE, daß sie doch endlich in der Lage war, ihrer Mutter ihre eigenen Gefühle mitzuteilen und diese daraufhin freundlich antwortete. Am Ende des Briefes schrieb ihre Mutter *„Dein großzügiges Angebot eines Heimes, ein Trittstein in den aufgewühlten Wassern meines Lebens ist … Nun, ich kann keine Worte dafür finden, Dir und Euch meine Dankbarkeit darüber auszudrücken. Ich möchte Euch wirklich nicht zur Last fallen … möchte keine Ehen ruinieren oder irgend jemandem in meiner Familie Herzweh verursachen. Dein Angebot gibt mir mehr Sicherheit und ich möchte sehr gerne Euch Allen näher sein, so daß ich davon ausgehe, daß wir diesen Schritt machen, wenn es Zeit dafür ist … In der Zwischenzeit möchte ich Dich wissen lassen, wie sehr ich Dein unglaubliches Angebot schätze, Dein vergebendes Naturell macht Deinem starken Charakter alle Ehre. Ich bin sehr stolz auf Dich und liebe Dich sehr. In Liebe, Mutter."*

Nun, ich erkenne, daß ich eine große Vielfalt an Antworten von Euch Lesern bekomme. Ich sage Euch jetzt, wie Drew's Antwort ausgefallen ist. Erleichterung, gepaart mit Gefühlen von *„Lieber Himmel, ich könnte ja auch für ihre Fürsorge verantwortlich gemacht werden!"* Seht Ihr, sie schrieb den Brief genauso, wie sie von ihrem INNEREN GOTT geführt wurde. Sie war dann *emotional* sehr aufgelöst und distanzierte sich von dem Brief. Zur Zeit des Verfassens des Briefes hat sie Gott sehr VERTRAUT, daß dies der richtige und verantwortungsvolle Weg war. Jetzt fühlt sie sich in einer Zwickmühle, ob sie mit der Verantwortung „umgehen kann" oder nicht. Sie weiß, daß sie jetzt auf das Ergebnis VERTRAUEN muß, da es gemäß des GÖTTLICHEN WILLENS ausfallen wird, dem sie diese Entscheidung in erster Linie untergeordnet hat. Sorgsam untersuchte sie alle Optionen, die ihr einfielen und mit Gottes Führung entschied sie, daß es für IHRE MUTTER das Beste sei, ihr Beistand und einen Platz in unmittelbarer Nähe anzubieten.

Was Ihr immer bedenken müßt ist, daß sich Euer Leben immer entlang von AUSGEGLICHENHEIT und WAHRHAFTIGKEIT bewegen wird, WENN Ihr EUREN WILLEN MIT GOTTES WILLEN vereint. Es ist nur das Bewußtsein Eures „Alter Ego", das beständig nachfragt, sich Sorgen macht, ängstigt oder sich über alle Grenzen hinaus „belastet" fühlt. Der PUNKT ist, daß es JETZT an ihrer MUTTER liegt, wie SIE sich entscheiden wird. Der einzige Grund, warum Drew's INNERER GOTT ihr vorschlug, diesen Brief zu schreiben, war der ihrer eigenen ERLEICHTERUNG und DAS ANGEBOT DER VERGEBUNG, das sie zwar tief innen gefühlt, jedoch nie „in Worten" ausgedrückt hatte.

Ihr könnt Euch nun vorstellen, wie es für Drew's Mutter war, diesen Brief von ihrer Tochter zu bekommen. Ihre „Schuld" für die von ihr so gesehenen abscheulichen „Fehler", war so extrem für sie, daß sie sich selbst nicht mehr leiden konnte, weshalb sie auch ihren Körper ... und ihr Leben langsam und schmerzhaft selbst zerstörte. Nun, GOTTES vergebende Hand war in dem Brief zu spüren und ER sprach zu IHREM Geist und die Erleichterung in diesem lieben Wesen war unaussprechlich. Wird sie sich dafür entscheiden, sich zu heilen und hier zu leben? Das ist eine Entscheidung zwischen ihr und Gott. Ihr sollt nur wissen, daß die Erleichterung auf beiden Seiten stattfindet, bei dem, der vergibt und bei dem, der die Vergebung annimmt, wenn Ihr ernsthaft die Hand zur Versöhnung ausstreckt. Selbst wenn die Versöhnung nicht angenommen wird, wird der Vergebende immer eine Erleichterung verspüren durch die Kraft GOTTES, dem GEIST DES LEBENS IN EUCH. Wir bitten Drew, denjenigen unter Euch in diesem Kreis, die dies wünschen, eine Kopie dieses durch Gottes Hand geschriebenen Briefes zukommen zu lassen. Diejenigen, die diesen Brief lesen, werden feststellen, daß der Mutter KEINE VORWÜRFE gemacht werden. Ihr müßt einfach lernen, Euer lähmendes Festhalten an destruktiven Gefühlsregungen wie Vorurteile, Haß, Selbstkritik, Ängste und Vorwürfe LOSZULASSEN. Wir sprechen hier zu ALLEN in dieser Situation und ebenso zu ALLEN Anderen, die es lesen. Drew hatte sehr viel Angst vor der Niederschrift und der Veröffentlichung hat sie sehr lange widerstanden, also wissen wir und SIE, daß es genau der richtige Weg war. Wir wagen zu sagen, daß KEIN EINZIGER unter Euch diesen Brief lesen wird, der nicht irgendwo in seiner „Erinnerung" eine ähnliche Situation vorfindet und NOTWENDIGERWEISE daraus eine Lektion zu lernen hat (oder auch zwei), mit der darauffolgenden Aussöhnung und Loslösung von Vorwürfen und emotionalen Verknüpfungen.

Druthea, meine liebe, wunderbare Chela, Du warst sehr mutig und wir haben Dein enormes Wachstum über Deinen gefühlsmäßigen Schutzschild von Ich-Bezogenheit und selbst auferlegten Eingrenzungen hinaus beobachtet. Dieses Aufblühen und Teilen mit Deinen Brüdern zu beobachten, ist eine begnadete FREUDE. Es ist auch schwierig für sie, diese Ehre ganz offiziell anzunehmen ... Sie kommt sich wie in einer „Gruppentherapie" vor! GOTT WEISS, daß sie DIE MACHT SEINER LIEBE noch einmal IN SICH SPÜRT und auch darüber WEISS ... es war eine lange, beschwerliche Reise, Chela, diese Herausforderung zu überwinden. Bist Du für die Nächste bereit? (sie lacht).

Jetzt zu Euch, die Ihr das lest und teilt. Seid IHR bereit, Eure emotionalen Anbindungen an das „Alter Ego" – den Widersacher! – zu lösen? Seid Ihr bereit, die Verantwortung für EURE Lektionen selbst zu ÜBERNEHMEN und NICHT WEITERHIN ANDERE für Eure Handlungen AUS DER VERGANGENHEIT verantwortlich zu machen – Handlungen, die Ihr vollzogen habt und die Euch selbst verletzt haben? SEID IHR BEREIT, Eure sich immer und immer wiederholende Selbstsabotage durch die erneuten gleichen Lebensumstände AUFZUGEBEN, weil IHR Eure Lektionen nicht LERNEN und Euch davon befreien WOLLTET? Welche Erinnerungen, Chelas, wurden bei Euch aufgewühlt? Waren das emotionale Gefühle oder distanzierte Beobachtungen? Wir schlagen Euch vor, Ihr sprecht in Eurem INNEREN mit UNSEREM Vater und vielleicht findet Ihr es ja nützlich, Eure eigenen Gefühle einmal für Euch selbst und diejenigen AUFZUSCHREIBEN, von denen Ihr annehmt, daß sie Euch die „Schmerzen" zugefügt haben. Für Viele mag es schon ein therapeutischer Akt sein, die eigenen Gefühle einmal ohne Unterbrechung durchgängig aufzuschreiben, selbst wenn sie den Brief an niemanden schicken. Seid Ihr bereit für die Freiheit ohne Eure emotionalen Krükken? **SEID IHR BEREIT, EUER INNERES KIND ZU HEILEN, EUCH AUF GOTTES WILLEN ZU VERLASSEN UND EUCH EINZIG IN SEINEN DIENST ZU STELLEN? MÖGE DIE JEDEM INNEWOHNENDE MACHT GOTTES DIE ERFÜLLUNG ZU EHREN SEINES SELBSTES IN WAHRHEIT UND HARMONIE BRINGEN, DAMIT JEDER ZU SEINEM INNEREN FRIEDEN UND SEINER FREUDE FINDEN KANN, WELCHES AUCH GOTTES WILLE IST, SO DASS AUF DIESE ART UND WEISE EIN FÜR ALLEMAL DIE „LEERE" DER ILLUSION DES GETRENNTSEINS AUSGEFÜLLT WIRD ... DENN WIR SIND ALLE EINS! SO SEI ES UND AMEN.**

Jetzt hoffen wir, daß Ihr die Gelegenheit dieses Beispiels auch für Eure innere gesundheitliche Veränderung nehmt. DIESE innere „Therapie" dürft Ihr allerdings nicht als Entschuldigung dafür nehmen, aufgrund Eurer alten „Fehler" in Selbstmitleid oder Selbstgeißelung zu verfallen. Bittet Gott um den Weg, TUT, was ER Euch empfiehlt und GEHT WEITER. Betrachtet das als eine Art „psychische" Operation, die OHNE Narben verläuft. Ihr lernt damit, ganz bewußt Eure INNERE MACHT UNTER GOTTES ANLEITUNG ANZUWENDEN, während Ihr das entfernt, was NICHT zum GEIST EINES GOTTGEFÄLLIGEN LEBENS GEHÖRT. Nicht mehr, aber auch nicht weniger.

Wir überlassen es unserem geliebten Bruder, Commander Hatonn, und seinen sehr fähigen Assistenten, wo dieses Schriftstück plaziert werden soll und ob es außerhalb dieses Kreises, der in den „Händen" von Commander Hatonn ist, veröffentlicht werden soll. Druthea hat ihre Zustimmung gegeben, es weiterzugeben, „wo es gebraucht" wird. „Drew", natürlich, möchte lieber wie ein „Vogel Strauß" den Kopf in den Sand stecken. Meine Liebe, Du kannst zwar Deinen Kopf verstecken, aber natürlich sieht man dennoch den Rest von Dir! Warum stattdessen nicht lieber Deinen schönen Kopf hoch erhoben und ganzheitlich auf Deinem Körper tragen, so daß Du für Andere verfügbar bist und die Geschenke des glanzvollen GOTTESLICHTES teilen kannst, die Du in Dir trägst! So sei es.

Bevor wir diesen Teil schließen, möchten wir jemandem unsere Wertschätzung entgegenbringen, nämlich Kathleen Brook, die kürzlich den Wandel in eine andere Ebene vollzogen hat. Sie war jahrelang eine geliebte Freundin von Druthea und ihrem Ehemann. Gestern erhielten sie eine wundervolle Karte mit ihrem Bild, eine Erinnerung von einem ihrer Freunde. Da stand: *„Liebe Freunde, Ich dachte, Ihr mögt vielleicht eine Erinnerung an Kathleen haben. Ihre Worte waren sehr besonders und sie würde sie auch gerne mit Euch teilen. In Verbundenheit, E.H., Kathleens Kavalier, der sie sehr liebt!"* In der Karte lagen zwei wunderschöne Zitate aus dem Mund dieser außergewöhnlichen und einfühlsamen Frau, Kathleen, die wir Euch hier vortragen:

„Probleme sind dazu da, die Geschenke Gottes in uns aufzuwirbeln. Das ist ein Mittel, um Zugriff auf unser innewohnendes Potential zu bekommen."

„Der Lernprozeß, in tiefem Frieden, Partnerschaft und Brüderlichkeit mit allen Männern und Frauen, egal welcher Herkunft, zu leben, ist ein fortschreitendes und faszinierendes Abenteuer." – Kathleen Brook.

Kathleen war bei ihrem Hinscheiden 43 Jahre alt. Sie war eine wunderbare, zarte Seele, die viel emotionalen Herzschmerz erlebt und überwunden hat. Druthea erinnert sich, daß alles, was sie sich jemals gewünscht hat, ein Mann in ihrem Leben war, der sie bedingungslos LIEBT und ihrem spirituellen Wachstum und ihrer Unabhängigkeit keine Grenzen auferlegte. Druthea tat es leid, daß sie mit Kathleen in den letzten Monaten nicht gesprochen hatte und sie deshalb nicht wußte, daß sie einen Freund hatte, E.H., *„Ein Kavalier, der sie sehr liebte!"* Bedaure das nicht, Chela, denn es stimmt, daß Kathleen zum Schluß die Liebe erhalten hat, die sie so sehr verdiente, die sie sich aber für den größten Teil ihres Lebens vorenthielt. Kathleen wird von sehr Vielen bei Euch geliebt und sie wird von denen, die zurückbleiben, sehr vermißt. Sie ist BEI GOTT, Chelas, denn sie hatte einen reinen

Geist. Dank an Sie, Herr E.H., daß Sie sie so geliebt haben, wie sie es verdient hat! Mit Dankbarkeit und Wertschätzung für Euch ALLE, Ihr Lieben, gehen wir jetzt auf Stand by. Wir sind Eure HIMMLISCHEN HEER-SCHAREN GOTTES, Sananda, Lord Michael und Saint Germain. Wir kommen vom Kosmischen Rat des LICHTEN GOTTES, ATON, um Euch, DIE WAHRHAFTEN UND GERECHTEN, IN GOTTES KÖNIGREICH HEIM ZU GELEITEN. Wir erwarten gerne Eure Entscheidung. WISSET, daß wir Euch SEHR LIEBEN, so sehr, DASS WIR ES MIT WORTEN NICHT BESCHREIBEN KÖNNEN. Ihr müßt nur GOTT FRAGEN, EUCH WAHRHEIT WÜNSCHEN, WEISHEIT UND AUSGLEICH, UND EUCH NACH DEM DIENST UNTER SEINEM WILLEN SEHNEN UND **ES WIRD EUCH GEGEBEN**! Mit der „Zeit", mit der Anwendung Eurer eigenen Logik und Eures Verstandes, WIRD JEDER VON EUCH DIESE WAHRHEIT KENNEN UND SIE AUCH LEBEN! SO SEI ES! Salu.

KAPITEL 8

29. April 1991

DIE HEILENDE KRAFT DER VERGEBUNG

Ich grüße Dich, geschätzte Druthea. ICH BIN Sananda. Ich komme im Dienst des Heiligen Gottes/Aton des Lichtes und zu Euch, meine Brüder.

Wir, Gottes Heerscharen, freuen uns wirklich, daß Viele von Euch anfangen, ihre eigene Macht zu verstehen, die Macht, Euch selbst und Anderen zu verzeihen ... um den Schmerz zu erlösen, der in Euch steckt. Der Weg der Vergebung scheint oft sehr schwierig zu sein ... auf den ersten Blick. Wenn Ihr aber anfangt, Euch selbst in Einheit und Brüderlichkeit wahrzunehmen, werdet Ihr ALLE feststellen, daß Ihr ähnliche Fehler gemacht und Euch damit viele unangenehme Reuegefühle aus vergangenen Situationen erschaffen habt. Ihr Alle habt Euch selbst bestraft, sehr oft sehr gnadenlos. Es wird Zeit, das zu HEILEN, meine Lieben. Heilt Euch selbst und damit auch diesen wunderschönen und herrlichen Planeten, der es Euch erlaubt hat, Eure närrischen Spiele auf seiner Oberfläche und in seiner Atmosphäre zu spielen. Es beginnt bei EUCH, bei JEDEM EINZELNEN von Euch.

Druthea fühlt sich von ihrer emotionalen Achterbahn der vergangenen Tage sehr ausgelaugt, jedoch kam sie auf diese Weise zu mehr Verständnis und konnte einige ihrer Ängste loslassen. Und genau das macht ein Leben in Angst mit Euch – es laugt Euch aus und wenn Ihr Euch dem nicht stellt und es zurücklaßt, wird sie Euch Eure GÖTTLICHE Lebenskraft entziehen. Ich möchte sie aber gerne wissen lassen, daß ihr HEILUNGSPROZESS mit einem „riesigen Knall" begonnen hat und dennoch meint sie, daß es für Andere keinen Unterschied macht, ob sie ihre Lebensumstände jetzt mitgeteilt hat oder nicht. Sie hat die gleichen Gefühle wie Ihr, die Ihr das lest. Und ich möchte Euch eindrücklich wissen lassen, daß ES SO IST!! Bedenkt, daß Ihr dem folgen müßt, damit GOTTES WILLE UMGESETZT WERDEN KANN! Die Erschöpfung, die Ihr Lieben dabei „wahrnehmt", ist Teil Eures jetzigen Heilungsprozesses, denn Ihr laßt viele Monster zurück, die jetzt in der Kraft Eures Wesens auf verlorenem Posten kämpfen. Hab keine Angst, meine Liebe, die Goldenen Schwingen GOTTES umhüllen Dich und Du bist geschützt und wirst geführt von IHM und SEINER Liebe. Du wirst Deine Ängste und Zweifel nicht mehr lange halten können, denn dies sind die Gefühlsregungen des „Alter" Ego, dem Widersacher GOTTES. Erinnert Euch daran, Jeder von Euch erweitert seinen Geist durch seine Gedanken, Worte und Taten und beginnt damit sein Wachstum in seine Eigenverantwortung und seine schöpferischen Möglichkeiten, damit die Kraft GOTTES in Euch ein immer HELLERES LICHT FÜR DIE WELT werden kann. Erkennt diese Wahrheit, meine geschätzten Brüder, denn ich spreche mit meinem ganzen Herzgefühl zu Euch Allen, die Ihr diese Schrift lest.

Vergeben: „1. Verzeihung oder Vergebung (für etwas) annehmen. 2. Unmut oder Beschuldigungen gegen jemanden beenden." Jetzt, da die Begriffsdefinition klar ist, wird vielleicht Euer Verständnis über die Kraft Eurer **Vergebung** auch klar werden. Wenn Ihr in dem Anderen, dem angeblichen „Übeltäter", einen Teil von EUCH SELBST seht, der Euch etwas zeigen oder lehren will, das Ihr bisher noch nicht verstanden habt, werdet Ihr vielleicht eher bereit sein, die Aktionen anzunehmen, die „der Andere" Euch anbietet. Selbst wenn die Lektion einfach nur Selbstvergebung sein sollte, anstatt reine Selbstbestrafung, erschafft Ihr an dessen Statt die Selbstbestrafung durch einen Anderen, der das gleiche Drama durchlebt wie Ihr. Ihr seid sehr genial in der Maskerade Eurer inneren Unwürdigkeit. Wir als Eure Heerscharen Gottes meinen, es wird höchste Zeit zu erkennen und zu verstehen, was Euch alles einfällt, um weiterhin Eure Verantwortung und die Trennung von Eurem Schöpfer zu verleugnen. Stimmt Ihr mir zu?

Nun, die Macht der Vergebung hinterläßt keinen „Nährboden" mehr, auf dem Ängste und Zweifel wachsen können. Zerstörerische Ängste und Emotionen des Zweifels werden in Eurem Wesen verhungern und dann zu ihrer Quelle zurückkehren, bis sich der Ursprung des gegnerischen „Gedankens" selbst verzehrt hat. Er wird in Euren Gefilden kein komfortables „zu Hause" mehr finden! Vielleicht hilft Euch eine „Vision" oder ein „flüchtiger Blick", wo Ihr Eurem Verständnis nach sein wollt. Da es für Viele von Euch schwierig ist, sich vorzustellen, wie das Leben sein wird, wenn Ihr die Bewußte Unsterblichkeit innerhalb des Gottesreiches erlangt habt, seid Ihr auch oft verunsichert, welche ZIELE Ihr erreichen wollt und es ängstigt Euch auch, weil Ihr viele UNBEKANNTE Faktoren einkalkulieren müßt. Es ist viel leichter, die alten Verhaltensmuster und Lebensgewohnheiten beizubehalten, da sie wie ein alter, bequemer Sessel sind, den Ihr nicht ausmustern wollt, weil Ihr Euch an einen neuen Sessel gewöhnen müßtet oder vielleicht gar keinen Sessel mehr haben werdet. Selbst wenn der Sessel irgendwann sehr mitgenommen, ausgesessen und nicht mehr so bequem ist, entscheidet Ihr Euch doch lieber für die Unbequemlichkeit, da Ihr Euch in Eurer bewußten Realität darin sicher fühlt. Das meinen wir, wenn wir davon sprechen, Euer Vertrauen und Euren Glauben in GOTTES WILLEN VON AUSGLEICH UND HARMONIE zu verankern. Damit ERLAUBT Ihr DEM WAHRHAFTIGEN ERBE EURER INNEREN GÖTTLICH-KEIT, Euer kreatives Potential und die darin enthaltenen Möglichkeiten zu entfalten. WOHLWISSEND, daß sich ALLE Erfahrungen in der Vollkommenheit und FREUDE der Entdeckung offenbaren, wenn sich Euer bewußter Wille mit dem Willen GOTTES vereinigt.

Das ist auch der Grund, warum Commander Hatonn zum Beispiel oft Abstand davon nimmt, ZUKÜNFTIGE Aussagen für EUER Leben zu machen, wenn er gefragt wird, was IHR tun sollt, denn Gott offenbart jedem eigene Möglichkeiten, SEINE Auswahl anzunehmen oder nicht, um sein göttliches Potential im Dienste GOTTES zu erfüllen. Oftmals widersetzt Ihr Euch ungewöhnlichen VERÄNDERUNGEN und somit verändern sich auch die Umstände, denn Euer INNERER GOTT gibt Euch weitere Gelegenheiten und sehr oft verweigert Ihr Euch den Angeboten Eures INNEREN GOTTES, wenn es „hart auf hart geht" und damit auch den damit einhergehenden Erfahrungen, die dann nicht verwirklicht und in Erfüllung gehen können. Erinnert Euch an die Aussage, die IHR in den „Phönix-Journalen" sehr oft findet: „Viele sind gerufen; WENIGE sind auserwählt." Wer trifft die Auswahl? IHR! Was wählt Ihr? DEN DIENST AN GOTT ALS TEIL SEINER KREATIVEN ENTFALTUNG UND ERFAHRUNG, oder als Gegensatz dazu den Eigennutz und deshalb den Widersacher, denn der Widersacher will sich selbst ÜBER GOTT STELLEN und das ZERSTÖREN, was GÖTTLICH IST. Um in der Eigensucht der gegnerischen „Wirklichkeit" zu leben, müßt Ihr Eurem inneren GOTTESFUNKEN abschwören und Euch in der Wahrnehmung des individuellen Getrenntseins befinden, sozusagen als Insel des Willens, EURES EIGENEN WILLENS, Eures „Alter" Ego. Durch die Verleugnung des ALL-EINS-SEINS wird der Feind zu einem fehlgeleiteten Kind, das die Verantwortung ablehnt und die Dinge so TUT, wie es SELBST sie tun will, obwohl sein Weg zum Schluß das GESAMTE Spielzeug zerstören wird, das Gott ihm von vornherein mitgegeben hat.

Erkennt Ihr, meine geschätzten Chelas, daß IHR mit der Ablehnung der Kraft Eures INNEREN GOTTES auch Euren Erfahrungsrahmen BEGRENZT, denn damit VERLEUGNET Ihr auch das ererbte kreative Potential EURES GOTTESFUNKENS. Und wie Ihr dann entdecken werdet, werden die Begrenzungen dessen, was Ihr SEID, für Euren innewohnenden Geist ziemlich schmerzhaft, da er darauf ausgerichtet ist, die Ketten Eurer begrenzten Wahrnehmung um seiner Freiheit willen zu sprengen. Deswegen kommt es auch vor, daß man bei Solchen, die aufgrund ihrer ziemlich BOSHAFTEN Handlungen geprüft werden, herausfindet, daß ihr Geist bis zur nahezu Nicht-Existenz verwelkt ist und damit den ÜBLEN, feindlichen, vampirischen Energien für die Kontrolle ihres Körpervehikels Tür und Tor geöffnet haben. Danach lernt Ihr natürlich auch, daß der Widersacher künstliche Wesen und Robotoide einsetzt und eingesetzt hat, um seine Bösartigkeit zu verbreiten. Was wäre dafür besser geeignet als jemand, dem der Schöpfer KEINEN LEBENSHAUCH verliehen hat! Der Feind hat in erster Linie programmierte Puppen, die seine Befehle ausführen und diese „Marionetten" sind OHNE JEGLICHES SEELENBEWUSST-SEIN, das vielleicht später seine Meinung dazu ändern könnte!

Also ist es falsch, zu „träumen" und sich eine „Vision" davon zu erschaffen, wie alles in Harmonie und Ausgeglichenheit sein könnte? Natürlich nicht. Meine Lieben, erkennt einfach, daß Eure Visionen grenzenlos sind, weil Ihr immer noch das ent-wickelt, was IHR Euch erschafft, um in Harmonie und Balance zu leben. Ihr werdet auch sehr viel FREUDE und ERFÜLLUNG spüren, wenn Ihr mit der Kraft Eures inneren GOTTES zum Beispiel Euren Lebenssinn und Eure kreativen Fähigkeiten in GOTTES begnadeter „Zeit" entfaltet! Aus diesem Grund bitten wir Euch, nicht so viel Zeit damit zu verbringen, Euch Sorgen über Eure ZUKUNFT zu machen. Um Euch JETZT in dem zu halten, was sich vor Euren Augen entfaltet, haben wir Euch vorgeschlagen, Eurem täglichen Zwiegespräch mit Gott einfach hinzu-zufügen: „Bitte, Vater/Mutter Gott/Aton, zeige und sage mir, was ich jetzt wissen muß, damit ich mich NUR in DEINEM Dienst selbst wei-terhin erhalten kann. Und bei ALLEM, was mir gegeben wird, Vater, SOLL NICHT MEIN WILLE, SONDERN DEIN WILLE GESCHE-HEN!" Wenn Ihr mit reiner Absicht den Vater um etwas bittet, WIRD EUCH IMMER DAS GEGEBEN, WAS IHR BENÖTIGT. Dann müßt Ihr natürlich das VERTRAUEN und DEN GLAUBEN AN EUREN INNEREN GOTT aufrechterhalten, damit sich für Euch ALLES in Vollkommenheit entfalten kann und Ihr damit auch die Kraft und die Mittel erhaltet, die Ihr braucht, um SEINEN WILLEN INNERHALB DES GÖTTLICHEN PLANES auszuführen. Laßt uns **VERTRAUEN** definieren: „1. Tiefes Vertrauen in die Integrität, Ehrlichkeit oder Gerechtigkeit eines Anderen haben; Glaube. 2. Eine zur Fürsorge für einen Anderen eingegangene Verpflichtung; Pflicht; Verantwortung. **Glaube**: 1. Zuversicht in oder Abhängigkeit von einer Person oder etwas, das vertrauenswürdig ist. 2. Glaube ohne die Notwendigkeit eines bestimmten Nachweises/Beweises." Wir möchten Euch wirklich nahelegen, Euren Glauben und Euer Vertrauen nur Eurem INNEREN GOTT zu schenken. Ihr werdet sicherlich noch lernen, wie Ihr Zugang zur GÖTTLICHEN KRAFT UND ENERGIE IN EUCH und SEINEN HEERSCHAREN bekommt und es auch annehmen könnt, wenn IHR FÜHRUNG BRAUCHT! Deshalb empfehlen wir Euch auch immer, EUREN RAUM VON ALLEN DUNKLEN FRAGMENTEN ZU REINIGEN UND IDENTIFIKATION IM NAMEN DES HEILIGEN GOTTES ZU FORDERN! Es fällt Euch leichter, wenn Ihr es in Eure tägliche Zwiesprache integriert. Und damit kommen wir zu unserem nächsten Thema – Hilfestellung und Wiederholungen.

Erinnert Ihr Euch, daß wir im Journal „The Phoenix Operator/Owner Manual" die drei D's diskutiert haben? WUNSCH, HINGABE und DISZIPLIN. [A.d.Ü.: kann leider nicht als drei D's ins Deutsche übertragen werden, Original: DESIRE, DEVOTION and DISCIPLINE.] Um das INNERE KIND zu heilen, müßt Ihr diese drei Prinzipien TÄGLICH ANWENDEN! Und nicht nur dann, wenn Ihr gerade daran denkt. Was ist Euer Ziel? BEFINDET IHR EUCH NICHT IM TRAINING ZU BEWUSSTER MIT-SCHÖPFUNG UND SELBST-VERANTWORTUNG IN DEN GÖTTLICHEN RÄUMEN?! Wenn das wirklich Euer beabsichtigtes Ziel ist, dann ist das eine sehr ernste Verpflichtung, an der Ihr täglich und in jedem bewußten Moment während Eurer Existenz hier arbeiten müßt. JEDER Augenblick zählt; JEDE Lebenslage bietet Euch eine Gelegenheit, Euch GOTT näherzubringen. Bitte denkt daran, Ihr Kostbaren. Das IST EUER Augenblick, in dem Ihr in Wahrhaftigkeit gegenüber Euch selbst und allen Anderen handeln könnt. Wenn Ihr Euch irrt, müßt Ihr zuerst erkennen, daß es ein Irrtum war, bevor Ihr die notwendigen VERÄNDERUNGEN in Euch vollziehen könnt, um den Fehler zu korrigieren. Und dann könnt Ihr Euch auf diese Wahrheit verlassen ... dann werdet Ihr eine andere Gelegenheit bekommen, um AUSZUTESTEN, ob Ihr alles richtig verstanden und es ganz in Euren Geist integriert habt. Die Testphasen werden immer fortdauern, Chelas, damit Ihr Euren Weg innerhalb der GÖTTLICHEN Gefilde auch rechtmäßig verdient habt.

Da gibt es keine Abkürzungen, außer Ihr verinnerlicht das Wissen und die Weisheit, die die unterschiedlichen „Lebensumstände" Euch angeboten haben. Bitte denkt daran, daß Ich, Sananda, diesen Namen von meinem Vater verliehen bekommen habe, weil ich ihn mir durch MEINE Weihen in den mir dargebotenen Möglichkeiten VERDIENT habe. Seid dankbar für die Lektionen und segnet sie, denn diese Euch gewährten Gelegenheiten helfen Euch bei Eurem SELBSTverständnis und beim KENNENLERNEN Eures inneren GOTTES.

Ich möchte ein kleines Geheimnis mit Euch teilen. Obgleich auf den ersten Blick die Rote Straße der Wahrheit schwierig erscheint, werdet Ihr herausfinden, daß sie trotz der Hindernisse, die sie Euch beschert, dennoch weniger mühsam und verwirrend ist, wenn Ihr auf EUREM WEG VON WUNSCH, HINGABE und DISZIPLIN bleibt, um in GOTTES Reich zu gelangen. Die Hindernisse werden keine Macht mehr ÜBER EUCH haben. Ihr werdet Euch einfach über sie hinwegsetzen, sie umgehen oder sie vor Euren Augen verschwinden lassen! DIE HÜRDEN WERDEN KEINE KRAFT MEHR HABEN, EUCH IN LÄHMENDE ANGST ZU VERSETZEN. Sie werden Euch einfach nichts mehr anhaben oder Euch stattdessen eine gesunde Herausforderung bieten, um die IHR gebeten habt und die Ihr willkommen heißt. So sei es.

Ich wünsche mir, daß Ich Euch weiteres Verständnis und mehr Klarheit bringen konnte, damit Ihr näher an Euren INNEREN FRIEDEN heranwachsen könnt, den das GOTTVERTRAUEN Euch schenkt. Ich danke Euch, meine geschätzten Chelas, für Eure Aufmerksamkeit. Ich danke Dir, Druthea, für Deinen Dienst. ICH BIN Sananda, EINS MIT GOTT innerhalb der Schöpfung. Salu.

KAPITEL 9

30. April 1991

JEDER TAG IST HEILIG. DESHALB MACHT JEDEN TAG ZU „EINEM TAG DER ERDE"

Ich grüße Dich Druthea. ICH BIN Sananda. Ich komme im Dienst des Heiligen Gottes/Aton und der Schöpfung. Danke für Deine Aufmerksamkeit.

Irgendwann in der Mitte Eurer 1960er Jahre wurde bei Euch etwas ins Leben gerufen, das Ihr DEN TAG DER ERDE nanntet. Es wurde ein Tag ausgewählt, an dem Ihr Mutter Erde Ehre erweisen wolltet und damit wurde Euer Bewußtsein für die zerstörerischen Aktivitäten der Menschen gegenüber der Erde geschärft, zum Beispiel der Gebrauch von Erdöl, das verschiedene Arten von Verschmutzung nach sich zieht, die Müllentsorgung und luftverschmutzende Industriezweige. Druthea erinnert sich hier, daß man an ihrer Schule teilweise zu Fuß in die Schule kam, anstatt den Bus zu nehmen, um Mutter Erde seine Unterstützung zu zeigen. Druthea lebte etwa zehn Meilen [A.d.Ü.: etwa 17 Kilometer] von ihrer Schule entfernt, aber sie und einige Andere waren sehr bedacht darauf, Mutter Erde zu helfen, indem sie den Weg einfach zusammen gingen. Es war ein kleiner Same, der zur Bewußtheit und Verantwortung der egoistischen Menschen gegenüber dem Rest der Schöpfung, die noch anderes physisches Leben trägt, beigesteuert hat.

Nun, Ihr habt viele solcher „grünen Umweltbewegungen", die für sich beanspruchen, sich um den Planeten zu sorgen. Manche sind sogar sehr militant, Andere kümmern sich um Erziehung und Bildung. Die Meisten jedoch werden vom Strippenzieher Anti-Christ kontrolliert, der hinter der vorgeschobenen Fassade von Gutherzigkeit und Besorgtheit über die Mutter sein zerstörerisches Netz webt. Seht Ihr, der Widersacher BENUTZT die Gutherzigkeit und Besorgnis derer, die sich in solchen Organisationen engagieren, weil sie wirklich

HELFEN und Verantwortung übernehmen wollen. Die Meisten wissen nicht, daß sie dazu benutzt werden, dem Feind damit immer mehr Unterstützung zu bringen, so daß er immer größere Kontrolle über Euch haben kann. Das hat Euch Commander Hatonn neulich auch erklärt, indem er Euch bat, den lebenszerstörenden Feind zu erkennen, der mittlerweile ganz unverhohlen in den meisten Regierungsämtern und anderen Strukturen Eurer Kulturen sitzt. Die „Umweltbewegungen" sind dabei KEINE Ausnahme.

Was also könnt Ihr tun? Zuerst einmal, Euch daran erinnern, daß in Gottes Königreich JEDER TAG HEILIG ist, deshalb macht aus JEDEM TAG EINEN TAG, an dem Ihr ihn EHRT UND SEGNET und Mutter Erde Eure Dankbarkeit dafür ausdrückt, daß sie Euch in Eurem physischen Leben erhält und Ihr müßt natürlich auch ihre Bedürfnisse beachten. Genauso wie Ihr JEDEN TAG (gegenüber) GOTT/ATON WÜRDIGT, segnet und dankbar seid dafür, daß Ihr den LEBENS-ATEM atmen dürft, um DEM EINEN für die Möglichkeiten, die WUNDERSAMEN, kreativen Entwicklungen und Eure LEBENS-FREUDE zu danken. Wie könnt Ihr die „Bedürfnisse" der Mutter finden? Zuerst macht Euch klar, daß die Heilung der Mutter Erde mit Eurer EIGENEN HEILUNG BEGINNT. JEDER von Euch, der sich für den Dienst unter Gottes Willen entscheidet, muß alle Illusionen zurücklassen, die seinem Wesen Krankheit und Trennung von der Quelle bringt. Ihr könnt keinen Anderen heilen; doch Ihr könnt die Heilung eines Anderen unterstützen, wenn Ihr in Brüderlichkeit seine Hand haltet und Liebe und Sanftmut des Vater/Muttergottes in Euch in ihn einfließen laßt. Die Meisten, die körperliche Schmerzen haben, sind einfach nur HUNGRIG nach Liebe und kennen die Kraft der Veränderung und Heilung nicht, die ihnen innewohnt. Die schwierigsten Veränderungen bei Euch Allen sind das Betrachten Eurer Ängste und der Blick in Euren inneren Spiegel der Wahrheit. Ihr werdet feststellen, daß Ihr mit der Vergebung und Freilassung Eurer „negativen" Illusionen auch nicht mehr in der Lage sein werdet, das „negative" Verhalten der Selbsttäuschung in Anderen zu unterstützen. Das bedeutet nicht, daß Ihr in selbstgerechter Empörung herumstolziert und Andere ZWINGT, sich selbst so zu sehen, wie IHR die Wahrheit wahrnehmt, auch wenn es eine wahre Erkenntnis sein mag. Beachtet, daß das, was Ihr im Verhalten eines Anderen wahrnehmt, Euch selbst betroffen hat ... oder noch betrifft. Genauso stimmt es aber auch, daß das, was Ihr an einem Anderen bewundert, auch in Euch existiert, aber vielleicht bis jetzt noch nicht aufgeblüht ist. Was also müßt Ihr machen, um den Widersacher in Euch und Anderen nicht zu unterstützen? Bittet GOTT, Euch zu zeigen, was Ihr benötigt, um das verstehen zu können. Bittet Gott um Antwort, wie Ihr mit einer Situation „umgehen" könnt, die auf Euch zukommt. Dann müßt Ihr die Bereitschaft entwickeln, SEINEM WILLEN ZU FOLGEN und sorgfältig auf das HÖREN, was Er Euch sagt.

Zum Beispiel schreien Viele von Euch innerlich nach Aufmerksamkeit und Anerkennung seitens Eurer Mitmenschen in Eurem engsten oder weiteren Kreis. Das innere Kind leidet sehr oft unter Eurer eigenen Zurückweisung und Eurem geringen Selbstwertgefühl, wenn Ihr ausschließlich außerhalb Eures inneren Gottes nach Bestätigung sucht. Wie würdet IHR auf jemanden reagieren, der sich ständig in Selbstverletzung und Verweigerung bewegt? Ignoriert Ihr denjenigen? Irritiert er Euch oder ärgert Ihr Euch über ihn? Oder erkennt Ihr EUCH SELBST in ihm und es wird Euch bange? Wir haben sie Alle mit ihren ähnlichen Reaktionen beobachtet. Nun, jemanden zu „ignorieren" und sich über ihn aufzuregen sind manchmal ganz einfache Reaktionen von ÄNGSTEN und ABLEHNUNG desjenigen, obgleich ihn einfach zu ignorieren oftmals auch eine Besorgnis darstellen kann, wenn man das Verhalten beobachtet und man vielleicht zu einem anderen „Zeitpunkt" ein wenig tiefer über die Situation nachdenken möchte.

Jetzt gibt es aber noch eine andere Wahlmöglichkeit für eine Reaktion (die Wahl, die wir in den meisten Fällen empfehlen), und zwar die (sobald es innerhalb der Umstände möglich ist), denjenigen unter vier Augen auf Eure Beobachtung seiner gezeigten Verhaltensweisen hin anzusprechen und ihm anzubieten, ihm zuzuhören, wenn ihm der

Charakterzug Mühe macht. In anderen Worten, LIEBT dieses kleine KIND, damit es sich sicher und getröstet fühlt. Wenn jetzt aber derjenige ihre/seine Gefühle lieber VERLEUGNEN und es niemandem anvertrauen möchte, dann wisset, daß derjenige sehr viel Angst verspürt und an seine Gefühle von Verletzlichkeit gebunden ist, vielleicht wegen eines (aus) von ihm „so gesehenen" vergangenem Vertrauensmißbrauchs durch jemand Anderem (heraus). Dann könnt Ihr nicht mehr tun, als ihm Eure Hand in Freundschaft und Fürsorge, Wertschätzung und Ehrlichkeit zu reichen. Ihr könnt niemanden dazu zwingen, seine Ängste mitzuteilen oder gegenüber jemand Anderem seine Gefühle einzugestehen.

In jedem Fall müßt Ihr fest, aber freundlich denjenigen wissen lassen, was Ihr an seinem Verhalten beobachtet habt, so daß er die Gelegenheit bekommt, die Wahrheit auch in seinem eigenen verletzten Inneren anzusehen ... und vielleicht (damit) beginnt, sich damit auseinanderzusetzen und die Verweigerung loslassen kann, an der er schmerzlich festhält.

Wenn jedoch jemand weiterhin **seine** Verweigerung in Form emotionaler Manipulation oder sogar emotionaler Tyrannei, Schuldzuweisungen oder „Ach, ich Armer"-Mentalität anwendet, dann wird er sich weiterhin selbst sabotieren, so daß Ihr ihn bitten könnt, Euer Umfeld zu meiden, bis er mit sich selbst ins Reine gekommen ist, oder derjenige wird sich von selbst von Euch zurückziehen, weil er dauernd mit der Wahrheit über sein „egoistisches, manipulatives und Schuldorientiertes" Verhalten konfrontiert wird, aber immer noch **unwillig** ist, sein Verhalten zu betrachten und es zu ändern.

Die gleiche Analogie können wir beim Übergang der Erde anwenden, der jetzt bevorsteht. Alle Menschenseelen werden zum Schluß die Entscheidung treffen müssen, ob sie bereit sind, mit Güte und Reinheit den Weg Richtung EINHEIT mit Gott einschlagen zu wollen. Die Fragmente des EINEN, die sich dafür entscheiden, die selbsttäuschenden Spielchen des Widersachers weiterzuspielen und damit die Kosmischen Gesetze der Ausgeglichenheit Gottes und der Schöpfung zu brechen, werden sich selbst aus der „Abschlußklasse" für Gottes höhere Erfahrungsebenen herausnehmen. Vielleicht hilft es Euch jetzt zu verstehen, warum wir von den Himmlischen Heerscharen so oft die Wichtigkeit von Selbsterkenntnis betont haben, gepaart mit Disziplin in Gedanken, Worten und Taten, damit Ihr jene Gedanken und Verhaltensweisen herausfiltern und zurücklassen könnt, die Euren Weg zu Gott behindern oder sogar versperren. Gleichzeitig könnt Ihr Euch gegenseitig unter die Arme greifen, indem Ihr mit Ehrlichkeit und reinen Absichten durch ein Gespräch einem „sichtbar" verstörten Anderen zum Verständnis VERHELFT, statt ihn wegen des überheblichen Verhaltens seines „Alter Ego" zu verdammen. Wenn Ihr mit jeder neuen Situation Eure gutherzigen Kommunikationsfähigkeiten weiterentwickelt, werdet Ihr Euch selbst auf eine „neue" Ebene der menschlich-spirituellen Ebene des Mitgefühls und Verständnisses heben, das Euch mit einem Gefühl des INNEREN FRIEDENS und der AUSGEGLICHENHEIT belohnt, das Euch in Euren täglichen Beziehungen untereinander allzu oft abhanden gekommen ist.

Möge die Wahrheit GOTTES von EUCH Göttlichen Fragmenten angenommen werden, auf daß Ihr Eure inneren Türen zu den beflügelnden Möglichkeiten leicht öffnen könnt. Ich zolle allen Brüdern Ehre, die den ehrlichen WUNSCH haben, an der Erfüllung des GÖTTLICHEN WILLENS mitzuarbeiten. Der Lohn der Arbeit in Seinem Dienst ist grenzenlos und liegt jenseits Eures bewußten Verständnisses. Ich danke Dir, kleine Schwester Druthea, für Deinen Dienst. ICH BIN Sananda, EINS mit GOTT, im Dienste des HEILIGEN Göttlichen Vaters/Aton und der Schöpfung. Adonai und Salu. Ich liebe Euch sehr und stehe demütig im Dienste Unseres Vaters und bin EUCH zu Diensten, meine Brüder. Gehet in Frieden.

KAPITEL 10

2. Mai 1991

FREUNDSCHAFT UND DER WEG IN DIE EINHEIT

Ich grüße Dich, geschätzte Druthea. ICH BIN Sananda. Ich komme im Dienst des Heiligen GOTTES/Aton des Lichts und zu Euch, meine Brüder.

Oft wird über das Konzept von „Freundschaft" gesprochen, auch von Gottes Heerscharen. Denn für Viele von Euch gibt es für Freundschaft unterschiedliche Meinungen und Erfahrungswerte. Dieser Begriff beinhaltet oftmals eine besondere Bedeutung, die für Einzelne unter Euch ganz unterschiedlich sein kann, je nachdem, welche Erfahrungen Ihr mit diesem Begriff verbindet.

Laßt uns zuerst den Begriff Freund definieren, wie er in Eurem Wörterbuch erklärt wird: „1. Bevorzugter Gefährte; Vertrauter. 2. Geschätzter Kollege oder geschätzte Bekanntschaft. 3. Jemand, mit dem man zu einem Zweck oder aus einem Grund etc. vereint ist. 4. Schirmherr oder Unterstützer." Ihr könnt feststellen, daß aufgrund Eurer eigenen Definition das Wort Freundschaft sehr vage als zwanglose oder formelle Bekanntschaft oder Unterstützung gesehen wird, mit der man Interesse oder Geschäftstätigkeit verbindet. Es kann aber auch ein sehr „vertrauter" Partner gemeint sein, den man sich entweder als „Liebling" oder als Ehepartner vorstellen kann oder man verbindet sogar eine **„platonische"** Freundschaft damit (rein spirituell oder ohne erotische Gefühle).

Üblicherweise mögt Ihr es ja, fast alles in Ebenen oder in Ränge einzuteilen und zu erfassen, wozu auch Freundschaft gehört. Das kann durchaus vernünftig sein, solange es in Euch selbst abläuft, um Euch zu einem Verständnis über Eure selbst erschaffenen Grenzen zu verhelfen und solange es Euch eine positive Sichtweise auf Eure

Prioritäten und Verpflichtungen im Dienst an GOTT, DEM EINEN, gibt. Idealerweise haben ALLE „Freunde" oder „Partner" innerhalb Eures Wahrnehmungsspektrums DIE GLEICHEN Prioritäten und beabsichtigten Interessen, im BESONDEREN, wenn die Prioritäten und beabsichtigten Interessen GANZ KLAR DEM DIENST AN GOTT DIENEN, um den maximalen Nutzen eines erfolgreichen Unterfangens mit definierten „Zielen" zu erreichen. Wenn auch nur EIN einzelnes Fragment einen übermäßigen Energieanspruch vom GANZEN fordert, um egoistischer Anerkennung und Aufmerksamkeit Willen, wird DAS GANZE seiner Möglichkeiten, GOTTES Willen und Ausgeglichenheit zu erreichen, beraubt. Die Balance muß erschaffen werden, damit die Wahrhaftigkeit des Zweckes auch die höchste Erfüllung für ALLE bringen kann. Wir gehen davon aus, daß diejenigen, die sich innerhalb einer zielorientierten Gruppe ständig unglücklich und unerfüllt fühlen, oft ein Verhalten an den Tag legen, das man „emotionale" Manipulation nennen kann. Das bedeutet, daß jemand aufgrund seiner stark negativen Ausrichtung und emotionalen Anbindungen oft auch versucht, die Anderen zu kontrollieren oder zu „steuern", um daraus seine eigenen Vorteile zu ziehen.

Als Beispiel – durch das beständige Jammern über IHRE eigenen Probleme, über die Schuldzuweisungen an Andere für die „Ursachen" und ihre fortwährende Suche nach Zuwendung von den Anderen, um sich **ihre** eigene Meinung und ihre selbst erschaffene „Opferrolle" bestätigen und von den Anderen verbessern zu lassen, verursachen diese „emotionalen" Manipulanten im Grunde die Spaltung des Ganzen. Für solche manipulativen Menschen ist es nicht einfach, in reiner ABSICHT und um der Klarheit willen verbal zu kommunizieren, denn sie sehen sich selbst so, daß sie entweder „benutzt" werden oder „Opfer" von Mißbrauch durch Andere oder von Mißverständnissen sind. So gehen die anderen Mitglieder der Erfahrungsgemeinschaft frustriert in den Rückzug, um IHREN eigenen Dienst vollenden zu können und der emotionale Manipulator wird seinen Dampf frustriert in einer indirekten, aber oft sehr effektiven Art und Weise ablassen müssen.

In der Gruppe sind Einige dann oft verwirrt durch das zur Schau getragene Verhalten von „passivem Widerstand" oder „der Ermangelung emotionaler Kontrolle", wie es oft genannt wird, und dem gleichzeitigen Streben des Störenfrieds, „sich zu bessern". Dieser hat aber dann natürlich erreicht, was er „braucht" – was oftmals bedeutet, daß er es sich gemütlich gemacht hat in seinen verzweifelten Versuchen, „angenommen" zu werden und/oder „der Mittelpunkt" von Aufmerksamkeit und Bedeutung zu sein, womit er aber die Erfordernisse und die Leistungsfähigkeit DES GANZEN überstrapaziert hat. Es endet damit, daß diejenigen, die ihre ganze Erfüllung in diesem Kreis finden, den emotionalen Manipulator ernsthaft auf sein Verhalten hinweisen und ihm vielleicht nahelegen müssen, den Kreis zu verlassen und seine Probleme „mit sich selbst" auszumachen, damit das angestrebte Ganze im Sinne des GÖTTLICHEN Dienstes erhalten werden kann. Allerdings ist es nicht immer leicht, das Problem genau zu bestimmen. Wenn das aber einmal vernünftig begriffen worden ist, muß eben dem Unvermeidlichen ins Auge gesehen werden, was bedeutet, auf der notwendigen Veränderung zu bestehen, um dem Gesamten wieder Ausgeglichenheit zu verleihen. Denkt immer daran, Ihr könnt zwar Eure Hand zu Gespräch und Verständnis reichen, aber IHR könnt einem Anderen keine Energie geben, um „sich zu bessern", wenn derjenige keine Bereitschaft zeigt, SICH SELBST UND SEINE VERANTWORTUNG anzuschauen. Diese Störenfriede möchten ihre eigenen „negativen" Gefühlsanbindungen auf Andere ABWÄLZEN, sie aber fortwährend weiter NÄHREN, damit sie sie nicht anschauen und erkennen müssen, daß sie für ihren inneren WANDEL SELBST VERANTWORTLICH sind. Das Beste und Verantwortungsvollste, das Ihr tun könnt ist, dem Betreffenden EURE Beobachtungen mitzuteilen und ihn wissen zu lassen, daß Ihr dieses Verhalten nicht länger duldet, weil es die Vollkommenheit der Arbeit der gesamten Gruppe stört.

Das ähnelt sehr Eurer derzeitigen Situation der Welt und wie Ihr feststellen könnt, entstehen fehlende Integrität, Verleugnung der Wahrheit und das „Zulassen" unausgewogenen und inakzeptablen

Verhaltens zuerst in Euren inneren Erfahrungskreisen und danach weitet sich diese Krankheit auf ALLE Vorgänge im Geschäftsleben und in der Regierung aus. Ihr habt die unvernünftigen und intolerablen Verhaltensweisen von einigen Wenigen einfach zugelassen und diese haben DAS GANZE zu Fall gebracht. Dieses unverantwortliche „gewähren lassen" muß AUFHÖREN, Meine Lieben ... versteht Ihr?

Worauf ich mich eigentlich konzentrieren möchte, ist die reine und spirituelle EINHEIT der Bruderschaft, für die aber auch das Wort „platonisch" nicht so ganz zutrifft. Ich möchte Euch jetzt bitten, Euch für einen Moment vorzustellen, welche Art der Liebe ich Euch versuche zu beschreiben, die für eine Freundschaft zutrifft ...

Also, WAS FÜHLT IHR? Wenn Ihr in der Lage seid, in dieses höhere Konzept in Euch einzutreten, werdet Ihr es als sehr warm, mit einem prickelnden Gefühl wahrnehmen oder Euch vielleicht sehr gut und heiter fühlen. Fühlt Ihr Euch GOTT näher? Beginnt Ihr, die Art der LIEBE zu spüren, die GOTT für Euch bereithält ... diese Art von Liebe, die Ihr so oft als bedingungslos beschreibt, was bedeutet, daß sie NICHT durch Voraussetzungen begrenzt, sondern absolut ist? Ich meine, vielleicht wäre ein „neuer" Begriff ganz passend, zum Beispiel **ABSOLUTE LIEBE**, denn absolut wird wie folgt definiert: „1. Frei von Restriktionen; unbegrenzt; bedingungslos. 2. Vollkommen; perfekt. 3. Unverfälscht; rein. 4. Unabhängig; frei. 5. Positiv; sicher." Ja, was lehrt Euch diese Betrachtung der ABSOLUTEN LIEBE? Also gut, „absolute Liebe" ist die Art von Liebe, die wir uns zusammen ausmalen wollen.

Um jetzt ein wertvoller Freund für Andere zu werden, müßt Ihr zuerst einmal FÜR EUCH SELBST zu einem wertvollen Freund werden, den Euer innerer GOTT von ganzem Herzen bestärkt. Man kann auch sagen, daß Ihr Euch SELBST mit der gleichen absoluten Liebe würdigt, wie Ihr GOTT würdigt, was Euch in der Folge die Freiheit und Güte verleiht, ALLE anderen mit dieser absoluten Liebe (hohe Wertschätzung, Respekt oder Hochachtung) zu **würdigen**. Klingt einfach, oder? Nun, wie jedes kosmische Bewußtsein, Wissen und

Weisheit, das es wert ist, danach zu streben, bedeutet es nichts anderes, als die begrenzten Wahrnehmungen Eures „Alter Ego" zurückzulassen, um ins Verstehen zu wachsen. Bevor Ihr diese Begrenzungen fallen lassen könnt, müßt Ihr natürlich erkennen, welche das sind und daß sie eigentlich „begrenzte" Wahrnehmungen sind. Nun, Chelas, das macht die „Auszeichnung" für die spirituell-kreative Selbstentdeckung deshalb so wertvoll, weil es für das Selbst eine Herausforderung ist, mit der Erkenntnis der Wahrheit belohnt zu werden!

Nun, den nächsten „Denkansatz", den Ihr voll umfänglich verstehen müßt, wenn Ihr in Eurer Freundschaft mit der Menschheit in die ABSOLUTE LIEBE wachsen wollt, ist DAS GESETZ DES EINEN. Es bedeutet nämlich, daß Ihr mit ALLEN von Gott geschaffenen Einzelaspekten in einer Beziehung steht, ob Ihr diese jetzt seht oder nicht. VERBUNDENHEIT, WIR SIND ALLE MITEINANDER VERBUNDEN. Dieses Konzept zu verstehen und es auch wirklich zu LEBEN, macht sehr demütig, meine Kostbaren, es macht sehr demütig und es ist auch wirklich sehr erstaunlich.

Also jetzt – sich volles Verständnis zu erarbeiten und zu entwickeln und ECHTE kosmische Freundschaft und Einheit mit ALLEN zu pflegen, die Eure Hand annehmen wollen, garantiert Euch das von Gott verliehene „Abschluß-Diplom" in die EINHEIT der höheren Reiche Gottes.

Nun, Druthea hat lange über eine Zeile zu „Liebe" nachgedacht, die aus dem Film „A Love Story" stammte, der, glaube ich, irgendwann in Euren späten 1960er Jahren gedreht wurde. Die weibliche Darstellerin dieser „traurigen" Liebesgeschichte sagte zu ihrem Liebsten „Liebe bedeutet, sich nie entschuldigen zu müssen". Wollen wir über diese Aussage einmal nachdenken. Verwirrt sie Euch? Glaubt Ihr, die Bedeutung verstanden zu haben? Wir wollen diesen Satz jetzt auf Definitionen „herunterbrechen", damit wir vielleicht für Alle eine gewisse Klarheit finden. Nehmen wir zuerst die Definition des Wortes Liebe, wie sie im *Funk & Wagnall's Dictionary* zu finden ist. „1. Tiefe Hingabe oder Zuneigung für eine oder mehrere Personen. 2. Eine starke sexuelle Leidenschaft für jemanden haben. Sexuelle Leidenschaft im Allgemeinen oder die Freude daran." Ist es nicht interessant, daß die Definition für LIEBE, die Euch hier gegeben wird, sehr angenehm beginnt und dann irrtümlicherweise in SEXUELLE Aktivitäten und Gefühle abrutscht? Es verwundert nicht, daß Ihr ständig darüber verwirrt seid, WAS LIEBE IST!

Ganz sicher hat der Widersacher seine eigene Definition über etwas „entwickelt", worüber ER sehr wenig weiß. Und die Meisten von Euch haben ihm diese Lüge abgekauft die so weit geht, daß man Sexualverkehr mit so niedlichen Wörtern wie „Liebe machen" bedenkt. Liebe „machen"? Fangt Ihr an zu verstehen, wie lächerlich diese Aussage ist? Im schlechtesten Fall „macht" UND hält dieser Akt der körperlichen LUST die Erfüllung durch Liebe in engen Grenzen fest und im schlimmsten Fall „macht" er auch krank durch haßerfüllte, manipulative, abartige, bewußte Verhaltensweisen.

Nun, wenn die „sexuelle Befriedigung" der Weg ist, wie Manche LIEBE untereinander definieren, dann werden sie auch JEDE MENGE Gründe dafür finden, sich „entschuldigen" zu müssen! Als nächstes wollen wir diese Aussage definieren. „Sich entschuldigen" ist eine **Entschuldigung,** was bedeutet, „eine Aussage oder eine Erklärung, die das Bedauern über einen Irrtum oder eine Beleidigung ausdrückt."

Also, hier will jemand einen wirklichen Irrtum oder eine Verletzung einem anderen gegenüber wieder gutmachen. Das wichtigste ist, Ihr habt Alle in Sachen Ausdruck der Liebe und größeres Verstehen dazu noch keine VOLLKOMMENHEIT erreicht, da VIELE von Euch GERADE dabei sind, sich in ihrem derzeitigen Entwicklungsschritt dieses Verständnis und die UMSETZUNG IM LEBEN zu erarbeiten. WENN jemand in der Lage ist, das alles zu begreifen und sein Verhalten auf die ABSOLUTE LIEBE einzustimmen, werden „Entschuldigungen" und „Irrtümer" gegenüber sich selbst und anderen Stück für Stück völlig unerheblich werden.

Klingt Euch das vielleicht ein wenig zu „idealistisch" oder vollkommen, was bedeuten würde: „1. Ein Konzept für die Vervollkommnung.

Eine Person oder eine Sache als Standard für Perfektion [A.d.Ü.: Im Original wurde der Punkt 2 nicht berücksichtigt]. 3. Ein edles Prinzip; erhabenes Ziel. 4. Etwas, was nur als Gedankenkonstrukt existiert." Und was meint Ihr, was Perfektion ist? Nun, ist nicht Gott/Aton, unser höchster Schöpfer, DAS PERFEKTE IDEAL? Wir haben es mehr als einmal gesagt, ALLES, was nicht GÖTTLICH ist, kann auch nicht die Vollkommenheit GOTTES sein. Es kann eine wachsende Perfektion sein oder vielleicht eine Entwicklung dahin. Und doch existiert jedes Fragment ausdrücklich als vollkommenes TEIL GOTTES/Atons. In gewisser Hinsicht tragen wir als Fragmente DES EINEN den Entwurf der Vollkommenheit unseres Schöpfers in unseren Wesen, welcher demzufolge die Vollkommenheit unseres Vater/Muttergottes/Aton IST. Das ist „DAS IDEAL", nach dem wir streben und an dem wir unsere Erfolge in unserer spirituell-kreativen Manifestation messen sollten. Also empfehlen wir jetzt eine Veränderung des in Frage stehenden Satzes: „ABSOLUTE Liebe bedeutet, sich niemals entschuldigen zu müssen."

Solange Ihr Euch auf dem Rückweg zum EINEN in spiritueller Vollkommenheit befindet, werdet Ihr Irrtümer begehen und es wird auch die Notwendigkeit bestehen, Euch Umstände zu erschaffen, in denen Ihr Euch entschuldigen müßt, bei Gott, bei Euch selbst, bei Anderen, damit Ihr in die VERGEBUNG wachst, die eine ausgleichende Heilung innerhalb von Euch Selbst bewirkt. Euer von Gott gegebenes BEWUSSTSEIN ist Euer Führer für das „Richtige" und das „Falsche", und das betrifft sowohl die Gedanken als auch Euer Verhalten gegenüber den Kosmischen Gesetzen der Harmonie von Gott und der Schöpfung.

Das bedeutet aber **nicht**, daß Ihr nicht manchmal wirkliche ABSO-LUTE Liebe innerhalb Eurer persönlichen Umstände und Beziehungen lebt. Es bedeutet einfach, daß Ihr es noch nicht gelernt habt, in JEDEM AUGENBLICK in Eurem Erfahrungsraum in VOLLKOMMENER, ABSOLUTER LIEBE zu sein. Ich habe Euch oben erklärt, daß dies das Thema ist, das VIELE von Euch jetzt lernen und verfeinern ... in absoluter Liebe zu leben ist noch ein viel größerer Erfolg, als das, was Ihr davor geleistet habt.

Mögt Ihr mit Klarheit und Verstehen die Wichtigkeit von harmonischen Freundschaften untereinander erkennen, da sie Euch gegenseitige Erfüllung und Freude auf Eurem Pfad in die EINHEIT geben wird. ICH BIN Sananda, Eins mit Gott. Ich danke Euch für Eure Aufmerksamkeit, Chelas. Ich danke Dir, geschätzte Druthea, für Deinen Dienst. Salu.

KAPITEL 11

6. *Mai 1991*

WAHRHEITSVERLEUGNUNG BEI SICH SELBST UND ANDEREN ERKENNEN: DIE „GEHEIME" BLOCKADE ZUR ÜBERNAHME PERSÖNLICHER VERANTWORTUNG

Ich grüße Dich, meine liebe Druthea. ICH BIN Sananda. Eins mit Gott. Ich komme im Dienst des Heiligen Gottes/Aton des Lichts und zu EUCH, meinen Brüdern.

Wir haben heute eine Anfrage, und es ist uns eine Ehre, diese zu beantworten, denn der Anfragesteller schreibt im Namen von ALLEN, denn Ihr ALLE habt diesen Zustand zu verschiedenen Zeiten in Euren Leben bereits gelebt, es ist der Zustand der WAHRHEITS-VERWEIGERUNG ... und die MEISTEN verharren immer noch in dieser Blase der Abkoppelung von ihrer Verantwortung.

Wollen wir zuerst das Wort Verweigerung definieren: „1. Ein Widerspruch, Abstreiten einer Aussage. 2. Eine Verleugnung oder Nichtanerkennung. 3. Weigerung, etwas zu gewähren, zu geben oder zu erlauben." Ableugnen: „1. Etwas als unwahr erklären; widersprüchlich sein. 2. Sich weigern, etwas als Doktrin zu glauben; etwas vorenthalten. 3. Sich weigern, etwas zu geben oder zu gewähren; zurückhalten. 4. Sich weigern, etwas anzuerkennen; sich von etwas distanzieren."

Nun, um die Verweigerung INNERHALB von Euch selbst und von Anderen richtig zu verstehen und zu erkennen, müßt Ihr die „negative" Emotion hinter der Wahrheitsverleugnung begreifen ... und das ist sehr oft ANGST. Ihr habt immer Angst vor Veränderungen, weil es bedeutet, sich selbst im Spiegel anzuschauen und **die Verantwortung** für diese Gefühle, Verhaltensmuster und Handlungen, mit denen Ihr die GÖTTLICHE Kraft in Euch selbst verleugnet, zu übernehmen.

Eines der allgemein bekannten „Gefühle", das im Falle von Verantwortungsverweigerung angeschaut werden muß, ist das Minderwertigkeitsgefühl, denn damit geht die Angst vor Zurückweisung des Selbstes einher, WENN, zum Beispiel BEKANNT ist, wie man sich innerlich WIRKLICH fühlt. Es ist sehr UNANGENEHM, sich minderwertig zu fühlen und diesen gefühlsmäßig saugenden „Parasiten" in sich zu wissen. Erinnert Euch, Chelas, IHR habt Euch entschieden, Euch minderwertig zu fühlen. Es ist EGAL, welches „Urteil" ein anderes Wesen über Euch fällt. Ihr entscheidet darüber, die abfällige Meinung eines Anderen oder wie er Euch „wahrnimmt", zuzulassen, denn IHR wollt weiterhin Eure Minderwertigkeitsgefühle nähren. Die Selbstverweigerung erlaubt es Euch, in Eurer egoistischen Trennung zu verharren, in der Ihr alles, was auf Eurer Erfahrungsebene passiert, PERSÖNLICH nehmt und es zulaßt, daß es und vor allen Dingen WIE es auf EUCH wirkt, ohne die Anderen zu betrachten, die Euren Erfahrungsraum und/oder die Erfahrung selbst mit Euch teilen.

Also, ein Weg, die VERLEUGNUNG in sich und Anderen zu erkennen, ist das **egoistische** Verhalten, was bedeutet „sich hauptsächlich mit seinen eigenen Belangen und Interessen zu beschäftigen, oftmals einhergehend mit einem Mangel an Rücksichtnahme gegenüber Anderen", der auf verschiedene Arten wie SCHULDZUWEISUNGEN, VERLETZUNGEN und OPFERROLLEN im Außen sichtbar wird. Schaut auch auf die passiven, beständigen Gedanken und Aktionen bei Euch selbst, die aus dem Wunsch entstehen, das von Euch so eingeschätzte Unrecht „zu rächen". Das wird auf sehr indirekten, heimlichen oder subtilen Wegen durch **Sabotage** geschehen (das ist jede Aktion, die etwas verhindern oder blockieren will). In vielen Fällen ist es so, daß passiver Widerstand gelebt wird, indem die Betroffenen eine angesagte Mitarbeit verweigern, eine absichtliche Verzögerung bei einer abgestimmten Aufgabe herbeiführen, ihren Unmut an eine „Autorität" melden, ohne vorher mit dem als solchem wahrgenommenen „Übeltäter" zu sprechen, oder sich sogar weigern, mit denjenigen zu sprechen, gegen die sich ihr

Ärger richtet, ganz besonders, wenn sie ausdrücklich darum GEBE-
TEN werden.

Ein anderer Grund, warum Manche ihre Gefühle nicht mit Anderen teilen mögen, ist **die Angst,** „ihre eigene Wahrheit auszusprechen", weil sie annehmen, daß sie damit eine „negative", schmerzhafte
oder ärgerliche Reaktion beim Anderen hervorrufen. Oft will man
andere nicht konfrontieren und der Grund, **den sie sich selbst dafür**
zurechtlegen ist der, daß SIE einem Anderen keine Verletzungen
oder Zurückweisungen zufügen möchten. Ein Beispiel – wenn sich
zwischen zwei Menschen eine „Beziehung" angebahnt hat und einer
davon entscheidet sich dann, daß er nicht zum Anderen paßt, und er
deshalb diese Beziehung „abbrechen" möchte. Obwohl er eigentlich
nur Angst vor der VERPFLICHTUNG gegenüber dem Anderen hat
oder den Anderen nicht in seiner Ganzheit LIEBT und er sich deshalb
um seine Freiheit betrogen sieht. Ihr könnt mit Anderen gar nicht ehrlich umgehen, wenn Ihr EUCH SELBST Eure eigenen Gefühle NICHT
EINGESTEHT. Also wird sich die Verwirrung FÜR BEIDE dahingehend manifestieren, daß keiner mehr das Verhalten oder die echten Gefühle des Anderen versteht und sich Beide wundern, was hier
schiefgelaufen ist. Der Zurückgewiesene ist verärgert und wird nachtragend. Derjenige, der zurückgewiesen hat, ignoriert den Anderen
einfach, weil er nicht mehr weiß, „was er sagen soll". Das wird nun zu
einem „ungelösten" Konflikt, dessen „Ursache" und „Wirkung" von
„Verweigerung" und „Verantwortungslosigkeit" in der Folge für Beide
eine dauernde „Herausforderung" für alle „zukünftigen" Situationen
sein wird … und zwar so lange, bis das Verhalten erkannt und VER-
STANDEN, dann abgelegt und einem wirklich verantwortungsvollen
Verhalten Platz eingeräumt wird.

Hier ist ein Beispiel aus sogenannten Liebesbeziehungen zwischen einem Paar, sei es verheiratet oder sonstwie zusammenlebend.
Die „Frau" ist wütend auf ihren Mann, weil er nicht einmal das neue
Möbelstück und ihre neue Frisur bemerkt, und er möchte auch nur
selten „darüber sprechen", wie es bei der Arbeit oder bei anderen

„Dingen" war, also beginnt sie, sich vernachlässigt und nicht angenommen zu fühlen. Aber anstatt ihre Gefühle dann mit ihm zu besprechen, sucht sie nach Wegen, um IHN und seine „Bedürfnisse", seine Erwartungshaltung und seine Wünsche unbeachtet zu lassen. Sie hat dann oft „Kopfschmerzen", wenn er Erotik beabsichtigt. Wenn er sie fragt, ob etwas nicht stimmt, sagt sie „nein", sabotiert aber die Beziehung auf andere Art weiter, indem sie sich zum Beispiel bei einer Feier im Büro betrinkt oder anderweitig aus der Rolle fällt und „vergißt", ihn am Flughafen abzuholen. Nun, der Ehemann versteht das nicht und ist über ihr Verhalten irritiert, und er spürt ganz eindeutig „den Stachel" ihres Ärgers, den sie ihm nicht preisgeben will, wenn er sie fragt. Er kann nichts dazu beitragen, das Problem zu lösen, wenn seine Frau nicht zugibt, daß es ein Problem gibt. Nun, worauf will SIE eigentlich hinaus? Vielleicht, noch ein „weiteres Mal" zurückgewiesen zu werden, um IHRE irrationale Meinung zu bestätigen, daß „alle Männer nichts taugen" (und sie fühlt für sich das Gleiche). Bei diesem Verhalten braucht sie dann IHRE EIGENE Verantwortung für diese Sabotage, ihr eigenes angeschlagenes Selbstwertgefühl, ihre Unfähigkeit, ihre Gefühle und Ängste ehrlich zum Ausdruck zu bringen, nicht anzuschauen. In diesem Beispiel habt Ihr dann ZWEI „armselige" Gesprächspartner und – wie schade – nur aufgrund der Verweigerung, gegenüber dem Anderen ehrlich über seine Gefühle zu sprechen und damit wird das lähmende Verhalten fortgeführt, bis jeder in sich selbst die Wahrheit erkennt, daß BEIDE dafür verantwortlich sind, solche Umstände wegen ihres mangelnden Vertrauens, ihrer Ängste und Minderwertigkeitsgefühle heraufbeschworen und alle echten Gefühle VERLEUGNET zu haben. Aus genannten Gründen MÜSSEN KOMMUNIKATIONSSCHRANKEN von jedem erkannt und überwunden werden, damit ein ehrliches Verständnis aufblühen kann.

Manche haben eine sehr große Angst davor, ihre „negativen" Gefühle gegenüber einem Anderen zuzugeben, weil sie sich vor Zurückweisung und sogar Bestrafung scheuen. So spüren sie zwar ihre „negativen" Gefühle wie Unmut, Ärger oder Mißgunst, verleugnen sie aber weiterhin, besonders sich selbst gegenüber. Das ist der Grund, warum Ihr MEISTER darin werden müßt, die „negativen" (nachteiligen) Emotionen und Gefühle in EUCH SELBST zu ermitteln und sie als solche auch bei Anderen zu erkennen und diese mit ihrem VERHALTEN zu konfrontieren, damit das Licht der Wahrheit auch über demjenigen scheinen kann, der sie nicht sehen will, selbst wenn es das eigene SELBST sein sollte. (Seht hierzu „Recognizing the Anti-Christ within in „The Phoenix Operator/Owner Manual".)

Man muß hierbei eine sehr heikle Gratwanderung machen, denn selbst, wenn Ihr gelernt habt, Euch und Andere mit den inneren Feindbildern zu konfrontieren, bleibt die Verneinung der Wahrheit doch bestehen, ganz besonders bei denen, die absolut **nicht bereit** sind, sich mit dem Gedanken zu befassen, daß sie SELBST verantwortlich SIND für die Wahrheit und somit natürlich auch ganz integer kommunizieren und handeln. Ihr könnt keinen Anderen dazu ZWINGEN, sich die Wahrheit anzuschauen, selbst wenn Ihr sie Ihnen mit bester Absicht auf dem Silbertablett präsentiert. Also müßt Ihr dem Betroffenen, der dieses feindliche Verhalten an den Tag legt, ehrlich und verantwortungsbewußt Eure Beobachtungen nahelegen, ganz besonders dann, wenn dieses Verhalten in krassem Gegensatz zu Eurem eigenen und dem von Anderen steht, zum Beispiel, an Eurem „Arbeitsplatz" oder in Euren „eigenen Familien". Sich ABSICHTLICH selbst zu bestrafen, ist eine Sache, eine andere ist es, es zuzulassen, sich oder Andere von jemandem BESTRAFEN zu lassen, der sich weigert, Verantwortung zu übernehmen.

Seht Ihr, meine lieben Chelas, so UNTERSTÜTZT Ihr bereits indirekt unvernünftiges und feindseliges Verhalten, WENN IHR ES IGNORIERT und nichts DAGEGEN UNTERNEHMT. Was uns zu unserem nächsten Thema bringt, bei dem es um „allgemeine" Ablehnung von Verantwortung geht, die üblicherweise innerhalb der Glaubensstrukturen der „New Age" Bewegung gelebt wird. Wir als Gottes Heerscharen haben oft bemerkt, daß Ihr über die Begriffe „negativ" und „positiv" nachgedacht und gesprochen habt. Viele gehen davon aus, daß es NUR dann „positives" Denken ist, wenn man seine Energie auf ein solches Verhalten und ebensolche Handlungen lenkt. Ein Beispiel: Commander Hatonn und seine Sprecher werden oft „Unheilsverkünder" genannt, die sich auf kommende „negative" Informationen und Umstände konzentrieren. Deshalb: NUR, WEIL MANCHE SICH WEIGERN, DIE WAHRHEIT ÜBER DIE „NEGA-TIVEN" (GEMEINT SIND DIE „FEINDLICHEN") ERFINDUNGEN ZU AKZEPTIEREN, ZU DENEN SIE SELBST DURCH IGNORANZ ODER TATENLOSIGKEIT DIREKT ODER INDIREKT BEIGETRA-GEN HABEN, **VERLEUGNEN SIE IN DER FOLGE IHRE EIGENE VERANTWORTUNG HIERFÜR, INDEM SIE DEN „WAHRHEITS-BRINGER" VERDAMMEN ODER SOGAR „TÖTEN".**

Hier haben wir ein weiteres Beispiel für eine noch bessere Klarheit. Wenn Ihr zum Arzt geht, der herausfindet, daß Ihr Krebs im Körper habt, bittet Ihr ihn dann etwa, Euch NICHT die Wahrheit zu sagen, damit Ihr Eure Verantwortung negieren könnt für 1. die Manifestation der Krankheit in Eurem Körper und 2. durch die Ablehnung von Veränderungen im Denken, Verhalten und Benehmen die HEILUNG dieser ernsten Krankheit verhindern könnt?

Seht Ihr das nicht? Die Manifestation von Krebstumoren ist ein Geschenk, das Euch zeigen soll, daß Ihr ein Ungleichgewicht in Euch tragt. Wollt Ihr Euch HEILEN oder weiterhin die Verantwortung ablehnen? Nun, Ihr müßt Euch entscheiden. Commander Hatonn und der Rest der Heerscharen Gottes sind hier, um Euch explizit DAS KREBSGESCHWÜR DES ANTICHRISTEN ZU ZEIGEN, welches Ihr als Menschengattung in Euch und auf Eurem Planeten manifestiert habt, das innerhalb von „Regierungen", Geschäftsbereichen und kulturellen Institutionen und Organisationen „versteckt" wird. Sagt Ihr vielleicht zu Euch selbst *Oh Mann! Das ist „negative" Information und deshalb bin ich nicht verantwortlich dafür. Das ist das Problem der Anderen; ich werde auf meinen Aufstieg hinarbeiten oder ich werde hochgeholt, so daß ich den Häßlichkeiten entgehen kann, für die ich nicht verantwortlich sein will."*

Ich habe Neuigkeiten für all diejenigen, die sich NICHT für das verantwortlich fühlen, WAS Ihr als Spezies erschaffen habt. IHR werdet entweder JETZT die Verantwortung dafür übernehmen, daß der Rest Eurer ebenso verpflichteten Brüder und Schwestern das tut, was GOTT ihnen im Inneren mitgegeben hat, um die Dinge zu verändern und die „negativen" Umstände und Manifestationen zu heilen, die Ihr BEREITS in Euch und um Euch herum erschaffen habt, oder Ihr werdet noch nicht reif sein für Erfahrungen der HÖHEREN Verantwortung im Bewußtsein der Unsterblichkeit in Gottes Heiligen Königreichen. Ihr habt nicht mehr viel „Zeit" für Eure Entscheidung. Und NIEMAND kann Euch Euren Anteil an der persönlichen Verantwortung auf Eurer Ebene abnehmen. (Obgleich Eure zugeteilte(n) Aufgabe(n) im Dienst an Gott von einem Anderen übernommen werden KANN/KÖNNEN, wenn Ihr Euch weigert, diese in ausgeglichener Wahrhaftigkeit auszuführen.) Ihr seid Euch selbst und GOTT gegenüber verantwortlich für alles, was Ihr TUT oder NICHT TUT, wenn dies der Fall sein sollte.

Nun, was könnt Ihr tun, wenn Ihr herausfindet, daß Ihr versucht, Euch zu „verstecken", wenn es darum geht, bei der Wahrheitsfindung die Eigenverantwortung zu übernehmen und die notwendigen Aktionen in die Wege zu leiten? Zuerst gilt es zu erkennen, daß Eure Weigerung, Euch den „negativen" Aspekten in Eurer Welt zu stellen, auf ANGST basiert. Ihr habt **Angst** vor dem, was Ihr tun müßtet für DIE ÜBERNAHME der Eigenverantwortung und damit die Umstände entsprechend zu verändern. Ihr **ängstigt** Euch davor, NICHT die Kraft für eine solche Veränderung zu haben. Weiterhin habt Ihr **Angst davor**, was „die Anderen" wohl von Euch denken könnten, wenn Ihr ihnen gegenüber ehrlich seid. Ihr **habt Angst**, zu versagen, wenn Ihr Euch zu Beginn Eures veränderten Weges anders verhaltet als vorher. Und dann habt Ihr noch **Angst vor** diesem „unbekannten" Risiko für Euch, wenn Ihr damit beginnt, die Kontrolle durch den Widersacher so richtig „aufzumischen". Weiterhin habt Ihr Angst, weil Ihr in Eurer „Vergangenheit" in wahrheitsfremder Ignoranz gelebt habt und erfolgreich vor den „unangenehmen" Gefühlen und der Verantwortung dafür davongelaufen seid in dem Irrglauben, von den Widerwärtigkeiten auf Eurem Planeten verschont zu bleiben, denen Ihr **durch Eure eigene Ignoranz** VORSCHUB GELEISTET UND SIE SOGAR UNTERSTÜTZT habt. Ich glaube, Ihr habt eine Redewendung, die in etwa heißt: *„was ich nicht weiß, macht mich nicht heiß".* Und diese Äußerung zu Eurem **Irrglauben** sagt eigentlich alles, Chelas. WAS IHR NICHT WUSSTET UND WO IHR DAS HINSCHAUEN VERWEIGERT HABT, HAT EUCH SELBST UND EUREM WUNDERBAREN PLANETEN GESCHADET. EURE UNKENNTNIS ÜBER DIE WAHRHEIT HAT DEN GOTT IN EUCH GESCHWÄCHT, DA IHR **FORTWÄHREND** SEINE KOSMISCHEN GESETZE DER HARMONIE **GEBROCHEN HABT**, SO DASS SEIN GEIST VOLLER LICHT, LIEBE UND HARMONIE NICHT MEHR GEDEIHEN KANN ... DUNKELHEIT UND LEID, ERWACHSEN AUS DEM KREBSGESCHWÜR VON KRANKHEITEN, WAR GRENZENLOS VERHEEREND FÜR EURE SPEZIES UND IST ES IMMER NOCH. DER FEIND HAT DARAUF GESETZT, ÜBER EUCH ZU BESTIMMEN, WAS IHR „WISSEN" UND „GLAUBEN" SOLLT, DAMIT ER EUCH MIT EINER EMPFUNDENEN HILFLOSIGKEIT UND EINEM SKLAVENTUM IN DER „ILLUSION" DER FLEISCHLICHEN GELÜSTE HALTEN KANN. DER WIDERSACHER „BRAUCHT" SKLAVEN, DIE ER KONTROLLIEREN UND MANIPULIEREN KANN, UM SEINE „ZERSTÖRUNGSWUT" AUSZULEBEN, DIE IM HASS AUF GOTT UND ALLEM GIPFELT, WAS ÄSTHETISCH SCHÖN UND IN GÖTTLICHER ABSICHT ERSCHAFFEN WURDE.

Ihr wunderbaren Chelas, Ihr müßt Euch selbst fragen: „Auf welche Weise unterstütze ich selbst den ANTI-CHRISTEN und verleihe IHM Macht über meinen INNEREN Gott?" Was ist der Grund, weshalb mich die ANGST so lähmt, daß ich mich VERSTECKE und NICHT VERANTWORTLICH SEIN will? Ich habe Euch, wie ich hoffe, einige Denkansätze für den Anfang gegeben, die dazu dienen sollen, den Ursprung Eurer ÄNGSTE zu finden, damit Ihr sie loslassen könnt in DEM VERTRAUEN AUF EUREN LICHTEN INNEREN GOTT, DER EUCH ZEIGT, WESSEN IHR BEDÜRFT, **UM IN SEINEM DIENST ZU STEHEN.** Ihr werdet geführt werden und Euch wird alles an Wissen, an Verständnis der Wahrheit und die Fähigkeit zur WEISHEIT DURCH WAHRHEIT gegeben werden und Ihr werdet GOTTES Segen in Form VON INNEREM FRIEDEN und **ausgeglichener,** schöpferischer Entwicklung erhalten. Zuerst müßt Ihr Euch danach sehnen, GOTT zu dienen, diese Eure Absicht wird Euch DEN WEG hierzu zeigen und wie Ihr UNTER DEN GÖTTLICHEN SCHWINGEN VON LIEBE UND SCHUTZ verbleiben könnt.

Ihr müßt wissen, geschätzte Chelas, daß der einzige Grund, warum Ihr, die Ihr sogar die Existenz des Anti-Christen, des Widersachers Gottes negiert, der ist, daß IHR SELBST der Verantwortung nicht ins Auge sehen müßt, WENN Ihr dem Anti-Christen ERLAUBT, Euer ganzes Sein zu kontrollieren. Um Euch herum könnt Ihr überall die Ergebnisse der zerstörerischen Aktionen des Anti-Christen erkennen; wollt Ihr diese auch verleugnen nur, damit Euer „rosarotes" Weltbild nicht ins Wanken gerät und Euch unangenehme Gefühle bescheren könnte? NUN, HABT IHR JEMALS NACH DER ZUFRIEDENHEIT DIESES LIEB GEWORDENEN PLANETEN GEFRAGT, WENN IHR IHM WASSER, ERDE UND LUFT VERSCHMUTZT MIT EUREN VERANTWORTUNGSLOSEN GEDANKEN UND DEN TECHNOLOGIEN FÜR TOD UND ZERSTÖRUNG? WIE KÖNNT IHR HINTER EINER FASSADE VON „PROTZ UND PRUNK" LEBEN, WENN MUTTER ERDE VOR QUAL UND VERZWEIFLUNG SCHREIT OB DER BÖSWILLIGKEITEN, DIE IHR DURCH EUER UNAUSGEGLICHENES, GOTTLOSES VERHALTEN AN IHR UND EUCH SELBST GEGENÜBER AN DEN TAG LEGT?

Für jeden von Euch wird es jetzt Zeit, mit Eurem inneren Gott in Ausgleich zu kommen. Wer sich dieser Veränderung hin zu Harmonie widersetzt, wer sich dafür entscheidet, gegen den WILLEN GOTTES „gegen den Strom" zu schwimmen, wird im Erfahrungsraum der dritten Dimension als Marionette des Widersachers stecken bleiben ... und damit auch in der selbst auferlegten Ignoranz für die „Zeit", die notwendig ist, um seine gedanklichen Fehler, sein Fehlverhalten und die dadurch erschaffene Unausgeglichenheit in einem selbst zu korrigieren (die Fehler). Gott und wir, Seine Himmlischen Heerscharen, zeigen Euch DEN WEG NACH HAUSE, indem wir Euch die Möglichkeit anbieten, DIE WAHRHEIT ÜBER DIE KREBSGESCHWÜRE, DIE IHR ERSCHAFFEN HABT, ZU SEHEN UND KENNENZULERNEN, DIE IHR NUR DURCH VERANTWORTUNGSBEWUSSTES DENKEN UND HANDELN HEILEN KÖNNT UND DIESE NUR DANN ERFOLGEN KANN, WENN IHR EUCH SELBST INNERHALB DER GESETZE DER HARMONIE MIT GOTT UND DER SCHÖPFUNG, WIE SIE EUCH GEGEBEN WURDEN, bewegt.

Ihr habt überhaupt nichts zu befürchten, wenn Ihr Euren eigenen Willen dem WILLEN GOTTES anpaßt, denn ER ist DER WEG, DIE WAHRHEIT, DAS WISSEN UND DIE KRAFT, und ER LEBT IN EUCH! ER WIRD SICH NIE VON EUCH ABWENDEN, NIEMALS! WERDET IHR EUCH VON IHM ABWENDEN? ER GESTATTET EUCH DIESE WAHL, IHR LIEBEN. WIE WERDET IHR EUCH ENTSCHEIDEN? Auf der anderen Seite steht der Widersacher, der ein unersättlicher, zerstörerischer Parasit ist, WENN Ihr ihm einmal EINLASS IN EUREN GÖTTLICHEN TEMPEL gewährt habt, und der ALLES vernichtet, was GÖTTLICH und voller GÜTE ist. IHR TRAGT DIE GÖTTLICHE MACHT IN EUCH, UM DEN WIDERSACHER HINAUSZUWERFEN ... FÜR IMMER! SO SEI ES UND SELAH!

Ich danke Dir, meine geschätzte Druthea, daß Du mir die Gelegenheit gegeben hast, unseren Brüdern weitere Klarheit und mehr Verständnis zu bringen. ICH BIN Sananda. Ich komme im Dienst DES HEILIGEN LICHTEN GOTTES/ATON UND DER SCHÖPFUNG. Möge jeder von Euch den inneren Frieden finden, den die Weisheit ihm bringt. Ich liebe Euch sehr, meine Brüder und Schwestern! Bearbeitet Eure Lektion sehr sorgfältig. Gehet in Frieden.

Salu.

KAPITEL 12

8. Mai 1991

ERFOLGREICHE KOMMUNIKATION BEDEUTET, SEINE „INNERE" ERWARTUNGSHALTUNG KLAR ZU ERKENNEN UND ZU DEFINIEREN

Ich grüße Dich, geschätzte Druthea. Wir sind Sananda, Lord Michael und St. Germain. Wir sind hier im Dienst des Heiligen Gottes/ Aton des Lichtes und der Schöpfung.

Wir möchten diesen Tag damit beginnen, die „Hürden" für eine erfolgreiche Kommunikation abzubauen, was sich in Eurer „menschlichen" Sprache als echte Herausforderung darstellt. Wir wollen Euch zeigen, wie Ihr die Begrenzungen der menschlichen Sprache ausdehnen könnt, um in Eurer Kommunikation untereinander klarer und prägnanter zu werden.

Die „Universelle Sprache" besteht nicht aus einengenden „Worten", weshalb es die perfekte Sprache Gottes ist. Wenn Wesenheiten in universeller Sprache miteinander kommunizieren, ist man nicht in der Lage, sich selbst oder Andere über seine Absicht „zu belügen", da diese Sprache den reinen Gedanken dessen wiedergibt, was „im Herzen/im Geist" als Gefühl ... vorhanden ist. Also liegt der Schlüssel zu einer gelungenen Kommunikation auf Eurer Ebene in der Fähigkeit, voll und ganz zu verstehen, WIE Ihr Euch mit einer Situation fühlt, die vor Euch steht. Nun, **Gefühle** werden definiert als „eine Woge von EMPFINDUNGEN wie Liebe, Haß oder Angst". Wenn Ihr also jetzt Eure Gefühle genau spürt, werdet Ihr feststellen, daß Euch EURE Wahrnehmungen und Überzeugungen zu einer gegebenen Situation mit ganz bestimmten Gefühlen überfluten. Zuerst müßt Ihr genau herausfinden, welches Gefühl Ihr wirklich spürt. Wenn Ihr zum Beispiel genau feststellen könnt, daß Ihr **ängstlich** seid, müßt Ihr herausfinden, WARUM Ihr ängstlich seid, damit Ihr das auch erfolgreich auflösen könnt. Angst ist eine Empfindung, die üblicherweise in einem aufsteigt, wenn man sich auf irgendeine Art und Weise bedroht fühlt. Jedes Gefühl ZEIGT Euch irgend etwas ... entweder soll es ein Lernprozeß sein oder Euch ein grundsätzliches Bedürfnis vor Augen führen, das wir alle haben, wie zum Beispiel die absolute/bedingungslose LIEBE. Wenn Euch zum Beispiel eine Handlung oder ein bestimmtes Verhalten von Zärtlichkeit, verbunden mit bedingungsloser Liebe berührt, sei es bei Euch oder einem Anderen, so spürt Ihr FREUDE und VERBUNDENHEIT.

Auf der anderen Seite – wenn Ihr verletzt oder verärgert seid über etwas, das jemand zu Euch sagte oder Euch „antat" und Ihr nicht SOFORT feststellen könnt, WARUM Ihr Euch so fühlt, werdet Ihr unfähig sein, kommunikativ zur „Klärung" dieser Angelegenheit beizutragen, die vielleicht nur eine Fehlinterpretation von Eurer Seite ist. Es kommt sehr oft vor, daß man sich danach in die ungelöste Wut und die Verletzung hineinsteigert und in eine ganze Palette an „Bestrafungsmaßnahmen" verfällt, die gegen einen selbst gerichtet sind, gegen denjenigen, der einem diese Wunden zugefügt hat oder gegen ALLE, mit denen Ihr in Kontakt kommt oder alles zusammen. Einer der üblichen Wege, wie man sich auf unbedachte Situationen einläßt – das haben wir ja bereits diskutiert – ist der „passive Widerstand", bei dem man Angst oder einfach keine Lust hat, die in Frage kommende Person ehrlich mit seinem Ärger oder seinen Verletzungen zu konfrontieren und man deshalb auf indirekte Wege ausweicht, um den sogenannten Verursacher zu bestrafen. Andere wiederum reagieren direkt beim angenommenen Verursacher auf die Wut und die Verletzungen, aber bei der nachfolgenden Diskussion WER nun RECHT oder NICHT RECHT hat, wird natürlich auch nichts gelöst und es schleicht sich eine festgefahrene Feindseligkeit ein, wenn starrköpfig vermieden wird, gemeinsam den Grund für den Vorfall zu finden, denn dafür benötigt man ein gewisses Selbstverständnis für die BEIDSEITIGE Verantwortung. Wenn jedoch das gegenseitige Verständnis für „jeden Punkt der Wahrnehmung" erreicht ist, wird man auch schnell eine befriedigende Lösung für die gemeinsame Verantwortung zur Vergebung finden und der „Fehler" kann beigelegt werden. Natürlich müssen beide Seiten auch bereit sein, das Zerwürfnis lösen zu wollen, denn wenn eine Partei das Ziel verfolgt, weiterhin die Verantwortung abzulehnen und lieber beschuldigen und bestrafen will, müssen SIE BEIDE ihr GEMEINSAMES PROBLEM alleine lösen. Die Anderen müssen standhaft bleiben, damit sie davon nicht HERUNTERGEZO-GEN oder in ein emotionales Drama verwickelt werden, nur weil einer der Beiden das Problem nicht lösen will.

Nun, sich ärgerlich und verletzt zu fühlen ist definitiv sehr unangenehm, weil man sich isoliert, beiseite geschoben und abgewiesen fühlt, so daß das „Alter Ego" beständig darauf drängt, die Schuld im Außen zu suchen. Viele von Euch haben sicherlich mal die Redewendung gehört oder Ihr habt Euch selbst so gefühlt: „Ich gegen die ganze Welt." Es ist nicht sonderlich aufbauend, keine Hilfe zu bekommen und „zum Opfer gemacht zu werden" und deshalb bleibt es EUCH überlassen, Euch anzugewöhnen, die Wahrnehmungen Eures „Alter Ego" beiseitezulegen, damit Ihr erfolgreich aufdecken könnt, AUF WELCHE WEISE IHR SELBST dazu beigetragen habt, zum „Opfer" dieser Selbst-Isolation zu werden oder ein Mißverständnis mit einem Anderen provoziert habt.

Die verantwortungsvolle Kommunikation ist eine der Herausforderungen, denen Ihr gegenübersteht. Um diesem Anspruch zu genügen, muß Jeder von EUCH genau herausfinden, WARUM Ihr diese „negativen" Emotionen wie Angst, Ärger, Eifersucht oder Abneigung empfindet. Wieder ein Beispiel – Viele von Euch benutzen oft einen „sarkastischen Humor", um etwas über ihre wahren Gefühle auszudrücken oder „Dampf abzulassen", „verschleiern" aber dennoch ihre wahren Empfindungen. Viele Eurer sogenannten Komödianten sind erfolgreich damit geworden, schneidende, sarkastische und bissige Witze zu machen, um der Welt, besonders aber den Anderen, ehrlich mitzuteilen, WIE sie sie wirklich sehen ... und dann nennen sie das natürlich Humor. Sie tun so, als ob es in Ordnung wäre, sowas einen

„Witz" zu nennen, da sie davon ausgehen, daß es für die von diesem Sarkasmus Betroffenen *weniger schmerzhaft* ist, wobei sie allerdings ganz in ihrem Inneren sehr genau WISSEN, DASS DAS NICHT DER FALL IST. Wer seine Kommunikation mit Sarkasmus SPICKT, sei es ein Komödiant oder nicht, muß erkennen, daß er selbst oft tiefsitzende Gefühle ungelöster Wut und/oder Minderwertigkeitsgefühle in sich trägt und sich selbst besser fühlt, wenn er Schmerzen bei Anderen auslöst, zwar nur indirekt, denn er nennt es ja „Humor", aber dennoch bleiben es ungelöste innere GEFÜHLE.

Ich möchte Euch noch ein allgemeines Beispiel von „Humor" geben, das Viele von Euch ANWENDEN, um ihre inneren Verletzungen und/oder ihre Überlegenheit auszudrücken. Wir haben oft bemerkt, wenn von Euch **sarkastischer** Humor verwendet wird (ironische oder spöttische Äußerung; verächtliche und höhnische Sprache) wie zum Beispiel der Satz: *„Als Gott das Gehirn verteilte, hast Du vergessen ,hier' zu rufen"*, um gleich danach zu sagen *„Quatsch, ich mach nur Spaß ..."* hahaha. Wir haben Euch so viele unfreundliche Dinge zu jemandem Anderen sagen hören, und hinterher kam „Quatsch, ich mach nur Spaß". Tut mir leid, Chelas, MEISTENS „SCHERZT" IHR IN DIESEM ZUSAMMENHANG NICHT, sondern es ist oftmals ein „Seitenhieb" und fällt normalerweise unter das Verhalten „passiver Widerstand". Für solche Situationen habt Ihr auch eine wunderbare Redewendung: *„Im Scherz wird viel Wahrheit gesagt."* So sei es.

Jetzt wollen wir **Erwartungshaltungen** besprechen, **etwas erwarten** wird definiert als „1. etwas Kommendes als wahrscheinlich oder sicher erachten; 2. etwas als richtig, ordentlich oder notwendig betrachten; 3. *familiär:* voraussetzen, unterstellen".

Alle von Euch hegen eine gewisse Erwartungshaltung, ob Ihr nun wißt, welche das ist oder nicht. Natürlich ist es für eine erfolgreiche Kommunikation innerhalb Eurer Beziehungen notwendig, Euch darüber IM KLAREN zu sein, welche Erwartungen Ihr in dieser Beziehung und/oder einer anderen Situation habt. Es gibt zweifelsohne „vernünftige" oder „realistische" Erwartungen, aber auch „Unvernünftige" und

„Unrealistische". Wieder ein Beispiel: es ist sicherlich nicht „verwerflich", davon auszugehen, daß man gerecht behandelt wird oder erfolgreich einen Vortrag hält. Das sind vernünftige Erwartungshaltungen für jemanden, der mit Anderen gerecht umgeht und sich auch sachgerecht auf seinen Vortrag vorbereitet. Aber, zu erwarten, daß Andere sich genauso verhalten WIE IHR das in einer bestimmten Situation tun würdet, ist ziemlich unrealistisch. Alle werden sich gemäß ihrer inneren Haltung, oder dem Fehlen derselben, benehmen oder sie werden sich so verhalten, wie es ihnen ihre individuelle Persönlichkeit vorschreibt, was sicherlich korrekt für sie ist, außer daß IHR im Weg seid. Um erfolgreich in Harmonie und Ausgeglichenheit zu agieren, müssen ALLE Erwartungen ganz offen betrachtet werden, damit alle vernünftigen Sichtweisen auch für Alle klar sind. Auf diese Art und Weise vermeidet Ihr es, daß die festgelegten allgemeinen Erwartungshaltungen und Ziele, zum Beispiel in der Arbeitswelt, aufgrund ungelöster Emotionen, unrealistischer Erwartungshaltungen oder anderen vorkommenden Mißverständnissen gefährdet werden.

Es gibt Möglichkeiten dessen, was man „soziale" Voraussetzungen nennt, dazu gehört, sich „zu bedanken", wenn Euch jemand dienlich gewesen ist. In beinahe allen Lebenssituationen ist eine einem Anderen gegenüber gezeigte Dankbarkeit etwas sehr Vernünftiges und wird sicherlich gerne angenommen, wenn sie ernst gemeint ist. Jetzt fragt Euch doch mal selbst, Chelas, was erwartet Ihr, wenn Ihr jemandem etwas GEBT, sei es etwas Physisches oder so etwas Immaterielles wie Freundschaft, Zuwendung und Hilfsbereitschaft, was erwartet IHR dann im Gegenzug? Ihr seid NICHT ehrlich mit Euch selbst, Chelas, wenn Ihr zu Euch sagt „ich erwarte gar nichts". Denn gerade wenn IHR Eure Hand mit ehrlichen Gefühlen, Freundlichkeit und Freundschaft reicht, erwartet IHR von demjenigen, dem Ihr gebt, daß er Euch auch MAG und sich auch mit Euch verbunden fühlt. Ihr wollt Teil seines Lebens sein, indem IHR IHM zeigt, daß Ihr ihn schätzt und ihn unterstützt. Ihr genießt die innere „Belohnung" des Gebens, das einem ein gutes Gefühl der Wertschätzung verleiht. Wenn der Empfänger

Euch gegenüber undankbar ist, seid ehrlich, dann seid Ihr enttäuscht und oft auch traurig.

Betrachten wir uns noch ein anderes Beispiel einer Erwartungshaltung. Wenn Ihr mit Euch persönlich die Verpflichtung eingeht, GOTT zu dienen, was erwartet Ihr dann als Gegenleistung für Euren Dienst? Nun, sagen wir, eine „gerechtfertigte" Erwartungshaltung wäre es, geführt, unterstützt und beschützt zu werden, zusammen mit einer inneren Erfüllung durch diesen Dienst, oder nicht? Oder was erwartet IHR? Erwartet Ihr, für Euer eigenes Verhalten nicht verantwortlich zu sein? Erwartet Ihr, daß Euer Leben „problemfrei" und Eure Lernprozesse leichter werden? Erwartet Ihr, mit dieser Entscheidung etwas Besonderes zu sein, im Gegensatz zu Euren Brüdern und Schwestern? „Feilscht" Ihr mit Gott nach dem Motto: ich gebe dies, WENN Du mir das gibst? Wir bitten Euch, hier wirklich ganz EHRLICH mit Euch selbst zu sein, Chelas, denn „unangemessene" Erwartungen werden NIEMALS erfüllt werden, weshalb es das Beste ist, sie bereits schon jetzt zu entdecken, damit Ihr wirklich FRIEDEN, FREUDE und HARMONIE in Eurem Dienst an Gott finden könnt, der Eure Erwartungshaltungen erfüllen wird, wenn sie **angemessen** sind.

Nun hätten wir gerne, daß Ihr einmal klar darüber nachdenkt, wie Eure Erwartungen aussähen, wenn Ihr Euch entscheiden würdet, Euer Heim nach Tehachapi zu verlegen? Erwartet Ihr spirituelle Perfektion derjenigen, die sich bereits verpflichtet haben? Erwartet Ihr „Soziales", wie Spaß haben und Unterhaltungsprogramme von Dharma, Oberli, Hatonn, George, Désirée und den Anderen dort? Erwartet Ihr, daß die Geschäftsfelder, die dort von den Genannten eröffnet wurden, auch Euch jetzt oder in Zukunft finanziell unterstützen? WARUM wollt Ihr dort sein? Vielleicht, um Gott näher zu sein? Bedenkt, IHR seid der Tempel Gottes. Seht Ihr vielleicht für Euch einen Sinn darin, eine Möglichkeit, GOTT zu dienen, gemäß Eurer Fähigkeiten und wenn Ihr hierzu bereit seid? Erwartet Ihr von Hatonn, daß er Euch sagt, was Ihr im Dienst an GOTT tun müßt? WISST Ihr, welchen Dienst Ihr erbringen könnt? Denn wir werden Euch das Gleiche sagen wie

Bruder Hatonn, daß Tehachapi ein Arbeitsplatz ist, eine Verpflichtung zum Dienst an GOTT/ATON, unserem Vater, um die Fortentwicklung, den Übergang und die Reinigung einer kranken/unausgeglichenen Menschheit und seinem geliebten Planeten Shan zu unterstützen. Wir haben hier einen Job zu machen und IHR, die Ihr wählt, Gott zu dienen, seid Hände und Füße SEINER Bruderschaft des LICHTS. Die Straße ist oft mit Schmerzen gepflastert und holprig für die Geliebten, die in GOTTES Dienst stehen, ganz besonders, wenn die Gefühlswelt betroffen ist, bis Ihr gelernt habt, Euch von der oftmals grausamen Zurückweisung durch Andere und deren Unwilligkeit, die Wahrheit zu SEHEN, zu distanzieren. Gott bittet EUCH nur, Euren Job zu machen, so gut Ihr könnt. Erwartet Ihr, daß Ihr das hinkriegt? Denkt über diese Dinge nach, Chelas, denn wenn Ihr den Anspruch an Euch selbst mit Verantwortung verbindet, der sich Viele von Euch in ihren „vergangenen" Erfahrungsebenen entzogen haben, werdet Ihr die Tür zum inneren Frieden und zur Erfüllung aufschließen können.

VERTRAUEN

Jetzt sprechen wir über ein sehr bedeutendes Hindernis für erfolgreiche Kommunikation in Euren Beziehungen, das ist **VERTRAUEN**, definiert als „1. sicherer Verlaß auf die Redlichkeit, Ehrlichkeit oder den Gerechtigkeitssinn eines Anderen; Glaube. 2. etwas, das man zur Obhut anvertraut bekommen hat; Pflicht oder Verantwortung."

Vertrauen ist ein sehr heikles Thema, denn die Meisten von Euch haben entweder ein solches Versprechen gebrochen und/oder waren „Opfer" eines Vertrauensbruchs durch Andere. Als Folge davon empfinden es die Meisten von Euch als schwierig, tiefes Vertrauen und Glaube in Andere zu haben, mit denen man die Lebenserfahrungen teilt. Zu allererst müssen Viele von Euch jetzt erkennen, daß Ihr als „gemeines Volk" Euren regierenden Führern blind vertraut habt und Viele von IHNEN haben EUER Vertrauen mißbraucht durch Lügen und Betrügen, nur um der eigenen Selbstsucht willen. Es ist also einleuchtend, daß Ihr anderen MENSCHLICHEN WESEN solange

NICHT blindlings vertraut, bis Ihr ihre Redlichkeit und ihre Absichten DURCHSCHAUT habt. Zum Beispiel: SEID IHR VERTRAUENS-WÜRDIG? Seid Ihr in der Lage, die privaten Angelegenheiten eines Anderen, der Euch damit betraut hat, wirklich für Euch zu behalten? Respektiert Ihr die Privatsphäre eines Anderen? Oder schielt Ihr immer über den Zaun zu den Anderen, um herauszufinden, was sie tun, was GAR NICHT Eure Angelegenheit ist, es sei denn, sie schädigt oder betrifft Euch auf ungebührliche Art und Weise? Viele von Euch haben diese sehr gefährliche „Angewohnheit", herum zu ratschen und dann wundert Ihr Euch, WARUM man Euch NICHT vertraut. Das ist ein sehr wichtiger Punkt, denn wenn man beginnt, ein Vertrauen aufzubauen, muß man ganz klar festlegen, welche Themen unter vier Augen besprochen werden und daß beide oder alle Parteien sich in einer verantwortungsvollen Kommunikation üben, sodaß jegliche Mißverständnisse schnell und komplett ausgeräumt werden können. In einer **ehrlichen**, hingebungsvollen Freundschaft und in der Verpflichtung derselben, hat man immer das gemeinsame Ziel des Aufbaus gegenseitigen Vertrauens, der Unterstützung, Loyalität und des Verständnisses vor Augen, ganz besonders dann, wenn Meinungsverschiedenheiten auftauchen, die man auch gemeinsam löst.

Es gibt wirklich kaum etwas Schmerzhafteres und Enttäuschenderes für Einen der Beiden, der in seinem Inneren ehrliche Redlichkeit besitzt, eine Freundschaft aufzubauen und zu pflegen, seine ganze Liebe, Treue und sein Vertrauen einzubringen, um dann festzustellen, daß der Andere ihm nicht genug vertraut, um mit ihm ehrlich über seine inneren Gefühle zu sprechen und stattdessen hinter seinem Rücken über ihn herzieht – oder, was noch entmutigender ist – herauszufinden, daß er eigentlich für des Anderen eigennützige Ziele BENUTZT wurde, um Geld zu machen, Prestige oder Macht zu erwerben oder um einer sexuellen Eroberung willen und er eigentlich NIEMALS wirklich als ein hoch geschätzter Freund gesehen wurde. Wie viele von Euch können sagen, daß sie Probleme damit haben, Anderen zu vertrauen, weil sie es zugelassen haben, BENUTZT zu werden, weil sie Freundschaft mit der „falschen" Person geschlossen haben, die nicht den gleichen Grad an Verpflichtung eingehen wollte wie sie? Dieser Vertrauensbruch kommt oft in sogenannten „Liebesbeziehungen" und Ehen vor, meistens, wenn die „körperliche Anziehungskraft" nachgelassen hat.

So, spätestens jetzt könntet Ihr Euch fragen, WIE Ihr einen auf diese Weise wahrgenommenen „Fehler" oder ein Mißverständnis mit jemandem, den Ihr als Freund seht, **mit Wahrhaftigkeit** wieder ausbügeln könnt. Zu allererst müßt Ihr Euch zu Euren Gefühlen bekennen, seien sie Ärgernis, Verletzung, Frustration oder was auch immer, danach legt einen Zeitpunkt für ein privates Gespräch fest und sprecht mit der Person, mit der Ihr das Problem habt. Allerdings müßt Ihr Euch dieser Person sehr vorsichtig nähern, denn sie mag keine Ahnung von Eurem Problem haben oder was sie damit zu tun haben sollte. Sagt ihr, wie Ihr Euch fühlt, „ich fühle mich verletzt und bestürzt, weil ich nicht zum Familienessen eingeladen wurde, vielleicht habe ich ja was mißverstanden oder falsch interpretiert, könntest Du mir vielleicht helfen, was genau Du damit gemeint hast, damit wir das zusammen auflösen können?" Mit dieser Formulierung habt Ihr keine Schuldzuweisung ausgesprochen und darüber hinaus auch gezeigt, daß Ihr die andere Person schätzt, denn Ihr habt sie um ihre Hilfe bei der Lösung gebeten, weil es ja einfach Euer eigenes Mißverständnis oder eine Übersensibilität war, oder es war vielleicht aus der Sicht Eures Freundes etwas mehr als das, was Ihr verstanden habt oder derjenige war etwas verwirrt über etwas, was Ihr getan habt oder er hatte einfach das Gefühl, daß es für Euch dieses Mal **nicht notwendig** war, dabei zu sein.

Nun, im Geschäftsleben gibt es VIELE Erwartungshaltungen, die gehegt werden, wenn es um eine achtungsvolle Führung geht. Wenn Ihr zum Beispiel ein Produkt telefonisch oder per Mail bestellt, ERWARTET Ihr dann nicht, dieses innerhalb eines bestimmten Zeitraums und in ordentlichem Zustand zu bekommen? In der Zeit von Eurer Bestellung bis (hoffentlich) zur Auslieferung kann viel passieren. Manche Geschäftsinhaber wollen sicherstellen, mit Euch durch

Kundenzufriedenheit auch weiterhin in Geschäftsbeziehung zu bleiben, so daß sie eine Kundenpolitik nach dem Motto betreiben: „Der Kunde hat immer Recht." Nun, das stimmt aber nicht immer, oder? Was ist mit denen, die gemäß der vereinbarten Zahlungsbedingungen, sagen wir zehn oder 30 Tage, zum Beispiel Bücher kaufen – ERWARTET Ihr hier nicht, daß innerhalb dieser Zeit auch bezahlt wird? Interessant dabei ist, daß VIELE Firmen eine Zahlungspolitik haben, daß SIE erst nach 60 oder 90 Tagen bezahlen, selbst wenn sie den Bedingungen von 30 Tagen zugestimmt haben. Soll das ein Geschäftsgebaren von Aufrichtigkeit sein? So hat sich in Eurer heutigen Geschäftswelt als unvernünftig erwiesen, darauf zu VERTRAUEN, daß die bestellten Produkte pünktlich bezahlt werden, ganz besonders bei NEUEN Kunden. Und doch sind viele Einzelhändler empört, wenn sie bei ihrer Bestellung um Vorauskasse gebeten werden und kaufen dann einfach nicht, es sei denn, SIE brauchen die Produkte für einen speziellen Kundenauftrag. Und warum scheuen sich zum Beispiel viele Buchhandlungen vor Zahlung durch Vorauskasse? Weil sie einfach nicht wissen, ob sich die Bücher innerhalb eines Zeitraums von 30 Tagen verkaufen und sie auch diese Zeit „benötigen" und mit ihren täglichen Umsätzen auch Herausgeber und den Vertrieb bezahlen müssen. Nun hat America West, zum Beispiel, ein wenig mehr als etwa ein Dutzend seiner „offenen" Konten bei Kunden, die verantwortungsbewußt und innerhalb der abgesprochenen Zeitspanne bezahlen. Den Rest interessiert ihre Vereinbarung mit America West überhaupt nicht und einige haben sogar NIEMALS ihre Konten ausgeglichen, weshalb America West jetzt dazu übergegangen ist, alle neuen Einzelhandelskunden um Vorauskasse zu BITTEN, und zwar ohne Mindestbestellwert und ohne Rückgabemöglichkeit, nur, um den Druck und weitere zusätzliche Kosten bestreiten zu können. Kann man ihnen das übelnehmen? Hierbei ist auch interessant, daß viele Buchhandlungen und Großhändler davon ausgehen, daß sie ihre unverkauften Bücher ZURÜCKGEBEN können und dazu noch ein Zahlungsziel zwischen 30 Tagen und sechs Monaten in Anspruch nehmen. Natürlich liegt bei einem solchen Geschäftsgebaren das VERLUSTRISIKO komplett beim Verlag. Ihr könnt jetzt darüber nachdenken, Chelas, inwieweit DAS gerecht ist?

Also, wie viele von Euch haben etwas gekauft oder kennen jemanden, der etwas gekauft hat, sagen wir, in einem Kaufhaus, und dann nach einem Jahr wieder hingegangen ist, um es ZURÜCKZUBRINGEN? Wie viele von Euch haben ein teures Kleidungsstück für einen speziellen Anlaß erworben, oder kennen jemanden, der es gemacht hat, und der das Kleidungsstück nach dem Tragen wieder zurückgebracht hat? Das ist ganz üblich so, selbst bei Frauen der Mittelschicht und der oberen Mittelschicht, die in einer „speziellen" Gesellschaftsschicht verkehren und es sich „leisten" können, sich ein solches Kleidungsstück zu kaufen. In Anbetracht dessen haben sich viele Kaufhäuser auf diese Praktiken „eingeschossen" und ERLAUBEN bei bestimmter eleganter Kleidung KEINE Rückgabe mehr. Versteht Ihr, Chelas, was wir Euch hier versuchen, nahezubringen? Es gibt Viele, die sich einfach nicht rücksichtsvoll benehmen, weil es für sie ganz AKZEPTABEL wurde, sich so zu benehmen! Viele WISSEN es einfach nicht besser und prahlen auch noch damit, WIE sie sich die Kaufvorteile zunutze gemacht haben. Wenn Ihr Euch also seriös und verantwortungsbewußt benehmen wollt, müßt Ihr bei einem gewissen Prozentsatz von Geschäftskunden davon ausgehen, daß sie unehrlich arbeiten. Viele Unternehmen haben einen Ausdruck für diesen erwarteten Prozentsatz an Verlusten, Diebstahl und verdorbener Ware, sie nennen es **regulären** Schwund. Die Folge davon sind oft höhere Preise für die Kunden, wenn sich der Schwund über Gebühr erhöht und das Unternehmen überleben will. Es ist sehr traurig, daß so Viele zu Dienern des Biestes wurden bei diesen eigennützigen Betrügereien und Unehrlichkeiten. Ihr werdet aber feststellen, Chelas, daß Euch Euer Gewissen nicht erlauben wird, in irgendeiner Art und Weise unausgeglichen und ohne sorgfältige und oft schwierige Betrachtung der daraus folgenden Konsequenzen zu handeln, sobald Ihr Euch in den Dienst GOTTES gestellt habt. So sei es.

Geschätzte Chelas, ich danke Euch für Eure Aufmerksamkeit. Druthea, Du bist so sehr gesegnet in Deinem liebenden und hingebungsvollen Dienst an Unserem Vater. Danke, Du kostbare kleine Schwester. Wir sind Sananda, Lord Michael und Saint Germain. Wir kommen im Dienst des Heiligen Gottes/Aton aus dem Licht und der Schöpfung. Mögest Du in dem Frieden wandeln, den Dir wahrhaftes Wissen und Verstehen zuteil werden läßt. Salu.

KAPITEL 13

18. Mai 1991

ERLÄUTERUNGEN ZU DEN GRUNDURSACHEN JEGLICHER „NEGATIVEN" WAHRNEHMUNG

Ich begrüße Dich, hoch geschätzte Druthea. ICH BIN Sananda. Ich stehe im Dienst des Heiligen Gottes/Aton des Lichtes und Eurer Brüder. Dank an Dich, daß Du Deine Ausgeglichenheit wiedergefunden hast, Druthea, und um Klarheit für „negative" Wahrnehmungen gebeten hast, die wir mit unseren Brüdern teilen. Denn innerhalb eines jeden „menschlichen" Bewußtseins gibt es viele unterschiedliche Wahrnehmungen, so daß jeder auch unterschiedliche „Stufen" von Fehleinschätzungen in sich trägt und je nach Erfahrungswerten auch mit emotionalen Anhaftungen, gemäß derer er entsprechend reagieren wird.

Nehmen wir doch die Verbreitung des Wortes als Beispiel: die historischen, wirtschaftlichen, sozialen, politischen und spirituellen Wahrheiten. Jeder Einzelne von Euch, der das erste Mal über die verheerende manifestierte Illusion, die über Eurem Planeten liegt, liest, wird in einer Vielzahl verschiedener Arten reagieren, je nach seiner spirituellen Bewußtheit und Reife. Wenn man Euch zum Beispiel sagt, daß Ihr in den Vereinigten Staaten ziemlich schnell Eure in Eurer Verfassung und Bill of Rights garantierte Freiheit verlieren werdet, bekommt Ihr Angst und zwar überwiegend deshalb, weil Ihr Eure Freiheit als Euch gewährtes Gut anseht und nur sehr Wenige von Euch haben hierzu genug geschichtliches, politisches und/oder sozialwirtschaftliches Wissen und die notwendige Erfahrung. Wenn Ihr die *„Phönix-Journale"* weiterlest, werdet Ihr feststellen, daß auch das, was Ihr als Wahrheit über Eure Zustände vorliegen habt, doch sehr eingeschränkt ist.

Bisher habt Ihr Euch überwiegend mit Überlebensmaßnahmen beschäftigt, Ihr wolltet Erfolg im Beruf haben, eine Familie und Freude am Leben mit den vielen Unterhaltungsmöglichkeiten, die Euch angeboten werden. Wenn Ihr den sogenannten „American Dream" verfolgt habt, oder auch irgendeinen anderen „Traum", für dessen Realisierung Ihr Freiheit benötigt, die durch die Wahrheit bedroht wird, daß das Wirtschaftssystem kollabiert, Ihr Euren sicheren Ein-Mann-Job verlieren könntet, dann bekommen viele von Euch Angst, ganz besonders, weil sie sich hilflos fühlen. Der Widersacher legt es darauf an, daß Ihr Euch hilflos und verängstigt fühlt, denn sehr oft werdet Ihr dadurch auch gelähmt, was Euch in Euren Aktionen hemmt, selbst bei Eurer eigenen Sicherheit und Eurem eigenen Schutz. Viele werden sich diese rosarote Brille ganz fest auf die Nase drücken, damit ihre Welt wieder zurückfinden kann (so hoffen sie) in die Treuherzigkeit, die sie früher geliebt haben. Ich wage zu behaupten, Chelas, daß, sobald Ihr Euren Geist einmal durcheinander gewirbelt habt, IHR niemals mehr zurückkehren könnt zu Eurer früheren Unwissenheit. Das wird Euer Bewußtsein nicht erlauben.

Nun, Viele von Euch betrachten sich selbst als höchst spirituell angebunden, ganz besonders, wenn sie ihr Bewußtsein über die einengenden Indoktrinationen Eurer diversen religiösen Institutionen hinaus erweitert haben. Viele von Euch haben ihren spirituellen Fortschritt während der Ära des „New Age" und der „Metaphysik" erlebt.

Ich möchte Euch jedoch bitten, wirklich gut zu verstehen, daß der Widersacher genauso eifrig an den menschlichen Führern des „New Age" und den Philosophien und Doktrinen gearbeitet hat, um Euch zu täuschen und Euer spirituelles Verständnis fehlzuleiten, so wie er in Euren wichtigsten religiösen Institutionen gearbeitet hat, um seinen Schwindel zu vervollständigen. Da Ihr Euch Alle auf verschiedenen spirituellen Ebenen und Gutgläubigkeit befindet, sind die unterschiedlichen Gesichtspunkte der Wahrheit zur „persönlichen Verantwortung" und der Natur von gut und böse, Gott und Widersacher, oftmals ziemlich verworren und unklar, so daß die Sucher nach spiritueller Wahrheit und Freiheit auch weiterhin durch den Feind geführt werden, obgleich durch eine subtilere Täuschung und der absichtlichen Fehlinterpretation der Kosmischen Spirituellen Gesetze.

Noch ein Beispiel: was bedeuten die Begriffe „negativ" und „positiv" für Euch? Definieren wir zuerst einmal **negativ:** „1. Charakterisiert oder durch Ausdruck von Verneinung, Abstreiten oder Verweigerung. 2. Nicht positiv oder zustimmend: *eine negative Haltung haben.* 3. Die Seite, die verneint oder dem widerspricht, was die Gegenseite bejaht, wie in einer Debatte. Jetzt definieren wir **positiv:** 1. Das ist oder kann direkt bestätigt werden; aktuell. 2. Charakterisiert oder durch Ausdruck von Zustimmung; *eine positive Haltung haben.* 3. Offen und klar ausgedrückt: eine *positive* Ablehnung. Keinen Zweifel oder Weigerung eingestehend."

Das Definieren von Begriffen hilft oft beim Verständnis von Bedeutungen der von Euch häufig benutzten Wörter. Wenn Ihr zum Beispiel in den *„Phönix-Journalen" Informationen* über den Zustand in Eurer Welt bekommt, werden die Meisten von Euch auf irgendeine Art und Weise darauf **reagieren.** Wenn die *Information* für Euch beängstigend ist oder bei Euch Ängste „schürt", oder Euer „Glaubenssystem" irgendwie erschüttert, so werden die Meisten von Euch sagen, daß sie *negativ* sind. Wenn Ihr sie negativ nennt, drückt Ihr damit gleichzeitig aus, daß Ihr sie ablehnt und Euch weigert, die Informationen anzunehmen. Also verweigert Ihr hiermit auch Eure Verantwortung für weitere Nachforschungen und auch, etwas für die Veränderung der Zustände ZU TUN.

Ich will damit sagen, daß die Informationen, die in den *„Phönix-Journalen"* VERÖFFENTLICHT werden, eigentlich sehr positiv sind, da sie OFFEN UND KLAR AUSGEDRÜCKT werden: *POSITIVE WAHRHEIT!* Um jetzt die Balance zwischen JEDEM Umstand und JEDEM Teil der Information herstellen zu können, müßt Ihr den Euch INNEWOHNENDEN GEIST FRAGEN, was dieser Umstand und/oder diese Information Euch sagen will. WAS HABT IHR HIER ZU LERNEN, WORUM IHR GEBETEN HABT? Ihr werdet zum Schluß, wenn Ihr die Wahrheit habt und sie als Solche erkennt, bemerken, daß sie spirituell sehr befreiend für Euren Geist ist, weil Ihr den Feind erkannt habt, und das seid IHR SELBST. Mit dieser neu entdeckten persönlichen Macht und Verantwortung werdet Ihr alsdann den Geist Gottes in Euch auffordern, Euch EURE Möglichkeiten zu zeigen, wie Ihr Gott und der Schöpfung dienen könnt, wie Ihr das ändern könnt, was Ihr als unannehmbare/unausgeglichene Folgen/Umstände anseht. Und dann WISST IHR, DASS IHR einen ausgeglichenen Zustand erschaffen KÖNNT.

Jetzt habe ich einen kleinen Test für Euch. Denkt mal an eine zutiefst „negative" Situation in Eurer Wahrnehmung. Welche Empfindungen habt Ihr zum Beispiel, wenn Ihr Eure Arbeit verlieren würdet oder Euer Haus bis auf die Grundmauern abbrennen würde. Angst? Verlust? Wut? Hilflosigkeit? Ist der „Verlust" außerhalb von Euch? Fragt Ihr Euch WARUM GERADE ICH? Oder fühlt Ihr Euch als OPFER von etwas, das AUSSERHALB VON EUCH STATTFINDET? Jetzt denkt Ihr an etwas wunderbar „Positives" in Eurer Vorstellung, zum Beispiel an die Geburt eines Kindes oder an Eure Hochzeit. Welche Gefühle steigen bei diesen Gedanken in Euch auf? Liebe, Freude, Erfüllung, Frieden? Wißt Ihr, daß IHR wählt, wie Ihr in **jeder** Situation und bei **jeder** Gelegenheit, die auf Euch zukommen, reagiert? Innerer Frieden und Freude liegen an Euch und Ihr werdet das mehr und mehr spüren, je mehr persönliche Verantwortung Ihr übernehmt und ernsthaft daran arbeitet, um Euch herum AUSGEGLICHENE Umstände zu erschaffen und UNAUSGEGLICHENES mit der FÜHRUNG EURES INNEREN GEISTES zu korrigieren.

Wenn Ihr also Informationen wie die aus den *„Phönix-Journalen"* bekommt und Ihr reagiert darauf mit Angst in Euren Herzen, was könnte dann diese Reaktion von Euch wollen? Was würdet Ihr tun? Die Informationen ablehnen? Den Botschafter mundtot machen, der Euch diese überbracht hat? Davon absehen, nach weiteren Informationen zu forschen?

Ich meine, wenn bei Euch ANGST die Antwort auf eine solche Information ist, will Euch Eure geistige Seite damit zeigen, daß IHR

EUCH damit befassen sollt. Die Wahrheit zeigt sich Euch, Euer Geist registriert sie und Euer „Alter" Ego entscheidet sich für Angst, weil es seine Glaubenssätze/Sicherheitsstruktur bedroht fühlt. Wenn Ihr Euch diese Emotion Angst einfach mal als Warnung vor einer ganz realen oder eingebildeten Gefahr und/oder einer imaginären Blockade anseht, die die Gelegenheit einer Wissensverweigerung durch Wahrheitsfindung, innerem Verstehen und Unterscheidungsvermögen boykottiert, werdet Ihr Euch in die Lage versetzen können, Euch über diese Angst hinaus zu erheben und die notwendigen Schritte einzuleiten, UM DIE WAHRHEIT WIRKLICH ZU ERKENNEN UND AUF EUREN INNEREN RUF ZU ANTWORTEN, VERANTWORTLICHE MASSNAHMEN ZU TREFFEN.

Jetzt etwas für die, die sich *Skeptiker* nennen, wie folgt definiert: „1. Jemand, der zweifelt, ungläubig oder mit allgemein akzeptiertem Gedankengut uneins ist. 2. Einer, der die Lehrmeinung einer Religion in Frage stellt. *Skeptisch:* zweifelnd, nachfragend, nicht glaubend. *Skepsis:* 1. Zweifelnde oder ungläubige Haltung. 2. Philosophisch: Die Lehrmeinung, daß ein absolutes Wissen unerreichbar ist."

Grundsätzlich ist nichts dagegen einzuwenden, wenn Ihr die Informationen, die Euch gegeben werden, um die Wahrheit zu finden, hinterfragt. Aber Einige, die sich selbst skeptisch oder Skeptiker nennen, verstecken sich auch oft hinter diesem Ausdruck, um auf ihrem Zaun der Unentschlossenheit zu einem bestimmten Thema sitzen bleiben zu können und deshalb auch nicht in Aktion oder Verantwortung gehen müssen. Alleine durch die Definition von Skepsis erhalten sich die Unentschlossenen ihre eigene Lehrmeinung oder eigenen Glauben darüber, daß das absolute Wissen unerreichbar FÜR SIE sei (oder auch für jeden beliebigen Anderen zu diesem Thema), und solange sie auf ihrem Zaun der Skepsis verharren, werden sie sich sicherlich auch weiterhin nicht in der Lage sehen, die absolute Wahrheit zu finden.

Wer sich verzweifelt an seine Skepsis klammert, hat oftmals große Angst und gibt sich damit – was seine Einstellung angeht – den Anschein von Selbstgerechtigkeit und Arroganz, wozu auch der

Irrtum gehört, wenn *ER schon die Wahrheit nicht kennt, kennt sie auch kein Anderer.*

Und jetzt zu Euch, Chelas, die Ihr ganz ernsthaft nach den spirituellen Wahrheiten des Lebens sucht, Ihr werdet weiterhin Unterscheidungsvermögen bei allen *Informationen* lernen, die wir Euch vorstellen. Ihr werdet ihnen oftmals skeptisch gegenüberstehen, zweifeln, einen neuen Gedanken oder einen Satz dieser gegebenen Information in Frage stellen. Das ist wunderbar so, und hier dürft Ihr auch NICHT ENDEN. Bittet Euren INNEREN Vater, Euch die Wahrheit zu zeigen und Euch dahin zu führen, wo sich Euch die Wahrheit erschließt. Dann wartet, bis der Geist Euch die Wahrheit in der für Euch BESTMÖG-LICHEN Form entfaltet, so daß Ihr sie verstehen könnt. Das bedeutet auch, sich auf Eure innere Führung ZU VERLASSEN und daß sie Euch alles zur rechten Zeit für Euch offenbart. Ihr seht, hierfür ist auch GEDULD vonnöten. Ganz einfach, weil Ihr weniger gestresst seid, wenn Ihr Eurem INNEREN GOTT VERTRAUT, DER EUCH ALLES ZUTEIL WERDEN LÄSST, WAS IHR AN WISSEN BENÖTIGT, UM WEITERE SPIRITUELLE WEISHEIT UND VOLLKOMMENHEIT ZU ERLANGEN.

Jeder Lebensumstand, dem Ihr Eure Aufmerksamkeit schenkt, ist als Lektion zu verstehen, sei es Unterscheidungsvermögen, was die Wahrheit betrifft oder die lähmende Angst zu besiegen oder sich über nagende Unentschlossenheit zu erheben. Und es ist mehr als nur eine Lektion, denn jede Situation, die Ihr bewußt beachtet, ist auch EINE GELEGENHEIT, Eure spirituelle Weisheit zu verbessern oder Eure Vollkommenheit zu „verfeinern".

Ihr lieben Chelas, während Ihr also Euer spirituelles Wissen perfektioniert und verfeinert, wird Euer Grundgerüst stabiler als jede von Menschen gemachte Struktur oder von Menschenhand erschaffenes Material, weil Eure Grundlage einhergeht mit der Weisheit durch Kenntnis der Wahrheit über Eure UNSTERBLICHE GÖTTLICH-KEIT, DIE KOSMISCHEN GESETZE UND EINHEIT MIT GOTT UND DER SCHÖPFUNG. NICHTS aus Eurer physischen Illusion wird Euch diese Basis zerstören können, die auf Wahrheit und spiritueller Weisheit gründet. Ach, und das war meine letzte „Initiation" auf Eurem Planeten vor weniger als 2000 Jahren. Ich, Sananda, habe damals die letzte Prüfung spiritueller Seelenkraft als Mensch auf Eurer Ebene abgelegt. Ich wußte, daß ich die Verleugnung MEINES SELBSTES UND MEINES INNEREN VATERS durch Euch, meine Brüder, erfahren habe und mich dennoch über die Begrenzungen des menschlichen „Alter Ego" von Ängsten, Frustrationen und Pein habe erheben müssen. Meine Kreuzigung war die letzte PRÜFUNG der spirituellen Hingabe an MEINEN INNEREN VATER, SO DASS ICH DANACH eine höhere Ebene spiritueller Meisterschaft ERREICHT HABE, die mir die Möglichkeit gab, mich nach meinem körperlichen Abschied von Shan weiterzuentwickeln und zu vervollkommnen, der allerdings NICHT bei der Kreuzigung stattfand, sondern viele Jahre später, wie Ihr im Phönix-Journal Nr. 02 „Und sie nannten Ihn Jmmanuel: Ich bin Sananda" nachlesen könnt.

Und natürlich hat Euch meine Kreuzigung VIELE Erkenntnisse durch meine Brüder beschert, die alles entweder im Körper oder anders miterlebt haben, und nicht zuletzt den Erkenntnisprozeß, der absichtlich und vollständig falsch ausgelegt wurde, nämlich DIE UNSTERBLICHKEIT DES GEISTES ODER DER SEELE. Danach führte ich meine Ausbildung für die Meisterschaft in höheren Ebenen GOTTES/ ATONS fort und habe meinen ererbten, vollkommenen spirituellen Stand von SANANDA, EINS MIT GOTT, erlangt. Ich überwache und assistiere meinen Brüdern und Schwestern, die DAS WORT MEINES VATERS empfangen und weitergeben. Ich stehe Euch zur Verfügung und bin erreichbar, allerdings noch nicht in physischer Form, damit ich Euch Eure spirituellen Grundlagen und Harmonie vermitteln kann, begleitet von anderen Himmlischen Heerscharen Gottes, so daß Ihr, meine Brüder, die Ihr Euch dafür entscheidet, erwachen und Euch an die WAHRHEIT erinnern und Euren verdienten Grad für die „höheren" Ebenen des Göttliches Königreiches erhalten könnt. Ich komme als Beauftragter MEINES VATERS GOTT/ATON, hole Seine getreuen und wahrhaftigen Kinder des Lichtes ab ... und bringe sie HEIM.

Jetzt wollen wir noch die „negativen" Sichtweisen etwas mehr klären. Wenn George und Désirée Green Vorträge halten und Euch die historischen, politischen, sozioökonomischen und spirituellen Zustände in der Wahrheit aufzeigen, dann erkennt Ihr, daß das POSITIV ist dahingehend, daß Ihr dabei die Gelegenheit erhaltet, über Euren Geist DIE WAHRHEIT KENNENZULERNEN UND ZUR TAT ZU SCHREITEN, UM DIE NOTWENDIGEN VERÄN-DERUNGEN IN DIE WEGE ZU LEITEN UND HARMONIE ZU BRINGEN. Chelas, Information ist Information. Die Belohnung dafür ist die Wahrheit, was Euer globales und spirituelles Wachstum und das Wahrnehmungsvermögen betrifft. Euer Geist ist bestrebt, EIN GLEICHGEWICHT herzustellen und er wird Euch immer wieder ein UNGLEICHGEWICHT zeigen, damit Ihr Euch entscheiden könnt, dieses im INNEN und AUSSEN zu HEILEN. Das soll Euer Maßstab für Eure spirituelle Reife sein ... Eure Fähigkeit, Wahrheit und Wissen aufzunehmen und damit machtvoll und verantwortungsbewußt für die Erschaffung einer harmonischen Ausrichtung an GOTT und der Schöpfung zu werden.

Denkt daran, Chelas, IHR seid alle Teil des Massenbewußtseins auf dieser Ebene, Ihr tragt sowohl zur KRANK-heit als auch zum LICHT bei ... es ist Eure Wahl. Ihr könnt IN UNWISSENHEIT und VERANTWORTUNGSLOSIGKEIT verharren, aber Ihr werdet auch unter den Konsequenzen Eures kranken Denkens und Verhaltens zu leiden haben. Seht, so tragt Ihr selbst zum Ungleichgewicht bei, entweder **direkt** und wissentlich, wenn Ihr dem zerstörerischen Feind nachfolgt, oder Ihr tragt indirekt zu der Unausgewogenheit bei, weil Ihr unwissend über spirituelle und globale Wahrheiten bleibt. Hauptsächlich geht es hier um Eure Ahnungslosigkeit über die Folgen Eures einseitigen „Denkens" und Handelns gegenüber den Kosmischen Gesetzen, die Euren Planeten und Eure Spezies fast vernichtet hätte.

Also, die Begriffe „negativ" und „positiv" sind Begriffe aus der

Ära New Age und der Widersacher hat Euch dazu ermutigt, Euch in jeder Hinsicht an alle Möglichkeiten anzupassen. Denkt an die oben genannten Definitionen, diese Begriffe sind nicht korrekt, sondern bringen Euch nur dazu, in einer bestimmten Situation keine Verantwortung zu übernehmen, da Ihr diese Situation als „negativ" eingestuft habt. IHR ERSCHAFFT ALLE LEBENSUMSTÄNDE, EUER GEIST WEIST EUCH IMMER AUF ETWAS HIN ... das Ihr wissen müßt. IHR ENTSCHEIDET IN JEDER EINZELNEN SITUATION, DIE IHR ERLEBT, WIE IHR DARAUF REAGIEREN WOLLT. Zuerst werdet Ihr das Ungleichgewicht erkennen müssen, wenn es auftaucht. Dann werdet Ihr selbst mit der Unterstützung Eures inneren Geistes weitere Nachforschungen anstellen müssen, bis Ihr mit der Wahrheit zufrieden seid. Dann könnt Ihr Euren inneren Gott bitten Euch zu zeigen, wie Ihr Euren Anteil Gleichgewicht in den „Kuchen" des Massenbewußtseins einbringen könnt. Dann werdet Ihr das tun, was Euch Euer innerer Gott rät.

Jetzt habe ich etwas, worüber Ihr nachdenken könnt. Was aus der Sicht des Feindes „positiv" ist ... also Chaos und Betrug erschaffen, ist für ein Kind des Lichtes „negativ". Was in der Sichtweise des Widersachers „negativ" ist ... also als Lügner und Betrüger dazustehen, ist ganz „positiv" für ein Kind des Lichts. Seht Ihr also, diese Begriffe hängen ganz stark von der einzelnen Situation und von den eingenommenen Sichtweisen der rivalisierenden Persönlichkeiten ab.

Chelas, der absolut sicherste Weg, die Probleme, denen Ihr gegenübersteht, noch zu verschlimmern und demzufolge noch mehr verheerende Konsequenzen für Euch und Euren Planeten zu erschaffen, ist es, (von Eurer inneren Führung) zur WAHRHEIT über die bereits erzeugten Umstände geführt zu werden und DENNOCH absolut GAR NICHTS zu tun, um sie zu ändern und damit in Harmonie zu bringen. Also wäre es Eurer Weisheit dienlicher, DEN RUF DES GEISTES zu vernehmen, zu lernen, ihm ZUZUHÖREN und genau herauszufinden, was Eure Führung Euch sagen will. Das Einzige, was Ihr dazu braucht, IST EUER VERSPRECHEN, GOTTES WILLEN ZU

DIENEN und Ihr werdet alles bekommen, was Ihr für Eure wundersame Reise benötigt. So sei es.

Vielen Dank für Eure Aufmerksamkeit. Möge Klarheit und Verstehen auf Eurer Seite sein, damit Eure spirituelle Grundlage unerschütterlich in WAHRHEIT UND WEISHEIT wird. ICH BIN Sananda. Ich danke Dir, kleine Schwester Druthea. Gehet hin und findet Eure Bestätigungen, auf daß sie Euch Frieden und Harmonie in Eurem Dienst an GOTT/ATON bringen mögen. Wisset, daß ICH EUCH ALLE ZUTIEFST LIEBE, denn Jeder von Euch ist ein Teil von MIR, so WIE ICH ein Teil von EUCH bin. Wandelt in Gottes Licht der Wahrheit und WISSET, daß Ihr darin immer Frieden findet. Salu.

KAPITEL 14

21. Mai 1991

EURE DERZEITIGE SPIRITUELLE REVOLUTION VERSTEHEN

Ich grüße Dich, Druthea. ICH BIN Sananda. Ich komme im Dienst des Heiligen Gottes/Aton des Lichtes, der Wahrheit, der Weisheit und der Herrlichkeit. Heute möchte ich weitere Klärung bringen und beschreiben, was auf Eurem Planeten in dem jetzigen Zeitrahmen der Geschichte geschehen wird.

Eure Spezies und der Planet Shan (die Erde) steuern auf eine spirituelle REVOLUTION zu, was bedeutet, daß Ihr die falschen und „veralteten" spirituellen Wege erkennen, hinterfragen und ausrangieren müßt, um Euren trägen Zustand und die Art und Weise, wie Ihr Euch an die eingrenzenden, vom Ego separierten „Glaubenssätze" angepaßt habt, zu überwinden. Diese „Revolution" bekommt Ihr, damit Ihr Eurer Spirituellen RENAISSANCE Raum geben könnt, das heißt, *einem Wiedererwachen, einer Wiedererweckung und Neubelebung der Wahrheit* des göttlichen Lichtes, dessen Zugang Ihr durch eigenes Erarbeiten des Göttlichen Wissens und der Weisheit durch Euren INNEREN Geist erlangt habt.

Eure Spezies durchläuft eine „spirituelle" Transformation oder *Renaissance*, vergleichbar mit der Verbesserung des Buchdrucks und der Neuausrichtung der Kunst in Europa, die die historische *Epoche der Renaissance* als Übergang vom Mittelalter in die Neuzeit markierte und mit der *Neugeburt* der Zivilisation aus der veralteten Unterdrückung der Kreativität hinein in eine Zeit relativ vielfältiger künstlerischer Möglichkeiten und Freiheiten führte (etwa vom 14. bis 16. Jahrhundert).

Die Große Kreative Strömung des Geistes singt ihre Hymne der SCHÖPFUNG in den Herzen ALLER, die da hören wollen. Wenn

Ihr Euch INNEN UND AUSSEN an die Heiligen Schwingungen von Gott/Schöpfer/Schöpfung anpaßt, werdet Ihr **ganz bewußt** DAS VER-GLÜHEN DES TODES DER ILLUSION DES GETRENNTSEINS VON Gott/Aton/der Schöpfung erleben. Dann werdet Ihr aus dieser Asche neu geboren ... aus Eurem schläfrigen, halb bewußten Zustand, in dem Ihr lange Zeit existiert und in Eurer physischen, dichten Illusionsfrequenz durch Euer „Alter Ego" das Getrenntsein erfahren habt, und zu neuem Leben erweckt. Viele von Euch befinden sich bereits einige Jahre in diesem kreativen *Entfaltungsprozeß*. Viele von Euch bemerken auch, daß die ZEIT, wie Ihr sie meßt, *schneller zu verstreichen* scheint und Eure „Lektionen" sind oft gekommen, waren schwierig und sehr beschwerlich zu bewältigen, ganz besonders durch den Prozeß der Entfaltung, des Verstehens und des Loslassens.

Seid Euch darüber bewußt, Chelas, daß sich die spirituelle Arbeit, die Ihr in dieser Zeit vollendet, VERSTÄRKT, intensiviert und DAUERHAFT sein wird. Viele von Euch genießen den Luxus, „Zeit" zu haben, schon lange nicht mehr und können sich auch nicht mehr auf Ahnungslosigkeit und Unwissenheit über spirituelle Wahrheit berufen und damit zwingt Euch Euer BEWUSSTSEIN, so schnell wie möglich zu lernen und SCHNELL zu erkennen, daß Ihr sowohl physische Anbindungen als auch die Illusionen des „Alter EGO" abstreifen müßt. IHR BEFINDET EUCH IM ÜBERGANG. IHR HOLT EUCH EUER SPIRITUELLES WIEDERERWACHEN WIEDER ZURÜCK. Der von Vielen von Euch gewählte Weg, die „Reifeprüfung" zu bestehen, beinhaltet auch, EUREN INNEREN FEIND zu (er)lösen. Diese Zeitspanne ist auch die Gelegenheit für Eure spirituelle Neugeburt und der gesamte Prozeß als solcher gestaltet Eure spirituelle Revolution ... den inneren Kampf, EUREN INNEWOHNENDEN und vergessenen GEIST aus dem selbst auferlegten Gefängnis zu befreien. JETZT könnt Ihr Euch wieder erinnern. Durch die UNENDLICHE Gnade und Weisheit Gottes/Atons, wird Euch JETZT die Gelegenheit gegeben, zum Ruf der **MÄCHTIGEN** GEGENWART GOTTES/ATONS/DER SCHÖPFUNG IN EUREM INNERN zu ERWACHEN!!

HÖRT IHR IHN?!?

Danke für Eure Aufmerksamkeit. ICH BIN Sananda, Eins mit Gott und im Dienst des Lichtes der Heiligen, der Göttlichen PRÄSENZ Gottes/Atons und meiner Brüder. Ich danke Dir, edle kleine Schwester Druthea. Salu.

KAPITEL 15

23. Mai 1991

WARUM PERSÖNLICHE RECHTSCHAFFENHEIT AUCH PERSÖNLICHES VERANTWORTUNGSGEFÜHL ERFORDERT

Ich grüße Euch, meine Brüder. ICH BIN Sananda. Ich komme im Dienst Gottes/Atons des Lichtes. Ich begrüße auch Dich, geschätzte Druthea. Laß uns beginnen, bitte.

Heute möchte ich mit Euch die Bedeutung des Wortes *INTEGRITÄT* besprechen und welchen Bezug es zu *Verantwortung* hat und darin integriert werden kann. Definieren wir zuerst **Integrität:** „1. Geradlinigkeit des Charakters; Ehrlichkeit. 2. Zustand oder Qualität, unbeeinträchtigt oder gesund zu sein. 3. Der Zustand, vollkommen oder nicht aufgeteilt zu sein."

Jetzt definieren wir **verantwortlich:** „1. Rechtlich oder moralisch verantwortlich für die Entlastung von einer Pflicht, einem Vertrauensbeweis oder einer Schuld. 2. Die Fähigkeit besitzen, zwischen richtig und falsch unterscheiden zu können. 3. Rechenschaftspflicht oder Verbindlichkeit zum Gegenstand haben. **Verantwortung:** 1. Zustand, verantwortlich oder haftbar sein: auch Verantwortung tragen. 2. Etwas, für das jemand verantwortlich ist; eine Pflicht oder ein Vertrauensverhältnis."

Rechtschaffenheit und Verantwortungsbewußtsein sind sehr filigran ineinander verwoben. Um in höchste spirituelle Wahrhaftigkeit zu wachsen, muß man seine Verpflichtungen vollständig erkennen und verstehen; einmal, gegenüber dem inneren Gott/Aton/Schöpfer und zum anderen gegenüber dem Ausdruck der Lebenskraft innerhalb der Schöpfung. Um ein spirituell bewußter Mitschöpfer von Gott/Aton zu werden, muß man EINS werden mit den lebendigen Kosmischen Gesetzen von Gott/Schöpfung. Man muß die Rechenschaftspflicht gegenüber dem inneren Großen Geist realisieren. Er muß in der Anwendung der Kosmischen Gesetze makellos werden (d.h. frei von Irrtümern, Fehlern oder Schwächen). Und um kosmische Macht zu erlangen, muß er spirituell vollkommen, unerschütterlich und mit einem gesunden Charakter ausgestattet sein, womit der Zustand der *Rechtschaffenheit* erreicht ist.

Um nun in seiner Rechtschaffenheit makellos zu werden, muß man eigenverantwortlich dem inneren Geist zuhören, wenn es um „recht" oder „unrecht" geht – oder, wie ich es lieber ausdrücken möchte, *ausgeglichen oder unausgeglichen* – sowohl im Denken als auch im Handeln. Jeder von Euch trägt das WISSEN in sich, wie man für jeden Gedanken, jedes Wort und jede Tat verantwortlich wird. Ihr müßt nur achtsam ZUHÖREN und Gott/Aton in Eurem Inneren bitten, Euch beim Erkennen Eures Fehlers behilflich zu sein und zwar sofort, wenn Ihr ihn begeht. Es mag nicht immer erfreulich sein, sich selbst *sofort* für eine falsche Handlung oder einen falschen Gedanken zur Rechenschaft zu ziehen, wenn Ihr aber *sofort* sorgsame Achtsamkeit und Erkenntnisbereitschaft gegenüber Eurer inneren Führung walten laßt, ist das eine zeitweise Unbequemlichkeit oder ein gewisses Unbehagen für Euer „Alter Ego" sehr wohl wert.

Wenn Ihr also Euren inneren Gott/Aton bittet, Euch den Fehler sofort zu zeigen, wird Er Euch auch gleichzeitig den ausgleichenden Gedanken oder die Tat mitteilen, womit Ihr Eure Unfehlbarkeit des Geistes zurückgewinnen könnt. Warum kann es augenscheinlich *so leicht* sein, seine Fehler zu erkennen? Weil Ihr, Chelas, im Grunde genommen DIE GLEICHEN FEHLER immer und immer wieder gemacht habt. Ihr habt Euch Lebensspanne um Lebensspanne dafür entschieden, verantwortungslos und spirituell ignorant zu sein. Ihr WISST es aber schon, und könnt auch zwischen ausgeglichenem und unausgeglichenem Denken und Handeln unterscheiden; Ihr habt einfach nur vergessen, daß Ihr das WISST.

Als Ihr Euch von Eurem inneren Großen Geist abgespalten habt, wurdet Ihr spirituell machtlos, obwohl Euer ganzes Wesen in Bezug auf perfekte Führung und Wissen von ihm durchtränkt war. Als Ihr in Eurem abgetrennten Zustand DEM EINEN gehuldigt habt, habt Ihr auch AUSSERHALB Eures Wesens nach Führung gesucht und infolgedessen habt Ihr den Geist in EUCH und dessen kreatives Potential verleugnet. Und da Ihr Euch nicht mehr verantwortlich für Eure Manifestationen gefühlt habt, wurdet Ihr zu Euren eigenen Sklaven in der physischen Illusion. Durch Eure Selbstverleugnung habt Ihr Euch Führungspersönlichkeiten erschaffen, über die Ihr Euren „Glauben" in der Abspaltung vom Schöpfer gefördert habt und damit habt Ihr diese ungeheure Abhängigkeit von physischer Materie entwickelt. Das Gleiche gilt für die ebenso entwickelte Anhaftung an die vom Ich abgespaltene Illusion.

Um spirituelle Vollkommenheit zu erreichen, seid Ihr angehalten, für die Auswirkungen Eurer Gedanken, Worte und Taten verantwortlich und rechenschaftspflichtig ZU SEIN. Um verantwortlich zu sein, müßt Ihr die Kosmischen Harmoniegesetze VERSTEHEN und danach leben. Ihr müßt das EINSSEIN suchen und die EINHEIT mit Allem sehen, NICHT Trennung, Unterlegenheit oder Überlegenheit gegenüber *irgend jemandem oder irgend etwas*. Ihr müßt untadelig werden in Eurer Absicht, Gott und der Schöpfung zu dienen. Ihr müßt nur EINEN WILLEN anerkennen, den Willen DES EINEN Schöpfers/ der Schöpfung. Dann werdet Ihr die spirituelle Vollkommenheit des CHRISTUSBEWUSSTSEINS erlangen und damit wird Eure innere Macht prachtvoll werden.

Erinnert Euch, als ich, Sananda, als Mensch auf der Erde wandelte, sagte ich Euch: *„Alles, was ich tue, werdet IHR NOCH GROSSARTIGER machen."* So sei es, und so kommt es, Chelas.

Ich möchte hier etwas von unserem geschätzten Saint Germain zitieren, worüber Ihr nachsinnen solltet: *„Eure persönliche Macht ist direkt proportional zu der Vollkommenheit Eurer Seele."* Dieser eine Satz sagt alles, Chelas. Denkt über diese Dinge sehr sorgfältig nach, damit Ihr Geist zu Geist sprechen hört und nicht Geist zur Ego-Illusion. Diese „Zeit", meine Brüder, ist die „Stunde" der Morgendämmerung

EURES spirituellen Erwachens. Die Engel der Herrlichkeit im Himmel JUBELN; denn die Menschheit der Erde bereitet sich auf das Fest des EINSSEINS, DER BRÜDERSCHAFT in GOTTES HEILIGEM KÖNIGREICH DES LICHTES VOR!

Ich liebe Euch über alle Maßen, meine geschätzten Chelas! Ich fühle mich sehr geehrt, Meinem Vater zu dienen und damit auch Euch, meinen Brüdern. ICH BIN Sananda, Eins mit Gott. Ich danke Dir, meine geliebte Schwester Druthea. Du bist in Unseres Vaters Königreich höchst gesegnet. Sei in Frieden, denn dies ist das Frühlingserwachen dieser Zeit. Genieße den Glanz der Schöpfung Unseres Vaters vor Dir. Salu.

KAPITEL 16

24. Juni 1991

DER WANDEL BEGINNT IN EUCH

Ich grüße Dich, meine liebe Druthea. Wir sind Sananda, Lord Michael und Saint Germain. Wir freuen uns, daß wir Dich wieder bei uns haben, um das „geschriebene" Wissen mit unseren Brüdern zu teilen. Wir kommen im Dienst des Heiligen Gottes des Lichtes und der Schöpfung. Laß uns beginnen.

Es scheint so, als ob durch den spürbaren Druck Eurer physisch manifestierten Illusion alle AUSWIRKUNGEN, die Ihr derzeit auf Eurer Ebene verfolgen könnt, AUSSERHALB von Euch existieren. Das, meine geliebten Brüder, ist ein sehr wichtiges Gebiet, in dem Ihr irdischen Menschen Euch in der Wahrnehmung des Verständnisses geirrt habt. IHR seid die URSACHE. Euer Bewußtsein über die aktuellen AUSWIRKUNGEN Eurer WÜNSCHE ist einfach auf die Einschätzung des Ablaufs beschränkt, den Ihr glaubtet, „IM AUSSEN" zu erkennen, also irgendwo jenseits Eurer Kontrolle und/oder Eures Verantwortungsbereichs.

WÜNSCHE

Keiner von Euch würde die Phönix-Journale lesen, wenn er nicht den WUNSCH hätte, **die Wahrheit zu kennen.** Der Geist des EINEN in Euch ruft Euch zu Eurem wahren Potential des DIENSTES AN GOTT auf. Wenn es Euch zu diesen **JOURNALEN** hingezogen hat, ist das nicht „zufällig" passiert, Chelas. IHR seid Eurem inneren Ruf gefolgt. IHR habt den hoch geschätzten Auftrag, die GEBURT des Gottesbewußtseins und des Wissens auf Eurem irdischen Planeten zu unterstützen. Was mag es sein? Das fragen sich Viele noch. IHR müßt es Euch nur WÜNSCHEN, Gott, unseren Schöpfer innerhalb der Schöpfung kennenzulernen und Ihm zu dienen und da IHR sein

INNERER Tempel seid, wird Eure Weisheit, Euer Wissen und Euer Lebenssinn zum Vorschein gebracht werden. Denkt daran, es gibt KEINE Trennung. Ihr habt einfach nur Euer göttliches, spirituelles Erbe vergessen, EURE EINHEIT MIT ALLEM WAS IST! Dieser WUNSCH wird Euch auch in die Einheit und zum Dienst an Gott führen. Ebenso muß Euer freier Wille AN GOTT zurückgegeben, freigegeben und untergeordnet werden, egal, wie Ihr es nennen mögt. Im Grunde gibt es nur EINE Wahl und die heißt: DER WILLE DES HERRN GESCHEHE! Viele von Euch stehen nun vor der Entscheidung, ihre Gedanken, Worte und Taten mit GOTT in Einklang zu bringen oder in der „Illusion" der vom Ich getrennten feindlichen Spiele hängen zu bleiben. Am Ende wird die Reinheit Eures WUNSCHES, definiert als „spirituelle Reife", Euch dahin bringen, dem Licht, der Liebe und dem Wissen zu dienen, was Gott darstellt.

DER WIDERSACHER FORDERT EURE SPIRITUELLE AUFRICHTIGKEIT HERAUS

Wenn Ihr damit beginnt, Eure „Lektionen", denen Ihr gegenübersteht, als einfache Lernprozesse und Chancen zu verstehen, die Euch in die spirituelle Reife führen, wird sich in Euch auch eine gewisse Zufriedenheit entwickeln.

Das meiste, was Ihr besonders auf Eurem Planeten lernen werdet, wird aus den unterschiedlichen Beziehungen mit anderen menschlichen Wesen erwachsen. Wenn Viele von „Spiegelfunktion" sprechen, bedeutet dies, daß Eure Mitmenschen Eure Spiegel sind, was allerdings in seiner Bedeutung oftmals fehlinterpretiert wurde. Es stimmt schon, daß jeder Mensch mit EUCH verbunden ist. Ihr seid EINS. Wenn Ihr also in diesem Sinn einem Anderen in die Augen schaut, so seht Ihr Euch selbst in dieser Einheit als Fragment der Einheit.

Die Probleme beginnen, wenn Ihr gleichgültigerweise jeden als „Spiegel" tituliert und Ihr auf diese Weise Euch selbst gegenüber ein VERHALTEN toleriert, erlaubt oder billigt, was Ihr irgendwie auch verdient, weil der Andere EUCH ja spiegelt. Das ist ja der große MIST!

Erinnert Euch, wir haben von Euren Lektionen als Herausforderungen gesprochen. Ganz oft BESTEHT Eure Herausforderung in der Entscheidung, WIE Ihr auf das Verhalten von oder Streit mit Anderen REAGIERT! Wenn Euch zum Beispiel jemand gesteht, daß er in der Beziehung mit Euch unglücklich ist und direkt oder indirekt andeutet, daß IHR Euch verändern müßt, um die Situation mit IHM/IHR zu verbessern, was sagt er dann wirklich zu Euch? Wie werdet Ihr antworten? Fühlt Ihr Euch dann sofort schuldig?

Überlegt hier genau, Chelas. WER ist unglücklich? WER muß eine Veränderung und damit einen Ausgleich herbeiführen? IHR, die Ihr unglücklich seid, tragt die Verantwortung für Eure Unzufriedenheit selbst. Aber wie macht man das, ohne die Schuld auf die Anderen zu schieben? Und wie kann man auf solche unverantwortlichen Gedanken kommen wie: „Du bist mein Spiegel, also kann ich Dir meine Gefühle von Unzufriedenheit/Unwürdigkeit AUFS AUGE DRÜCKEN?" Ein solches Denkverhalten ist Bestrafung, Chelas. Derjenige, der die Schuld abschiebt, sucht nur eine Möglichkeit, seine Selbstbestrafung durch einen Anderen sanktioniert zu bekommen. Die Lehre daraus für den Empfänger der Schuld mag einfach nur sein, Vorwürfe, Schuld usw. nicht anzunehmen. Es mag auch die Zeit sein, die Kommunikation untereinander zu verbessern. Selbst wenn es sein müßte, die Verantwortung für einen positiven Wandel demjenigen aufzuzeigen, der unglücklich ist. Als Empfänger des Tadels könnt Ihr Eure Hilfe anbieten oder Ihr könnt Euch für einen Rückzug entscheiden, bis sich die Geisteshaltung ausbalanciert hat oder eine Entschuldigung ausgesprochen wird.

Bedenkt dies, Chelas, bei JEDER Gelegenheit, die vor Euch auftaucht und die IHR zuvor selbst erschaffen habt, ENTSCHEIDET IHR, wie Ihr reagieren wollt. Wenn Ihr das Gefühl habt, unfair behandelt worden zu sein, dann müßt Ihr lernen, mit der Bereitschaft zu kommunizieren, die ABSICHT des Anderen zu verstehen. Wenn Ihr Euch als „sensibel" einstuft, fein. Bedeutet das aber, Eure Gefühle zur Schau zu tragen und darauf zu warten, daß man Euch zum Opfer macht? Wenn Ihr emotional zerbrechlich und sensibel seid, werdet Ihr JEDES MAL eine Situation heraufbeschwören, die Euch zum Opfer macht.

OPFERROLLEN

Eine Opferrolle ist auch eine Selbstbestrafung. Es ist ein Zustand, der aus extremer Unsicherheit und tiefen Gefühlen von Unwürdigkeit erwächst. Deshalb besteht auch die Wahrnehmung, daß diejenigen, die sich in der „Opferrolle" befinden meinen, daß sie irgendwie anders behandelt werden. Nun, in einem gewissen Sinne *ist das auch so*.

Ein Beispiel: jemand, relativ sicher und spirituell reif, wird bei einem sehr unsicheren Menschen irritiert sein, weil er einfach seinen Zustand nicht nachvollziehen kann. Er/sie wird möglicherweise die Konfrontation mit diesem Zustand scheuen oder fühlt sich „hinein-gezogen" in das emotionale Trauma/Drama, das ein „Opfer" oftmals aufgrund seiner/ihrer tief verwurzelten und ungelösten Unsicherheit entwickelt.

Das Opfer sucht sich immer Wege, um von Anderen in seinem Erfahrungsumfeld „verletzt" zu werden. Solange das Opfer nicht beginnt, SEINEN/IHREN eigenen Beweggrund von Unsicherheit und Wertlosigkeit zu erkennen, wird er/sie in dem einsamen Rad der Selbstbestrafung gefangen bleiben. Der Wandel muß MIT SEINEM/IHREM WUNSCH beginnen, dem GOTT des LICHTES zu dienen. Wenn man sich dafür entscheidet, EINZIG UND ALLEIN DEM WILLEN DES VATERS zu dienen, dann sind Selbstbestrafung und Minderwertigkeitsgefühle UNMÖGLICH! VERSTEHT IHR DAS, CHELAS?

Wisset, wenn Ihr Euch als hilfloses „Opfer" von allem und jedem seht, das von außerhalb auf Euch zukommt, dann dient Ihr dem Widersacher, der Euch ermutigt, die Illusion von Strafe und Minder-wertigkeit aufrechtzuerhalten. Ihr werdet „Opfer" bleiben, solange Ihr in ANGST lebt. Natürlich werden Euch Andere entweder unterstüt-zen und mit Euren Gefühlen des „hilflosen Opfers" mitfühlen, oder

sie werden Euer Verhalten NICHT unterstützen und Euch meiden …
bis zu dem Punkt, an dem Ihr Eure Eigenverantwortung demonstriert
und damit akzeptiert werdet.

ANGST IST DER VERGIFTETE APFEL DES OPFERS

Die Wurzel aller schwerwiegenden Minderwertigkeitsgefühle ist
ANGST. Die Illusion der Trennung von Gott ist sehr groß. Die Verbin-
dung zur Gotteserkenntnis ist durchtrennt … natürlich in der Illusion.
Wovor haben „Opfer" am meisten Angst? VOR DER ZURÜCK-
WEISUNG IHRES SELBSTES DURCH GOTT. Die Illusion, daß Gott
einen möglicherweise zurückweist, wird genährt durch eine riesige
Schuld, die das „Opfer" aufgrund seiner Wahrnehmung über begange-
nes oder so gesehenes Fehlverhalten gegenüber Gott trägt. Jedes Mal,
wenn das Opfer ZURÜCKWEISUNG durch ein anderes menschliches
Wesen erfährt, wird er/sie an seine/ihre Angst vor GOTTES Zurückweisung erinnert. Dieser Kreislauf der unausgewogenen Selbstbestrafungen wiederholt sich so lange, bis das „Opfer" aufhört, Liebe und
Akzeptanz außerhalb von sich selbst zu suchen und sich stattdessen
nach innen wendet, um dort um Vergebung und Ablösung von Minder-
wertigkeit und Schuld zu bitten. Wenn Ihr GOTT bittet, Euch SEINEN
Weg zu zeigen … WIRD ER Euch den Weg nach Hause weisen, vorausgesetzt, Ihr bittet in reiner Absicht zur Heilung und Eurem Wunsch, zu
dienen. Er wird Euch einhüllen in seine Schwingen von LIEBE, LICHT
und dem WISSEN, daß KEINE Zurückweisung möglich ist, es sei denn
durch eine falsche Ausrichtung Eures „Alter Ego".

WENN DAS OPFER DAS WISSEN UM DIE WAHRHEIT
GÄNZLICH VERSTANDEN UND VERINNERLICHT HAT, WIRD
SICH DIE ANGST AUFLÖSEN UND WIRD DEN BETROFFENEN
NICHT MEHR IN DIE HILFLOSIGKEIT FÜHREN!

Denkt daran, was Commander Hatonn so kurz und bündig gesagt
hat: *„WISSEN VERRINGERT ÄNGSTE."* Tragt das in Euren Herzen,
Chelas. So sei es.

WIE GEHT IHR NUN DURCH DIESE ÄNGSTE HINDURCH UND ERLÖST SIE?

Um diese Furcht aufzulösen, die nur als Illusion über Eurem physischen Überleben existiert, müßt Ihr Euch nach Wahrheit und Wissen SEHNEN, um dem Willen GOTTES zu dienen. Fragt Euch selbst: „Was will mir mein Angstgefühl zeigen?" Ist es ein Weckruf? „WACH AUF, WACH AUF, DIE STUNDE DER HERRLICHKEIT DEINES DIENSTES IST DA!" Ihr seid in Angst, wenn Ihr Euch auf irgendeine Art und Weise bedroht fühlt. Wenn Commander Hatonn zum Beispiel über die sozio-ökonomischen und politischen Niederträchtigkeiten schreibt, die an Euch verübt werden und George Green über seine Erfahrungen mit Korruption auf den höchsten Ebenen Eurer Regierung spricht, habt Ihr dann Angst? WARUM? Weil Ihr das nicht wußtet, oder WEIL IHR ES NICHT WISSEN WOLLT?

Um Euch über die Wahrheit des Ungleichgewichts bewußt zu werden, das sich auf Eurer Ebene entwickelt hat, bedarf es der Veränderungen, wovor Ihr allerdings Angst habt, weil Ihr befürchtet, den aus Eurer Sicht bequemen Lebensstil zu verlieren, weil Ihr damit PHYSISCHE Unbequemlichkeiten oder sogar Leid verbindet, WENN Ihr diese kostbaren Errungenschaften VERLIERT, von denen Ihr glaubt, sie GEHÖRTEN Euch. Euch GEHÖRT GAR NICHTS, außer Eurer unsterblichen Seele und selbst diese gehört Gott/Aton, DEM EINEN!

Bedeutet das, Ihr dürftet das nicht haben? NATÜRLICH NICHT! Erinnert Euch: GOTT IST FÜLLE! Ihr werdet sowieso ALLES aus Eurer materiellen Manifestation verlieren, wenn Ihr diese Ebene verlaßt. Also ist es weise, eher Wissen über die Wahrheit zu erlangen, sodaß EURE ANGST VOR DEM VERLUST EURES KÖRPERS UND/ ODER MATERIELLER GÜTER BIS ZU EINEM GEWISSEN GRAD VERMINDERT WIRD, MEINT IHR NICHT?

Wenn Ihr die Entscheidung Eures freien Willens mit dem Dienst an Gott/Aton des Lichtes, der Liebe und des Wissens verbindet, werdet IHR ALLE Fülle haben, die Ihr braucht, um IMMER in Seinem Dienst bestehen zu können!

Mit diesem Gedanken, meine geliebten Chelas, werden wir dieses Kapitel beschließen. Wer von Euch sucht, wer sich danach sehnt, zu WISSEN, wer danach strebt, Wissen über die Wahrheit zu erlangen und wer sich wünscht zu DIENEN, IST VON UNSEREM VATER HÖCHST GESEGNET. WIR EHREN EUCH ALLE UND WIR SIND SEHR DANKBAR, EUCH ALS BRUDERSCHAFT GOTTES UND DER SCHÖPFUNG ZU DIENEN. Danke an Dich, kleine Taube des Lichts, Druthea, Wir LIEBEN Dich sehr und Gott ist höchst angetan von Deinem Dienst, Chela. Behalte das in Dir. Wir sind Sananda, Lord Michael und Saint Germain. Möge das Licht Gottes hell über und in Euch erstrahlen, unsere Brüder. Wandelt behutsam und in Frieden miteinander. Salu.

KAPITEL 17

25. Juni 1991

GEBEN IST MÜHELOS, WENN IHR WIRKLICH AUS EUCH HERAUS GEBT

Ich grüße Dich, geschätzte Druthea. ICH BIN Sananda. Ich komme im Dienst des Heiligen Gottes/Aton des Lichtes, der Liebe und des Wissens. Danke für Eure Aufmerksamkeit, meine geschätzten Chelas. Wenn Ihr Euch bitte an die Lehren erinnert, die Euch Germain und Hatonn kürzlich gaben, so wißt Ihr, daß Germain über die Natur Gottes sprach. Ich beziehe mich dabei ganz besonders auf das GEBEN und WIEDERGEBEN, was Gottes ist. Hier auf Eurer Erde (Shan) könnt Ihr es als Geburt und Wiedergeburt, wie zum Beispiel bei den Jahreszeiten Winter, Frühling, Sommer und Herbst, sehen. Die gesamte Schöpfung bewegt sich in dem Zyklus des gebenden und wiedergebenden Lebens.

Nur dem Menschen – Hu-Man – (Higher Universal Man*) wurde die Wahlmöglichkeit durch seinen freien Willen zuteil, ob er im Prozeß des Mit-Erschaffens von Geben und Wiedergeben mitarbeiten, oder sich durch seine verdichteten/begrenzten Sinne durch Beobachten der WIRKUNGEN „entwickeln" will, was bedeutet, sich über die Wege von Manipulation, Dominanz und Eroberung die Natur zu seinen spirituell unvollkommenen Möglichkeiten passend, herzurichten. *[A.d.Ü.: Hu-Man als **H**igher **U**niversal **Man** – höher universeller Mensch – wird im englischen Text oft als Wortspiel in allen Phönix-Journalen benutzt, ist aber leider im Deutschen nicht in diesem Sinne wiederzugeben.]

Nur der Mensch in seiner feindlich/primitiven Geisteshaltung hat sich entschieden, von der Natur nur zu nehmen, ohne Rücksicht auf Ausgleich und Harmonie für ALLES in der Schöpfung.

Die widerhallenden WIRKUNGEN der menschlichen zerstörerischen Mentalität DES NEHMENS ist in dieser Zeit in Eurer Ebene ganz klar ersichtlich … obgleich die Menschheit gerade begonnen hat sich zu vergegenwärtigen, daß SIE SELBST DIE URSACHE dieses Ungleichgewichtes darstellt.

Es ist immer ein Ringen, etwas zu beanspruchen, selbst wenn es in der Vorstellung um materielle „Güter" geht, denn Eure unsterbliche Seele wird durch „Nehmen" von Lebensatem und körperlicher Übernahme eines Anderen oder der Natur weder genährt noch veredelt, sie bleibt einfach leer.

Nur durch das WISSEN um die Hingabe ohne emotionale Bindungen wird sich Eure unvergängliche Seele über die irdisch-physischen Bande und Verdichtungen erheben können.

WAS BEDEUTET HINGABE „OHNE BINDUNGEN"?

Ihr habt das Wissen erlangt, daß es Ausdruck Heiliger Göttlicher LIEBE ist, die gegeben wird und deshalb mühelos gegeben werden kann. Die Erfüllung wahrer selbstloser Hingabe erfolgt sofort und ist nicht abhängig von etwa notwendiger physischer Annahme durch den Empfänger. Obgleich jemand, der selbstlos gibt, auch ein äußerst dankbarer Empfänger für an ihn zurückgegebene LIEBE ist.

Versteht Ihr langsam, meine lieben Chelas? Gottes Wirken durch Euch WIRD EUCH IMMER ERFÜLLEN durch Seine Hingabe und Seinen fortdauernden LIEBESSTROM.

Diejenigen unter uns, die SEINEM GÖTTLICHEN LICHT folgen, könnten niemals wirkungsvolle „Führer" für Euch, unsere Brüder, sein, wenn sie ihren Liebesstrom zu Euch beenden würden, einfach, weil so Wenige von Euch „annehmen", was sie zu geben haben. Das ist das Maß Eurer spirituellen Reife, Ihr Lieben. Daß Ihr geben und immer wieder geben könnt, ohne emotionale Belastungen oder eigenes Leid. Fortwährendes Geben von Liebe ist dann mühelos, wenn es stetiger Fluß ist und der gemessene „Erfolg" bringt einen nicht von diesem selbstlosen, Heiligen, Göttlichen GEBEN UND IMMER WIEDER GEBEN ab.

Die NOTWENDIGKEIT, LIEBE zu geben, ist auf Eurem Planeten

ganz beträchtlich und aus diesem Grund ruht das Augenmerk Vieler aus den HÖCHSTEN Ebenen des Göttlichen Königreichs auf Euch. Das bedeutet nicht, daß nicht doch Einige von uns ziemlich leidenschaftlich in ihrer Besorgtheit und Anteilnahme für Euch kämpfenden kleinen Brüder werden können. Wir haben unser WISSEN auch durch Lehren im Zuge unseres Dienstes an Gott als irdische Menschen erworben.

Ihr habt überhaupt keine Ahnung, wie oft Manche von uns, die eng mit Euch zusammenarbeiten, etwas TUN wollen, das über das hinausgeht, was das KOSMISCHE GESETZ zuläßt. Viele von uns haben GOTT darum gebeten und er hat uns klare Anweisungen gegeben, was wir in Seinem Dienst tun dürfen und was nicht. Der Unterschied zwischen uns aus den höheren Erfahrungsebenen und Euch in Eurer verdichteten Materie ist, daß WIR DIE GESETZE GOTTES UND DER SCHÖPFUNG KENNEN und unsere spirituelle Vollkommenheit IM DIENST AM HÖCHSTEN erlaubt uns nicht, DIE GESETZE zu brechen.

Es ist wie bei einem Elternteil, der Mitgefühl mit seinem Kind hat, das stolpert und laufen lernt, und der weiß, daß es das mit liebender Führung selbst lernen muß, genauso ist es bei uns, denn auch wir beobachten und führen Euch, ohne uns einzumischen oder es FÜR EUCH ZU TUN, denn in diesem Fall würden wir nur uns selbst dienen in unserer Ungeduld, mit Eurem Wachstum „vorwärts zu eilen". Der Fortschritt in Eurem Wachstum, so „lange" er auch dauern mag, ist eine Sache zwischen EUCH UND GOTT. Sich in diesen laufenden Prozeß einzumischen ist ZWANG und ZWANG IST NICHT VON GOTT/ATON!

GEWALTAKTE ZUZULASSEN, IST NICHT VON GOTT

Ihr mögt zwar denken, „und was ist dann mit dem Widersacher?". Der Widersacher scheint wirklich seinen Weg in die Vorherrschaft mit „Gewalt zu erzwingen". „ZWINGT" EUCH DER WIDERSACHER

EIGENTLICH WIRKLICH? Denkt mal hierüber richtig nach, Chelas. Der Gegenspieler lügt, betrügt und jagt Euch Angst ein, definitiv, aber erzwingt er hier seine Existenz? Der Widersacher kann den Körper töten, um seine Mittel neuerlich zu bestätigen. Woher bezieht er also seine Macht? Chelas, die Antwort heißt: von EUCH! Ihr habt ihm erlaubt, Euch zu bedrohen und wenn Ihr „Angst bekamt", gabt Ihr dem Widersacher DIE GÖTTLICHE MACHT. Er kontrolliert Euch durch Eure angenommene „Trennung" von GOTT. Und der einzige Grund, warum Ihr immer noch in dieser dreidimensionalen Ebene seid, ist der, DASS IHR DIE VERLOGENHEITEN UND TÄUSCHUNGEN DES WIDERSACHERS FÜR BARE MÜNZE GENOMMEN HABT, WÄHREND EURE VON GOTT GESCHENKTE SEELE DAHIN-GEWELKT IST IN DER SEHNSUCHT NACH WIEDERVEREINI-GUNG MIT DEM EINEN, GOTT/ATON.

Jetzt die Frage an Euer Selbst. „Seid Ihr bereit, den Gegner ziehen zu lassen?" Wenn dem so ist, dann müßt Ihr ALL Euer VERTRAUEN UND EUREN GLAUBEN auf GOTT ausrichten, DER IN EUCH IST. Hieraus erwächst Eure **Belohnung,** denn sie ist in Eurer Abnabelung aus der Zwanghaftigkeit der begrenzt-körperlichen Sichtweisen des Widersachers begründet. Habt Ihr das genau gelesen? IHR WERDET EURE SPIRITUELLE EINHEIT VERDIENEN, INDEM IHR WISSEN ÜBER EUREN INNEREN GOTT ERLANGT. Und Euren „Beweis" bekommt Ihr über Euren Glauben und die Überstellung Eures freien Willens an GOTT. Denn die „Beweise" der Göttlichen Existenz und Seines „Kommens" werden sich IN EUCH OFFENBAREN! DENN DAS IST DER ORT, AN DEM DAS KÖNIGREICH GOTTES BESTEHT ... INNERHALB VON EUCH!!

WIE STEHT ES MIT DER „GNADE" GOTTES?

Gnade ist die Eigenschaft Gottes, Liebe in fortlaufendem Strom zu geben. Wollen wir **Gnade** definieren: „1. Schönheit oder Harmonie in einer Bewegung, Form oder Verhaltensweise. 2. Alles, was attraktiv ist. 3. Freiwilliger Dienst; Wohlwollen. 4. Fähigkeit, Gefälligkeit zu zeigen. 5. Milde, Nachsicht. 6. theologisch: a. die Liebe Gottes gegenüber den Menschen. b. der göttliche Einfluß, der durch Menschen sichtbar wird."

Meine Schreiberin Druthea sah gestern mit einiger Belustigung im Fernsehen einen „christlichen" Pastor. Er sprach über seine Wahrnehmung von Gottes „Gnade". Er sagte Sätze mit dem Tenor: „Ihr braucht GAR NICHTS zu tun, um Gottes Segen und Seine Gnade zu erhalten." (Klingt so ein wenig wie die Philosophie einiger Anhänger des New Age „Ihr müßt nur SEIN", oder nicht?) „Wir Menschen glauben, wir müssen „arbeiten", um uns Gottes Gnade zu verdienen. Das entspricht NICHT der Wahrheit. Wir müssen CHRISTUS als unseren Erlöser annehmen. ER hat uns unsere Last abgenommen." Hier ist der Knackpunkt, Christus hat die Verantwortung für EUCH übernommen! Seht Ihr, wie Euch der Widersacher täuscht? „Gott wird für Euch sorgen. Ihr müßt gar nichts machen. Ihr seid nicht verantwortlich. Christus ist Euer Erlöser" ... bis zum Abwinken!

Ich bin nicht EUER Retter. IHR seid selbst Eure Retter. Und die gute Nachricht dabei ist, daß IHR Euch Euren Weg in GOTTES GNADE VERDIENEN werdet durch Übernahme Eurer Eigenverantwortung und einem Leben nach den GESETZEN GOTTES/DER SCHÖPFUNG. So einfach ist das, Chelas. Seht Ihr, GNADE ist auch eine so wundersame Möglichkeit DES MÜHELOSEN FLUSSES DES GEBENS DURCH GOTT!

WIE SIEHT ES AUS MIT „BARMHERZIGKEIT"?

Zuerst will ich **Barmherzigkeit** definieren: „1. Freundlicher oder mitfühlender Umgang mit einem Feind, Gefangenen, usw., in der eigenen Macht stehen. 2. Anlage zu Freundlichkeit, Vergebung oder hilfreich sein. 3. Das Vermögen, Gnade und Mitgefühl zu zeigen."

Denkt sorgfältig darüber nach, Chelas, GOTT ist voller barmherziger LIEBE und GNADE. Es ist der Widersacher, der nach Bestrafung sucht und der ist total gnadenlos! Wer es zugelassen hat, sich vom Widersacher regieren zu lassen, WIRD SICH SELBST BESTRAFEN

UND JEDES MAL GOTT DAFÜR DIE SCHULD ZUSCHIEBEN!
Nur ein spirituell ignorantes Wesen wird Selbstbestrafung für die
als solche betrachteten Fehler suchen. Fehler sind die AUSWIRKUN-
GEN eines kranken Denkens, DENN NIEMALS entstehen Fehler aus
der GOTTESERKENNTNIS HERAUS. SIE ENTSTEHEN DURCH
MISSVERSTÄNDNISSE UND FEHLINTERPRETATIONEN DER
PHYSISCH KOMPRIMIERTEN SINNE UND BLINDER TROTZ-
HALTUNG DES MENSCHEN GEGENÜBER DEN GESETZEN
GOTTES/DER SCHÖPFUNG.
IHR WÜNSCHT EUCH GOTTES GNADE UND BARMHERZIG-
KEIT? DANN MÜSST IHR GOTT IN EUREM **INNEREN** BITTEN,
EUCH ZU FÜHREN, ZU SCHÜTZEN, EUCH **MIT LIEBE** KRAFT
ZU GEBEN UND EUCH **WISSEN** ÜBER DIE MACHT EURES EIGE-
NEN UND SEINES WILLENS ALS EINHEIT ZU VERLEIHEN!
Gott IST DIE ALLES VERGEBENDE BARMHERZIGKEIT. Dem-
nach, Chelas, muß Vergebung und Gnade in EUCH SELBST begin-
nen, denn das ist der Ort, an dem GOTT wohnt.
Die Macht des Widersachers wird sich **auflösen**, wenn er der Gött-
lichen, Heiligen Macht GOTTES IN EUCH GEGENÜBERSTEHT!
WARUM? Weil DAS BÖSE eine Illusion ist, die VON MENSCHEN
entwickelt und erhalten wurde und wird. Liebe, Licht und Wissen Got-
tes ist ALLES, was es gibt. Jeder von EUCH ist ein Fragment SEINES
aufgeteilten Denkens. ES GIBT KEINE TRENNUNG ZWISCHEN
GOTT UND UNS ALS SEINEN GEDANKENFRAGMENTEN,
AUSSER DURCH DEN GLAUBEN DES GETRENNTSEINS, DER
VON DER BEGRENZTEN MENSCHLICHEN WAHRNEHMUNG
GEPFLEGT WIRD.

IHR MÜSST DANACH STREBEN, GOTT IN EUCH
ZU FINDEN

Nur durch das WISSEN über GOTT werdet Ihr erkennen können,
daß GOTT IN ALLEM IST. Wie könnt Ihr GOTT KENNENLER-
NEN? DURCH EUER SEHNEN, IHN KENNENZULERNEN wird

sich SEIN Königreich in Euch auftun. Er erwartet Eure ernstgemeinte Bitte des Erkennens und der Annahme SEINES WORTES in Euch. Euer Lied des LICHTES erschallt in der GOTTESERKENNTNIS und Ihr werdet in SEINER Anwesenheit der Mitschöpfung als EINS MIT GOTT UND ALLEM WAS IST singen und tanzen.

„IN ALLEM, DAS ICH BIN, Vater, soll nicht MEIN Wille, sondern nur DEIN WILLE GESCHEHEN." Und so ist es.

Vielen Dank, meine geschätzte Druthea, für Deinen Dienst. ICH BIN Sananda, EINS mit GOTT und der Schöpfung. Ich fühle mich sehr geehrt, Euch, meine werten Brüder auf der Erde Shan, zu Diensten zu sein. Gehet gemeinsam in Absoluter Liebe, Einheit und Frieden und WISSET immer, daß Unser Vater mit Euch geht. Salu.

KAPITEL 18

27. Juni 1991

MÄRTYRERTUM SAGT DEINEM GOTT IM INNEREN „ICH GEBE AUF"

Ich grüße Dich, geschätzte Druthea. ICH BIN Sananda, Eins mit Gott. Ich komme im Dienst des Gottes des Lichtes, des Wissens und der Liebe.

Heute möchte ich mit Euch über einen Gefühlszustand sprechen, den Ihr Märtyrertum nennt. Wollen wir zuerst das Wort Märtyrer aus Eurem menschlichen Wörterbuch definieren: „1. Jemand, der sich lieber dem Tod unterwirft, als sein Bekenntnis zu widerrufen. 2. Jemand, der stirbt, leidet oder alles seinen Prinzipien, Beweggründen usw. opfert. 3. Jemand, der sehr an einer schlechten Gesundheit leidet oder viel Pech hat."

Jemand, der glaubt, daß er leiden oder sterben muß für das, was er glaubt, oder für Gott, hat die Natur GOTTES falsch verstanden. Gott erwartet für die Seelenerlösung weder Leiden noch Tod. Er gibt seinen menschlichen Gedankenformen NUR das Leben, wie auch der GANZEN Schöpfung. Es ist der Widersacher, der den hingebungsvollen und sich entwickelnden Menschen „vorgegaukelt" hat, daß sie für Gott „sterben" müßten und daß leiden irgendwie „gut" ist. Alles, was ich zu diesen „Gedankengängen" sagen muß ist, daß es blanker Unsinn ist, da es nicht aus dem ERKENNEN GOTTES kommt.

NUR EIN SPIRITUELL UNGEBILDETES WESEN WIRD SELBSTBESTRAFUNG FÜR SEINE SO WAHRGENOMMENEN FEHLER ODER SEINE UNVOLLKOMMENHEIT SUCHEN

Warum ist das so? Nun, der Unterschied ist der, daß ein spirituell GEREIFTES Wesen versuchen wird, die URSACHE seines Fehlers zu finden, damit es mit diesem erworbenen WISSEN die Wiederholung des gleichen Fehlers VERMEIDEN kann. Es wird nicht andauernde Selbstbestrafung aus der WIRKUNG eines Denkfehlers erfahren wollen, dessen GRUND ES NICHT EINMAL SELBST KENNT. Hatonn hat wiederholt gesagt, und ich wiederhole es jetzt noch einmal, daß GOTT LEBENDIGE, hingebungsvolle menschliche Wesen auf der physischen 3D-Ebene der Erde (Shan) braucht, um Sein Werk zu vollenden. Weder fordert noch erwartet er oder hat es angedeutet, daß SEINE Kinder in Seinem Namen leiden oder sterben sollen! GOTT IST LEBENDIGE, GEBENDE UND IMMER WIEDER GEBENDE LIEBE!

Wenn Ihr Euch selbst zum Märtyrer macht, dann ist das eine menschliche Fehlinterpretation, die vom Feind beeinflußt ist, denn dieser hat den Wunsch nach Leiden und Tod entwickelt. Ihr werdet doch unfähig, Gott wahrhaftig zu dienen, wenn Ihr große Leiden und Qualen sowohl für Euren Körper als auch für Euer emotionales Selbst entwickelt. Und wenn Eure physische Form nach schrecklichem Leiden stirbt, ist sehr viel Heilung auch in dem Erfahrungsraum notwendig, in den Ihr bei Eurem sogenannten „Tod" wechselt.

WER SAGT, DASS SCHMERZ EUER LEHRMEISTER IST?

Wir haben Viele diesen Satz sagen hören, ganz besonders in den Gemeinschaften des „New Age" und der sogenannten „Christen". Jetzt versteht mich bitte nicht falsch, aber jede schmerzhafte Erfahrung kann Euch etwas lehren zu dem Standpunkt „Information über die Wirkung der Bewegung". *Schmerz ist ein Symptom,* die WIRKUNG einer Krankheit in der Gedankenwelt oder im Verhalten eines Menschen, ist aber ganz sicher NICHT die Ursache. Wenn man das vom Standpunkt der WIRKUNG aus betrachtet, ist das, was Ihr dabei lernt, Schmerz, und Schmerz ist sicherlich NICHT lustig. Aber BIS jemand, der leidet, wirklich in SEINEM Inneren nach der URSACHE seiner erschaffenen Erfahrung sucht UND DANN DARAUS DAS WISSEN

VON GOTT ERLANGT, WARUM er sich SELBST bestraft, wird derjenige nichts über die vollkommene HEILUNG gelernt haben. Nun macht Euch darüber einmal Gedanken, Chelas. Bei wie vielen von Euch ist das größte WISSEN zu Euch zu einer Zeit geflossen, als Ihr in gewaltigen physischen oder emotionalen Problemen stecktet? Viele von Euch sind einfach zum nächsten physischen/emotionalen Schmerzkiller wie Alkohol oder Drogen geflüchtet. Habt Ihr die URSACHE in diesen Drinks oder den Pillen gefunden? Ihr habt damit nicht nur Eure Entdeckung der URSACHE vermieden, sondern Viele von Euch haben sich danach auch als Abhängige aus dieser unausgeglichenen WIRKUNG wiedergefunden! Ihr müßt die URSACHE in Euch ERKENNEN, vollständig verstehen und auflösen, damit Ihr die HEILUNG der krankhaften URSACHE und der kranken WIRKUNG zulassen könnt.

Ein Beispiel von Müttern, die ein wunderschönes Kind geboren haben. WENN Ihr starke physische Schmerzen gelitten habt, was bei den MEISTEN von Euch der Fall ist, wie wir beobachtet haben, wart Ihr nicht außer Euch bei dem Gedanken, WIE Ihr die Schmerzen lindern könntet? WISST IHR, GELIEBTE MÜTTER GOTTES, daß die Geburt eines Kindes NICHT physischer Schmerz BEDEUTEN muß? IHR ERWARTET EINFACH, DASS ES SO IST UND DANN IST ES AUCH SO. Könnten Eure Gedanken nicht dahingehend sein, daß Ihr durch die Schmerzen eine wertvollere Mutter sein könntet? Und ist die Freude über das Geschenk des Kindes noch größer, wenn Ihr bei der Geburt gelitten habt? Sinnt über diese Fragen in Eurer Gotteserkenntnis nach, Chelas. Um „wertvoll" und „voller Freude" zu sein, sind keine Schmerzen nötig ... NUR LIEBE. So sei es.

Um es einfach auszudrücken, Chelas, der SCHMERZ ist DIE WIRKUNG EURES Wunsches, Schmerz zu erleiden. WARUM sollte sich irgend jemand WÜNSCHEN zu leiden? Überwiegend deshalb, weil man es Euch so gelehrt hat und Ihr die Lüge GEGLAUBT habt, daß Euch Leiden „in den Augen Gottes" irgendwie wertvoller macht. Denn die Meisten von Euch fühlen sich so unwürdig und schuldig in ihrem

SELBST, daß sie SELBST-Bestrafung suchen, um bei Gott ein paar „Pluspunkte" zu sammeln. Alles, was Ihr damit wirklich tut, Chelas, ist, Euch selbst zu bestrafen und damit Euer LEBEN wertlos zu machen. Damit sagt Ihr GOTT „Ich gebe auf im Leben. Alles, was ich verdiene ist Leid, denn ich bin unwürdig. Also werde ich mir meine Unsterblichkeit und die Annahme durch GOTT verdienen, indem ich FÜR Ihn leide." Diese Denkmuster sind so irrwitzig! Seht Ihr das? GOTT BESTRAFT NICHT; IHR BESTRAFT EUCH SELBST, IMMER, IHR ERNTET DIE WIRKUNG DESSEN, WAS IHR BEI JEDER GELEGENHEIT GESÄT HABT. WENN IHR EUREN GEIST ENTWÜRDIGT, INDEM IHR DIE HARMONIEGESETZE DER NATUR BRECHT, DANN ERNTET **IHR** AUCH DIE WIRKUNGEN DIESES SCHRÄGEN VERHAL-TENS, NICHT MEHR UND NICHT WENIGER!

LEID IST EIN SEHR EGO-ZENTRIERTES UNTERFANGEN

Wie ich oben schon sagte, wenn Ihr großen emotionalen und/oder physischen Schmerz und Leid erfahrt, denkt Ihr oft gar nicht daran, WIE Ihr GOTT dienen oder Eurem Nachbarn behilflich sein könntet. Ihr seid viel zu „beschäftigt" mit Eurem selbst erschaffenen Leid, wofür Ihr die gewünschte „Aufmerksamkeit" von den Menschen in Eurem Umfeld bekommt. Jemand, der „unentwegt" leidet, HUNGERT sehr oft nach LIEBE, Aufmerksamkeit und Anerkennung von Freunden und Familie.

IHR seid IN NOT, wenn Ihr leidet. Allerdings sucht Ihr oft IM AUSSEN nach Fürsorge und LIEBE, anstatt in Eurem INNEREN nach GOTTES Fürsorge zu suchen UND DEN EIGENEN ANTEIL EURES LEIDENS ZU VERSTEHEN. IN EINEM KURZEN AUGENBLICK KANN EUER INNERER GOTT ALLES LEID BEHEBEN, WENN DER EIGENE AUSLÖSER ANGENOMMEN UND VERSTANDEN WORDEN IST.

Wenn man außerhalb von sich sucht, nimmt man zuerst einmal

die Eigenverantwortung NICHT an, infolgedessen kann auch KEIN WISSEN ÜBER DIE HEILUNG erlangt werden. Wenn man sich dann IN REINER ABSICHT UND DEM WUNSCH NACH WISSEN nach INNEN wendet, wird man fast mit Sicherheit die Verantwortung für die SELBST-Heilung IN seinen Überlegungen zu der kranken URSACHE ÜBERNEHMEN. Danach hat man die Macht des Wissens durch SEINEN INNEREN GOTT erlangt und angenommen.

IST WIEDERKEHRENDE BESTÄTIGUNG FÜR DAS SPIRITUELLE WACHSTUM EIGENTLICH NOTWENDIG UND FÖRDERLICH?

Es ist absolut nichts „falsch" daran, einem Anderen Zuspruch und Unterstützung für die Arbeit ZUKOMMEN ZU LASSEN, die er tut, ganz besonders dann nicht, wenn sein Tun für Euch hilfreich war. Meine Schreiberin und Andere, die im Dienst stehen, arbeiten oftmals mit einer gewissen Blindheit, was die Wirkung unserer gemeinsamen Arbeit und die Hilfe für die Menschheit zur Erlangung des inneren WISSENS angeht. Der Mensch an sich hat immer noch sehr geringe Fähigkeiten, die FOLGEN seines Tuns für Andere zu überblicken. Und oftmals seid Ihr auch viel schneller dabei, die Arbeit eines Anderen vom menschlichen „Ego"-Standpunkt aus gesehen „zu kritisieren", als demjenigen Lob und Zuspruch für den erhaltenen SPIRITUEL-LEN GEWINN zukommen zu lassen. Also, die ernst gemeinte und förderliche Resonanz ist sehr ermutigend und aufbauend für unsere Schreiber, genauso wie für Arbeiter an anderer Stelle auch.

Drutheas größtes Anliegen ist es, unsere Botschaften akkurat zu übertragen, wie es bei fast allen Schreibern GOTTES der Fall ist. Sie benötigt zu Anfang des Empfangs wirklich die Rückversicherung von Hatonn und Mir, daß sie alles so aufnimmt, wie es von Uns gedacht ist. Sie fühlt sich inzwischen bei Uns wohl und arbeitet mit uns OHNE die störende Einmischung der Ego-Vorstellungen. Dharma hatte auch ihre Zeiten mit extremen „Bedenken" bezüglich ihres Werkes mit Hatonn und Mir und den Anderen, von denen sie Botschaften empfangen hat.

Seht Ihr, sowohl für Dharma als auch Druthea ist die Absicht, GOTT zu dienen, so rein und klar und ihr innerer Ruf so stark, daß das „Loslassen" ihrer eigenen Ego-Wahrnehmungen zum Zweck, GOTTES Durchgaben zu erhalten, für Beide nicht schwierig war. Sie mögen das anders sehen, aber in Anbetracht der Wahrheit bin ich mir sicher, daß mir Beide zustimmen werden, daß ALL die Prüfungen, durch die sie gegangen sind, nur dazu dienten, sie STÄRKER in ihrer Absicht und ihrer Verpflichtung zu machen, dem Gott des Lichtes zu dienen.

Bedeutet das, daß sie sich nicht „verletzt" oder „verärgert" fühlen, wenn sie scharf kritisiert und von Anderen, die DAS WORT lasen und dennoch die Wahrheit nicht sehen, mit Rücksichtslosigkeit bedacht werden? Natürlich nicht. Sie fühlen sich natürlich auch betroffen durch die wahrgenommenen „Angriffe" durch Andere. Und wenngleich ich weiß, daß Dharma am Anfang hin und wieder über den Wert ihres Dienstes zweifelte, wenn sie mit Drohungen und Kritik überhäuft wurde, so weiß ich auch, daß SIE heute in sich selbst KEINERLEI Zweifel mehr über die Wichtigkeit und den Wert ihres Beitrages hegt.

Was jedoch von meinem Platz aus so wunderbar anzuschauen ist, ist die WACHSENDE Demut und die spirituelle Reife, die beide kleine Tauben, Dharma und Druthea, in ihrer Arbeit für Gott erreicht haben. Nun, ich habe Druthea jetzt fast zu Tränen gerührt ...

Ihr seht also, meine wertvollen Chelas, wenn Eure Wahrhaftigkeit im Dienst von Eurer Absicht her makellos geworden ist und Ihr ehrlich Euren Willen dem Willen Gottes unterstellt habt, dann habt Ihr nur EINEN Wunsch – IHM zu dienen. Eure inneren Gedanken werden dann sein: „Bitte Vater, Ich möchte nur in DEINEM Dienst stehen, DEINEN Willen ausführen und ein EHRENHAFTER Abglanz von DIR sein." In Eurem Inneren werdet IHR WISSEN, wenn Ihr Seinen Willen und die „rechte" Tat vollbringt und, aus menschlicher Sicht betrachtet, sind gelegentliche, ernst gemeinte Bestätigungen von Außen höchst willkommen. In Euch WISST IHR das und Ihr werdet Euren Dienst AM WISSEN TROTZDEM fortführen, mit oder ohne äußere Bestätigungen.

IHR EHRT GOTT, WENN IHR EURE BRÜDER EHRT

Wenn Ihr dem GEIST in einem Anderen Respekt zollt und ihm nicht nur falsches, aus dem EGO erwachsenes Lob gebt, dann erhebt Ihr sowohl den Anderen als auch Euch selbst in die SCHWINGUNGEN DER LIEBE GOTTES. Ihr demonstriert damit SEINE dauerhaft gebenden Qualitäten. Und ehrlich gegebene LIEBE kommt IMMER vielfältig ZU EINEM SELBST zurück. Dann seid Ihr SEINE tätige Barmherzigkeit als Mitschöpfer Seiner Harmonie der LIEBE innerhalb der Schöpfung. Das ist ein prachtvoller Ort ... EINS ZU SEIN MIT DEM GÖTTLICHEN BEWUSSTSEIN!!

Gebende LIEBE wird EINS mit dem Atemhauch DES ERSCHAFFENDEN GOTTES.

Laß uns mit diesem Gedanken eine Pause machen, Druthea, und tiefer darüber nachsinnen. Ich danke Dir für Deinen Dienst, meine hochgeschätzte kleine Schwester. ICH BIN immer bei Euch, um Euch zu erheben und Euch zu trösten. Gehet mit Mir, meine geschätzten Brüder, und ich werde Euch nach Hause geleiten. ICH BIN Sananda. Eins MIT GOTT in der Schöpfung. Ich LIEBE Euch sehr, meine Brüder. Seid in Frieden. Salu.

KAPITEL 19

1. Juli 1991, Aufzeichnung Nr. 1

WAS IST SCHMERZ?

Ich grüße Dich, geliebte Druthea. ICH BIN Sananda, Eins mit Gott. Ich komme im Dienst des Heiligen Himmlischen Gottes des Lichtes und der Schöpfung. Druthea hat um Klärung hinsichtlich „Schmerz" und „Illusion" gebeten und wie es mit demjenigen zusammenhängt, der in der Dritten Dimension der Erde Gott dient.

Drutheas „Verwirrung" entstand aus Hatonns Aussage am letzten Samstag, in welcher er feststellte:

„Frieden" bedeutet nicht „schmerzfrei sein" – es sagt genau das aus, was es ist – „in Frieden mit dem sein, was Du bist – in Dir." „Die Meister, die vor Euch da waren, waren in absolutem inneren Frieden – und hatten jede Menge irdisches Leid und Schmerz um sich herum – bringt diese beiden Dinge nicht durcheinander."

Was also ist Deine „Verwirrung", kleine Schwester? Dachtest Du, Du dienst Gott hier und ALLES in Dir würde schmerz- und angstfrei sein? Komm schon, Chela. Laß mich Dich an ein paar Dinge an diesem Ort „erinnern" und an die Art der „Vereinbarung", wenn Du Deinen Dienst in einer „physischen" Illusion tust.

SCHMERZ UND ANGST SIND DIE HINDERNISSE, DIE DER WIDERSACHER EUCH IN DEN WEG LEGT

Wenn Ihr Kinder Gottes Gott darum bittet, Euren Dienst in der dreidimensionalen „physischen" Illusion anzutreten, dann WISST Ihr vorher, daß ein Teil Eures Dienstes VIELE Herausforderungen durch den Feind an diesem Ort birgt. Der Gegner „regiert" diesen Planeten durch die entwickelten Illusionen, die wir die „Hindernisse" von ANGST und SCHMERZ nennen, zusammen mit einer ganzen Unzahl anderer „menschlich physischer" Emotionen.

Chelas, ich gebe Euch ein Beispiel, über das Ihr nachsinnen könnt. Fast jeder wohlmeinende spirituelle Sucher kann und wird Gott dienen, wenn er in Liebe angenommen wird und er KEINER Kritik, KEINEM Schmerz, KEINEM Zweifel und KEINER Angst ausgesetzt ist. Aber wer unter Euch WIRD die DISZIPLIN physischer und emotionaler Hürden wie Angst und Leiden ertragen und dennoch weiterhin im Dienst an Gott stehen? Es scheint mir, daß das wirklich sehr Wenige sind.

DIE SPIRITUELLE DISZIPLIN IST DIE HERAUSFORDERUNG EURES SELBSTES IM DIENSTE GOTTES

Erkennt Ihr, Ihr Lieben, daß Ihr Euch damit einverstanden erklärt habt, dieser sich entwickelnden Menschheit beizustehen, Euch dafür vollständig einzubringen und in dieser Illusion so zu funktionieren, wie es JEDER Mensch tut, was auch bedeutet, die Hindernisse des Widersachers für Euer INNERES WISSEN zu durchleben.

Ihr habt eine Redewendung die ganz gut hierher paßt: „Ihr müßt mit den Wölfen heulen." Wenn Ihr Euch also auf der physischen Erde befindet, dann macht Ihr als irdische Menschen Eure Erfahrungen auf der gleichen Ebene wie das „Massen"-Bewußtsein des GANZEN diese auch erlebt. Nur so könnt Ihr „Verständnis" für die Wirkweise und die Entbehrungen dieser „Illusion" entwickeln, damit Ihr Euch hoffentlich daran „erinnert" und Euch über diese vor Euch gestellten Hürden hinaus in wahrer spiritueller Disziplin „erhebt". DAMIT IHR EIN BEISPIEL FÜR DIE MENSCHHEIT WERDET, damit diese vielleicht AUCH den Druck dieser Illusion überwindet und Ihr Eure FREUDE im inneren WISSEN findet, wie Ihr ihnen die Kraft für den Dienst an Gott zuteil werden lassen könnt.

Es ist leicht, von höherer Ebene aus zu beobachten, wie das Leben auf der Erde funktioniert und dann zu sagen: „Vater, bitte, laß mich meinen kleinen Brüdern auf der Erde dienen." Es ist jedoch etwas ganz anderes, sich in einem irdischen Körper zu befinden, bombardiert von der derzeit laufenden Illusion und der wahrgenommenen Trennung von der Schöpferquelle und dann durch Lebenserfahrung langsam die schwierige Natur Eures Dienstvertrages zu verstehen.

GEIST ÜBER MATERIE

Hatonn, Germain und ich können im wahrsten Sinne über die Natur der „Realität" sprechen, die aus ALLWISSENHEIT, LICHT UND GEISTESLIEBE des Schöpfers besteht, was aber nicht bedeutet, daß IHR in physischer Form Eure Erfahrungen nur innerhalb DES GOTTESBEWUSSTSEINS macht. Leid und Schmerz auf der Erde ist unvorstellbar und wenn Ihr als Mensch hier arbeitet, werdet Ihr höchstwahrscheinlich davon berührt werden.

Die Frage an Euer Selbst und Gott ist: „Werdet Ihr TROTZ der üblen Projektionen und schmerzhaften Attacken des Feindes Euren Dienst an Gott fortsetzen?" Wir spüren, DASS IHR DAS TUN WERDET. Deshalb arbeiten wir auch so eng mit Euch zusammen, um Euch zu erinnern und Euch „auf der Spur" zu halten. Die Selbstdisziplin in Eurer Verpflichtung ist auf diesem Planeten außergewöhnlich. Ehrlich gesagt, das ist die HERAUSFORDERUNG, die Ihr Euch gewünscht habt und Ihr sicherlich zu jener Zeit, als Ihr Euch entschieden habt, hier zu dienen, gefühlt habt, daß Ihr dem gewachsen seid. Wir WISSEN, daß Ihr das seid. Und Ihr?

Die Erfahrungen auf der Erde sind wirklich ein recht guter Test von GEIST über MATERIE (Illusion).

Ich bin genauso gekommen wie Ihr, habe Schmerz und Leid erlebt, Angst und Ablehnung. Wenn Ihr glaubt, ich und die Meister, die vor mir kamen, standen irgendwie „über" den menschlichen Emotionen und dem Leid, dann irrt Ihr Euch gründlich. Ich habe als MEINE Prüfung und spirituelle Entwicklung im Dienst an UNSEREM Vater Gott/Aton ein Leben als Mensch erfahren.

Aufgrund dieser Erfahrung auf der Erde habe ich für Euch auch dieses Mitgefühl entwickelt. Deshalb habe ich auch versprochen, wiederzukehren und Alle, die sich dafür entscheiden, HEIM zu geleiten in unseres Vaters Königreich. Ihr seht also, wenn ich NICHT physisch auf der Erde gewesen wäre, könnte ich Euch HEUTE nicht in meiner ererbten Funktion als SANANDA dienen. Ich habe diese Entscheidung getroffen und die Belohnung von MEINEM Vater Aton war unvorstellbar. Allerdings müßt Ihr Euch noch an SEINE LIEBE, Licht und Vollkommenheit des WISSENS ERINNERN. Ich und meine Brüder, die zusammen mit mir dienen, hoffen, daß wir VIELE von Euch nach Hause an Seinen Ort der Erinnerung in Euch geleiten dürfen. Gott hat für Euch und EURE Rückkehr einen Platz vorbereitet. Und WIR kommen, um DAS WORT zu bringen, damit Ihr Euch für den GOTT in Eurem Inneren entscheiden könnt, zu dem Ihr zurückkehrt. So sei es.

IHR WERDET EUCH „ÜBER" SCHMERZ, LEID UND ANGST „ERHEBEN"

Es stimmt, Chelas, daß Schmerz und Angst Symptome sind, eine Wirkung aus den kranken Denk- und „Glaubens"-Mustern. Das sind die Werkzeuge des Feindes. Schmerz und Angst existieren auch als Entwicklung innerhalb der physischen Manifestation der ILLUSION. Ihr werdet entweder in ein Gefühl der „hoffnungslosen Verzweiflung" fallen oder Ihr werdet in Euch die URSACHE erkennen und weiterhin Euren Dienst versehen.

Es gibt zum Beispiel auf der Erde Viele von Euch, die ihre innere spirituelle Disziplin dadurch „schärfen", daß sie die Herausforderungen im Außen annehmen. So einfach ist es wirklich. Ist es leicht? Gott hat NIEMALS gesagt, daß es leicht sein würde, hier Erfahrungen zu sammeln, ABER die Belohnungen sind gigantisch, ganz besonders im Hinblick auf WISSENSERWERB und spirituelle Vollkommenheit.

IHR „GEBÄRT" EUREN GOTT IN EUCH

In Euch „gebärt" Ihr die göttliche Vollkommenheit, Liebe, Licht und Wissen. Das bedeutet nicht, daß eine Geburt leicht und immer schmerzfrei vonstatten geht. Ihr erschafft die Geburt, WIE IHR SIE HABEN WOLLT. Manche entscheiden sich für den Schmerz, um „Geist über Materie" zu üben. Ich habe mich bemüht, es auf den Punkt zu bringen, daß IHR ALLES in Eurer LEBENSERFAHRUNG entscheidet, einschließlich die feindlichen Hürden und Herausforderungen für Euer Selbst. Ich möchte Euch einfach wissen lassen, daß Ihr in der REALITÄT DER GOTTESLIEBE UND DES GEISTESWISSENS nicht unendlich leiden MÜSST, es sei denn, Ihr tut es, um etwas zu verstehen ... oder aufgrund von innerer Selbstbestrafung.

Wißt Ihr, daß Ihr Euren Schmerz an Unseren Vater ABGEBEN könnt, wenn Ihr Euch dafür ENTSCHEIDET, und daß er sich dann durch die Kraft Eurer Absicht und Eures WUNSCHES auflösen wird? Es ist so. Ich habe in meiner Prüfung zur Selbstdisziplin vor und während der Kreuzigung körperlich unsäglich gelitten. Ich habe aber nicht so lange gelitten, wie es hätte sein können, denn ich habe MEINEN WILLEN MEINEM VATER UNTERSTELLT UND ER HAT MICH ERLÖST. Deshalb war ich auch im Koma und „schien" körperlich tot zu sein. Ich wurde bei meiner Kreuzigung NICHT getötet, denn es war DER WILLE MEINES Vaters, meinen Dienst anderswo fortzuführen. Ich war KEIN Märtyrer, der für EURE Sünden litt und „starb". ICH HABE MEINEN WILLEN AN GOTT GEGEBEN, DER IN MEINEM INNEREN IST UND ER HAT MICH VON MEINEN SCHMERZEN ERLÖST, DAMIT ICH SEIN WERK FORTSETZEN KANN.

Jetzt versteht Ihr vielleicht, warum ich neulich über Märtyrertum geschrieben habe. Weil IHR mich zum Märtyrer GEMACHT HABT, damit Ihr irgendwie EUER schlechtes Verhalten rechtfertigen konntet, das nichts anderes ist als ein Produkt Eurer IGNORANZ und damit Ihr keine Eigenverantwortung für Eure Irrtümer übernehmen müßt. Wenn ich GESTORBEN wäre, hätte ich mich vielleicht selbst gepeinigt, aber ich hätte sicherlich meine Initiation zu „Sananda" nicht „bestanden",

oder? Ich hätte mein **FLEISCHLICHES LEBEN** auf der Erde AUFGE-
GEBEN und wäre deshalb nicht mehr in der Lage gewesen, meinen
Dienstvertrag mit GOTT/ATON auf der Erde fortzuführen.

IHR SEID FÜR EURE SÜNDEN (FEHLVERHALTEN) SELBST
VERANTWORTLICH. Ich weiß, daß wir diesen Satz ständig wieder-
holen, aber diese Wiederholungen sind notwendig, damit Ihr, die Ihr
Euch „sogenannte" Christen nennt und glaubt, daß ich FÜR EURE
SÜNDEN am Kreuz gestorben bin, WISST, DASS IHR NACKT VOR
GOTT UND EUREM SELBST IN DER VERANTWORTUNG FÜR
EURE EIGENEN SÜNDEN STEHEN WERDET. Mich interessiert es
nicht, wenn Ihr behauptet, daß Ihr JESUS CHRISTUS als Euren Erlö-
ser anseht. IHR werdet Eure eigene Seele und Euer gelebtes Vermächt-
nis selbst „retten" oder sie werden nicht „gerettet" werden.

Und wie sieht es mit Eurer Seele aus? IHR entscheidet, ob Ihr IN
DAS WISSEN UM DIE EIGENVERANTWORTLICHKEIT wach-
sen und in Euch DIE GESETZE GOTTES UND DER NATUR hegen
wollt, oder Ihr entscheidet Euch für Eure körperliche Zerstörung und
verbleibt damit an einem Ort, der Eurer Ignoranz entspricht.

Was für uns, die wir Euch irdischen Menschen beistehen, noch
viel aufwühlender ist, ist der Anschein, daß Ihr sogar ganz versessen
darauf seid, Euren geliebten Planeten zu zerstören! Die Lebensader
EURES Überlebens als Spezies steht auf dem Spiel und ES SIEHT
AUS, ALS OB EUCH DAS ÜBERHAUPT NICHT INTERESSIERT!

Deshalb hoffen WIR als EURE HIMMLISCHEN HEERSCHA-
REN inständig, daß Ihr endlich die WARNUNGEN, WIE DIE
NATUR ARBEITET, ernst nehmt und besonders die ganz Aktuel-
len von Germain aus der Plejaden-Serie [A.d.Ü.: die Phönix-Journale
Nr. 30-35], in denen er sagt, daß EUCH die ATOMKERNSTRAH-
LUNGEN VERBRENNEN, SIE EURE ZELLEN AUFBLÄHEN
UND EUCH VON INNEN HERAUS DEN TOD BRINGEN, UND
DARÜBER HINAUS ALLEM, WAS UM EUCH HERUM IST. IHR
MÜSST dem Wahnsinn Einhalt gebieten, immer mehr Kernkraftwerke
zu bauen, denn das fällt alles auf Euch zurück; und Ihr glaubt noch,

was Ihr derzeit fühlt, sind Schmerzen? OH, MÖGE GOTT EUCH ALS MENSCHHEIT GNÄDIG SEIN IN DER IGNORANZ DESSEN, WAS IHR ANRICHTET! DIE ERNTE DESSEN, WAS IHR AUF MUTTER ERDE AUSGESÄT HABT, WIRD BITTER SEIN UND DIE MEISTEN VON EUCH WISSEN ES NOCH NICHT EINMAL!

DIE PLEJADEN-SERIE UND DIE NATUR DES UNIVERSUMS

Bitte lest ALLE Bücher aus der PLEJADEN-SERIE, Nr. 1, 2, 3 und 4 und ich gehe davon aus, daß es dazu noch mehr Bände geben wird, denn das sind genau die Informationen, die Euch hoffentlich genug SCHOCKIEREN, um Euren Selbsterhaltungstrieb in Bewegung zu setzen, wenn schon nichts anderes hilft. Schickt diese Bücher an die Behörden in JEDER Stadt, die DEN BAU NUKLEARER ANLAGEN BEFÜRWORTEN ODER PLANEN. GEBT IHNEN REFERENZEN, WIE ATOMSTRAHLUNG WIRKLICH WIRKT UND SPRECHT ÜBER DIE BESTEHENDEN GEFAHREN, MINERALIEN AUS IHRER NATÜRLICHEN UMGEBUNG IN FELSEN UND ERDE HERAUSZULÖSEN. DIESER WAHNSINN MUSS AUFHÖREN, CHELAS!

Wir hoffen, daß Eure Regierungsmitglieder und Staatsmänner mit dem Wissen, das gerade von Germain und Hatonn kommt, DAS LICHT DER WAHRHEIT SEHEN und dem ein Ende setzen, was die komplette Zerstörung der irdischen Menschheit und der gesamten Erde, wie Ihr sie kennt, bedeuten WIRD! Ihr könnt weitere Schäden verhindern, WENN IHR JETZT HANDELT!

Jetzt möchte ich aus einer der neuesten Schriften von Germain in der Plejaden-Serie zitieren, damit Ihr die Ernsthaftigkeit der Lage auf der Erde besser versteht:

... „Die Natur hat in ihren geordneten Schöpfungsprozessen eine unglaublich ausgewogene rhythmische Normalität. Alles daran ist gut für Mensch und Tier, wenn diese Normalität beachtet wird. Wenn sie abgelehnt oder durch Ignoranz gestört wird, wird nicht die Natur (oder GOTT) diesen

Verstoß bestrafen. **Die Übeltäter werden von der Ignoranz bestraft.**
Die Entdeckung der Kernenergie als Erzeuger von Hitzegraden, die höher sind als für ein ordnungsgemäßes und normales Funktionieren der Umwelt nötig ist, ist der gleiche Bruch im ausgewogenen Ablauf der Natur wie die Zuwiderhandlung eines Menschen gegen das Gravitationsgesetz, wenn er entdeckt, daß er auch ohne die normalen Wege viel schneller auf den Grund einer Schlucht kommen kann. Das würde kein Mensch machen, weil er es besser weiß. Die Atomenergie für die Industrie ist die gleiche Zuwiderhandlung gegen den natürlichen Ablauf wie die Mißachtung der Gravitation es wäre (wobei klar ist, daß selbst die Gravitation nicht das ist, wofür man sie hält). Und das eine ist genauso tödlich wie das andere."

„Wir wissen, daß die Menschheit die Gesetze Gottes nicht absichtlich mißachtet. Es gibt nur einen anderen Grund, warum sie es tut – sie weiß nicht, was sie tut. Glaubt aber nicht eine einzige Sekunde lang, daß die Elite im Lauf der Zeit diese Möglichkeiten nicht gesehen hätte, die sie jetzt für ihre eigenen gierigen Zwecke nutzt. Zugegeben, die Menschen wissen nicht, was sie tun. **Allerdings arbeitet das Gesetz genauso unwiderruflich und unweigerlich für den, der es bewußt verletzt hat, wie für den, der keine Ahnung hat.** *Viele Äonen lang hat der Mensch das Lebensprinzip in Keimen oder in der kleinsten Einheit der Materie gesucht. Dort hat er es aber nie gefunden und das wird er auch nicht. Genauso hat er aber auch nach dem Prinzip des Todes gesucht.* **Das hat er jetzt gefunden, aber er weiß es nicht."** ... So sei es und Dank an Dich, Germain.

Es tut mir wirklich leid, daß wir Euch diese Dinge erst zeigen müssen, diese Konsequenzen aus Euren Irrtümern und Eurer Ignoranz. Ich weiß, daß Ihr nicht besonders mögt, was Ihr seht und besonders nicht, was Ihr in den *PHÖNIX-JOURNALEN* hört, aber Ihr müßt DIE WAHRHEIT DER URSACHE KENNEN, selbst dann, wenn Ihr durch Ignoranz diese Zerstörung selbst über Euch gebracht habt. Seht doch, es wurde von Germain so schön erklärt, das Gesetz arbeitet unwiderruflich und unweigerlich gegen den, *der dagegen verstößt, ob er es wissentlich tut oder nicht.*

DAS HÖCHSTE GEBOT IN DER SCHÖPFUNG

Jetzt mögt Ihr vielleicht das Höchste GEBOT der Schöpfung verstehen, das da heißt: „Erwirb möglichst ALLES Wissen, da es Dich dazu befähigt, die Gesetze der Schöpfung **weise** anzuwenden." Die Ignoranz WIRD Euch töten und obgleich Eure Seele UNSTERBLICH ist, so kann und wird Euch Euer VERHARREN in Ignoranz viel unnötigen Schmerz und Pein verursachen. Und im derzeitigen Zeitrahmen Eurer Menschheitsentwicklung kann Eure Unwissenheit über die Atomkraft nicht nur große Schmerzen und Leid verursachen, SIE kann auch Eure SEELENESSENZ stark schädigen und wie Hatonn sagte: „DAS IST EIN ABSOLUTES NEIN!"

Also, hier ist das WORT und DAS WORT wird hinausgehen in die Welt, wie es von Gott/Schöpfer des LICHTES, DER LIEBE und DES WISSENS versprochen wurde. IHR entscheidet, was IHR tun wollt und DER WANDEL MUSS IM INNERN EINES JEDEN BEGINNEN. Ihr werdet Alle für Euch selbst verantwortlich sein. Und Ihr, die Ihr in Gottes Dienst steht, werdet Euch höchst disziplinieren, um in der Lage zu sein, durch die Zerstörung der physischen Illusion um Euch herum hindurchzugehen und uns dabei behilflich zu sein, EURE Brüder, die sich für DEN GOTT IN ALLEM WAS IST entschieden haben, heimzugeleiten.

Möge das Licht Gottes hell in Euch und um Euch herum scheinen, damit Ihr Euch erinnert, WER IHR SEID UND WOHER IHR IN EINHEIT KOMMT.

Ich ehre und grüße Euch Mannschaftsmitglieder im fleischlichen Gewand, die IHR dennoch verantwortungsvoll mit Eurem INNEREN WISSEN dient, auch wenn Ihr Euch nicht Alle an Eure gesamte Verpflichtung erinnert, und mit Ausdauer äußere Dunkelheit, Unbequemlichkeiten und Zerrüttung dieser Illusion überwindet. WISSET, meine Geliebten, daß GOTTES scheinendes Licht IMMER IN EUCH IST, Euch führt und tröstet. Ich liebe Euch so sehr, Ihr Lieben.

Laß uns dieses Kapitel beenden. Ich gehe davon aus, daß ich Euch einige Klarheit geben konnte, damit Ihr in Inneren Frieden kommt über das, was ist. Vielen Dank Dir, geschätzte Druthea, meine kleine Taube, daß Du für Dich selbst und für Deine Brüder um Klarheit gebeten hast. Ich werde niemals von Deiner Seite gehen, Chela, und Michael und Germain sind ebenso immer bei Dir. Behalte das in Deinem „Herzen", Geliebte. Deine „Ehrenhaftigkeit" ist einwandfrei, jedoch „glaubst" Du aus Deiner menschlichen Wahrnehmung durch das Ego heraus nicht, daß es stimmt. Entlasse diese falsche „Wahrnehmung" zugunsten DEINES INNEREN WISSENS. Du wirst durchhalten. WISSE DIES, DENN DIES IST DEIN WUNSCH ... GOTT ZU DIENEN. ICH BIN Sananda, EINS MIT GOTT, im Dienste Seines Wissens, der Liebe und des Lichtes und deshalb auch im Dienst an EUCH, meinen Brüdern. Ich danke für Eure Aufmerksamkeit. Salu.

KAPITEL 20

1. Juli 1991, Aufzeichnung Nr. 2

WAS SIND DIE FOLGEN EINES SELBSTMORDES?

Ich begrüße Dich, geschätzte Druthea. ICH BIN Sananda, und ich komme heute wieder im Dienst des Gottes des Lichtes, um einige an mich persönlich gestellte Fragen von einer „Laurie" zu beantworten. Diese möchte ich in der Beantwortung ganz allgemein halten, um auch denjenigen unter Euch, die ähnliche Gedanken hegen, ein Verständnis dafür zu vermitteln.

Liebste Laurie, Du stellst hier Fragen aus Deinem tiefsten Inneren, die Dir große Unruhe und „Schuldgefühle" bereiten. Dies ist die menschliche Wahrnehmung, wenn man nicht im WISSEN ist und deshalb mit seinen Sinnen die Folgen nicht erfassen kann.

Zuerst Chela, laß mich Dir anraten, daß es nicht notwendig ist, Deine Fragen irgendwohin zu schicken, außer zu dem Gott in Deinem INNERSTEN. Wenn Du zum Beispiel eine Frage an Mich, Sananda, hast, DANN HÖRE ICH DAS IN DEINEM INNEREN, Du Liebe, aber Du HÖRST MICH noch nicht. Mein Kind, Du mußt lernen, Deine Antworten in Deinem INNEREN zu suchen, womit Du Deine innere Macht erkennst und annimmst und damit auch Deinen INNEREN Zugang findest. Hiermit bitte ich unsere Herausgeber, Laurie eine Klärungs-Kassette zuzusenden, damit sie lernt, wie man sich ganz einfach klärt, beruhigt und ZUHÖRT.

Bedeutet dies, wir erwarten von Euch, daß Ihr nicht nachfragt oder um Klärung bittet? Natürlich nicht. Es ist oftmals so, daß viele Andere die gleichen Fragen haben und deshalb sind wir auch sehr eifrig dabei, Euch Erläuterungen und weiteres Verständnis zukommen zu lassen.

Nun, Chelas, es ist sehr wichtig, daß Ihr das „PHOENIX OPERATOR/OWNER MANUAL" für weitergehende Erklärungen zu den Göttlichen Gesetzen und der Schöpfung lest. Darin sprechen wir ganz klar über Mord, Selbstmord und Abtreibung als Verstöße gegen die Göttlichen Gesetze. Selbstmord ist Selbst-Mord. Also müßt Ihr verstehen, daß die Entscheidung, ihr oder sein Leben vor dem Ende des natürlichen Zyklus zu beenden, nicht in der Hand eines Menschen liegt. WARUM? Weil Gott/Aton Euch damit die Güte eines LEBENS in einer physischen Dimension erwiesen hat, um dort an Eurer spirituellen Vollkommenheit hin zur EINHEIT zu WACHSEN. Wenn Ihr nun dieses LEBEN absichtlich beendet, so erntet Ihr eine Art „Zurücksetzung", entstanden durch die Verwirrung aufgrund des vorzeitigen Selbstmordes.

Obwohl Ihr in Eurer spirituellen Entwicklung niemals zurückgeht, werdet Ihr aber sicherlich stagnieren oder für eine gewisse Zeit in Verwirrung steckenbleiben. Selbstmord ist eine Unterbrechung Eurer Entwicklung in Eurem Lebensstrom durch EUREN EIGENEN WILLEN, ENTGEGEN DEM WILLEN GOTTES. Was mit jemandem passiert, der sein Leben beendet, ist je nach den Umständen unterschiedlich. Aber eines ist sicher: Ihr werdet NICHT an einen besseren Ort Eurer Verwirklichung GELANGEN, bevor Ihr nicht den Lernprozeß abgeschlossen habt. Ihr werdet zurückkehren müssen, um das zu BEENDEN, dem Ihr entfliehen wolltet und Ihr werdet herausfinden, daß die zweite Runde für diese Eure menschliche Erfahrung weniger angenehm sein wird als die erste.

DER TOD WIRD DAS LEBEN NICHT BESIEGEN

Denn tatsächlich, Chelas, bedeutet der körperliche Tod nicht, daß Ihr dann vollkommen seid, und keine weiteren Lernprozesse mehr durchlaufen müßt, um Göttliche Vollkommenheit zu erlangen. Der Unterschied „auf der anderen Seite" ist nämlich der, daß Ihr dort, oftmals sehr schmerzhaft, auf die Fehler hingewiesen werdet, die Ihr durch Euer Fehlverhalten gegen Gott und die Natur begangen habt.

NUR LEBEN IST EWIG und der physische Tod ist genau das – der Tod des Körpers. DIE SEELE IST UNSTERBLICH und geht weiter, ganz gleich, auf welcher Stufe DES GOTTESBEWUSSTSEINS sie sich befindet. Nur durch DAS LEBEN UND DEM LEBEN in Einklang mit den Gesetzen Gottes und der Schöpfung werdet Ihr Eure Angst vor dem TOD besiegen können. Denn dann werdet Ihr WISSEN, daß der physische Tod nur ein Schritt ist, eine Veränderung in der Erfahrungswelt ... NICHT das Ende des ewigen LEBENS!

Mord, Abtreibung, Selbstmord sind nur Versuche des Menschen, das vom Schöpfer geschenkte Leben GEGEN DESSEN WILLEN zu beenden. Ich wünsche mir von ALLEN, sich ganz klar daran zu erinnern, daß Ihr verantwortlich seid gegenüber EUCH SELBST UND EUREM INNEREN GOTT, was Eure Taten und Euer Verhalten betrifft, das die Natur und ihre Gesetze mißachtet. IHR TRAGT EUER ERBE IN EUCH INSOFERN, ALS EUCH ALLE GESETZE UND ALLE MORALISCHEN ANSTANDS- UND VERHALTENS-REGELN MITGEGEBEN WURDEN. Also müßt Ihr auch in Eurem Inneren verstehen, WARUM Ihr unglücklich seid und Euch unwürdig fühlt.

WENN IHR DEN ANLASS VERSTEHT, KÖNNT IHR EUER VERHALTEN VERÄNDERN, damit Ihr die Ursache einer Lektion oder eines Fehlers nicht mehr wiederholen müßt, weil Ihr das WISSEN verinnerlicht habt. Vergebt Euch selbst für vergangene Taten, die nicht mehr geändert werden können ... es ist ein Geschenk, DASS Ihr das Fehlverhalten eingesehen habt und die Bestrafung Eurer selbst oder eines Anderen erlöst werden kann. Andernfalls kann sich Euer Fehlverhalten in ein Werkzeug der Bestrafung an Euch oder einem Anderen umwandeln, da die Lektion nicht gelernt wurde und sich der Fehler unauslöschlich in Euch einprägt, um fortlaufend wiederholt zu werden, bis Ihr Euch entschieden habt, ZU WISSEN, indem Ihr Euren inneren GOTT um Führung und Wahrheit bittet.

IHR KÖNNT EURE EIGENE GEDANKENWELT „ÄNDERN", JEDOCH NICHT DIE EINES ANDEREN

Wir haben immer wieder gesagt, laßt diejenigen ziehen, die nicht die Wahrheit darüber hören wollen, daß Abtreibung Abtötung von Leben ist und gegen Gottes Gesetze verstößt, daß Selbstmord Abtötung von Leben ist und gegen Gottes Gesetze verstößt, und daß Ihr RIESIGE Probleme auf Eurem Planeten bekommt, weil Ihr den GESETZEN GOTTES UND DER SCHÖPFUNG zuwiderhandelt oder sie ignoriert. SIE werden sich solange nicht ändern, bis SIE SELBST sich dafür entscheiden. Wenn Ihr sie drängt und belästigt, wird das ausschließlich EUCH mehr Seelenqualen bereiten und sie werden sich komplett von Euch zurückziehen. LASST SIE ZIEHEN, Chelas. Bietet ihnen Hilfestellung und Verständnis an so gut Ihr könnt, und wenn die Informationen, die Ihr zu geben habt, abgelehnt werden, laßt sie in Ruhe. Jeder muß mit den Konsequenzen seines Verhaltens und seiner Ignoranz selbst zurechtkommen. Wenn jemand beschließt, in Ignoranz zu verharren, dann ist das SEINE Entscheidung, nicht Eure.

Ganz besonders Freunde und Familienmitglieder werden sich an EUCH erinnern, wenn diese Illusion auf sie niederstürzt, sie in Angst und Schrecken versetzt und sie nicht mehr wissen, was sie tun sollen. Zu dieser Zeit könnt Ihr dann Eure Hand ausstrecken, wenn Euer INNERER GOTT das von Euch verlangt; aber bis dahin überlaßt sie sich selbst und betet, daß ihnen etwas von irgendwoher geschickt wird, das Eure Aussagen bestätigt, so daß sie handeln können, bevor ihnen in dieser Illusion die Stunde schlägt.

WAS MACHT MAN MIT EINEM „DICKKÖPFIGEN" KIND?

Nun, Chelas, dies ist die Zeit, Euch an Euer Göttliches spirituelles Erbe der EINHEIT MIT ALLEM WAS IST und Euren Studienabschluß zu erinnern. Viele der Kinder, ganz besonders aus MEINEM Volk, kommen in dieser Zeitspanne als SPIRITUELL REIFE SEELEN in einem kindlichen Körper. Ihr tut gut daran, das Kind nicht zu DOMINIEREN. Das Kind braucht zu seinem eigenen Schutz LIEBENDE, STRENGE DISZIPLIN. Ja, Geduld mit diesen Kindern ist sehr wichtig. Das bedeutet nicht, daß das Kind Euch und alle

Anderen mit rücksichtslosem Verhalten überrennen darf. Erklärt ihm das „WARUM", so gut Ihr könnt. BELÜGT das Kind nie. Wenn Ihr etwas nicht wißt, dann sagt ihm, daß Ihr es nicht wißt. Je bewußter das Kind spirituell ist, desto mehr wird es fragen und ALLES wissen wollen, und genau dabei die Geduld aufzubringen, ist äußerst wichtig.

Wenn Eure Geduld zu Ende geht, ist meine Anregung, einen Moment innezuhalten, Euren Raum von ALLEN dunklen Fragmenten zu reinigen und dann Euren inneren GOTT zu bitten, Euch bei den Antworten für das Kind zu führen, um ihm bei jeder Gelegenheit die richtige Antwort zu geben. Wer sich zu dieser Zeit zur Elternschaft entschieden hat, auf den ist sie wirklich zugeschnitten. WISSET, Ihr werdet dafür geschätzt. Ihr könnt ein Kind mit ein paar harten Worten da und dort nicht RUINIEREN. Lernt, Euch bei dem Kind zu entschuldigen, wenn IHR das Gefühl habt, die Beherrschung verloren zu haben. Es wird dabei lernen, daß selbst seine Eltern in ihrer Menschlichkeit nicht immer perfekt sind und eine Entschuldigung ab und an ist deshalb wichtig und glättet die Seelen – sowohl beim Gebenden als auch beim Empfänger.

Das Licht des WISSENS eines solchen Kindes wird die körperlichen Einwirkungen überstrahlen. Als Eltern habt Ihr jedoch die Möglichkeit, es zu führen und ihm die Sicherheit Eurer ABSOLUTEN LIEBE zu geben, damit es sich in seinem eigenen WESEN wertvoll fühlt. Es wird deshalb emotional nicht gelähmt sein, wenn es in seiner Kindheit vernachlässigt oder mißhandelt wurde, sondern es wird einfach eine weitere Hürde sein, die sein Wachstum fördert.

Die Eltern, die sich am meisten sorgen, sind jedoch sehr umsichtig und sich der enormen Verantwortung bewußt, ein Kind für GOTT großzuziehen. Viele von Euch haben als Heranwachsende selbst emotionalen und/oder körperlichen Mißbrauch erlebt, sehr daran gearbeitet, um ihn zu überwinden und Ihr habt „Angst", daß Ihr die Fehler und das Verhalten EURER Eltern „wiederholt". Wenn Ihr jedoch sorgfältig darüber nachdenkt, WISST IHR SEHR WOHL, DASS IHR EUER

KIND NICHT WISSENTLICH EMOTIONAL IN UNMENSCHLI-
CHER WEISE BEHANDELT, würde ich sagen.

Wenn Ihr auf eine Art und Weise behandelt wurdet, die Euch
schmerzte, SO WISST IHR, WAS EUCH LEID VERURSACHT HAT.
Wenn Ihr also unausgeglichenes Verhalten aus Eurer Vergangenheit
lebt, SO ÄNDERT ES. BITTET EUREN INNEREN GOTT, EUCH
EUREN FEHLER AUFZUZEIGEN, DAMIT IHR IHN VERSTEHT
UND NICHT MEHR WIEDERHOLEN MÜSST.
Ja, ein willensstarkes Kind ist eine Herausforderung. Aber seid
Euch gewiß, daß Ihr mit diesem Kind, das Gott Euch gab, umgehen
könnt, sonst hättet Ihr es nicht. Stellt sicher, daß Ihr Zeit für Euch selbst
habt, und wenn es nur während des Mittagsschlafes Eures Kindes ist,
damit Ihr mit Gott kommunizieren könnt. Das schenkt Euch inneren
Frieden, um den Ihr bittet, denn ER wird Euch den „richtigen" Weg
weisen, wie Ihr antworten und damit umgehen sollt. Ihr müßt nur
lernen ZUZUHÖREN. So sei es.

Druthea, laß uns eine Pause machen. Du hast heute zwei Aufzeich-
nungen aufgenommen. Das freut mich sehr. Dank an Dich, Laurie,
für Deine Fragen, die Vielen auf der Zunge lagen. Mögest Du IN DIR
DEN FRIEDEN FINDEN, den Du verdienst. Ich liebe Dich sehr. Geht
sorgsam miteinander um, meine Brüder. ICH BIN Sananda. Salu.

KAPITEL 21

2. Juli 1991

KINDER SIND DIE KOSTBARSTEN „KLEINODIEN" EURER SPEZIES

Ich begrüße Dich, liebe Druthea. ICH BIN Sananda. Ich komme im Dienst des Heiligen Gottes/Aton des Lichtes zu Dir und meinen Brüdern auf der Erde Shan.

Heute möchte ich die Bedeutung, die Eure Kinder haben, mit Euch besprechen. In der Zwischenzeit wurden und werden Viele geboren, die dazu ausersehen sind, „Führer" für Eure spirituelle Transformation und die Ausrichtung auf Eure Erfahrungen in der vierten und fünften Dimension zu werden, in die die Erde eintreten wird.

Ihr als Gesamtheit müßt ALLE Kinder als Potential für den schöpferischen und spirituellen Aufstieg Eurer Spezies sehen. Dieses spezielle und gemeinsame Interesse muß ALLEN Kindern gelten, ob IHR nun Ihre Eltern seid oder nicht.

Während dieser Zeit des Kali-Yuga (Chaos) habt Ihr auch ungeahnte Möglichkeiten, Euch auf ein „höheres" spirituelles WISSEN hin zu verändern, physisch kommen dann spirituell HÖHER entwickelte Kinder und Babys zu Euch, um EUCH bei Eurer eigenen Geburt innerhalb des EINEN beizustehen. Werdet Ihr ihnen einen „Platz" anbieten, an dem sie im Wissen GOTTES erblühen können? Oder werdet Ihr Euch weiter in Richtung „Selbstmord" Eurer Spezies bewegen? Dieses ungewisse Ergebnis muß auf Eurer Ebene noch zu Ende gespielt werden.

„WIE VERMITTLE ICH MEINEM KIND ETWAS ÜBER GOTT UND DIE SCHÖPFUNG?"

Bei Euch jungen Eltern spürt man ein ernstgemeintes und aufrichtiges Verantwortungsgefühl in diesen Zeiten des Wandels. Von Natur aus WISST IHR um die Wichtigkeit EURER Mission, ein emotional stabiles und reifes Kind in sein Erwachsenenalter zu begleiten und ihm dabei den Status von Freiheit und Verantwortung mitzugeben.

Einer der wichtigsten „Jobs", die Ihr als Eltern habt, ist der, Eure Ansichten über Gott und die Schöpfung mit Euren Kindern zu teilen und Ihnen auch zu erklären, wieso Ihr das so seht. Um diesem Anliegen mit Seriosität und WISSEN Ausdruck zu verleihen, müßt Ihr diese Seriosität und das WISSEN selbst IN EUCH tragen. Es ist unerläßlich, daß Ihr ihnen Gott immer AUS EURER SICHT erklärt, so daß das Kind in der Lage ist, ohne unnachgiebige Richtlinien und unverrückbare Sätze wie „SO IST ES EBEN, ABER FRAG MICH DAZU NICHT MEHR" in sein eigenes inneres WISSEN hineinzuwachsen.

Die allerwichtigste Information, die Ihr Eurem Kind mitgeben könnt, ist die, daß GOTT IN IHM WOHNT UND NICHT AUSSERHALB VON IHM. Ihr müßt Eurem Kind das sagen, was IHR AUS EUREM WISSEN HERAUS SELBST WISST. Gott ist Licht, Liebe und Wissen, denn WIR ALLE SIND ZUSAMMENHÄNGENDE TEILE SEINES DENKENDEN, ALLWISSENDEN BEWUSSTSEINS.

Bedenkt, daß DIE SPIRITUELLE WAHRHEIT wie zum Beispiel DIE DER SPIRITUELLEN GÖTTLICHEN EINHEIT das Kind weder verwirren noch verunsichern wird, weil ES DAS IN SEINEM INNEREN WEISS. Ihr erinnert es einfach nur an das, was es sowieso SCHON WEISS. Ihr werdet ihm damit seine spirituelle Vorbereitung für die durch Andere verursachte menschliche Instabilität mitgeben, die dem Kind zweifellos begegnen wird.

Ihr bereitet das Kind für sein LEBENSWERK auf der Erde vor. Macht Euch das nicht demütig und zeichnet Euch aus für EURE Einsatzbereitschaft für GOTT?

EUER KIND WIRD SICH AN EUREN HANDLUNGEN UND EUREM VERHALTEN „AUSRICHTEN"

Lebt Ihr Eure Leben in Ausgewogenheit mit den Gesetzen Gottes und der Natur? Wenn nicht, wie sollte sich dann Euer Kind danach ausrichten können? IHR setzt ein Beispiel, nicht durch EURE WORTE, sondern durch Eure TATEN.

Ich hoffe, daß Euer Exemplar des „Phoenix Operator/Owner Manual" von Euren Studien sehr abgegriffen ist, damit Ihr Eurem Kind DIE GESETZE erläutern könnt, in deren Einklang und Ausgleich Ihr mit Eurem WISSEN lebt. Wenn Ihr mit Eurem Verhalten nicht vorangeht, wie könnt Ihr dann erwarten, daß Euer Kind dies tut?

Werdet zu einem aufrichtigen Ebenbild GOTTES, und Euer Kind wird sich dasselbe für sich wünschen, denn es erkennt Euer Beispiel von WAHRHEIT, AUSGLEICH und LIEBE, das Ihr ihm gebt.

Dem Kind muß auch gezeigt werden, wie mächtig seine Gedanken sind und daß es SELBST verantwortlich ist für das, was es aussät. Ermutigt es, FRAGEN ZU STELLEN, wenn es etwas nicht versteht.

Ermutigt es, DIE URSACHE dessen, was es bemerkt und woran es teilnimmt, ZU FINDEN. Wenn es Euch fragt, warum das Wasser schmutzig und der Himmel braun ist, sagt ihm die Wahrheit, daß die Menschheit NICHT SEHR VIEL ÜBER DIE NATUR GOTTES UND DER SCHÖPFUNG weiß und sie aufgrund ihrer Ignoranz unseren Planeten langsam zerstört.

Laßt das Kind wissen, daß es KEINE ANGST haben muß vor dem, was es als Ungleichgewicht und Leid wahrnimmt. Zeigt ihm, daß ES SELBST zu der VERÄNDERUNG beitragen kann, alles, was es sieht, wieder ins Gleichgewicht zu bringen.

Erzählt ihm vom HIMMLISCHEN LICHT GOTTES, das schützt und führt. Und wenn es sich wirklich wünscht, etwas zu verstehen, wofür Ihr keine Antwort habt, sagt ihm, daß es seinen inneren GOTT bitten kann, ihm DIE WAHRHEIT zu zeigen und ihm SEIN Wissen zukommen zu lassen.

Laßt es wissen, daß ALLE Antworten und alles WISSEN in ihm selbst liegen; genau darin liegt seine Kraft.

Lehrt es, Gott, die Erde und ALLES in der Schöpfung täglich zu ehren und zu würdigen für die Erfahrung des LEBENS und für Schönheit und Nahrung, die sie ihm gibt.

Lehrt es die absolute LIEBE und Seine Verbindung mit allem. Laßt es wissen, daß es als Produkt des Prinzips des fortwährenden Gebens der GÖTTLICHEN LIEBE existiert.

Lehrt es, alles in der Natur zu respektieren und daß die Natur und Gott nur fortwährend geben. Ein Mensch hat die Wahl, zu geben oder zu nehmen, und das Nehmen erschafft das Ungleichgewicht. Zeigt ihm, daß SEIN Wille und der Wille Gottes EINS sind.

Erzählt dem Kind von der Natur des Widersachers und wie er es manipuliert durch Angst, Schmerz und andere menschliche Emotionen und wie es dadurch in das Denkmuster geführt wird, daß es von Gott getrennt sei und völlig unfähig, seine „Realität" zu beeinflussen. Erinnert Euer Kind daran, daß GOTT REAL IST. WIR SIND ALLE EINS.

Lehrt das Kind das universelle Gesetz von URSACHE UND WIRKUNG. Und daß es nur durch inneres Bitten um DAS GÖTTLICHE WISSEN lernt, URSACHE und WIRKUNG auseinanderzuhalten, damit es keinen Sinnestäuschungen unterliegt.

Erinnert Euer Kind an die UNSTERBLICHKEIT seiner Seele und daß die „Reinkarnation" ein natürlicher Zyklus der Wiedergeburt und damit die wichtigste „Gegebenheit des Lebens" ist.

BABYS UND KLEINKINDER SIND VON NATUR AUS EINE GEWISSE ZEITLANG „ICH-BEZOGEN" ODER „EGOZENTRISCH"

Das ist auch völlig normal, da ein Baby und Kleinkind einzig und allein von seinen Eltern abhängig ist, ob es nun um Nahrung, Kleidung, Heim, Pflege oder Liebe geht. Die Aufmerksamkeit eines Kindes liegt solange auf seinen eigenen Bedürfnissen und Wünschen, bis es gelernt hat, auch für Andere „Respekt" und „Beachtung" zu entwikkeln und daß auch „Andere" ihre Bedürfnisse und Wünsche haben.

Viele von Euch haben schon einmal von mißmutigen Beschwerden über ein besonders rücksichtsloses Kind oder eines Erwachsenen gehört. „Er oder sie glaubt, die Welt dreht sich einzig und allein um sie oder ihn!" Solche Menschen werden auch oft „verwöhnt" genannt, was eigentlich ein ziemlich unfreundlicher Ausdruck für jemanden ist, der übertrieben eigensüchtig oder selbstbezogen ist.

Ich muß Euch ehrlich sagen, daß es an Euch Eltern liegt, dem Kind zu ZEIGEN, was RÜCKSICHTSVOLLES Benehmen gegenüber selbstsüchtigem und eigennützigem Verhalten ist. Ihr müßt dem Kind vorleben, daß es auf dieser Welt noch Andere gibt, auf die Rücksicht zu nehmen ist und daß Ihr als Eltern ihm nicht alles gebt, worum es bittet, besonders was materielle Güter angeht. Das Kind muß sicher sein können, daß es IMMER auf Eure Liebe zählen kann, aber nicht auf Eure Geldbörse.

Wenn Euer Kind beginnt, immer mehr und mehr zu fordern, dann habt IHR Eltern zu diesem undankbaren Verhalten beigetragen und NUR Ihr könnt das wieder mit Euch SELBST und damit auch bei Eurem Kind in Ordnung bringen.

Es tut mir leid, Euch davon in Kenntnis setzen zu müssen, daß in den MEISTEN Fällen eines verzogenen, fordernden und aufsässigen Kindes Ihr Euch selbst als Beispiel nehmen könnt, da Ihr Euch auf die gleiche Art und Weise benehmt. DENKT DARAN, das Kind FOLGT EUREM VERHALTENSBEISPIEL, IHR Eltern.

ÜBERTRAGT DEM KIND VERANTWORTUNG, DAMIT ES DURCH SEIN HILFREICHES TUN UNABHÄNGIGKEIT UND SELBSTSICHERHEIT ENTWICKELN KANN

Für ein Kind ist es äußerst zuträglich, wenn Ihr Eltern ihm Aufgaben und Verantwortung übertragt, zum Beispiel kleine Haushaltsarbeiten. Es gibt dafür auch kein festes Alter. Nehmt dafür Eure Intuition und Euren inneren GOTT, der Euch bei jedem einzelnen Kind führen wird. Oftmals wird Euch das Kind fragen, ob es Euch helfen kann, was dann die perfekte Gelegenheit ist, mit der Lehre über Verantwortung zu beginnen.

Ihr könnt, wenn Ihr Eurem Kind helfen möchtet, Disziplin und Verantwortung zu entwickeln, ja ganz flexibel mit den unterschiedlichsten

Pflichten beginnen, wenn Ihr mehrere Kinder habt. Es ist einfach sehr wichtig, daß dem Kind die Konsequenzen aus den nicht erfüllten Pflichten im Vorfeld SEHR KLAR dargestellt werden und daß Ihr selbst Euch jederzeit daran haltet, damit die Beständigkeit in der Konsequenz vom Kind auch verstanden wird.

Euer Kind muß sich verinnerlichen können, daß es Konsequenzen zu tragen hat, wenn es die Haushaltsarbeit nicht macht und daß auch bei der Natur mit Konsequenzen zu rechnen ist, wenn ihre „Gesetze" gebrochen werden. Erklärt dem Kind immer, WARUM Ihr ihm seine Pflichten gebt und WARUM es wichtig ist, daß es diese so erledigt, wie es abgesprochen ist. WENN es zum Beispiel vergißt, seinen Hund zu füttern, was passiert dann mit dem Tier? Das Kind wäre die URSACHE dafür, wenn sein Lieblingshund wegen Hungers stirbt, und das kann man nicht hinnehmen. Oder, WENN es vergißt, den Müll rauszubringen oder sein Zimmer aufzuräumen, wie soll es sonst getan werden?

Eine wirklich sehr dankbare und lustige Möglichkeit, ein Kind mit Verantwortung vertraut zu machen, sind „Haustiere", entweder im Haus oder auf einem Bauernhof, für die das Kind sorgen muß. Die meisten Kinder sind von Natur aus interessiert an allen in der Natur vorkommenden Tieren und wenn man ihnen die Verantwortung überträgt, für solche Lebewesen zu sorgen und sie zu füttern, lernen sie gleichzeitig Verantwortungsgefühl, Respekt UND Liebe für Gottes Kreatur ...

Besonders Mütter verfallen oftmals in die Gewohnheit, alles zu ERLEDIGEN, wie zum Beispiel Wäsche waschen, Geschirr spülen, Tiere versorgen, und dann wundern sie sich, wenn ihre Kinder so verantwortungslos sind und IMMER MEHR haben wollen. Wenn die Kinder alt und groß genug sind, lehrt sie Kochen, Putzen, Tiere füttern und Wäsche waschen, damit sie erst gar nicht erwarten, daß alles für sie erledigt wird. Damit lernen sie auch, für sich selbst zu sorgen und reinlich und ordnungsliebend in ihrer Arbeitsweise zu sein.

Aber mehr als alles andere muß Euer Kind jedoch DIE SICHERHEIT und DAS WISSEN haben, daß es von EUCH, Vater und Mutter, uneingeschränkt geliebt wird ...

Laß uns eine Pause machen, Druthea, damit wir diesen Teil den Herausgebern des *EXPRESS* noch rechtzeitig zukommen lassen können. Ich danke Dir, geschätzte kleine Schwester, für Deinen Dienst. Ich bin sicher, daß meine Anregungen nützlich für Euch kämpfende Eltern sind. Wir werden das Thema Führung von Kindern weiter ausbauen, so wie es gebraucht und gewünscht wird. Ich BIN Sananda, im Dienst von Gott/Aton des Lichtes und Euch, meine Brüder. Geht sorgsam, liebevoll und friedlich miteinander um. Salu.

KAPITEL 22

16. September 1991

DAS WISSEN UM DIE WAHRHEIT WIRD EUCH VON DEN KONSEQUENZEN EURER UNWISSENHEIT BEFREIEN

Ich grüße Dich, liebste Druthea. ICH BIN Sananda. Ich komme im Dienst unseres Heiligen, Göttlichen Vaters des Lichtes und zu Euch, meine Brüder.

KOMMEN WIR NUN ZUR BEWÄLTIGUNG DER DROHENDEN ERDUMWÄLZUNGEN

Heute haben wir für meine Schreiberin einen ziemlich unangenehmen Tag, aber auch für alle von Euch, die diesen gewaltigen Strudel der Unsicherheit über Eure Zukunft spüren. Wir stehen am Vorabend eines (von der bösartigen Seite) festgelegten Tages eines möglichen riesigen Erdbebens entlang der San-Andreas-Spalte in Kalifornien. Und selbst, wenn die Erdbeben nicht morgen entfesselt werden, so sind sie doch schon lange überfällig, um SOWIESO zu geschehen; wenn nicht morgen, dann irgendwann in der nahen Zukunft.

Eure Unruhe ist real, Chelas, denn Ihr kümmert Euch um wesentlich mehr als den möglichen Verlust Eures Lebens. Viele von Euch haben Freunde und Verwandte in diesen drohenden Gefahrengebieten. Viele von Euch beschäftigt einfach das unvorstellbare Leid und das Grauen, die diese Art physischer Katastrophe für so viele Millionen Menschen unweigerlich mit sich bringt.

Druthea überlegt sich gerade, was sie im allerschlimmsten Fall, den sie sich vorstellen kann, tun wird … und doch, die Unsicherheit bleibt. Sie fühlt sich ziemlich hilflos gegenüber den Menschen in diesen Gebieten, die sie liebt, da sie WEISS, daß sie ihren Weg selbst gewählt haben und ihre Gründe sind eine Sache zwischen ihnen und Gott.

WIE KÖNNEN WIR DAMIT UMGEHEN?

Was könnt Ihr TUN? Ihr könnt um Schutz für sie bitten. Ihr könnt persönlich mit ihnen sprechen und sie bitten, einige spezielle Vorsorgemaßnahmen zu treffen oder eventuell das Gebiet zu verlassen. Danach MÜSST Ihr das loslassen! Ihr könnt Eure Gefühle nicht an deren Entscheidungen festmachen, denn wenn Ihr das tut, werdet IHR nicht mehr in der Lage sein, Eurem Dienst nachzukommen. Das sind genau die Umstände, bei denen das Ziel einer emotionalen Loslösung so wichtig wird.

Ja, Druthea, es ist eine Art Trauerprozeß, durch den Du gehst ... eine Loslösung. Es ist das Beste, wenn Du das jetzt machst, da Du ein wenig Zeit dafür hast, traurig zu sein und Dich hilflos zu fühlen. Es könnte sein, daß Du morgen diese Zeit nicht hast und auch nicht erübrigen kannst, um Deine eigene Gefühlswelt zu bearbeiten. Mach DU genau das, was Du tun mußt, dann wirst Du sehr viel besser damit umgehen können, als Du glaubst!

Ich spreche zu Allen, die diese Aufzeichnung lesen. Ich fühle einfach bei Drutheas Empfindungen mit, weil sich sehr VIELE damit identifizieren können. Ihr seid auf höheren Ebenen ALLE für diesen Dienst sehr gut vorbereitet worden, auch für die Katastrophenprävention. Und ganz sicher ist bis jetzt auch der größte Teil von Euch für das physische Überleben gerüstet. Vertraut und HÖRT auf Eure innere Führung, denn Ihr werdet Anweisungen erhalten.

WIRD ES EUCH FREI MACHEN, DIE WAHRHEIT ZU KENNEN?

Ihr mögt Euch fragen, wie es sein kann, daß Euch das WISSEN um die Wahrheit frei machen kann. Vergeßt nicht, es ist sicherlich nicht immer angenehm, die Wahrheit zu WISSEN, ganz besonders nicht in diesen Zeiten, in denen Ihr lebt. Wenn Ihr sie einmal WISST, könnt Ihr Euch vorbereiten und Euch daran ERINNERN, wie das göttliche mit-schöpferische BEWUSSTSEIN Euch dabei assistieren kann, strategische Pläne zu entwickeln für die Umsetzung und Rückführung ALLER unausgeglichenen Gegebenheiten in die Harmonie.

Wenn Ihr auf der anderen Seite in Eurer Ignoranz und Blindheit gegenüber der Wahrheit verharrt, welches bei den MEISTEN auf Eurem Planeten der Fall ist, werdet Ihr aus Euren Vorbereitungen für die ausgleichenden Veränderungen keinen Nutzen ziehen können. Ihr werdet nämlich unter den Konsequenzen Eurer Tatenlosigkeit oder disharmonischen Verhaltens zu leiden haben, weil es das Ergebnis Eurer Ignoranz ist, insbesondere dann, wenn Ihr Euch über die natürlichen Gesetze Gottes und der Schöpfung hinwegsetzt.

WER GEWINNT?

Eigentlich ist es keine Frage, ob Gott am Ende dieses Zyklus gewinnt oder nicht. Er hat schon gewonnen. Es bleibt nur noch die Frage offen, ob IHR auf der Gewinnerseite bei Gott steht oder nicht? Könnt Ihr die Wahrheit verneinen? Wahrscheinlich ja, und Viele, Viele werden die Wahrheit lieber abstreiten als in ihrer Verantwortung als Mitschöpfer Gottes zu stehen. Und leider, Chelas, könnt IHR die Entscheidung der Anderen weder beeinflussen noch ändern, denn sie alleine werden die Entscheidung treffen und folglich sowohl die Konsequenzen als auch die Belohnungen ihrer Wahl und ihrer Begrenztheit ernten. Das ist der Ablauf der Entwicklung des Seelenwachstums für alle menschlichen Fragmente Gottes. „Letztendlich kehrt alles zu Gott zurück, aber die Qual des Wartens ist Euer."

KURZE VORSTELLUNG VON UNS: WER WIR SIND UND WARUM WIR KOMMEN

Da wir jetzt für die erste Ausgabe der Zeitung schreiben, werde ich Euch eine kleine Vorstellung geben, WER ICH BIN. ICH WERDE Esu genannt, Jesus Christus, Immanuel, Emmanuel, der weiße Prophet und mehr. Jetzt WERDE ICH SANANDA genannt, was „Eins mit Gott" bedeutet. Dies ist mein ererbter Name, der mir von unserem Vater Gott/Aton verliehen wurde. Druthea bedeutet Lehrer, jemand, der Kraft und Talente von Gott bringt. Sie ist einer meiner geschätzten menschlichen Schreiber, die Euch DAS WORT bringt.

Ich und mein Bruder Lord Michael sind die spirituellen Hüter dieses und vieler anderer Planeten in dieser Galaxie. Ich komme mit Gottes Heerscharen, um Seine Kinder des Lichtes nach Hause in die höheren Ebenen des Bewußtseins zu geleiten, das jenseits der irdischen dreidimensionalen Manifestation liegt. Jetzt ist Prüfungszeit/Gelegenheit, ob Ihr entweder Eure Lektionen gelernt habt, innerhalb der harmonischen Kosmischen Gesetze zu leben, oder nicht. Wir bringen das Wort, wie es unser Schöpfer am Ende/am Anfang der Zykluszeiten versprochen hat, denn Ihr seid gerade mittendrin. Wir zwingen niemanden zu etwas. Wir bieten Euch unsere Hand für Wahrheit, Wissen und Liebe. Ihr könnt entscheiden, Euch abzuwenden, und Gott wird es zulassen, denn Jeder von EUCH kann seine eigene Wahl treffen, weil Er Euch mit dem freien Willen ausgestattet hat, damit Ihr Euch selbst entscheiden könnt.

DER WIDERSACHER

Gottes Gegenspieler, Ihr könnt ihn Satan oder Luzifer nennen, hat höchst clever und sehr umsichtig gearbeitet, um Euch über die Wahrheit im Dunkeln zu lassen. In den TAUSENDEN Seiten DER PHÖNIX-JOURNALE (40 Bände), haben wir, Gottes Heerscharen, der Menschheit auf der Erde das Wer, Was, Wann, Wo und WIE der Täuschungen dargelegt, die Euch der Widersacher aufgedrückt hat. Sie umspannen alles, angefangen bei Religionen über Geschichte, Politik, Sozio-Ökonomie, Technik bis hin zur Geophysik ... die Verschleierungen durch die Dunklen Brüder haben keinen Bereich ausgelassen.

DIE LEHREN CHRISTI GEGENÜBER DEN VERLOGENHEITEN DES WIDERSACHERS

Das sicherste Werkzeug des Widersachers waren die verlogenen religiös/spirituellen Lehren. Mit den Manipulationen des Widersachers in Euren sogenannten Heiligen Schriften hat er die Menschheit dazu gezwungen, einen persönlichen Gott als Abbild eines unvollkommenen Menschen zu entwickeln, mit dessen Hilfe Abermillionen ihrer eigenen Kraft beraubt wurden, weil sie nicht mehr WISSEN, wie sie sich mit dem ihnen innewohnenden GOTT verbinden können. Und was dann noch an Wahrheit in Eurer Bibel übrigblieb, wird von der Menschheit völlig falsch interpretiert. Als Beispiel nenne ich Euch DIESEN VERS hier:

[A.d.Ü.: Bibelübersetzung Luther 1912]

Johannes 14, Verse 6-21: „... *Glaubt mir, dass ich im Vater bin und der Vater in mir.“ „Die Worte, die ich zu euch rede, die rede ich nicht aus mir selbst. Der Vater aber, der in mir bleibt, der tut seine Werke.“ Und: „Wer an mich glaubt, der wird die Werke auch tun, die ich tue und wird größere als diese tun, denn ich gehe zum Vater.“*

Ich sprach über den EINEN und den Vater, der in mir wohnt, NICHT nur über MICH. DER VATER LEBT IN ALLEN ... ALLEN ... ALLEN. Denn wir Alle leben durch Seine Barmherzigkeit, Sein Bewußtsein und Seine Gedanken! Wenn jeder von Euch den Vater erkennt und mit dem ihm innewohnenden Vater in Zwiesprache geht, so werden sich Seine Weisheit, Sein Wissen und Seine Macht in ihm manifestieren, wenn es Eure Absicht ist, nur Seinem Willen zu dienen. Und durch den christlichen WEG, daß das WISSEN GOTTES IN EUCH ARBEITET, werdet Ihr die Wunder vollbringen, die ich vollbracht habe und noch viel Größere. Versteht Ihr jetzt langsam, wie meine Worte verdreht und zerstört wurden?

Auf diese Weise hat also der Widersacher viele von Euch zu Gottfürchtende Menschen mit einem Gott irgendwo da draußen gemacht, der immer bereit ist, Euch für all Eure Sünden zu bestrafen. Dann hat der Gegenspieler wirklich tief in seine Trick-Kiste gegriffen und die clevere Karte gezogen, daß Jesus gemäß des Paulus-Evangeliums (Saulus von Tarsus), am Kreuz gestorben sei und sein Blut für EURE Sünden (Fehlverhalten) vergossen hätte. Es ist nur notwendig, daß Ihr GLAUBT, Christus ist Euer Retter, denn hier liegen all die kleinen Regeln verborgen, die für den Eintritt in den „Himmel" nötig sind. Nirgendwo steht, daß man den Weg Gottes oder Christi KENNEN muß, man muß nur glauben, was wir schreiben und das als Wahrheit annehmen, weil der sogenannte Apostel oder jener König entschieden hat, daß es so ist.

Ich möchte noch einen weiteren Trugschluß, den Widersacher betreffend, richtigstellen. Mittlerweile ist der Gegenspieler der Herrscher der physischen Welt, denn es wurde ihm von der Menschheit erlaubt, sie mit Angst, körperlichen Begierden und Abhängigkeit zu beherrschen.

Der Widersacher HAT KEINE GRÖSSERE MACHT ALS GOTT, SEIN SCHÖPFER. Nur der Mensch überläßt ihm die Kontrolle, weil er über seine göttliche Macht und Wissen in Unwissenheit verbleibt. Der Widersacher WIRD IM ANGESICHT EURES GÖTTLICHEN LICHTES IMMER dahinwelken, er ist ein Feigling, denn er fürchtet DAS LICHT. Das soll Euch daran ERINNERN, EURE LICHTEN SCHILDER GOTTES IMMER TADELLOS ZU HALTEN UND AUF EURE ANWEISUNGEN ZU HÖREN!

Meine Worte wurden zerlegt, ausradiert und manipuliert in allen unterschiedlichen Versionen EURER sogenannten Heiligen Schrift, die das EINZIGE existierende Dokument ist, das MILLIONEN Menschen so vollständig eingeschüchtert und sie in spiritueller Armut und Unwissenheit gehalten hat. Auf diesen Seiten wird soviel Dogma und Aberglaube verbreitet, daß es schier unfaßbar ist, daß so Viele diese Lügen noch immer als Wahrheit kaufen!

WER BESTRAFT UNSERE SÜNDEN?

Also, WER bestraft Euch und warum dieses ganze Übel und die Korruption? IHR bestraft Euch selbst, da Ihr die Wahrheit über die Wege Gottes, der Schöpfung und deren Gesetze ignoriert, die alles lenken. Ihr habt das Übel und die Korruption auch durch Eure Ignoranz entwickelt. Seht Ihr nicht, daß GOTT Euch niemals in Euren Möglichkeiten eingrenzt, WISSEN zu erlangen? IHR schränkt Euch selbst ein, indem Ihr Angst, Gier, Haß, Schuld, Neid, Intoleranz, Arroganz und eine Menge anderer menschlicher Emotionen annehmt, die Euch spirituell einengen.

Gott hat Seine Kinder nicht ohne das Wissen gelassen, WIE Ihr den Gegenspieler erkennt und WIE Ihr Euch verändern könnt, um mit Seinen Gesetzen in Einklang zu kommen. Mit dem Wissen des Wie und Warum die Menschheit sich geirrt hat durch ihre Unwissenheit, könnt IHR bei der Wiedergewinnung der Erde durch unseren Vater Beistand leisten. Wenn Ihr Euch entscheidet, unserem Vater NICHT zu dienen, sondern stattdessen direkt oder indirekt dem Widersacher, wird dieses Königreich, genannt Shan, nicht zurückgeholt werden, sondern dann werden nur die einzelnen göttlichen Fragmente, die Seinem Willen treu dienen, den Ausstieg nehmen dürfen, während das Übel sich selbst auffressen und alles in seinem Weg mitreißen wird.

WIE STEHT ES MIT DER UNSTERBLICHKEIT UND DEM KÖNIGREICH DES HIMMELS?

Was geschah mit der Unsterblichkeit? Geburt und Wiedergeburt? Alles in der Schöpfung erfährt Ausdehnung und Verdichtung. Leben und Tod und Wiedergeburt. Selbst der Mensch in seinem Unwissen über die Wahrheit setzt sein Leben IRGENDWO fort, wenn er diesen Planeten in seiner „Todestransformation" verläßt. Meine Lehren über die Unsterblichkeit wurden vom Gegenspieler größtenteils entfernt. Auf diese Weise konnte (der Widersacher) den Menschen in der Todesangst halten und deshalb auch dessen LEBEN auf der Erde unter Kontrolle bringen.

Ich bitte Euch, die Ihr diese Schrift lest, wirklich dringend, ALLE Bücher der *PLEJADEN-SERIE* zu lesen, das sind acht Bände jetzt, die sehr schön und eindeutig die Mysterien der Natur und das Wirken Gottes beschreiben, wie es mein lieber Bruder Germain durchgegeben hat. Ich fordere Euch ebenso auf, DIE GESETZE und die TODSÜNDEN durchzulesen, wie ich, Lord Michael und Germain sie im *PHÖNIX OPERATOR/OWNER MANUAL* durchgegeben haben. Diese oben genannten Bücher sind jetzt DIE WICHTIGSTEN BÜCHER FÜR DIE MENSCHHEIT auf diesem Planeten!

WO UND WAS IST DER HIMMEL?

Das Königreich des Himmels lebt in einem Menschen mit GOTTES-KENNTNIS. Was ist „Himmel"? Euer Wörterbuch beschreibt ihn als *Firmament, also die Bereiche um oder über der Erde; Himmel, jeder Zustand großer Freude* und natürlich, *der Wohnsitz Gottes und Seiner Engel, wo die tugendhaften Seelen empfangen werden.* Ich sage Euch noch einmal „Das Königreich des Himmels" lebt in einem GOTTESFÜRCHTIGEN Menschen. Dem „Ort" der innerhalb des ALL-wissenden, omnipotenten Bewußtsein Gottes existiert und wo wir anstatt der körperlich spürbaren Wahrnehmung, die NUR physisches Ego-Bewußtsein akzeptiert, die Verbundenheit und unser INNERES GÖTTLICHES WISSEN UND BEWUSSTSEIN suchen.

Wenn ich sage im *Inneren*, dann meine ich das, was jenseits Eures Ego- und Unterbewußtseins liegt. Das Unterbewußtsein selbst funktioniert nur so, wie es programmiert ist. Ihr müßt Euer Überbewußtsein, auch genannt Euer Gottesbewußtsein anzapfen. In diesem Bereich findet Ihr ALLES Wissen, das Euch Unser Schöpfer dann offenbart, wenn Ihr in der Lage seid, das zu akzeptieren, zu verstehen und echte Verantwortung dafür zu übernehmen. Der Himmel ist ein Ort innerhalb GOTTES' Wissenden Bewußtseins, wo der Schlüssel aller Schöpfung liegt. Und physisch manifestierte Welten und Wesen kommen vom ALL-wissenden Gott und seiner sich ständig bewegenden, zwar unterteilt in gegengeschlechtlich paarigen, aber dennoch gleichberechtigten Denkstruktur (männlich-weiblich). Das ist die Wirkkraft. Die Wirkkraft von Gottes Gedankenfluß in AKTION.

IHR SEID EIN GEDANKE GOTTES?

Was bedeutet es also, in der Verbindung mit GOTT menschlich zu sein? Wie jede Kreatur ist auch jeder Einzelne ein Gedankenfragment DES EINEN Schöpfers. Zerstört Gott Seine Schöpfungen? NIEMALS! Aber er kann Euch UNGEDACHT machen! Gott IST FORTWÄHREND GEBENDE LIEBE; Liebe, die der Same ALLER Schöpfung ist. Die Natur gibt fortwährend. Nur der Mensch NIMMT

UND NIMMT UND NIMMT (weil er den freien Willen hat), was das Ungleichgewicht auf Eurem Planeten hervorbringt, welches Ihr nicht mehr ignorieren könnt. Ihr seid Alle gerade Zeugen der Konsequenzen der spirituellen Ignoranz, die aus dem unausgeglichenen Denken (Intoleranz, Haß und Gier) und der Wahrnehmung der Massenmenschheit auf der Erde entstanden ist. Die Frage hierbei ist, werden genügend von Euch ihre Fehler erkennen, um den Schwall der physischen Zerstörung Eurer Spezies abzuwenden? Das Spiel ist noch nicht vorbei und wir fahren damit fort, als ob IHR ES VERÄNDERN WÜRDET!

WAS IST DIE ROLLE DES HÖHEREN MENSCHEN [HU-MAN]*?

Als höherer Mensch existieren *unsere Seelen* als vollkommenes Abbild unseres Schöpfers mit unbegrenztem mit-schöpferischem Potential. Eure physischen Körper und Euer physischer Erdplanet bewegen sich selbstverständlich im gleichen Bereich der Unvollkommenheit wie die spirituelle Unvollkommenheit oder Ignoranz, in der die Menschheit ihr Denken und Handeln auslebt. Allerdings ist das Saatpotential unseres ALL-wissenden, omnipotenten und omnipräsenten EINEN in jedem Seelenfragment vorhanden, das man höher universellen Menschen nennt. Kurz gesagt bedeutet es, daß jeder von EUCH zu Hand und Fuß unseres Schöpfers wird, wenn er sich schrittweise daran erinnert und damit in harmonischer Weise Seine Schöpfung mit erschafft.

Momentan benutzen viele von Euch Gottes Hände und Füße dazu, dem Übel zu dienen, disharmonisch zu denken und sich auch so zu verhalten. Die Meisten wissen es nicht, aber sie werden dennoch ernten, was sie in ihrer Ignoranz gesät haben. Das ist das Kosmische Gesetz. Ursache und Wirkung. Ich muß Euch sagen, Chelas, daß Ihr an diesen Gesetzen und den folgenden Konsequenzen aus deren Mißachtung, die auf Eurem Planeten reichlich vorhanden sind, keinen Jota ändern werdet. Selbst Eure sogenannte Christliche Bibel hat

Zehn Gebote, von denen die meisten ziemlich genau sind und nach denen man sich im Leben auszurichten hat; obgleich Ihr die wahren, unveränderten Bedeutungen im Journal THE PHOENIX OPERATOR-OWNER MANUAL finden könnt.

*[A.d.Ü.: Esu nimmt hier wieder das in den Phönix-Journalen sehr oft vorkommende Wort „HU-MAN", für das es im Deutschen kein vergleichbares Wort gibt. Es bedeutet ausgeschrieben „Higher Universal Man", also „Höher Universeller Mensch", demnach ein bewußter, transzendierter, durchgeistigter Mensch.]

WO IST DIE HÖLLE?

Ich muß zugeben, daß die Hölle genau auf Eurem Planeten existiert. Sie existiert als Nebenprodukt Eurer gierigen Verhaftung in der materiellen Welt, die zum Verlust des moralischen Charakters durch spirituelle Fehlleitung und Unverstand geführt hat. Eine Menschheit, die weiterhin nur auf der Ebene der Wahrnehmung ihrer fünf physischen SINNE *existiert*, wird deshalb auch den mit-schöpferischen Gottesfunken verleugnen, der in ihrem Höheren Bewußtsein lebt und wird folglich an die Begrenzungen der menschlich-physischen Dimensionen gebunden bleiben. Erinnert Euch: IN GOTTES KÖNIGREICH GIBT ES VIELE HÄUSER. Die physische Dritte Dimension ist nur eine Erfahrungsebene für das spirituelle Wachstum des spirituell PRIMITIVEN hu-man (höher universeller Mensch) wie Ihr es seid.

Ihr, meine geliebten Brüder, könnt mit den Wahrheitsbringern, den Botschaftern Gottes, soviel argumentieren wie Ihr wollt, verleugnen und Euch darüber ärgern, daß DIE WAHRHEIT nicht zu Euren Überzeugungen paßt, es wird gar nichts daran ändern. Wenn Ihr Euch von diesen oder anderen Worten in dieser Zeitung bedroht oder verärgert fühlt, dann kann ich nur sagen GUT! Nehmt diese Herausforderungen für Eure „Glaubensmuster" an, denn wenn Ihr sie in Demut und im göttlichen Licht annehmt, werdet Ihr die Gelegenheit erhalten, die Wahrheit ZU LERNEN, anstatt eine Lüge zu *glauben*, die weder Euch noch GOTT dient. Chelas (Studierende des Lebens), die Entscheidung liegt immer bei EUCH. Ich möchte diese Aufzeichnung mit einem Zitat aus den Höchsten Geboten der Schöpfung beenden, das Ihr im PHOENIX OPERATOR-OWNER MANUAL findet:

„Erlangt die Weisheit des Wissens, damit Ihr befähigt seid, die Gesetze der Schöpfung weise anzuwenden."

ICH BIN Sananda, Eins mit Gott in der Schöpfung. Ich komme, um Euch nach Hause zu geleiten. Mögt Ihr meine Hand der Liebe und Wahrheit annehmen? Oder werdet Ihr Mich und Gott verleugnen? Ich erwarte demütig EURE Entscheidung. Möge der Segen aus Unseres Vaters Licht sanft auf Euch herabregnen, daß WISSEN UND DER DIENST AN EUREM INNEREN GOTT Euer einziger Wunsch werden möge. Ich schätze Dich sehr, werte Druthea, und mit Dir alle Inkarnierten aus Gottes Heerscharen auf dieser Erde und im „Himmel" *(dem Kosmos)*. Unser Dienst in diesen Zeiten des Kali Yuga (Chaos) ist nicht einfach, aber die spirituelle Belohnung wird *gewaltig sein. Salu ...* *Salu ... Salu.*

KAPITEL 23

19. September 1991

DIE MACHT DER EINHEIT

Ich grüße Dich, meine wertvolle kleine Schwester Druthea. ICH BIN Sananda. Du kannst mich auch Jesus Christus, Esu oder Immanuel nennen. Ihr seid die verlorenen und wiedergefundenen Kinder Unseres Vaters, den Wir, die Heerscharen, Aton (Das Eine Licht) nennen und den Ihr Gott nennen könnt. Ich komme im Dienst und der Herrlichkeit Gottes/Atons, DEM EINEN Schöpfer, dem Geistigen Ursprung aller Schöpfung. ICH WURDE gesandt, um Seine Lämmer zurückzuholen, die dazu bereit sind, durch das WISSEN über die ICH BIN Präsenz Dem EINEN näherzukommen. Wir von Gottes Heerscharen sind Viele, die kommen, um Euch das Wort zu bringen. Wir kommen aus vielen „sichtbaren" und „unsichtbaren" Dimensionen, vom irdischen Menschen aus gesehen. Wir kommen, um Euch den Weg aus diesem dunklen Abgrund der „Illusion" des Getrenntseins, das als „physisch" bezeichnet wird, zu weisen und Euch in die Pracht und Herrlichkeit der EINHEIT von Bestimmung und Wunsch zu führen.

Einheit: 1. Zustand oder Fakt, eins zu sein. 2. Etwas, das vollkommen vereint und in sich selbst komplett ist. 3. Zustand oder Eigenschaft des gegenseitigen Verständnisses und der Harmonie. 4. Harmonische Vereinbarung einzelner Teile oder Elemente als ein vereinigtes Ganzes.

Könnt Ihr diese „Eigenschaft des gegenseitigen Verständnisses und der Harmonie" auf der manifestierten Erde aufrechterhalten? Mit Sicherheit könnt Ihr das und ich betone, daß IHR DAS MÜSST, um Eure Widersacher zu bezwingen, die planen, Euch Menschen auf der Erde zu ermorden/zu versklaven.

VEREINT STEHEN WIR, GETEILT FALLEN WIR ...

Erinnert Ihr Euch an diese Aussage? Wenn nicht, solltet Ihr sie suchen und komplett lesen. Ihr müßt verstehen, WIE nachhaltig Eure Feinde gewirkt haben, um Euch innerhalb EURES Volkes zu SPAL-TEN. Es gibt so viele unterschiedliche, eigennützige Splittergruppen und Organisationen, daß Ihr mittlerweile eine Nation von Menschen habt, die sich auf GAR NICHTS einigen können und Individuen, die auf alles PFEIFEN, solange ihre eigenen „Bedürfnisse" befriedigt werden.

DER GESCHLECHTERKRIEG

Ihr habt eine Trennung zwischen Männern und Frauen, die an sich schon Eure Art beinahe zum Aussterben gebracht hat, dazu kommen noch Streitigkeiten eines Paares während seines Schöpfungsaktes, die IMMER Disharmonie und Ungleichgewicht mit sich bringen. Viele von Euch sind einfach schon über die eigene sexuelle Identität sehr verwirrt und wie sich das mit dem gleichgeschlechtlichen und gegengeschlechtlichen Sexualpartner in Verbindung bringen läßt.

Homosexualität ist weder eine „natürliche" noch eine ausgewogene paarige Beziehung, wenn der körperliche Sexualakt vollzogen wird. Gott hat in Seiner von Vielfalt geprägten Denkweise weder eine männlich/männliche noch eine weiblich/weibliche Beziehung erschaffen. Er hat in SEINEM BEWUSSTSEIN durch Seinen Einen Wunsch einer bewegten Schöpfung in Seiner GESAMTEN Schöpfung nur MÄNNLICH/WEIBLICHE Paare erschaffen. Mein geliebter Bruder Hatonn hat sehr viel tiefgehender in einem *PHÖNIX-JOURNAL* über die Funktion der Sexualpartner diskutiert (Aufladung und Entladung), *und Gott sprach:* **ES WERDE LICHT** ... Ich fordere Euch wirklich auf, daß Ihr das sorgsam lest, genauso wie die anderen Bände aus der Plejaden-Serie. Ich zitiere daraus:

„.... als Resultat der Sehnsucht unausgeglichener Materie zielt alles Wirken des Universums darauf ab, in einem ausgeglichenen Zustand Ruhe zu finden.

Dies ist ein gegenpolig angelegtes elektrisches Universum der Kraft aus der Bewegung heraus, sei es im Herzen einer Riesensonne oder im Blütenblatt eines Veilchens. Jede Aktion im Universum aus dieser Bewegung heraus ist die Folge des Wunsches, von Bewegung in einen Zustand der Ruhe oder von einem Zustand der Ruhe in Bewegung zu kommen.

Diese beiden Pole der elektrischen Aktion und Reaktion sind das Ergebnis der zwei Wünsche des Vaters, Sein Göttliches Licht durch ein erweitertes Vater/Mutter-Licht zu manifestieren, das Seine Vorstellung von Schöpfung in ihren unterschiedlichen Facetten mit diesen Wünschen verwebt, um sie in periodischen Schüben nichtig zu machen und nachfolgend zu wiederholen.

Dieser Wunsch der wechselseitigen Bewegung ist ebenbürtige Aktion und Reaktion, wie sie sich im dualen elektrischen Verlangen nach Geben und Nehmen, sich immer wieder entfalten, um sich neu entfalten zu können, darstellt."

Der Punkt, den ich hier machen möchte ist, daß männlich-weibliche Paare GLEICHGESTELLTE GEGENSÄTZE sind, Ladung und Entladung. Ohne das durch Vielfalt geprägte, einheitliche DENKEN des Schöpfers gäbe es keine Schöpfung. Die Schöpfung ist die WIRKUNG aus der Gegensätzlichkeit eines männlich-weiblichen Paares, das seinen Ausgleich sucht, den es nur haben kann, wenn es in GOTTES EINHEIT die EINHEIT findet."

Bevor nicht Männer und Frauen sich gänzlich verstehen, ihre Unterschiede akzeptieren und ihre mit-schöpferische Verantwortung als gegengeschlechtliches Paar annehmen, wird Eure Spezies nicht die Harmonie finden, die sie braucht, um physisch und spirituell in Harmonie zu überleben.

DOMINANZ UND KAPITULATION

In Euren Rollen als Eroberer und Eroberter könnt Ihr nicht weitermachen, wenn Ihr eine ausgleichende Harmonie bei Gottes Mit-Schöpfung erreichen wollt. Mit Eurem Geschlechterkrieg könnt Ihr auch nicht weitermachen, genauso wenig wie mit Euren Kriegen zwischen Rassen und Glaubensrichtungen, zwischen Kulturen und Religionen und dabei noch Frieden finden, den Ihr nur durch EINHEIT und ein GEMEINSAMES Ziel (Gleiches für Alle) erreichen könnt. Ihr müßt

Euch über Eure Dominanz- und Sieger-/Verlierer-Zwanghaftigkeiten hinaus entwickeln, denn mit diesem Verhalten werdet Ihr kein Gleichgewicht finden. Wenn Ihr Gott durch Eure Gefühle von Haß, Gier und Intoleranz aussperrt, verringern sich gleichzeitig Eure Gelegenheiten, Gotteswissen und Kraft zu erhalten.

Gott kann keinem Menschen, der sich in Seiner Schöpfung nur bedient und nichts zurückgibt, fortlaufend geben. Menschen, die von ihren physischen Sinnen beherrscht werden und völlig unbewußt sind gegenüber Gott, fühlen sich wie im Treibsand, hilf- und machtlos, wenn es um die Kontrolle über ihr Schicksal geht. Und so ist es auch.

EINIGKEIT ZU ERSCHAFFEN BEDEUTET, EINEN GEMEINSAMEN SINN UND EIN GEMEINSAMES ZIEL ZU ERKENNEN

Wie will man Einigkeit erschaffen auf einem Planeten mit zwei Geschlechtern, Tausenden religiöser Glaubensmuster und Dutzenden von Rassen, Glaubensrichtungen, Kulturen?

Zuerst muß bei jedem Menschen der WUNSCH nach EINHEIT entstehen und mit der EINHEIT eine gemeinsame Vision für GLEICH-ARTIGES Geben und Nehmen in allen Handlungen und Beziehungen zueinander. Nur der, der eine ausgeprägte und gemeinsame Vision hat, kann sein Ziel erreichen.

Danach definiert Eure Ziele. Nehmen wir an, daß Folgendes Euer erklärtes ZIEL ist: Vollkommene Freiheit ohne Tyrannei (das Prinzip von Dominanz und Kapitulation) und weltumspannender innerer Friede, Ausgeglichenheit und Harmonie.

Wie erschafft Ihr nun das genannte Ziel?

Zuerst findet heraus, welche Möglichkeiten und Talente Ihr schon habt. Zum Beispiel hat die Republik der Vereinigten Staaten immer noch ihre U.S. Verfassung und die Bill of Rights, die Dokumente, die TYRANNEI innerhalb der Regierung verhindern und jedem Einzelnen die Gelegenheit geben sollten, sein eigenes Glück zu finden. Eure Widersacher können Euch nicht vollständig erobern, wenn sie Euch nicht diese Dokumente und die darin garantierte Freiheit wegnehmen. Jedes menschliche Wesen in diesem Land, genannt Amerika, sei es nun weiblich, männlich, Christ, Buddhist, jüdischen Glaubens oder Atheist; oder indianischer Ureinwohner, Weißer, Asiate, Hispanoamerikaner oder Schwarzamerikaner, sie alle werden die grauenvollen Folgen verspüren, wenn man den VERLUST der Verfassung der Vereinigten Staaten und der Bill of Rights *zuläßt*. Ihr werdet zu einer Nation aus Sklaven werden, von Tyrannen regiert, und genauso wird der Rest der Welt als Sklaven enden.

Zweitens müßt Ihr ALLE über Eure Freiheiten in Kenntnis gesetzt werden, die Euch unter Eurer Verfassung gewährt werden, so daß Ihr eine EINHEIT DES DENKENS erreicht und das Verständnis dafür, was genau Ihr Euch zurückholen müßt.

Und drittens müßt Ihr Euch über Eure *Vorgehensweise* einig sein und diese planen, wobei jeder seine Verantwortung dafür übernimmt, bei den geplanten Aktionen Euer gemeinsames Ziel, Eure Verfassung der Vereinigten Staaten zurückzuholen und diese zu bewahren.

Viertens, um wirklich ERFOLGREICH zu sein, müßt Ihr Eure gemeinsame Auffassung dahingehend beschreiben, daß ALLE mit guter moralischer Lauterkeit arbeiten, die selbstverständlich inneres Verständnis und das Wissen um DIE GÖTTLICHEN GESETZE, die den Menschen regieren, voraussetzt. Wenn Ihr nämlich meint, rücksichtslos Feuer mit Feuer bekämpfen zu müssen, das die Balance stört, werdet Ihr durch Feuer sterben und für Euer Ziel gar nichts gewinnen außer Leid, denn es wird weggeblasen werden wie eine Feder im Wind.

ALLE SIND EINS

Um Euer erstes Ziel als eine Nation unter GOTT zu erreichen, müßt Ihr Euch zuerst nach EINHEIT mit allen Völkern SEHNEN. Um dahin zu wachsen, dürft Ihr Euch nicht länger als männlich gegen weiblich, Christ gegen Buddhist, Schwarz gegen Weiß, Republikaner gegen Demokrat sehen. Denn Ihr gehört ALLE zusammen, weil ES NUR EINEN SCHÖPFER GIBT.

Nur Männer und Frauen, die sich in ihrer Überheblichkeit an ihre Ignoranz gegenüber der Gotteswahrheit und des Gotteswissens klammern, werden weiterhin Intoleranz und Uneinigkeit entwickeln und Werkzeuge des Widersachers bleiben. Es ist Eure Wahl, Chelas. Könnt Ihr ALLE Eure Brüder lieben, wie Gott es tut? Glaubt Ihr, Eure SEELEN-Essenz ist mehr oder weniger wert für Gott? Es gibt eine Redewendung, die heißt: *„Gott ist farbenblind."* Ich sage, GOTT HAT ALLE „ILLUSIONEN" ZU FARBEN erschaffen. Glaubt Ihr, daß die Farbe EURER Haut ihn auch nur einen Deut schert? Ihn interessiert nur das ECHTE in Euch (Eure Seelen-Essenz), die ein Teil von Ihm ist und Er deshalb ein Teil von Euch.

In Eurer „sogenannten" Heiligen Schrift steht geschrieben, daß Ich, Immanuel Sananda sagte, „Ich und Mein Vater sind Eins." Ich bitte Euch, über diesen Satz einmal IM LICHTE der Präsenz DES HEILIGEN Gottes zu meditieren, dann WIRD Euch das WISSEN über die Bedeutung zuteil und was es mit EUCH zu tun hat, WENN es wirklich Euer Herzenswunsch ist.

GOTTES AUSERWÄHLTES VOLK, GOTTES AUSERWÄHLTES LAND

In Eurer „sogenannten" Heiligen Schrift wird das Wort „Israel" oft und irrtümlicherweise benutzt. Warum sage ich das? Weil es in Eurer Bibel auf eine spezielle Rasse oder eine „sogenannte" Menschenrasse hinweist. Sie selbst nennen sich „Juden". Dieser Begriff wurde vom Widersacher im 18. Jahrhundert geprägt. Eigentlich beschreibt dieses Wort zwei sehr unterschiedliche Gruppierungen. Einmal die hebräischen Juden und zum zweiten die khasarischen Zionisten. Die meisten hebräischen Juden glauben an Gott und verehren ihn. Die meisten khasarischen Juden sind satanische Atheisten, wie sie sich oft in ihrem unmoralischen, üblen Verhalten und ihren Handlungen präsentieren. Das Thema Khasaren hat Commander Hatonn äußerst ausführlich in einigen *PHÖNIX-JOURNALEN* behandelt, so daß ich hier nicht weiter darauf eingehen werde, außer auf eines: Gott würde niemals eine gesamte Rasse oder eine von Menschen fabrizierte Religion ÜBER eine andere STELLEN. Denn JEDES einzelne Seelenwachstum wird beurteilt aufgrund seiner WERKE, die es erfüllt hat — harmonisch oder nicht. Das Wort „israel", klein geschrieben, ist der korrekte Begriff für „von Gott erwählt". Es beschreibt keinen Ort der Tyrannei oder Korruption, der einer anderen Bevölkerungsgruppe GEWALTSAM genommen wurde, jetzt „Israel" genannt wird und in Eurem Mittleren Osten liegt.

Die REPUBLIK der Vereinigten Staaten von Amerika repräsentiert das wahre „israel" aufgrund eines Dokuments, das erstellt wurde, um eine Regierung FÜR DAS VOLK, DURCH DAS VOLK zu erschaffen. KEIN anderes Land auf Eurem Globus hat die Chance für göttliche Freiheit bekommen, die im Streben nach Glück liegt so, wie es in Eurer Verfassung und der Bill of Rights dargelegt ist. Euer Land ist eine Nation, die viele Kulturen, Rassen und Religionen UNTER GOTT vereint, um diese Erfahrungen und die von Gott gegebenen Gelegenheiten zusammen zu erleben.

Es wurde Euch auch die VERANTWORTUNG mitgegeben, wie Ihr die fortwährenden Überprüfungen und Bilanzierungen Eurer Souveränität aufrechterhalten könnt. Es war NIEMALS vorgesehen, daß Ihr sie ALS SELBSTVERSTÄNDLICHKEIT ERACHTET. Eure Vorväter kannten die Natur ihres Gegenspielers, der sie versklaven wollte. Sie WARNTEN „Euch das Volk" immer und immer wieder vor den Gefahren, die bestanden und sich entwickeln würden bezüglich der Freiheiten und Anweisungen für Regierungsbildung und Souveränität der Staaten, die sie skizziert hatten. HABT IHR ZUGEHÖRT? Es ist offensichtlich, daß die MEISTEN von Euch noch nicht einmal die leiseste Ahnung von der üblen Tyrannei haben, die von den Möchtegern-Sklavenhaltern an Euch verübt wird. Es bleibt die Frage: WERDET IHR JETZT HÖREN UND DIE NOTWENDIGEN SCHRITTE IN EUREM EIGENEN UND DEM INTERESSE EURES LANDES EINLEITEN?

DIE SCHLÜSSEL, UM EINHEIT ZU ERWIRKEN: LIEBE, WISSEN, RESPEKT, TOLERANZ UND NÄCHSTENLIEBE

LIEBE: Ich definiere sie als absolute, bedingungslose Gottesliebe, nehmend und gebend. Für einen Menschen (hu-man, higher universal man) ist es der notwendige Bestandteil als GOTTES Mit-Schöpfer. Liebt einander wie Gott Euch alle liebt. Das hat NICHT DAS GERINGSTE mit dem „Sexualakt" zu tun. Wenn Ihr die göttliche, nehmende und gebende Liebe lebt, WERDET Ihr ein ausgeglichenes Handeln erreichen.

WISSEN: Das definiere ich als GOTTES*ERKENNTNIS* mit dem Untertitel *Menschliches Wissen um die Umstände*. **GOTTESERKENNT-NIS:** Der Schlüssel hierfür ist das Sehnen. Sehnt Euch danach, KENNT-NIS über Euren INNEREN Gott zu erlangen und IHM ZU DIENEN. Lernt, Sein Flüstern und Seine Rufe zu hören. Euren Erfolg könnt Ihr an dem Grad der Intensität Eures tiefen Wunsches messen. „Der Ruf erzwingt die Antwort", also solltet Ihr Eure Wünsche KENNEN. Ihr spürt sie als seelisches Gewahrsein. Ihr könntet es auch „Mein Herz sagt mir dies ..." oder „meine Intuition sagt mir ..." oder „Mein Gewissen sagt mir, daß dies falsch ist", nennen. STELLT EUCH DARAUF EIN. VERSUCHT, DAS *WARUM DAHINTER* ZU FINDEN: Dann müßt Ihr warten, bis Gott es Euch offenbart. Das Beste ist, wenn Ihr hinsichtlich der möglichen Antworten keine VORGEFASSTE Meinung dazu habt. WISSET, DASS SIE KOMMEN WERDEN UND SEID BEREIT, SIE ZU EMPFANGEN.

Menschliches Wissen um die Umstände: Es gibt sehr viele Informationen, die Ihr braucht, um Euren Dienst an Gott und dem Land zu planen und umzusetzen. Zum Beispiel müßt Ihr Eure Feinde KENNEN, wissen, was sie planen und im Schilde führen, um Euch zu kontrollieren, zu versklaven und zu zerstören. Neben den *PHÖNIX-JOURNALEN UND DEM EXPRESS* findet Ihr die Wahrheit auch bei WENIGEN anderen tapferen Seelen, die wir in früheren Werken schon erwähnt haben. Wir bringen die Wahrheit, die Ihr auch verifizieren könnt, wenn Ihr das wollt. Jeder von Euch muß auf seinen Interessensgebieten sein eigener Detektiv werden um das zu bestätigen, was wir Euch geben. Manche Informationen werden schwierig sein, aber es wird nicht unmöglich sein, sie zu belegen. Jede Information, die Ihr in Anwesenheit des Gotteslichtes erhaltet, müßt Ihr gewichten, sodaß Ihr sofort WISST, wie der nächste Schritt aussehen muß, wenn zum Beispiel ein Erdbeben in der Nähe Eures Wohnortes wahrscheinlich sein wird, so müßt Ihr die notwendigen Entscheidungen zu Vorbereitungen treffen, wie es Euch Eure innere Führung sagt.

RESPEKT: Ich werde Euch erklären, was genau ich mit diesem Begriff aussagen will. Große Hochachtung und Wertschätzung für etwas Werthaltiges haben. Ebenso sollte jedem Wesen, jeder Kreatur und der Schöpfung als Fragment oder Teil von Gottes durch Vielfalt geprägte, einheitliche Denkweise, die aus dem stillen Licht Seines Wissens erschaffen wurde, Anerkennung entgegengebracht werden. Um EINHEIT zu erhalten, müßt Ihr einzelnen Individuen Eure Unterschiede respektieren und schätzen, jedenfalls, solange (Eure Unterschiedlichkeit) die Gesetze Gottes und der Schöpfung nicht verletzen. Bedeutet dies, daß Ihr ohne Meinungsverschiedenheiten seid oder die Dinge immer vom gleichen Standpunkt aus betrachtet? Sicherlich nicht … (natürlich nur bis zu dem Punkt, an dem Ihr spirituelle Vollkommenheit erreicht habt und in Eurer ERKENNTNIS Eins mit Gott werdet). Bedenkt immer: Eure tiefsten Erkenntnisprozesse erhaltet Ihr durch den Austausch mit Euren Brüdern bei Euren körperlichen Inkarnationen auf der Erde.

TOLERANZ: Wie mit RESPEKT, so müßt Ihr TOLERANZ anwenden, wenn Ihr Schwierigkeiten damit habt, wie jemand Anderer denkt, wie er etwas betrachtet, wie er aussieht, wie er sich äußert und verhält. Das heißt, solange sein Verhalten nicht gegen die Göttlichen Gesetze verstößt und Euch nicht in Eurer eigenen Freiheit der Entwicklung oder Eurem mit-schöpferischen Potential einschränkt. Auf keinen Fall benutze ich diesen Begriff im Sinne von BLINDER TOLERANZ dahingehend, daß man Anderen alle Handlungen und Worte erlaubt, was sie dann „Meinungsfreiheit" nennen oder sich auf „Rechte" berufen, die offensichtlich die Gesetze Gottes unberücksichtigt lassen. Auch dürft Ihr niemals ein bösartiges Verhalten dulden, wenn Ihr genau WISST, daß es bösartig ist. Ihr solltet Eurem Feind auch niemals den Rücken kehren! Schaut dem Bösen in Gottes Gegenwart in die Augen und das Böse wird sich ducken und zurückweichen ... es sei denn, Ihr haltet ihm die andere Wange hin und erlaubt dem Bösen, Euch einzuschüchtern! Das wird es auch tun, wenn IHR es erlaubt!

Könnt Ihr einen Anderen dazu zwingen, sich an die Göttlichen Gesetze zu HALTEN? Nein. Ihr könnt ihn nur dazu ermutigen, etwas nicht zu tun und ihm auch erklären WARUM Ihr seine Wahl oder sein Verhalten mißbilligt. Schlußendlich wird er das TUN, was er will, und wenn er nicht versucht, Euch oder Eurer Familie Schaden zuzufügen, könnt Ihr keine Gewalt anwenden, um ihn zu stoppen, zum Beispiel ihn davor bewahren, eine Abtreibung vornehmen zu lassen (das ist Mord).

NÄCHSTENLIEBE: Was ich mit Nächstenliebe meine ist, sich brüderlich ZU LIEBEN. Gebt und teilt Euer Wohlwollen mit Euren Brüdern. Seid großzügig mit denen, die es verdienen und laßt Euren inneren Gott entscheiden/urteilen, wem und wie Er geben wird. Behandelt einen Anderen so, wie Ihr auch behandelt werden wollt. Behandelt die Kranken, die Armen und die spirituell Unwissenden mit Würde, Großzügigkeit, Geduld und Mitgefühl, damit sie sich nicht wertlos fühlen und Ihr ihnen ein Beispiel gebt, wie sie vielleicht in sich den Wunsch entstehen lassen können, ihre Achtsamkeit über ihr Leid und ihre Bedürfnisse hinaus auszudehnen. Gebt das Licht, das IHR tragt, großherzig weiter, um einem Anderen damit zu helfen. Ihr seht, meine wertvollen Chelas, Großzügigkeit hat oft sehr wenig mit Geld oder physischen „Dingen" zu tun, obgleich das Teilen mit Anderen, ihnen Nahrung und andere **notwendige** Dinge zu geben, höchst empfehlenswert ist, wenn es wirklich aus LIEBE geschieht und nicht aus Verpflichtung, sozialer Anerkennung oder Erwartungshaltung heraus.

Das einzige, was Ihr tun müßt – fragt Unseren Vater, der in Euch wohnt: „was ist der edelste und beste Umgang mit dieser Situation?" oder „bitte zeig mir das richtige und ausgleichende Verhalten in diesem Fall. Nicht mein Wille, sondern Dein Wille, Vater, soll geschehen." Auf diese Art und Weise könnt Ihr Euren spirituellen Charakter auf die Höhen der vergangenen 8000 Jahre erheben, als die Ägypter eine Zeitlang mit dem höchsten moralischen Charakter Eurer vergangenen Zivilisation lebten, ihre Mitmenschen über sich selbst stellten mit dem Wunsch, sie zu lieben und in allen Interaktionen wieder geliebt zu werden. Mein geliebter Bruder Walter Russell hat über diesen Lebensstil ebenso geschrieben wie Germain in der Plejaden-Serie. Wir nennen es INTERAKTION IM RHYTHMISCHEN GLEICHGEWICHT. So sei es.

Hiermit möchte ich dieses Kapitel beschließen. Danke für Deinen Dienst, Druthea. Du bist heute gut vorangekommen. Sei in Frieden, Chela, denn ich bin immer bei Dir. ICH BIN SANANDA, Eins mit Gott. Geht sanft miteinander um, in Frieden und Liebe. Salu.

KAPITEL 24

23. *September 1991*

LEHRSTUNDEN, LEHRSTUNDEN UND NOCHMALS LEHRSTUNDEN

Ich grüße Dich, geschätzte Druthea. ICH BIN Jesus, Esu, Immanuel und werde jetzt Sananda genannt. Ich komme im Dienst unseres Heiligen Göttlichen Schöpfers, Aton.

Vielen Dank Du Liebe, daß Du Deine Gedanken und Gefühle mit Deinen Brüdern teilst, die hier in diesem kleinen Kreis zusammenarbeiten, um DAS WORT zu verbreiten. Nein, es ist nicht einfach, sich zu öffnen und den Anderen sein Inneres zu offenbaren. Viele in Eurem Kreis haben auch extreme Schwierigkeiten, diesen inneren Ausdruck nach außen zu zeigen. Vielleicht wird es aber für die gedankenvollen, stillen Anderen jetzt „leichter", sich zu öffnen und sich mitzuteilen.

Dieser Austausch, den Ihr gerade pflegt, SIND Eure Lektionen. Seht Ihr das, Chelas? Die Lehrstunden hören niemals auf … solange, bis wir wieder in die Einheit mit Gott kommen und keine individuellen Fragmente in der „wahrgenommenen" Trennung mehr sind.

Ich danke Dir, Du Liebe, daß Du uns Göttliche Heerscharen in Deinen Gedanken respektierst, denn für diese Anerkenntnis und Wertschätzung, die Du uns zukommen läßt, mußt auch Du gewürdigt werden, denn Du „nimmst die Pille" sehr dankbar an.

Wenn Du Dir nur das Wachstum und das Wissen vorstellst, das Du Dir angeeignet hast und das Dir nicht mehr GENOMMEN werden kann. Du hast eine weitere Hürde auf Deinem Weg zur Selbstentdeckung genommen, die Dich beständig in die Gotteserkenntnis führt. DU kannst nicht für jeden alles TUN und SEIN! Und ist es in letzter Konsequenz nicht eine Erleichterung, feststellen zu dürfen, daß Ihr Euch gegenseitig BRAUCHT, um Euer Ziel zu erreichen, nämlich den Menschen auf der Erde Shan DAS WORT der Wahrheit zu bringen?

Erkennst Du, daß WIR aus Gottes Heerscharen Euch genauso BRAUCHEN? Daß es auch unser „Fehler" ist, wenn Ihr „fallt"? Das bedeutet nicht, daß Ihr nicht zu ersetzen seid, aber die Zeit läuft uns davon und für Eure Brüder und jeden Einzelnen von Euch ist sie so kostbar. WIR können es uns auch nicht leisten, auch nur EINEN von Euch, der zu Gottes besten Dienern und Planern für Sein Werk gehört, zu verlieren. Und dennoch habt Ihr den freien Willen und wir können uns nicht einmischen, wenn Ihr Eure Wahl getroffen habt.

Haltet daran fest, Chelas. Der Wert Eures Dienstes ist so immens hoch, daß Ihr IMMER das GANZE Bild betrachten müßt, um diese Aufgabe ehrenvoll zu beenden. Bitte verliert unser gemeinsames ZIEL und unseren AUFTRAG FÜR GOTT, UNSEREN VATER nicht aus den Augen. Im Menschsein ist es sehr leicht zu vergessen, warum Ihr hier seid und Euer Beitrag so wertvoll ist, und sei er noch so klein. Der Widersacher LIEBT NICHTS MEHR, als daß Ihr Euch in den Haaren liegt und Euch übereinander ärgert. Denkt daran, wenn Ihr das nächste Mal in Eurem Kreis anfangt, Euch aufgrund eines vermeintlichen Angriffs oder eines Kommunikationsfehlers zu streiten.

Manche von Euch WARTEN geradezu darauf, zum Opfer zu werden und mißverstehen die Absicht eines Anderen oder der Anderen komplett. Bitte HALTET NICHT an diesen Verletzungen fest, sondern laßt gleichzeitig jeden an dem Vorteil oder den Zweifeln teilhaben und bittet in ruhigem Ton, Euch wissen zu lassen, was sie damit gemeint haben, was sie auch immer getan oder gesagt haben, das Euch gekränkt hat.

Optimale Kommunikation bedeutet eine enorme Arbeitsleistung innerhalb Eurer Illusion ganz einfach deshalb, weil Ihr etwas aussprecht, das etwas ganz anderes bedeuten kann. Währenddessen läßt Gottes „universelle Lichtsprache" keinen Raum für Fehlinterpretationen oder Mißverständnisse, denn sie kommt direkt aus der Ebene des Seelenbewußtseins oder, wie Ihr es nennen mögt, „aus dem Herzen".

Aber in dieser Dimension ist eine EURER Lektionen als Mensch ZU WISSEN, was Ihr im „Herzen" fühlt und dies akkurat und wirkungsvoll zu äußern. Das ist einer der Gründe, warum die Erleuchteten in Eurer Vergangenheit gesagt haben „ERKENNE DICH SELBST". Denn es ist sehr einfach, sich selbst „zu belügen" und man muß wirklich den tiefen Wunsch und den Mut haben, mit sich selbst ehrlich umzugehen, um in ERKENNTNIS und Verstehen zu wachsen. Druthea, ich entlaste Dich jetzt für eine Pause. Friede sei mit Dir. Die Lektionen und Prüfungen scheinen Dir nicht gut zu tun, aber denke daran, Gott bürdet Dir niemals mehr auf, als Du verkraften kannst und Er wird Dich tragen, wenn es notwendig ist. Jeder von Euch fühlt sich von Zeit zu Zeit nicht sonderlich wohl. Auch das ist eine Lektion. Ich liebe Euch sehr, meine wertvollen Chelas.

Vielen Dank für Deinen Dienst, Druthea, denn obgleich Du es nicht weißt, so bist Du doch im wahren Sinne des Wortes ein „Geschenk Gottes". So sei es. ICH BIN Sananda, Eins mit Gott. Gehe in Liebe und dem Frieden der Freundschaft und Gott wird Dir den Weg weisen. Salu.

KAPITEL 25

24. September 1991

KENNT EURE PRIORITÄTEN

Grüße an Dich, meine geschätzte kleine Schwester Druthea. ICH BIN Sananda. Man kennt mich auch unter den Namen Jesus Christus, Esu, Immanuel usw. Ich komme im Dienst unseres Heiligen Göttlichen EINEN Schöpfers Gott/Aton.

ERKLÄRUNG DES BEGRIFFES „ATON"

Aton ist der Begriff, der schon vor vielen tausend Jahren von den „Ägyptern" benutzt wurde. Der Begriff bedeutet „das EINE Licht". Die Sonne war ihr Symbol des EINEN Lichtes. Ihr könnt dieses Wort nehmen, um damit unseren EINEN Schöpfer zu beschreiben. Das ist ohne Bedeutung, solange die Absicht Eures Seelenbewußtseins die ist, mit dem Großen Geist in Verbindung zu treten, mit dem Herrlichen ERZEUGER ALL dessen, was in der Schöpfung IST und von dem Wir von den Heerscharen als Aton sprechen.

Also, ich habe dieses Kapitel mit dem Satz *Kennt Eure Prioritäten* überschrieben, da sich viele von Euch, einschließlich meiner Schreiberin, früher oder später im Klaren darüber werden, daß Ihr Eure wirklichen Prioritäten VERGESSEN habt. Eure Frequenz in der körperlichen dritten Dimension, in der Ihr Euch auf Erden befindet, kann zu manchen Zeiten wirklich sehr verwirrend sein. Es gibt viele Ablenkungen und viele „Dinge", die Eure Aufmerksamkeit erfordern. Deshalb ist es unbedingt erforderlich, daß Ihr unter allen Umständen EURE HÖCHSTE PRIORITÄT erkennt.

Nehmen wir als Beispiel Druthea, die sich unter physischen Aufgaben und als solche gesehene „Verpflichtungen" und Sorgen begraben sah, welche sie fast dazu gebracht haben, ihre HÖCHSTE Priorität zu vernachlässigen, zu der sie sich als Schreiberin und ihrem Dienst an Gott verpflichtet hatte.

Sehr viele Kinder Gottes verloren sich im Schlamm und Morast der physischen „Illusion", in die sie oft unbeabsichtigt geraten und zum Werkzeug Eures Feindes geworden sind.

Ja, Druthea hat in ihren Nöten GOTT um Hilfe gebeten. Das Problem war aber, daß sie nicht auf die Antworten gehört hat, wie es bei ALLEN von Euch auch ist. Ich, Sananda, konnte sie nicht erreichen, denn in ihrer Schwäche hat sie dem Widersacher die Kontrolle überlassen, der sie fast zu Tode gewürgt hat. Glücklicherweise erkannte sie zum Schluß, daß sie Probleme hatte und in ihrer Verzweiflung um Gottes Schutz und Führung geschrien hat, um die Kontrolle, die der Widersacher auf sie ausübte, überwinden zu können.

Commander Hatonn wurde gesandt, um dem Feind die Stirn zu bieten. Nachdem es „vorbei" war, war Druthea wieder frei, um ihre Anweisungen für ihre Gesundung zu hören. Nun werdet aber nicht allzu selbstgefällig, denn Ihr ALLE kämpft den gleichen Kampf wie sie, jeder auf seine Art. Hatonn wurde für Euch ALLE gesandt. Druthea ist einfach das Beispiel in diesem Drama, denn sie hat sich bereit erklärt, es DIESMAL zu sein.

Ihr müßt einfach verstehen, daß die schwierigsten Lektionen, die Ihr jemals bekommt, Euch oftmals genau in solchen Umständen angeboten werden. Wäre sie „gefallen"? Dies, Chelas, ist eine Sache zwischen IHR und GOTT. Bitte seid dankbar dafür, daß sie sich als Beispiel zur Verfügung gestellt hat, weil diese Lehrstunden nicht nur sie betreffen, sondern Euch alle.

GOTTES WEGE SIND UNERGRÜNDLICH

Während Ihr den Aufwachprozeß hin zum GOTTESBEWUSST-SEIN durchlauft, ist es nicht möglich, vom Standpunkt Eures Ego aus zu BEURTEILEN, WARUM dieses oder jenes passiert ist. Ihr mögt noch nicht einmal den Wert einer bestimmten Situation zu schätzen wissen, wie sie kürzlich in Eurem Kreis aufgetreten ist. Ich möchte aber eines mit Euch teilen; das dadurch entstandene Wachstum, das auf Seelenebene von ALLEN Teilnehmern der hingebungsvollen Gottesfragmente in diesem kleinen Kreis letzte Woche erreicht wurde, ist IMMENS. Bei vielen von Euch werden sich die Sichtweisen und Erkenntnisse in einer Art und Weise verändern, die Ihr momentan noch gar nicht verstehen könnt. Laßt Euch bitte SAGEN, daß GOTT von Euch SEHR ANGETAN war!

WER WIRD DAS BESTE BEISPIEL FÜR GOTTGEFÄLLIGKEIT WERDEN?

ALLE, die sich aus tiefstem Herzen WÜNSCHEN, der Menschheit mit Liebe und Hingabe unter der Führung des Heiligen Göttlichen Willens beizustehen. Viele von Euch (obgleich sie es nicht wissen), sind bereits Teil Seiner besten Mit-Schöpfer, die in menschlicher, fleischlicher Form noch Erfahrungen machen, was Ihr bei Euren Brüdern sehr gut nachvollziehen könnt. Es ist jedoch so, daß auch Ihr das wahrnehmen und über Eure Unvollkommenheit aufgrund der bösartigen und verwirrenden Ansprüche des Feindes hinauswachsen könnt. Damit könnt auch Ihr wieder Vorbilder sein, die einen harmonisch ausgerichteten Planeten erschaffen, weil Ihr innerhalb der Göttlichen Gesetze Mit-Schöpfer seid und weiterbesteht.

Bald, meine Lieben, wenn Ihr selbst in die ERKENNTNIS wachst, werden viele Geheimnisse um Gott fallen. Denkt an das, was mein Bruder Hatonn sehr oft gesagt hat; *Gott ist nicht geheimnisumwoben. Er ist nur solange ein Mysterium, bis Ihr in der Gotteserkenntnis seid und sich damit diese vermeintlichen Mysterien entfalten.* So sei es.

Ich möchte für jetzt schließen. Ich danke Dir, liebe Druthea, für Deinen Dienst und daß Du mir wieder zugehört hast. Ich bin immer nur einen Atemzug von Dir entfernt, Chela. Ich bin hier, um mit Dir zu arbeiten, aber nicht, um für Dich zu arbeiten. Und ich hülle Dich in Flügel von Liebe, Schutz und Führung ein, damit Du in Deinem Dienst ein ehrenhaftes Spiegelbild Gottes bist, das DEINEM Wunsch entspricht. Ich liebe Euch sehr, meine geschätzten Brüder auf der

Erde. Gehet hin in Frieden und Liebe und Gott wird Euch Seinen Weg weisen. ICH BIN Sananda. Salu.

KAPITEL 26

1. Oktober 1991

Ich grüße Dich, kleine Taube Druthea. ICH BIN Sananda. Viele von Euch werden mich unter den Namen Jesus Christus, Esu, Issa, Immanuel, der Weiße Prophet usw. kennen. Diese Bezeichnungen sind meistens menschlichen Ursprungs von denjenigen, die mich, der vor mehr als 2000 Jahren nach Eurer Zeitrechnung auf Euren Ort kam, „festlegen" wollen. Grundsätzlich wurde mir bei meiner Geburt der Name Immanuel, auch Jmmanuel oder Emmanuel geschrieben, gegeben. Diese Bezeichnung bedeutet „Gott mit uns". Mein ererbter Name, der mir von unserem Vater, Gott/Aton gegeben wurde, ist SANANDA, was „Eins mit Gott" bedeutet. Derjenige, den Ihr in Eurer sogenannten Heiligen Schrift Apostel Paulus nennt, der aber eigentlich Saulus von Tarsos war, änderte meinen Namen in Jesus Christus, was „Der Gesalbte" bedeutet. Saulus gehörte aber nicht zu meinen Jüngern. Er war sogar sehr verwirrt und hat meine Lehren über Gott und die Schöpfung komplett mißverstanden. Aufgrund seiner Verwirrung hat er die falschen Lehren weitergegeben, so daß Ihr, meine Lieben, glaubt, es wäre MEIN richtiger Name (Jesus Christus), was aber NIEMALS der Fall war.

Jetzt BIN ICH zusammen mit den Heerscharen meines Vaters gekommen, um diese Geschichte geradezurücken. Ihr mögt weiterhin den Lügen des Widersachers, genannt „Satan" glauben, wenn Ihr das wollt, denn Unser Schöpfervater, den ich Aton, was „Das Eine Licht" bedeutet, nenne, gab jedem Seiner Kinder DEN FREIEN WILLEN, damit jeder für sich selbst entscheide.

Ich bin dieses Mal nicht in physischer Dichte AN EUREN ORT zurückgekehrt. Ich kenne die Zeit meiner Wiederkehr nicht. Das weiß nur unser Alleiniger Schöpfer Aton. ICH BIN, zusammen mit meinem

Bruder Erzengel Michael, der Spirituelle Hüter der sich entwickelnden menschlichen Art auf der Erde. Ihr, meine Lieben, seid nicht die Einzigen, die uns „anvertraut" sind. Wir haben noch viele andere Planeten mit den darauf lebenden Menschen, die in unsere Verantwortlichkeit fallen.

Der Grad der Gotteserkenntnis auf Eurer Ebene wird auch den Grad meiner Vollendung bestimmen, denn dies ist meine letzte „Prüfung" in diesen Dimensionen. Ihr seid meine kleinen Geschwister und ich wünsche, Euch in Gottes Häuser zurückzubringen, damit Ihr die Herrlichkeit des LEBENS jenseits der oft schmerzhaften und verwirrenden Begrenzungen, die Euch die physisch-irdischen Inkarnationen geboten haben, erfahren könnt.

Unser Thema heute ist *Menschliche Ansichten gegenüber Göttlichem Wissen.* Seht Ihr, meine Lieben, „Meinungen" sind einfach nur Folgerungen, die Ihr trefft aufgrund Eurer physisch wahrnehmbaren Erfahrungen. Ihr bildet Euch Eure Meinungen sehr oft aufgrund der WIRKUNGEN, die Ihr spürt oder beobachtet. Eine Meinung bildet man sich nicht aus dem WISSEN heraus. Schauen wir mal, was das Wörterbuch dazu sagt:

Meinung: 1. *Schlußfolgerung oder Urteil, gefällt im Vertrauen, dem aber das positive Wissen fehlt.* 2. *Ein formell gegebenes Expertenurteil.*

Ihr seht also, Chelas (Studenten des Lebens), jedermann kann eine andere Meinung zu, sagen wir, dem Geschehen bei MEINER Kreuzigung haben und warum, aber die Wirklichkeit ist die, daß sehr, sehr wenige von Euch dabei waren und sich daran erinnern. Ihr könnt auch Alle eine Meinung zu Hatonn haben und was Ihr als seine Absichten annehmt, aber Ihr könnt es nicht WISSEN, bis die Früchte seines Schaffens offensichtlich werden. Und SELBST DANN werden Viele DIE WAHRHEIT zum Segen ihrer HOCHMÜTIGEN Meinung verwerfen.

Ihr Alle bildet Euch in Euren Beziehungen untereinander fortwährend Eure Meinungen. In jeder Lebenslage, die Ihr erfahrt, bildet Ihr Euch eine Meinung. Das heißt, solange, bis Ihr Euch wünscht, den Gott in Eurem Inneren zu ERKENNEN. Dann werden Eure menschlichen Ansichten und Eure Ego-Begrenzungen zusammenbrechen, um der sich entfaltenden GOTTESERKENNTNIS Raum zu geben.

Erkennt auch, Chelas, daß die meisten menschlichen Beurteilungen durch starres Festhalten an bereits bestehenden Meinungen, die Ihr Euch schon gebildet habt, zustande kommen, ohne daß Ihr den Wunsch hattet ZU WISSEN. Es ist oft Arbeit damit verbunden, die Wahrheit über jede Situation herauszufinden. Und viele Generationen haben ihre vorgegebenen Ansichten innerhalb der Familie von Generation zu Generation weitergegeben.

WENN Ihr zum Beispiel in einen im Süden gelegenen Haushalt von Baptisten hineingeboren wurdet und Euch fortwährend beigebracht wurde, WIE Ihr zu denken und zu glauben habt, werdet Ihr höchstwahrscheinlich Schwierigkeiten haben, Eure Glaubensstruktur zu hinterfragen, insbesondere, wenn Eure Fragen von Euren Eltern weder begrüßt noch akzeptiert wurden.

Viele von Euch sind den Ketten ihrer „Glaubens"struktur, die Euch auferlegt wurde, entflohen, um Euch selbst und Euren Gott in Euch zu finden. Genauso Viele haben sich ins Extrem der Rebellion begeben und wurden „sogenannte" Atheisten, da sie vom „Glauben" ihrer Eltern vollkommen entmutigt waren.

Ich wiederhole, was ich Euch bereits gesagt habe, als ich vor all diesen vielen Jahren menschlich war, *„Ich und mein Vater sind eins. Erkennt Euren Vater in Eurem Inneren, denn dort liegt das Königreich des Himmels."* Ihr werdet so lange Erfahrungen in Ignoranz machen und weitere menschliche Meinungen und Beurteilungen bilden, bis Euer SEHNEN groß genug ist, um die Wahrheit und den Vater in Eurem Inneren ZU ERKENNEN. Dann werdet Ihr nicht mehr mit Ignoranz und Aberglaube fragen, was Gott für Euch TUN und Euch geben kann, sondern Ihr werdet stattdessen zu unserem Vater sagen *„Bitte, Vater, zeig mir, was ich tun kann, damit ich nur in DEINEM Dienst handle, um in Gedanken, Worten und Taten ein aufrichtiger Abglanz VON DIR zu sein. Nicht MEIN Wille, Vater, sondern DEIN Wille geschehe."*

Auf diese Art und Weise werdet Ihr Gott etwas zurückgeben, so daß Er auch Euch wieder etwas geben kann. Und so, meine Lieben, seid Ihr auf dem rechten Weg, um ein verantwortungsvoller Mit-Schöpfer mit Gotteserkenntnis zu werden.

EINE WAHRHEIT MIT VIELEN AUSDRUCKSMÖGLICHKEITEN

Ich wiederhole die Worte der Weisheit, die kürzlich von meinem Bruder Hatonn ausgesprochen wurden. Es gibt nicht VIELE Wahrheiten, sondern nur EINE EINZIGE. Jeder von Euch wird ein Leben manifestieren, das seinem Grad an Verstehen und Einsicht in die Wahrheit entspricht. Ihr werdet auf verschiedene Umstände und andere Menschen so reagieren, wie es der Wahrung und dem Verständnis von Gottes EINEM Gesetz entspricht, das da heißt AUSGEGLICHENHEIT in allem Handeln. Es wird auch RHYTHMISCH AUSGEGLICHENES WECHSELSPIEL genannt.

Alle von Unserem Vater geschriebenen und ausdrücklich in „The Phoenix Operator-Owner Manual" dargelegten Gesetze legen den Schwerpunkt und die Entscheidung auf die Einhaltung von Gottes Einem Gesetz des AUSGLEICHS. Wenn Ihr auch nur eines dieser Gesetze verletzt, erschafft Ihr unausgewogene Situationen, deren Konsequenzen Ihr dann erntet. Aus diesem Grund setzen wir uns dafür ein, Euch zu ermutigen, ERKENNTNISSE über Kosmische Spirituelle Wahrheit zu erlangen und Euch an die Gesetze zu erinnern, die Euch für Eure menschliche Existenz gegeben wurden, denn der Unverstand wird Euch weder vor Entschuldigungen bewahren noch vor den Konsequenzen schützen, die eine Verletzung der Kosmischen Gesetze nach sich ziehen.

Ich sage ERINNERT Euch an die Gesetze, denn IHR wurdet mit diesem WISSEN geboren. Das heißt natürlich, solange Ihr das Geschenk Eures Seelenbewußtseins vom EINEN Schöpfer bekommen habt.

Ihr seht also, Ihr habt die Freiheit zu einer liebevollen, ausgeglichenen Ausdrucksmöglichkeit als Gottes Mit-Schöpfer, solange Sein EINES Gesetz der Balance nicht verletzt wird.

Als Beispiel spreche ich über die Eine Wahrheit zur Unsterblichkeit. Unsterblichkeit bedeutet ein ewiges und fortdauerndes Leben irgendwo innerhalb des EINEN BEWUSSTSEINS GOTTES. Es ist einfach nur Geburt und Wiedergeburt. Der Tod, wie Ihr ihn seht, ist nichts anderes als ein Übergang der Seele. Die Seele ist ewig und stirbt auch nicht. Obgleich sie natürlich zurückkehren oder sich im Einen Bewußtsein des Schöpfers neu entfalten kann. Es mag viele sich widersprechende Meinungen zu dieser Wahrheit geben, aber das ändert nichts, denn das ist DIE WAHRHEIT und es ist besser, das zu VERSTEHEN, als es in Selbstbetrug und festgefahrener Meinung zu leugnen.

WIE STEHT ES MIT LIEBE?

Gott ist LIEBE. Das aus Seinem Denken stammende Licht, aufgeteilt in die Geschlechter Vater und Mutter, kommt aus Seinem Wissen. Aus Seinem Wissen erwächst Sein Einziger Wunsch, Liebe in Bewegung zu setzen, aus welcher sein teilendes Denken ENTSPRINGT. Und dann natürlich die Rückkehr in die Ruhe und das Nichts des Bewußtseins Gottes. Das bedeutet einfach, daß keine Illusion der Trennung mehr erfahren werden kann. Nur das Göttliche Wissen und die Göttliche Liebe. Und noch einmal bitte ich Euch, *die Phönix-Journale mit der Bezeichnung die Plejaden-Serie Bände 1-8* sorgsam zu studieren. Meine Lieben, dort haben Hatonn und Germain sehr schön und nachdrücklich über das WISSEN zu Aton, zu Einzelheiten betreffend Natur, Struktur und Wirken von Gott/Aton und Seiner Schöpfung geschrieben.

Für diejenigen unter Euch, meine Geliebten, die wirklich den WUNSCH hegen, die EINZIGE WAHRHEIT zu kennen, geben wir hier (in den jetzt über 40 Journalen) die entsprechenden Informationen, um Euch bei Eurer Entfaltung zu unterstützen. Ihr müßt verstehen, daß Eure Entwicklung in direktem Zusammenhang mit Eurem WUNSCH steht, Gott in Eurem Inneren KENNENZULERNEN. Deshalb entscheidet IHR durch das Verständnis über die GESETZE der

Harmonie, den Grad der LIEBE, die Ihr in Eurem Inneren fühlt, und die Gotteserkenntnis selbst über das Maß der Verantwortung, die Ihr in Eurer Tätigkeit als Mit-Schöpfer übernehmen wollt.

VORLIEBEN VERGLICHEN MIT EINE MEINUNG HABEN

Ich möchte jetzt den Unterschied zwischen dem abklären, was Ihr „Vorlieben" nennen würdet und eine Meinung haben.

Eine Vorliebe für etwas zu haben beinhaltet die Möglichkeit, sich für Freude, Behaglichkeit oder Schönheit zu entscheiden. Eine Vorliebe für blau bedeutet aber nicht, daß rot bösartig oder schlecht oder unbedeutender ist als blau. Wenn Ihr lieber Rosen züchtet, heißt das ja auch nicht, daß Nelken weniger schön sind. Wenn Ihr aber entscheidet, daß Nelken nicht so schön sind oder daß rot scheußlich ist, dann ist das Eure Meinung dazu, denn in der Gotteserkenntnis würdet Ihr um die einmalige Anmut jeder Blume in Seiner Schöpfung ebenso wissen wie um die einzigartige Schönheit einer Farbe in Seinem Farbspektrum, das aus dem EINEN Licht hervorgeht. In anderen Worten, Ihr mögt Vorlieben haben, aber dennoch die einmalige Schönheit ALLER Ausdrucksformen anerkennen, die anders oder ungewöhnlich sind.

Jetzt kommen wir zu „Vorlieben", die die Kosmischen Harmoniegesetze mißachten. Bei Euch gibt es Leute, die den Begriff „sexuelle" Vorlieben geprägt haben, was eine Bezeichnung für Sexualverhalten unter gleichgeschlechtlichen Individuen ist. Mich kümmert es nicht, wie Ihr Euer Verhalten einstuft oder was Ihr dabei bevorzugt, DIE WAHRHEIT ist, daß gleichgeschlechtliches SEXUELLES Verhalten ein MASSIVER Verstoß gegen die KOSMISCHEN GESETZE ist. Sexuelles Verhalten ist NICHT GLEICHBEDEUTEND damit, jemanden zu LIEBEN. Und die Entscheidung für ein Verhalten, das den menschlichen Körper entwürdigt und schädigt oder etwas Liebe zu nennen, das die menschliche Seele erniedrigt, wird innere Qualen und einen schmerzvollen Untergang derjenigen fördern, die dies praktizieren.

Wir von Gottes Heerscharen werden kein Verhalten befürworten, das sich über Seine Gesetze hinwegsetzt! Je schneller Ihr die Wahrheit KENNENLERNT und sie umsetzt, desto schneller werdet Ihr Euch vom Widersacher und seiner physischen Illusion befreien können! Kann man eine Person desselben Geschlechts LIEBEN? Natürlich. Wir sprechen hier von Geschlechtsverkehr auf PHYSISCHER Ebene. LIEBE hat aber mit sexuellem Verhalten, wie Viele mittlerweile glauben, gar nichts zu tun.

Selbst in Euren heterosexuellen Verbindungen gibt es fast GAR KEINE Sexualität, die mit der GÖTTLICHEN LIEBE zu tun hat! Was ist aus der VERANTWORTUNG geworden? Es ist schon überraschend, daß für zehn Minuten „Vergnügen" die Verantwortung in den Hintergrund tritt. Und wenn damit ein Kind empfangen wird, sagt das Paar dann „Ach du liebe Güte, wir wollen dieses Kind doch gar nicht". WARUM HABT IHR NICHT DARÜBER NACHGEDACHT, BEVOR IHR GEMEINSAM IN DIE FEDERN GESPRUNGEN SEID? Stattdessen „zieht Ihr es vor", das Ungeborene zu TÖTEN, ja, ES ZU ERMORDEN. Ihr könnt DIE WAHRHEIT bis in alle Ewigkeit negieren, aber solange Ihr keine Verantwortung für Euch selbst und Eure Entscheidungen übernehmt und GOTT nicht mit einbezieht, werdet Ihr Euch mit den Konsequenzen Eurer in Unwissenheit über die GÖTTLICHEN GESETZE getroffenen Entscheidungen auseinander zu setzen haben.

Ich möchte das Thema „Vorlieben" jetzt abschließen, aber nicht ohne Euch zu sagen, daß Ihr es zwar vorziehen mögt, an einem Tag Mozart zu hören und Rosen zu pflanzen, Ihr aber dennoch die Möglichkeit in Betracht ziehen solltet, an einem anderen Tag Beethoven zu hören und Nelken zu setzen. Lernt doch, Euch über das viele Schöne zu erfreuen und es wertzuschätzen, das Euch Unser Göttlicher Schöpfer gibt – von den Tropischen Regenwäldern bis hin zu den Wüsten – dann werdet Ihr sehr viel Freude und Frieden auf Eurer LEBENSREISE erfahren, sei sie nun physisch oder nicht physisch.

Und stellt sicher, daß Ihr bei all Euren Neigungen GOTT und die Wahrung Seiner Harmoniegesetze mit einbeziehet. Auf diese Art und

Weise öffnen sich in Euch sehr viel mehr Türen in die Erfahrungswelt des Himmelreichs Gottes, als wenn Ihr Euch selbst in die Begrenzungen und die Disharmonie von selbst auferlegter Intoleranz sperrt, die der Unwissenheit des NICHT WISSENS entspringt und somit auch KEIN DIENST AN EUREM INNEREN GOTT zuläßt. So sei es.

ICH BIN Sananda, Eins mit Gott, in Seinem Dienst innerhalb der Schöpfung. Mögen Euch diese Worte dazu VERANLASSEN, Eure Reise tiefer zu überdenken und Euer Erwachen in die GOTTES-ERKENNTNIS zu fördern, um die alten und abgetragenen Meinungen zu verwerfen, die niemandem dienen außer dem Feind, der Euch damit von EUREM göttlichen spirituellen Erbe abschneidet.

Geht gemeinsam, alle miteinander, alle „Rassen" und „Religionen" zusammen in Wissen, Frieden, Toleranz und Liebe, damit durch die EINIGKEIT bei Euren gemeinsamen Werten der GÖTTLICHKEIT die Harmonie wieder Einzug halten kann. Ich danke Dir für Deinen Dienst, meine kleine Taube Druthea. Ich liebe Dich sehr und bin so glücklich, Dich als einen meiner gesegneten Schreiber zu haben. Salu.

KAPITEL 27

4. Oktober 1991

DER FEIND GEWINNT AN BODEN ... AH! DIE ANHÄNGER GOTTES ABER AUCH!

Ich grüße Dich, geliebte Druthea! ICH BIN Sananda. Ich komme im Dienst des Heiligen Göttlichen Vaters des Lichts, Unserem Schöpfer.

Oh meine vielgeliebten kleinen Geschwister, der menschliche Einfluß scheint für Viele in unserer Truppe untragbar zu sein. WISSET, daß es nicht mehr ist, als Ihr verkraften könnt, denn es ist der Widersacher, der Euch glauben macht, daß es anders ist. Eure Gemüter heizen sich auf, und dennoch dürft Ihr es nicht zulassen, den Blick auf den SINN Eures Hierseins und in wessen Dienst Ihr steht, zu verlieren.

Wenn Ihr Euch über „mangelnde Kommunikation" beschwert, solltet Ihr zuerst Euch selbst betrachten und Euch bemühen, Eure eigene Fehlkommunikation oder die Mißverständnisse in Eurer Kommunikation aufzuspüren und zu korrigieren. Seid liebevoll mit Euch selbst und mit Anderen. WIR BRAUCHEN KEINE MÄRTYRER!

Vergeßt nicht, daß immer zwei dazugehören, wenn Ihr Euch mißversteht oder falsch ausdrückt. Und wenn IHR derjenige seid, der das Problem wahrnimmt, dann müßt IHR den ersten Schritt tun, um es in Ordnung zu bringen. Ihr könntet feststellen, daß EURE Wahrnehmung oder Eure Meinung über ein Geschehen nicht korrekt war. Das nennen wir VERANTWORTUNGSVOLLE Kommunikation.

Es ist ziemlich leicht, dazusitzen und über irgend etwas zu spekulieren, jemanden zu rügen, zu beschuldigen oder die Handlungen oder Entscheidungen eines Anderen zu kritisieren, aber Chelas, was glaubt Ihr, WEM Ihr dient, wenn Ihr Euch gegen EURE eigenen Brüder verschwört, anstatt das Durcheinander mit dem zu klären, mit dem es entstanden ist. Ihr habt es erraten!

Commander Hatonn hat Euch VIELE Male gesagt, daß sich der Druck auf Euch in dem Maß erhöhen wird, in dem sich DAS WORT verbreitet. SEHT Ihr nicht, daß der Feind mitten unter Euch nach Kräften wirkt? Und dennoch schätze ich es, daß Ihr Alle hier im harten Kern auch inmitten der größten Bombardements dennoch DAS WORT verbreitet, wenn auch manchmal ohne viel Freude.

Schauen wir uns mal einige Dinge hier an. Der Widersacher hat jetzt mehrere Jahre lang versucht, Dharma und Oberli hier herauszunehmen. Er hat verzweifelt versucht, George und Désirée als Herausgeber und Seminarleiter zu stoppen. In Wirklichkeit aber hat er das Band zwischen ihnen GESTÄRKT und ihre Hingabe wurde immer KLARER und größer, SEHR zum Leidwesen des Feindes.

Das bedeutet aber nicht, daß Ihr aus der Gruppe weniger wichtig seid oder es „einfach" hattet. Wenn Ihr es vielleicht nicht seht, so sage ich es Euch, daß Einige aus dem Kern bisher und auch weiterhin noch heftiger als Ziel dienen werden! Wir haben Euch davor gewarnt!

Meine Lieben, vergeßt nie, daß ALLE Jobs durch jemand Anderen besetzt werden können. Und da der Widersacher nicht in der Lage war, Dharma und Oberli, George und Désirée aus ihren Engagements herauszulösen, wird er seine Attacken auf die Anderen in der göttlichen Kerngruppe ausweiten, um die Verbreitung DES WORTES zum Stillstand zu bringen. (Während er weiterhin Eure „Führungsebene" angreift.) Der Feind ERWARTET, innerhalb des Teams Aufruhr, Rebellion und Uneinigkeit zu erzeugen. IHR MÜSST NUR EURE WELT ANSCHAUEN, LEUTE!!

Druthea glaubt, sie müßte das alles für Euch richten. NEIN! NEIN! Und nochmal … NEIN! Ihr werdet JETZT die Verantwortung für Eure Kommunikation übernehmen, was Eure Ideen und Bedürfnisse angeht, ODER ES WIRD FÜR EUCH NICHT STATTFINDEN! Wenn Ihr Euch wegen George oder Oberli verunsichert fühlt, DANN LIEGT ES AN EUCH, DAS ZU LÖSEN! Wir können sie nicht bitten, Eure Hand zu nehmen und Euch anzuflehen, „bitte sag mir doch, wie Du Dich fühlst". Wenn Ihr Fähigkeiten oder Möglichkeiten habt, die gebraucht werden, ist es Euer Part, es denen zu sagen, die damit betraut wurden, solche Entscheidungen zu treffen. Und bitte, meine Lieben, ich schätze Patricia sehr, die alles gibt. Ich fordere Euch aber auf, sie nicht mit EUREN Beschwerden zu belasten. Sie hat genug Lasten getragen und hat gleichzeitig versucht, ständig die Verletzungen unserer geschätzten „Freiwilligen" zu heilen. Das ist aber nicht IHR Job. Habt Ihr das gehört?

Sind diejenigen in Eurer Führungsebene perfekt? Natürlich nicht. Sie sind auch müde, gereizt und ungeduldig. Ihr müßt alles zwischen Euch etwas leichter nehmen und nicht die Emotionen Eures Egos zur Schau stellen und darauf warten, daß Ihr verletzt oder ignoriert werdet. Und ich wiederhole es noch einmal, viele von Euch spielen dauernd DAS OPFER. Und damit spielt Ihr in die Hände und Kontrolle des Widersachers und die Meisten bemerken es nicht!

ZUERST SICH SELBST ANSCHAUEN

Ich fordere Euch dazu auf, daß JEDER zuerst auf sich selbst schaut, um eventuell da oder dort Anpassungen vorzunehmen, damit die EINHEIT erschaffen wird, die Ihr braucht, um bei dieser wichtigen Arbeit ZUSAMMENZUARBEITEN.

Vergeßt nicht, daß ich Euch gesagt habe, den Dorn in Eures Bruders Auge zu sehen. ZUERST erkennt den Stachel in Eurem EIGENEN Auge! Um Eure Arbeit, **die in Zukunft immer mehr werden wird,** zu bewältigen, müßt Ihr miteinander sprechen und Vorschläge aus Eurem eigenen Erfahrungsbereich machen, die man integrieren kann.

Das heißt, alle Vorschläge sind willkommen, allerdings werden nicht alle angenommen werden, also laßt das Beiwerk Eurer Egos bei Euren Hilfsangeboten außen vor, es sei denn, ich frage Euch persönlich, wie IHR Euch das vorstellt? Wenn es dann das Genie mit den tollen Ideen ist, dann könntet Ihr Euer Ego in Euren Fußspitzen wiederfinden und darauf warten, daß man drauf tritt. Wenn Ihr Eure Hilfe MIT LIEBE anbietet, gibt es KEINE Erwartungshaltung für Ego-Darstellungen. Es wird Euch nicht die Meinung Anderer übergestülpt, sondern Ihr werdet lernen, zu Eurer eigenen Meinung mit den unterschiedlichen Abweichungen zu stehen, solange es für DAS GEMEINSAME ZIEL FÖRDERLICH IST! Und das ist, DAS WORT ZU VERBREITEN!

ES GIBT KEINE KOMPROMISSE, WENN ES UM DAS BERICHTEN DER WAHRHEIT GEHT!

Habt Ihr das genau gelesen? Ich schätze auch Désirées Standhaftigkeit hoch insofern, als sie sich auch von denjenigen, die sie respektiert und bewundert, nicht beirren läßt, wenn es um IHRE Verpflichtung geht, unsere Botschaften weiterzuleiten. Sie hat jetzt fast zwei Monate sehr damit gekämpft, „wie" sie ihre Präsentationen macht, um sogenannten fundamentalistischen Christen zu gefallen. Sie hat sich die Mühe gemacht, Teile aus der Bibel vorzulesen, zwei Versionen, die sie hat und sie ist, ehrlich gesagt, ziemlich entsetzt über die Schilderungen, die sie dort gefunden hat. Sie hat erst kürzlich verstanden, daß sie die Wahrheit nicht in den Worten „verfassen" kann, wie sie es versteht. Ganz besonders dann nicht, wenn sie die reine Seelenessenz Gottes und der Schöpfung zu DIESER Zeit präsentiert, in der die Menschen nach Wahrheit und Verbindung zu Gott schreien! Ja, Ihr könnt ihnen helfen, sich auf Euch zu beziehen und wenigstens ein wenig Neugier zu erwecken, damit sie das selbst nachprüfen, aber Chelas, ENTWEDER WERDEN SIE DAS SELBST TUN UND DIE WAHRHEIT FÜR SICH HERAUSFINDEN, ODER ES WIRD NICHT FÜR SIE GETAN WERDEN!

DIE BIBELTREUEN CHRISTEN UND ALLE AUF EURER ERDE SHAN BEKOMMEN DIE GELEGENHEIT, DIE WAHRHEIT ÜBER GOTT UND DIE VERFÄLSCHUNGEN, DIE IN IHREN SOGENANNTEN „HEILIGEN" SCHRIFTEN STEHEN, ZU HÖREN. GEORGE UND DÉSIRÉE HABEN ZUGESTIMMT, ES KOMPROMISSLOS ZU PRÄSENTIEREN, SONST HÄTTEN SIE DEN AUFTRAG NICHT BEKOMMEN!

Wenn jemand die Wahrheit verleugnen will, dann ist es so. Gott gibt Wahlmöglichkeiten durch das Geschenk des freien Willens. Keiner wird für einen Anderen entscheiden, es ist NICHT Eure Sache, was sie über EUCH, unsere Botschafter oder unsere Botschaften, denken. Es ist nicht der Job der Botschafter Gottes, den Menschen die Medizin für ihre Erlösung oder ihr Seelenwachstum einzuflößen.

WACHSENDER SCHMERZ

Ihr sollt wissen, daß Wir von Gottes Heerscharen beglückt, sehr beglückt über das Wachstum unserer Arbeiter sind! Da jeder von Euch jedes auf seinem Weg auftauchende Hindernis nimmt, werdet Ihr auch die innere Erfüllung finden, die aus dem WISSEN erwächst, wenn Ihr einen guten Dienst leistet. Nein, es ist nicht leicht, und sehr oft ist es schmerzhaft und verwirrend. Bitte vergeßt NIEMALS, Ihr Lieben, daß Ihr NICHT alleine geht und wenn Euch der Feind noch härter angreift als zuvor, dann wißt Ihr, daß Ihr für „ihn" eine ziemliche Bedrohung darstellt!

Der Widersacher kennt EURE „Schwachstellen", zum Beispiel die Selbstüberschätzung, oft schon, bevor Ihr selbst diese wirklich realisiert. Bedankt Euch beim Feind, daß er Euch bei diesen „empfindlichen" Stellen in Eurem Ego gepackt hat, denn wenn Ihr sie dann selbst seht, weil Ihr Euch den Splitter aus dem eigenen Auge gezogen habt, WERDET IHR stärker werden. Und wenn das Bombardement auch in Zukunft NICHT nachläßt, wird es Euch umso weniger kümmern, da Ihr mental auf Eure Pflicht und den Dienst an Gott ausgerichtet seid. Und zweitens, ehrt und LIEBT einander wie Brüder und Schwestern, die einander brauchen, um ihre Aufgaben als Team aus einzelnen Menschen erfüllen müssen, als „Gottes Hände und Füße", um SEIN Wort zu einer spirituell verzweifelten und physisch sterbenden Menschheit auf der Erde hinauszutragen.

Ich möchte dieses Kapitel jetzt beenden und meiner Schreiberin die Möglichkeit geben, andere Dinge zu tun. Liebste Druthea, ich danke Dir, daß Du heute für mich zur Verfügung standest, obwohl Du andere irdische Dinge zu tun hattest. Ich weiß, es war schwierig für Dich. Mögen diese Worte Verstehen und Frieden zu meinen Arbeitern bringen, damit sie EINHEIT und Freude erleben können, die daraus entstehen. Gehe behutsam, kleine Taube Dru, in Frieden und Liebe. Ich bin immer bei Dir und jeder, der mich ruft, wird die Antwort bekommen, die er braucht, aber nicht notwendigerweise die, die er zu hören WÜNSCHT. Bitte hört auf Eure Anweisungen. Wir werden die Aufgabe gemeinsam bewältigen, solange die Absicht eines Jeden auf den Dienst an GOTT ausgerichtet ist!

ICH BIN Sananda. Bitte sendet unserem Bruder R. Liebe, er leidet sehr unter den starken Attacken und sieht es als Fehler an. Er ist bis jetzt unfähig, über seinen Tellerrand von Verwirrung und Schmerz hinaus zu „hören" und zu „sehen". Bitte geht sanft mit ihm um. Geh in Frieden. Salu.

KAPITEL 28

8. Oktober 1991

EMOTIONALE ERSCHÜTTERUNGEN

ICH BIN SANANDA. Ich komme im Dienst des Heiligen Gottes von Licht und Liebe. Ich grüße Dich, liebe Druthea. Ich höre Deine Bitte für Verstehen und Wahrheit. Hörst du mich jetzt, Meine Liebe? Es ist gleichgültig, WER der Autor dieses Artikels ist. Eure Lektion liegt in der Antwort darauf. Du, Chela, solltest Dich nicht mit Schlußfolgerungen über die Absicht des Autoren aufhalten, sondern nur mit Deiner eigenen.

Bitte verdamme Dich aber deshalb nicht und sieh es nicht als Fehler an. Ihr müßt Euch über das bewußt werden, was Ihr tut und warum Ihr es tut. Das ist Teil Eurer inneren Entwicklung und weder Bestrafung noch Verdammung.

Fangen wir mit der Frage an, wie Du Dich fühlst. Denn Du kannst die Herausforderung nicht verstehen, bevor Du nicht die Emotionen entfernst, die Deine Meinung und das NICHT Wissen umwölken. Gut, Du räumst ein, daß Du verärgert und nachtragend, nicht gebührend gewürdigt und verwirrt bist.

Über wen bist Du denn wirklich verärgert, Chela? Ich sage es Dir, wenn Deine Wahrnehmung nicht korrekt ist. Hab keine Angst. Ja, Du hast Dich zuerst über Dich selbst geärgert und deshalb schlägst Du um Dich wegen der Verbitterung, fehlenden Wertschätzung und danach kommt die Verwirrung.

Du gibst Dir die Schuld wegen Deiner unzulänglichen Kommunikationsfähigkeit. Weil Du, wie Du meinst, den weiteren Unterstützern nicht in dem Maße beistehst, wie es sein „sollte". Weil George nicht „sauber" über die Verluste bei Hatonn kommuniziert. Du fühlst Dich gar nicht gut mit dem „Volks"-Management. Und Chela, damit kannst Du Dich ganz der Gruppe anschließen. Denn es braucht Zeit und

Arbeit und GEGENSEITIGES Engagement, um alles das zu machen, wofür DU Dich verantwortlich fühlst.

Und dann kommen noch all die Meinungen der Unterstützer, was FALSCH läuft und keiner von denen, die sich am meisten darüber beschweren, sagt ein Wort dazu, was RICHTIG ist! Es ist also normal, daß Du und G. Euch verwirrt und unangenehm fühlt. Denn der Vorwurf wurde Dir AUFGEBÜRDET und DEINE Reaktion war, das zuzulassen!

IHR ZWEI werdet gebeten, alles zu ändern und sehr Wenige aus dem Rest der Gruppe machen sich die Mühe, auch nur die geringste Verantwortung für NOTWENDIGE Veränderungen in sich selbst zu suchen. Es tut mir sehr leid, wenn ich damit jemanden verletze.

Es wird Zeit, daß man ihnen bei der Umgestaltung HILFT und EHRLICHE und gangbare Vorschläge dafür anhand gibt, denn sie geraten ins Trudeln mit vielen widerwilligen Arbeitern und Freiwilligen, die sich WEIGERN, POSITIVE KOMMUNIKATION ZU ÜBEN. EGO TRIPS? Désirée und George sind sicherlich nicht perfekt, haben jetzt und weiterhin Dauerangriffe auf ihre Ego-Wahrnehmungen zu verkraften und müssen andauernd Entscheidungen zur Neuausrichtung treffen, was sich als Hochseilakt herausstellt. UND VIELE VON EUCH SCHÜTTELN AUCH NOCH DAS SEIL IN DER HOFFNUNG, DASS SIE FALLEN! SO SEI ES!

Désirée hat um Führung ersucht und was sie tun muß, um es Allen recht zu machen. SIE UND GEORGE KÖNNEN DAS NICHT ALLEIN MACHEN. Und ich werde sie nicht bitten, so weiterzumachen. IST ES DAS, WAS IHR WOLLT? PASST SEHR GUT AUF, WAS IHR SAGT, DENN GOTT HÖRT IN EUER HERZ! WOLLT IHR EURE „FÜHRUNGSRIEGE" STÜRZEN? WEIL IHR MEINT, IHR KÖNNTET ES BESSER?

ICH HOFFE DOCH SEHR, DASS IHR ENTSCHEIDET, DAS SCHIFF, AUF DEM IHR EUCH BEFINDET, ZU REPARIEREN, DENN DIE KONSEQUENZEN, DIES NICHT **GEMEINSAM** ZU TUN, WERDEN FÜR DIE MEISTEN VON EUCH UNERTRÄGLICH

WERDEN. SCHULD TRIP. ICH BRAUCHE KEINE KLEINGEISTI-
GEN MENSCHLICHEN SPIELCHEN ZU SPIELEN. ICH ZEIGE
EUCH NUR, WIE ICH DAS HABE KOMMEN SEHEN. MEIN
VATER ATON HAT MICH MIT DEN MENSCHEN AUF DEM
GANZEN PLANETEN BETRAUT, UND ICH KANN ES NICHT
ZULASSEN, DASS MEINE/DURCH GOTT AUSGEWÄHLTEN
HÄNDE UND FÜSSE MIT DIESER EMOTIONALEN ACHTER-
BAHN DER SELBSTGEFÄLLIGKEIT UND VERANTWORTUNGS-
LOSIGKEIT WEITERMACHEN!

ICH BITTE EUCH ALLE, NICHT NUR GEORGE UND DÉSI-
RÉE, DHARMA UND OBERLI, DIE VERANTWORTUNG FÜR EIN
AUSGEGLICHENES EGO ZU ÜBERNEHMEN. DÉSIRÉE WOLLTE
NIE HIERHER KOMMEN UND DANN WURDE ES ZU IHRER
HEIMAT. UND EHRLICH GESAGT, JETZT KANN SIE ES NICHT
ERWARTEN, ZU GEHEN! FÜHLT IHR EUCH GUT DAMIT?

GESCHWÄTZ UND KLATSCH UND TRATSCH ...
DAS SPIEL DES WIDERSACHERS

Ihr ALLE klatscht übereinander. Glaubt Ihr wirklich, Wir von Gottes Heerscharen WISSEN nicht, wie Ihr Euch fühlt? Wenn Ihr uns her-
einbittet. WIR WISSEN ES. Wenn Ihr Gott im Ego-Tobsuchtsanfall
hinauswerft. So sei es.

Haben D & G bezüglich Sandy als Büroleiterin eine falsche Entscheidung getroffen? Sie haben sich für die Person entschieden, die
SIE als geeignet angesehen haben, diesen Job zu machen und SIE hat
angeboten, AUF JEDE ART UND WEISE ZU HELFEN, DIE IHR
MÖGLICH IST. Und der Rest von Euch? Oh ja, IHR arbeitet nur für
ATON, nicht für oder mit George. Und jetzt sind da einige von Euch,
die SICH WEIGERN, ihr eine Chance für einen Job zu geben, den sie
schon VIELE JAHRE gemacht hat (Menschen zu organisieren). Ist sie
perfekt? Natürlich nicht. Sie ist bereit, ALLES zu geben, was sie weiß
und bekommt, um diese Probleme zu lösen. Und diese Abgründe zu
überbrücken. Behebt diese Mißverständnisse und Unterschiede in

Euren Charakteren. Was ist mit EUCH? Und sie kam nicht einmal her, um diesen Job zu machen.

Aber sie sieht, daß G & D und Dharma und Oberli Hilfe brauchen, und SIE IST BEREIT, mit ihnen und EUCH zusammenzuarbeiten. Wollt Ihr dem eine Chance geben? Was wollt IHR tun, um einen positiven Wandel herbeizuführen?

„Freiwillige", und dies schließt G & D und Dharma und Oberli mit ein, WISST Ihr, warum Ihr freiwillig arbeitet? Welchen Gewinn erwartet IHR davon zu haben? Und Ihr, die Ihr „jenseits vernünftiger Erwartung arbeitet", WARUM arbeitet Ihr Euch zu Tode und erwartet dann menschliche Auszeichnungen?

Wißt Ihr, daß ich diesen hier vorgeschlagen habe, NICHT mehr mit Freiwilligen zu arbeiten, denn Viele verübeln das und weigern sich, darüber zu sprechen, es sei denn hinter den Rücken von G & D. Das bedeutet aber, daß Ihr damit „dem Kamel den Rücken brecht", denn G & D können trotz der Produktion so vieler Bücher UND des laufenden Newsletters mit den derzeitigen Verkäufen finanziell nicht mal ein ausgeglichenes Ergebnis erzielen. Die Menge der Bücher und des Newsletters muß sich verdoppeln, um diese finanzielle Last zu erleichtern. Und obgleich die Tendenz nach oben geht, so geht es doch sehr langsam. Die Erlöse aus den „anderen" Büchern werden meistens wieder in die JOURNALE und die Werbung gesteckt. UND IHR UNTERSTELLT IHNEN, daß von ihnen irgendwie „GROSSE PROFITE" gehortet werden! FALSCH, FALSCH, FALSCH!

Und jetzt, kurz bevor vielleicht die Blase bei den „Verkäufen" in die Üppigkeit hineinplatzt, wollt Ihr sie DRÄNGELN? DAS WILL ICH NICHT HABEN! IHR WÜNSCHT EUCH EINEN ANDEREN STATUS? WOLLT IHR MEHR GELD? WOLLT IHR WIEDERGUTMACHUNG? DANN SEID **IHR** IN DER PFLICHT, ES DENJENIGEN MITZUTEILEN, DIE ALLES IN IHRER MACHT STEHENDE TUN, UM EURE SITUATION ZU VERBESSERN, ODER IHR MÜSST WOANDERS HINGEHEN, UM ERWACHSEN ZU WERDEN! SO SEI ES!

Es sind schwierige Zeiten, meine Lieben, wirklich sehr schwierig. Und mein „Herz" ist schwer, wenn ich ALL Euren Schmerz und den Mißbrauch an Euch selbst und den Anderen sehe wegen einer Belanglosigkeit, einer Ego-Belanglosigkeit. Jetzt muß jeder für sich selbst entscheiden, was er bereit ist, FÜR GOTT zu tun und nicht nur für sich selbst, damit er zum Märtyrer wird oder „besser" oder schlechter ist als ein Anderer. Sagt Ihr zu GOTT: „Oh Gott, schau Dir an, was ich für Dich tue und keiner schätzt das ALLES, was ich tue. Wehe mir." Ich muß sagen, das tun die MEISTEN von Euch. Ihr habt kein Vertrauen zueinander und die Mißgunst läßt Einige von Euch aussehen wie die „kleinen grünen Marsmännchen" aus Euren Medien.

Ihr sollt bitte wissen, daß Ihr mir Alle lieb und wert seid. Ich schätze Jede und Jeden für seine Hingabe, selbst wenn Ihr unter vollem emotionalem Beschuß Eures Widersachers steht. Ihr WERDET lernen. Und Wir von Gottes Heerscharen werden mit Euch gehen und Euch führen, so daß Ihr Euch dafür entscheiden könnt, über Eure blinden Flecken hinauszuwachsen. Ihr alle seid über die menschlichen Grenzen hinausgeführt worden und das ist oft wirklich sehr schmerzhaft. Euer Schmerz ist auch MEIN Schmerz.

Also meine lieben Brüder, seid sanft zu Euch und den Anderen in Euren Gedanken, Worten und Taten. Ihr könnt und werdet Euch aus dem Treibsand der menschlichen Einflüsse hinausheben, WENN Ihr Eurer Lebenslinie – GOTT – folgt. Denn Sein Weg ist der einzige Weg zu spiritueller Freiheit und innerem Frieden. So sei es. ICH BIN Sananda, Eins mit Gott, in Seinem Dienst. Danke, daß Du mir zugehört hast, kleine Taube Druthea. Du bist von mir so, wie ich auch von Dir bin. Ich liebe Euch jenseits aller menschlichen Worte. Gehet hin in Frieden. Salu.

KAPITEL 29

28. Oktober 1991

DIE SCHEINHEILIGKEIT SCHÜTTELT IHR HÄSSLICHES HAUPT

Ich grüße Dich, meine wertvolle kleine Schwester Druthea. ICH BIN Sananda, Eins mit Gott, im Dienste des Heiligen Göttlichen Lichtes Seiner Präsenz. Viele kennen mich als Jesus Christus, Immanuel, Esu, Esa und den Weißen Propheten. Es ist egal, wie man mich nennt, denn ich höre all Eure Bitten, die an mich gerichtet sind. Und genauso höre ich auch die Beschimpfungen in MEINEM Namen und dem Unseres Gottvaters.

Meine Schreiberin Druthea ist heute sehr betrübt über die ihr mit Absicht zugefügten Schmerzen, so sieht sie es jedenfalls, von denen, die ihrem Herzen nahestehen. Ich habe während meiner Zeit auf Erden die Scheinheiligen verurteilt. Damals waren es die Pharisäer und andere der „falschen" Religionen. Ihr habt jetzt die gleichen Herausforderungen wieder und die Scheinheiligkeit besteht immer noch und zwar auch bei meinen hingebungsvollen Arbeitern.

Ich bitte jeden von Euch, in den Spiegel zu schauen und sich diese Heuchelei anzuschauen. „Ich aber nicht!" ruft Ihr. Dann schaut genauer hin, Chelas, denn Ihr ALLE wart irgendwann verlogen in Eurem Verhalten und VIELE von Euch sind es IMMER NOCH, bis heute, und verbreiten kleine Gerüchte und Klatsch übereinander mit Dingen, die so lächerlich und kleingeistig sind, daß ich mir manchmal wünsche, Euch IN AKTION auf einem Video festzuhalten, denn die meisten von Euch verleugnen es, und wenn man sie damit konfrontiert, dann verweigern sie die Verantwortung weiterhin.

Wenn Ihr einem Anderen freundlich ins Gesicht sprecht, dann aber hinter seinem Rücken das Gegenteil erzählt und dabei Eure wirklichen Gefühle der persönlichen Minderwertigkeit preisgebt, diese danach öffentlich an Andere weitererzählt, DANN SEID IHR SCHEINHEI-LIG in Eurem Verhalten. Wenn Ihr jemandem zuhört, der seine Meinung über diese oder jene Person mitteilt und Ihr habt kein Problem damit, dies der in Frage stehenden Person direkt weiterzugeben, dann handelt Ihr wie eine Klatschtante.

Was MACHT Ihr, wenn jemand in aller Öffentlichkeit seine Meinung, Urteil und/oder Beschwerden über Andere Eures Freundeskreises preisgibt? Ignoriert ihr ihn? Stimmt ihr ihm zu und tut Euch mit ihm zusammen? Sprecht Ihr diese Klatschtante direkt an und bittet sie, dieses Verhalten in Eurer Gegenwart zu lassen? Haltet Ihr die andere Wange hin? WAS ALSO TUT IHR? Das ist die Lektion, meine lieben Chelas. WIE LANGE WOLLT IHR DIESES ABSICHTLICHE GESPÖTT UNTER EUCH NOCH ERLAUBEN UND ERLAUBEN UND ERLAUBEN ...? Oh, habt Ihr ANGST, dieses feindselige Verhalten direkt anzusprechen? Dann könnt Ihr Euch dem Großteil der Menschheit anschließen. Denn aus diesem Grund bleibt Ihr Schafe und werdet nicht zum LICHT der Menschenführung. Denn Ihr habt dem Widersacher ERLAUBT, Euch zu drangsalieren und Euch Eure Würde zu nehmen. Der Widersacher WIRD ÜBER EUCH HINWEG-MARSCHIEREN UND DAS LEBENSBLUT ALLER GÖTTLICH-KEIT AUS EUCH HERAUSPRESSEN, WENN IHR ES ZULASST! WENN IHR, DIE MEINEN, in den Vereinigten Staaten von Amerika DIESEN WAHNSINN NICHT STOPPT, WERDET IHR VON DEM ÜBEL KOMPLETT AUFGEFRESSEN UND DAMIT DER GANZE PLANET!!!

War ich etwa freundlich bei meinen Konfrontationen mit den Feinden damals? WOHL KAUM! Ich war direkt und brachte es auf den Punkt. ICH HABE MIT DER AUTORITÄT GEHANDELT, DIE MIR MEIN VATER VERLIEHEN HAT UND HABE SEINE MACHT, UNBEUGSAME GERECHTIGKEIT, GNADE UND LIEBE DURCH MICH ZUM AUSDRUCK GEBRACHT. Ich wurde verhöhnt, verspottet, beleidigt und zum Schluß noch GEKREUZIGT durch das ÜBEL, aber all das hat meine Arbeit auf diesem Planeten NICHT beendet;

denn Unser Vater hat mich gesandt, um zu dienen und Seine Präsenz in Bewegung zu bringen, damit Alle Zeugen sein und daraus lernen konnten. Er hat nie versprochen, daß es einfach sein würde und mir war BEWUSST, was auf mich zukommt.

WENN DU IN GOTT ZENTRIERT BIST

WENN IHR ANGST HABT, seid Ihr nicht in der Kraft des GÖTT-LICHEN zentriert, denn Ihr verleugnet immer noch diese Macht in Euch und werdet hilflos in dem Grad Eurer Verleugnung. ANGST ist eine emotionale MENSCHLICHE Reaktion. IHR ENTSCHEIDET EUCH DAFÜR, ANGST ZU HABEN. NIEMAND MACHT EUCH ANGST. WIE ALLE EMOTIONALEN REAKTIONEN, SO ENT-SCHEIDET IHR AUCH HIER, WIE IHR REAGIEREN WOLLT!

Das ist eine Eurer Herausforderungen, Chelas; könnt Ihr Eure Furcht überwinden und einfach weiterhin im Dienste Gottes stehen? Erwartet nicht, daß Ihr das nicht fühlt. Seht es einfach als ein Warn-signal. „Genau hier fehlt mir das Vertrauen, der Glaube und das Wissen um den Schutz und die Führung MEINES Heiligen Schöpfergottes, der in mir handelt." Fangt Ihr an, das zu sehen, meine Lieben? IHR ENTSCHEIDET, und also MÜSST IHR AUCH MIT DEN FOLGEN EURER ENTSCHEIDUNGEN LEBEN! Wenn Ihr starr vor Angst seid bis zu einem Punkt, an dem Ihr das Böse zulaßt und ihm sogar noch Vorschub leistet, dann habt Ihr so auch die Anwesenheit und die Kraft GOTTES in Euch verleugnet, die diese Situation ändern könnte. Und dann betrachtet Eure Welt, Leute. Diese Korruption gibt es nur des-halb, weil sich die daran Beteiligten abgewandt und zugelassen haben, daß es so weiterläuft, denn ihre Angst vor der dem Widersacher zuge-trauten Macht, ihnen Schaden zuzufügen, war größer als das Wissen über die KRAFT GOTTES, die in Euch selbst wohnt! Wenn Ihr Gott verleugnet, werdet Ihr zu KRAFT- UND HILFLOSEN FIGUREN, und so ist es auch gekommen.

Wir, Seine Heerscharen, kommen, um Euch an DIESE Kraft zu erin-nern. Ihr müßt noch nicht einmal EIN EINZIGES WORT GLAUBEN.

IHR MÜSST ES WISSEN, WISSEN, WISSEN. Und Ihr werdet niemals ein Wort der Wahrheit verstehen, bevor Ihr Euch nicht danach SEHNT, DIE WAHRHEIT KENNENZULERNEN UND DEM WILLEN UNSERES SCHÖPFERS INSOFERN ZU DIENEN, ALS IHR DIE TÄUSCHUNG DES FEINDES JEDESMAL, WENN IHR SIE ERKENNT, AUFFORDERT, IHR HÄSSLICHES HAUPT ZU SCHÜTTELN!!! Wir werden Euch nicht dazu zwingen, noch können wir Euch gebieten, WISSEN zu erwerben. Ihr werdet entscheiden, ob Ihr WISSEN oder die Lügen GLAUBEN wollt, die man Euch vorsetzt und dem bösartigen Verhalten erlaubt, Euch zu zerstören. WOFÜR WERDET IHR EUCH ENTSCHEIDEN, CHELAS? Es gibt kein Zwischendrin! Habt Ihr den Mut, den Gegenspieler aus Eurer Präsenz HINAUSZUWERFEN? Denn eins müßt Ihr wissen, wenn Euch Euer innerer Gott ein Problem zeigt, auf das Ihr zugeht und ihr verändert die Situation nicht aus Euch heraus, werdet Ihr Teil des Problems.

WARUM HABEN DIE SCHREIBER PSEUDONYME?

Diese Frage hat mir Druthea gestellt, die für mich und andere Botschafter direkt aus Unserer Lichten Quelle, die wir oft ATON nennen, schreibt, was das EINE Licht oder der EINZIGE Auslöser bedeutet. Ich werde dies für Alle erklären, da Viele die Absicht dahinter erfragt haben und warum das so gemacht wird.

Ich möchte in diesem Fall nur von Druthea sprechen, die nach ihrer Ansicht ein ziemlich „neuer" Empfänger ist, aber eigentlich schon dahin geführt und beschützt wurde, seit sie ihr Einverständnis zu einem Dienst auf der Erde gegeben hat. Sie ist ein Mensch wie Ihr alle. Sie ist sich nicht sicher, wie sie das machen soll, denn sie sieht keine Trennung zwischen mir, Lord Michael, St. Germain oder Aton. Es gibt KEINE Trennung, Chelas, außer im energetischen Wissensausdruck. Die Verwirrung dieser Schreiberin kommt daher, daß SIE alles schon WEISS, was wir diktieren. Nur die Ausdrucksweise in den gegebenen Informationen ist etwas anders als von ihrer eigenen „Persönlichkeit".

Sie spürt, daß sie die Informationen aus EINEM BEWUSSTSEIN bekommt und so ist es auch. Das Wissen über die Wahrheit spiritueller Verbindungen ist DASSELBE. Es wird nur auf unterschiedliche Arten und Ausdrucksweisen kommuniziert. Es ist aber dieselbe Wahrheit. Denken wir alle gleich? Wir befinden uns im gleichen WISSEN. Wenn Wissen erworben wird und in Taten und Werke fließt, ja, dann sind wir alle einverstanden und freuen uns über die kreativen Wege, wie wir zusammenarbeiten, um unser Wissen zum Ausdruck zu bringen. Wird Druthea inspiriert? Oft, genauso wie viele von Euch, denen klar ist, daß sie von etwas, das sich jenseits Eurer Ego-Wahrnehmung befindet, Wissen „empfangen". Diese Schreiberin wurde AUF ATONS WUNSCH HIN angewiesen, diese Bezeichnung oder dieses Pseudonym für die heutige Zeit zu verwenden. Für ihr persönliches Ego benötigt sie keine Anerkennung für ihr Werk. Sie will auch nicht als Guru einer besonderen Art behandelt werden und möchte ihr eigenes Selbstwertgefühl von ihrer Lehrtätigkeit ausgenommen wissen. Sie möchte, daß Ihr alle wißt, daß Ihr Euch keine Illusionen darüber machen sollt, daß hier eine „perfekte" Person sitzt, denn gelegentlich fühlt sie sich höchst unzulänglich, verängstigt, verärgert und traurig, wie es jedem Menschen ergeht, der dieses Drama auf Eurem kranken Planeten miterlebt und daran teilnimmt. Sie ist ein menschliches Wesen, das die Rolle spielt, der es zugestimmt hat und für die sie vorbereitet wurde. Die nachdenkenswerte Botschaft dabei ist, was ist wichtig für Euch. Und wir schätzen die Botschafterin für ihre Hingabe und ihren Einsatz trotz der Unhöflichkeiten, mit denen man sie bewirft. So sei es.

Druthea wurde für andere wichtige Aufgaben neben dieser Arbeit hier entsandt und derzeit scheinen ihr diese Schuhe noch viel zu groß zu sein. Also, während sie hier in ihre Verantwortung hineinwächst, wünscht sie sich Privatsphäre und keinen großen Bekanntheitsgrad, denn selbst ich als Immanuel sagte damals bei meinem menschlichen Leben auf der Erde „All diese Dinge KÖNNT IHR AUCH TUN UND NOCH VIEL BESSER". Sie fühlt sich auch nicht gut, wenn sie wegen der Botschaften kritisiert wird, das heißt, bis sie einen bestimmten Grad ausgeglichener Losgelöstheit von ihrem Ego und den selbstgefälligen Meinungen Anderer erreicht hat, sind auch wir der Ansicht, daß sie ein „Pseudonym" benutzen sollte.

Der Name selbst bedeutet „Bringer von Stärke, Lehrer und Geschenk Gottes", und ist der „höhere Name", mit dem Wir, die Heerscharen, sie kennen. In Wirklichkeit ist das also ihr „echter" Name. So sei es. Ich denke, das reicht als passende Erklärung, liebe Chelas. Ihr werdet wissen, wann Ihr mit Eurer Identität als Empfänger hervortreten sollt; momentan ist es nicht nötig, also mach Dir keine Gedanken dazu oder gräme Dich deshalb, geliebte kleine Schwester. Und vergiß nicht, es ist nicht von Belang, was man über DICH oder die BOTSCHAFTEN denkt. Du hast zugestimmt, genauso wie ich auch als Jesus, Immanuel, als ich im menschlichen Kleid war, zugestimmt habe. Ich werde Dich ganz eng umschlungen halten, Geliebte, denn Du bist Teil von mir, von meiner Familie und ich werde Dich niemals alleine lassen.

Und an Euch, meine irdischen Brüder, bitte geht sorgsam mit Euch und allen Anderen um, liebt Euch und liebt Eure „Feinde", denn Ihr werdet herausfinden, daß selbst sie Teil von Euch sind, denn sie bieten Euch Herausforderungen an, die Euch den Weg nach Hause ebnen, wenn Ihr Eure Macht und Euer Wissen, das IN Euch existiert hat, erkennen wolltet, denn dieses wird immer in Euch verbleiben. Wir sind alle verbunden, denn wir stammen Alle von dem EINEN Heiligen Göttlichen Schöpfer Gott/Aton ab. „Was Ihr tut einem meiner geringsten Brüder, das habt Ihr mir getan." So sei es.

ICH BIN Sananda, was einfach heißt Eins mit Gott, mein ererbter Name oder meine gewonnene Bewußtheit. Nicht mehr und nicht weniger. Ihr werdet Alle mit mir gehen. **Wann** das sein wird, liegt in Euren Händen. Ich liebe Euch so sehr. Wenn Ihr in Eurem Inneren über die Liebe Eures Vaters wüßtet, würdet Ihr kein unhöfliches Wort über einen Anderen verlieren und Ihr hättet es auch nicht nötig, solch ein Wort wie „Heuchler" zu erfinden, denn dieses Verhalten würde gar nicht existieren. Denkt darüber nach, was IHR TUT ODER LASST.

Gott wird Euch zeigen, was Ihr zu tun habt. Werdet Ihr auf die stille, ruhige Stimme Gottes in Euch hören? Vielen Dank, meine kleine Taube Druthea, für Deinen Dienst. Verharre nicht allzu lang in Deiner Traurigkeit, Du Liebe, denn Dein Licht wird sehr gebraucht und Deine Brüder sind in ihrem Dienst abhängig von Deiner Hilfe. Sei in innerem Frieden und WISSEN. Salu.

KAPITEL 30

25. November 1991

ANGST, ANGST, ANGST

Ich grüße Dich, geschätzte kleine Schwester Druthea. ICH BIN SANANDA. Der Name bedeutet einfach „Eins mit Gott" in der erworbenen Bewußtheit. Ihr mögt mich als Jesus Christus, Immanuel, Esu, Weißen Propheten usw. kennen. ICH BIN derjenige, der vor 2000 Jahren Eurer Zeitrechnung auf Eurem Planeten weilte. Ich bin diesmal nicht im fleischlichen Gewand zurückgekehrt. Ich habe versprochen, zu gehen und einen Platz für Euch, für jedes von Euch Gotteskindern, vorzubereiten. Das habe ich mit Hilfe Seiner Heerscharen gemacht. Es kommt die Zeit für meine Wiederkehr auf Eurem Ort, um Euch, die Ihr von Gott seid, zu Seinen Häusern in höhere Dimensionen als die, in der Ihr Euch gerade befindet, zu bringen. Diese letzte Rückkehr wird auch die Zeit sein, in der mich Mein Vater für die LETZTE Konfrontation mit dem Übel auf Eure Örtlichkeit senden wird, damit wir Sein Königreich zurückholen können, das derzeit vom Bösen regiert und beherrscht wird.

Ihr seid vom Wege abgekommen und Wir von Gottes Heerscharen sind gesandt, um Euch den Weg nach Hause zu weisen. Das geht nicht mit Gnade oder Glaube oder Vertrauen allein. Euren Weg in Eure „Reifeprüfung" erarbeitet Ihr Euch mit Wissen, Bewußtsein und Wahrung der Kosmischen Gesetze, und um es einfach auszudrücken: mit HARMONIE bei allem, was Ihr tut und in allem Zusammenwirken in Eurem Leben.

Ihr als spirituell einfache, sich entwickelnde Menschen werdet jetzt sehr stark geprüft bezüglich Eures Versprechens zur KENNTNIS VON WAHRHEIT UND BEWUSSTER Harmonie bei den Kosmischen Gesetzen. Das nennt man auch DEM EINEN SCHÖPFER als Mit-Schöpfer innerhalb der Schöpfung zu dienen. Ihr habt Eure

Fähigkeit zum Mit-Schöpfertum bekommen und viele von Euch lernen jetzt sehr schnell zu unterscheiden, was von GOTT kommt und was die Lüge Seines Widersachers ist.

Wir bringen Euch: WAHRHEIT, die Ihr nachprüfen könnt. Wir bieten Euch eine offene Tür zu SPIRITUELLER Wahrheit, die jeder von EUCH in diesen Zeiten des Erwachens offenlegen kann, in dieser Zeit des Suchens und GOTT Findens, der immer IN EUCH gewesen ist. Ihr müßt durch die Tür gehen, die wir Euch geöffnet haben, damit Ihr die Bestätigungen finden könnt, allein durch EUREN WUNSCH, WISSEN ZU WOLLEN, danach DIE NOTWENDIGEN MASSNAHMEN DAZU ZU ERGREIFEN UND DAMIT, ZUSAMMEN MIT GOTT, SEINE VISION VON FRIEDEN ZU ERSCHAFFEN. Das meinen wir, wenn wir sagen „Gott arbeitet MIT Euch, nicht FÜR Euch" und „Gott hat Seinen Teil bereits dazu beigetragen, jetzt müßt IHR EUREN Teil beisteuern".

Um Gottes Willen ZU LEBEN, müßt Ihr GOTT IN EUREM INNEREN KENNEN und sein wie Er. Gott ist immerwährende Liebe. Seine gesamte Schöpfung wurde durch dieses fundamentale Prinzip des fortwährenden Austauschs von Liebe erschaffen. Ihr müßt Gott etwas geben, damit Er Euch auch etwas geben kann. Die Unausgeglichenheit, in der Ihr heutzutage lebt, ist nur deshalb zustande gekommen, weil Ihr dieses Grundprinzip von Gottes Natur und der Natur der Schöpfung vergessen oder ignoriert habt. Dieses Lebensgesetz ist absolut. Seht Ihr, Ihr Lieben, Ihr leidet unter den Konsequenzen Eurer Mißachtung der Gesetze, ob Ihr das nun WISST oder nicht oder Ihr NICHT WISST, WARUM.

DAS „WARUM" SUCHT NACH DEN GRÜNDEN

Viele Eltern werden feststellen, daß ihre Kinder ganz oft fragen „warum"? Ein Kind, wenn es nicht verschreckt wurde, wird natürlicherweise den GRUND für etwas wissen wollen. Und jeder Erwachsene, der bis zu einem bestimmten Grad Freude, Harmonie und Erfolg im Leben gefunden hat, hat die Voraussetzung für Harmonie (wenn es wirklich so ist) darin gefunden, Liebe zu geben, ob es nun bewußt oder unbewußt gewesen ist.

Viele rufen Gott an und sagen ihm, „bitte laß mich mehr Geld haben", „bitte laß mich glücklich sein". Wenn sie in der Wirklichkeit von diesen „Wünschen" enttäuscht wurden, dann nur deshalb, weil der Bittsteller Gott dazu aufruft, Seinen Teil dazu beizutragen (was Er schon lange getan hat), er aber selbst in der Schöpfung noch NICHTS zu dem beigetragen hat, was er sich wünscht.

Sie sollten Gott lieber ansprechen mit „bitte zeig mir, was ich WISSEN UND TUN MUSS, um Freude und Fülle in mein Leben zu bringen".

Und noch besser als das, warum nicht einfach sagen: *„Bitte Vater, zeig mir, was ich WISSEN UND TUN MUSS, um in DEINEM Dienst unterstützend zu wirken, damit ich ein ehrenhaftes Abbild von DIR werden kann, sowohl in Gedanken, Worten und Taten. Nicht mein Wille, Vater, sondern nur DEIN Wille soll GESCHEHEN."* Ganz speziell in diesem Fall legt Ihr die Wahrnehmung EURES Alter Ego ab in Bezug auf EUER „Denken", was Ihr braucht und was Ihr seid, und stattdessen erlaubt Ihr dem Schöpfer in Euch, Euch zu zeigen, was Ihr wirklich wissen und tun müßt, um in SEINEM Dienst zu stehen und zu WERDEN wie ER, nämlich fortwährend gebende Liebe.

Danach müßt Ihr natürlich bereit sein, auf die Antworten und die Wege zu hören, und dann auch gemäß der Anweisungen zu HANDELN.

Da ich aber dieses Kapitel mit „Angst, Angst, Angst" überschrieben habe, möchte ich jetzt auch erklären, warum.

Fast alle derzeit auf der Erde Shan lebenden Menschen haben auf die eine oder andere Weise FURCHT erfahren. Ihr seid Alle durch Angst gesteuert und so programmiert. ANGST ist ein Produkt Eurer physischen Ebene und tritt durch die Trennung von Gott auf. Angst zu erzeugen und zu fördern ist ein bevorzugter Kontrollmechanismus des üblen Widersachers. Wißt Ihr, niemand kann Euch Angst MACHEN. IHR WÄHLT DIE ANGST ALS REAKTION. Genauso wie Ihr entscheidet, Euch als Reaktion über etwas zu freuen. Viele Religionen haben einen Gott voller Angst, Zorn und Bestrafungen entwickelt. Ich sage Euch, der Vater/Mutter-Schöpfer hat NICHTS mit diesen Emotionen zu tun. Das sind Züge Seines Feindes und werden in den physischen Dimensionen freigesetzt. Wer sehr an seinem physischen Körper, Orten und Dingen haftet, ist auch oftmals leicht zu ängstigen.

Ihr werdet solange stolpern und hilflos von Euren Emotionen hin und hergeworfen werden, bis Ihr den GOTT des Lichtes und der Liebe in Euch gefunden und Euch damit verpflichtet habt, Seinen Willen als Dienst auszuführen. Dann und nur dann werden Eure Zweifel und Ängste zu dunklen Erinnerungen in dem Film mit dem Titel „Du" werden.

Ich spreche von einem inneren Frieden, den meine Schreiberin versucht hat, so zu beschreiben: „sicher und noch mehr als sicher in Gottes Hand sitzen und die Angst ist vorbei." Und dennoch ist ihr klar, daß diese Worte nicht genau das beschreiben, was sie fühlt. Sie beschreibt die Losgelöstheit von irdischen Emotionen. Bedeutet das nun, sie ist völlig emotionslos und hat NIEMALS Angst? NEIN. Es bedeutet einfach, daß sie jetzt den Unterschied kennt und auch, daß es IHRE Wahl ist, wie sie mit all den unterschiedlichen Situationen umgeht. Sie ist sich plötzlich der Verantwortung bewußt geworden, daß sie selbst ihr Leben erschafft. Und durch ihre Entscheidung, dem GOTT DES LICHTES UND DER LIEBE zu dienen, hat Er ihr geholfen, ihre Torheit in ihren Selbstvorwürfen, ihrer Hilflosigkeit und der Trennung von Gott zu erkennen. In anderen Worten, ihr **Lebensweg** (Gott) ist sicher, stark und fest, da SIE selbst ihren Teil dazu beigetragen hat, daß er so wird.

Was ich oben beschrieben habe, ist Teil des Prozesses, Gottesbewußtsein zu erwerben und in das Göttliche Wissen zu wachsen. Physische und emotionale Loslösung ist ein großer Trittstein im reißenden Fluß Eures physischen Lebens, der Euer Seelenbewußtsein in die höheren Dimensionen des Lichtes trägt. Jeder von Euch, der auf diese Art und Weise seine „Reifeprüfung" besteht, wird in kommenden Tagen (wenn Ihr es noch nicht erledigt habt) so lange geprüft, bis er auf dieses Sprungbrett der Ablösung aufspringt und die illusionäre Welt der Dualität und Begrenzungen hinter sich läßt, um in das Königreich des Himmels zu gelangen, das aus LIEBE besteht.

Bedeutet dies, daß Ihr auf den Wolken wegschwebt? Kaum, meine innigst Geliebten. Es bedeutet einfach, daß Euch MEHR Verantwortung im Prozeß der Rückgewinnung gegeben wird. Ihr assistiert Gottes Heerscharen und Mir, Sananda, und werdet dem bösartigen Feind entgegentreten und das Göttliche Königreich hier einfordern. Es gibt SEHR viel Aufweckarbeit bei den kleinen, schlafenden Lämmern zu bewältigen. Jeder von Euch wird berührt sein, ich meine sogar, sehr davon berührt werden, wenn er seine Geschwister erweckt und ihnen die Lügen des Widersachers offenlegt. Ihr werdet in Eurem Dienst ganz BEWUSST die Rüstung Gottes tragen und Ihr werdet WISSENT-LICH Seine wichtigsten Harmoniegesetze einhalten. Es ist wirklich ganz einfach.

[A.d.Ü.: Da ist sie wieder, die Rüstung Gottes, und wer den Q-Plan über die Jahre verfolgt hat weiß, daß Q immer wieder aus den Epheser-Briefen zitiert hat, hier Epheser 6, Verse 10-17, und ich hoffe und wünsche, daß jetzt KEINER mehr an der Hand Gottes zweifelt, die diese weltweiten Veränderungen zu unser Aller Wohl steuert. Wie immer, Bibelversion Luther 1912, Zitatanfang:

¹⁰*Zuletzt, meine Brüder, seid stark in dem Herrn und in der Macht seiner Stärke.*

¹¹*Ziehet an den Harnisch Gottes, daß ihr bestehen könnet gegen die listigen Anläufe des Teufels.*

¹²*Denn wir haben nicht mit Fleisch und Blut zu kämpfen, sondern mit Fürsten und Gewaltigen, nämlich mit den Herren der Welt, die in der Finsternis dieser Welt herrschen, mit den bösen Geistern unter dem Himmel.*

¹³*Um deswillen ergreifet den Harnisch Gottes, auf daß ihr an dem bösen Tage Widerstand tun und alles wohl ausrichten und das Feld behalten möget.*

¹⁴*So stehet nun, umgürtet an euren Lenden mit Wahrheit und angezogen mit dem Panzer der Gerechtigkeit*

¹⁵und an den Beinen gestiefelt, als fertig, zu treiben das Evangelium des Friedens.

¹⁶Vor allen Dingen aber ergreifet den Schild des Glaubens, mit welchem ihr auslöschen könnt alle feurigen Pfeile des Bösewichtes;

¹⁷und nehmet den Helm des Heils und das Schwert des Geistes, welches ist das Wort Gottes.

Zitatende]

Wir haben Euch in den PHÖNIX-JOURNALEN alle Werkzeuge anhand gegeben, um genau das ZU TUN. Wenn Ihr Euch über die Gesetze, die Natur und Struktur Gottes und Seines Universums noch unsicher seid und noch klare und gebündelte Aussagen dazu benötigt, dann lest bitte auch „The Phoenix Operator-Owner Manual" und die ACHT Bände der Plejaden-Serie. Bringt Euren Teil mit ein und lest seine Gedächtnisstützen und ich garantiere Euch, Gott wird sicherstellen, daß Ihr **bekommt**, was IHR braucht, um Ihm Liebe zurückzugeben, so daß Er Euch erneut damit beschenken kann. So sei es.

Vielen Dank für Deinen Dienst, geliebte Druthea. Mach Dir keine Gedanken, wenn Du keine „Zeit" zum Schreiben hast, wenn ich Deine Hände benötige, ich sorge dafür, daß Du es weißt, Chela. Du bist trotz der Ablenkungen die meiste Zeit bei mir. Es ist im Moment nicht nötig, daß Du täglich schreibst, denn solange Du zuhörst, wenn Gott Dir etwas sagt, geht es Dir gut. Obgleich ich wünsche, daß Deine Empfangspraxis erhalten bleibt. Bitte höre, wenn ich Dich rufe und für Dich wird alles in Balance sein.

Es geht einfach nur darum, kleine Schwester, daß Deine Lehrstunden auch die Lehrstunden für viele Andere sind und wenn Du diese Methode mit den Anderen teilst, ist das wertvoller, als Du Dir vorstellen kannst. Hier geht es nicht um einen Wettbewerb, Du Liebe, sondern um die Erlösung der Seelen der Gotteskinder und das Heil dieses wunderbaren Planeten. Du gibst ein sehr wichtiges und wertvolles Beispiel, auch wenn Du DENKST, daß es nicht der Rede wert ist. Manchmal schwelgst Du einfach in mangelndem Selbstwertgefühl, obwohl Du es besser WEISST, kleine Taube! Aber sogar Deine

Minderwertigkeitsgefühle erinnern Dich an die menschliche Unzulänglichkeit auf dieser Ebene. Diese Minderwertigkeit erleben aber ALLE, Chela. Erinnere Dich daran und erkenne, daß DU Dich für diese Gefühle entscheidest!

Diese Zeit war sehr kostbar. Danke an Euch Brüder, daß Ihr dem Ruf gefolgt seid. Bitte geht achtsam mit Euch selbst und Anderen um, gehet in Frieden, den Euch nur Unser Vater geben kann. ICH BIN Sananda, Esu, Jesus, Immanuel. Salu. Salu. Salu.

KAPITEL 31

4. Dezember 1991

DIE „RASTLOSIGKEIT" VERSTEHEN UND DAMIT UMGEHEN

Ich grüße Dich, liebe Druthea. ICH BIN Sananda, Esu, Immanuel. ICH BIN der, den Ihr als „Jesus Christus" kennt. Ich komme im Dienst des Heiligen Gottes des Lichtes und zu Euch, meine Brüder auf der Erde Shan. Sananda ist mein ererbter, verdienter Name, den mir Mein Vater, Gott, verliehen hat. Er bedeutet einfach „Eins mit Gott".

Meine Schreiberin befindet sich seit einigen Jahren und immer noch in einer Umbruchphase. Das sage ich Euch, denn viele von Euch werden die Gefühle kennen, die von solchen „Umbruchphasen" erzeugt werden, oder, wie ich es lieber nenne „Herausforderungen", um das spirituelle Wachstum zu vereinfachen. Keiner wird diesen „Wachstumsschmerzen" entgehen, über die ich sprechen werde.

Als Druthea das erste Mal mit den Schriften von Hatonn und Dharma und den Phönix-Journalen in Berührung kam, war sie sehr skeptisch. Sie hat Monate damit zugebracht, sich selbst zu finden und zu überprüfen, inwieweit sie sich darauf einlassen konnte, ja wirklich, daß sie in Kontakt mit Wesenheiten war, die nicht von diesem Planeten genannt Erde, stammten.

Als sich alles, was Commander Hatonn und die Wesenheiten sagten, bei ihr gesetzt hatte und sie Recht damit hatten, daß die Zivilisation in großen Problemen steckte, war es das absolute Grauen für sie. Danach hat sie alles abgestritten. „Oh nein, DIESER NEGATIVE HATONN MIT SEINEN WELTUNTERGANGSGESCHICHTEN", und „KEIN LICHTWESEN WÜRDE SOWAS SAGEN" waren Sätze, die ihr absichtlich von denjenigen in die Gedanken gepflanzt wurden, die ihr lieb und wert waren. Sie begann, an ihrem Verstand zu zweifeln. Sie wollte wieder das Leben haben, das sie VORHER hatte, bevor sie die Wahrheit kannte … und es gab keinen Weg mehr zurück, so sehr sie es auch versuchte.

Kommt das jemandem von Euch da draußen bekannt vor, der das liest? Habe ich mir schon gedacht. Aber das ist noch nicht das Ende, meine Chelas. Danach ging sie durch eine sehr lange Periode tiefster Verzweiflung und wurde total verärgert. Sie weinte oft. Sie verbrachte sehr viel Zeit mit sich allein und in ihrem Selbstmitleid. Sie war hart gegenüber ihren Lieben. Sie war sogar manchmal über ihr eigenes Benehmen erschüttert, aber sie fühlte sich, ehrlich gesagt, sehr hilflos. Sie bat Jeden um seine Meinung und um Auslegung der Durchgaben von Commander Hatonn und selbst von meinen, Sananda. In dieser gesamten Zeit wartete Gott geduldig darauf, daß sie Ihn hörte, aber meistens war sie so starr vor Entsetzen und Verwirrung, daß sie sich nicht mehr beruhigen und zum Zuhören bringen konnte.

Viele, einschließlich mir, arbeiteten mit ihr und gossen unentwegt liebendes Licht über ihr aus. Viele von Euch in den frühen Zeiten Eures Kreises taten dasselbe. Dieses Kind wird von Vielen so sehr geliebt und ich nehme an, daß sie mittlerweile das immense Maß an Liebe erkennen kann, das man ihr gab, um ihr während dieser schwierigen „Testphase", durch die sie gegangen ist, beizustehen. Eines müßt Ihr aber bedenken, Chelas, die Liebe, die wir ausgießen, ist nur bis zu dem Maß sinnvoll, wie es der Empfänger erlaubt! Andernfalls fließt sie einfach wieder zum Absender zurück.

Also, was tat sie dann schlußendlich, um zu bemerken, daß sie dem Feind (Satan) erlaubt hatte, ihr Leben eine Zeitlang zu regieren und diese Tatsache zu verändern? ALS SIE SO ERSCHÖPFT UND DEPRESSIV UND HOFFNUNGSLOS WAR, WANDTE SIE SICH AN GOTT UND BAT, „Vater, BITTE HILF MIR!". Der Ruf aus dem Inneren ihres Herzens erzwingt die Antwort, denn zu diesem Moment war sie bereit, die Anweisungen zu erhören und sie umzusetzen. Ab diesem Zeitpunkt hat sie um einen Schutz aus Liebe und Führung gebeten, damit sie Gott aufrichtig als Sein Abbild dienen kann. Strauchelte sie trotzdem und hatte ihre „schwierigen" Momente? Sicherlich. Der Unterschied ist aber, daß sie jetzt weiß, daß sie in dieser Sache eine Wahl hat (die sie zwar immer hatte, es aber nie bemerkte), so daß sie die notwendigen Anpassungen in ihrem Verhalten vornehmen kann. Außerdem möchte ich Euch sagen, daß es diesem Kind sehr schwer fällt, „stillzusitzen" und zuzuhören. Sie hat viel „nervöse Energie", wie Ihr das nennt. Was aber wenig mit den Nerven als solchen zu tun hat. Auf jeden Fall, für diejenigen unter Euch, die wissen möchten, wie man Gott zuhört, lest bitte weiter. Sie hier „geht" jeden Tag zum „Unterricht". Das ist die „Zeit" in der Frühe, in der es uns, den Heerscharen, am leichtesten fällt, sie zu erreichen, denn sie versetzt sich beim Spazierengehen in eine Selbsttrance. Sie hat auch ihren Raum gereinigt, Schutz eingefordert und um Führung gebeten, damit sie in Gottes Dienst bleiben kann. So einfach ist es wirklich, Chelas! Es beginnt mit dem Wunsch, mit Hingabe und Selbstdisziplin. Ihr müßt Euren Teil als Mit-Schöpfer dazu BEISTEUERN, denn Gott hat seinen Anteil bereits dazu gegeben.

Ich kann Euch auch sagen, daß NIEMAND überraschter war als Druthea selbst, als sie zum „Empfänger" wurde! Ihr müßt Euch darüber im Klaren sein, Chelas, daß ALLE diese Fähigkeiten haben und Viele nutzen sie unbewußt. Gott wohnt IN Euch, weshalb die ruhige, leise Stimme Seiner Liebe und Führung von Euch aus zugänglich gemacht werden muß. Das hat nichts mit Mystik zu tun, es ist nur solange mystisch, bis IHR WISST, wie man dahin kommt. Zum Schluß, hoffentlich eher früher als später, werdet Ihr Alle lernen, kontinuierlich mit Gott zu kommunizieren, egal, welche Arbeit Ihr dabei verrichtet.

Druthea meint, es gäbe auch einen Nachteil in dem Wissen um die eigene Verantwortung und dessen, was man tut oder erschafft und wie man auf Situationen reagiert. Das ist dann, wenn Ihr einen „Patzer" macht oder einen „Fehler" gegen das Göttliche Prinzip der LIEBE begeht, IHR WISST DAS und Ihr könnt Euch nicht mehr verstecken und sagen, Ihr hättet es nicht gewußt!

Ehrlich, meine Lieben, Ihr könnt Euch nicht mehr hinter Eurer Ignoranz verstecken, wenn Ihr um die Sachlage wißt, aber ich würde nicht sagen, daß dies ein „Nachteil" ist, denn würdet Ihr nicht lieber sofort Euer Fehlverhalten ERKENNEN wollen, als schnell die Konsequenzen dessen zu spüren? Auf diese Weise seid Ihr davor bewahrt, den Fehler noch einmal zu machen. Es passiert nur in der Ignoranz, wenn die Gesetze der Liebe mißachtet werden, daß man „Unglück" erleidet oder unglücklich ist. Vergeßt nicht, selbst wenn Ihr Eure Fehler nicht erkennt, so erntet Ihr dennoch die Konsequenzen. Also, wäret Ihr nicht lieber verantwortlich dafür und wolltet den Fehler als solchen ERKENNEN und WISSEN, DASS IHR Euer Verhalten oder Denken entsprechend verändern müßt? Ich denke, Ihr seht die Weisheit in diesem Wissen!

WAS PASSIERT, WENN IHR EURE ÄNGSTE BESIEGT HABT?

Was also ist mit Druthea passiert, nachdem sie es gelernt hatte, mit Gott und uns, Seinen Heerscharen, zu kommunizieren? Wonne und Zufriedenheit? Nicht wirklich, eigentlich gar nicht. Als sie sich einmal an die neue Situation gewöhnt hatte, begann sie zu realisieren und sich auch daran zu erinnern, daß IHR Hiersein auf der Erde einen Sinn hatte, die Verpflichtung, Gott zu dienen. Wir haben sie einfach an dieses Versprechen erinnert. Ja, sie hatte keine „Angst" mehr vor dem Tod. Sie begann, ein Gefühl des **inneren** Friedens zu entwickeln, obgleich ich zugeben muß, daß sie nicht allzu begeistert davon war, als sie herausfand, welche Art der Verantwortung sie in ihrem Dienst an Gott hatte. Und dies ist auch das Schlüsselwort, VERANTWORTUNG. Es fühlte sich für sie so an, daß sie in einer Minute zuerst für sich selbst und dann GLEICH für die ganze Welt verantwortlich war. Genauso fühlte sie sich.

Es scheint so und es ist mit Sicherheit ein RIESIGES Unterfangen, eine schlafende Menschheit zu erwecken, die Lügen des Widersachers aufzudecken, ihn auszubooten, das Durcheinander aufzuräumen und dann hoffentlich noch die Prüfung für jenseits der physischen Dimensionen zu bestehen. Wir erinnern sie und Euch ständig daran, daß Ihr Alle Euch dafür ENTSCHIEDEN habt, und Ihr werdet Euch auch dafür ENTSCHEIDEN, DEM GOTT DES LICHTES zu dienen oder weiterhin den Gegenspieler Gottes zu unterstützen.

ALLE von Euch, die dieses Material hier lesen, haben sich für den Dienst in irgendeiner Form entschieden. Wir geben Euch nur das Alarmsignal. Wenn das Einige von Euch ärgert, ist das ganz gut, denn dann wissen wir wenigstens, daß Ihr noch lebt und weichgekocht werdet, und vielleicht können wir Euch helfen, aus dem Kochtopf herauszuspringen, bevor Ihr zu weich gekocht seid, um zu fliehen!

Ich lege Euch aber nahe, Euch NICHT über Gott oder die Boten der Wahrheit zu ärgern, weil sie Euch aufgeweckt haben, denn dann werdet Ihr Euch in Elend und Ohnmacht wiederfinden. Ihr müßt wirklich bereit sein, Euren Teil dazu BEIZUTRAGEN, daß diese unhaltbaren Zustände verändert werden und die WAHRHEIT verbreiten, wofür Ihr sehr ernsthaft DEN WUNSCH ENTWICKELN MÜSST, WISSEN ZU WOLLEN, WAS IHR WISSEN UND TUN MÜSST, UM IM DIENSTE GOTTES ZU STEHEN. Das ist nicht unbedingt einfach. Höchstwahrscheinlich ist es mit sehr viel Arbeit verbunden, körperlich und seelisch. Es mag auch nicht ganz bequem sein. Aber was soll's! Mögt Ihr diese Art der löblichen Herausforderungen nicht? Eine starke, spirituelle VERBINDUNG? Innere Erfüllung für einen Einsatz, den Ihr bestmöglich erfüllt habt? Erkennt Ihr, daß es für die meisten von Euch eine sehr seltene und kostbare Möglichkeit ist, in dieser Zeit zu dienen? Die Veränderung eines planetarischen Zyklus. Ihr habt Gott verkündet, daß IHR dienen wollt. Werdet Ihr Euer Versprechen einhalten?

WAS KOMMT ALS NÄCHSTES?

Nun, die Angst ist jetzt verschwunden, wie fühlst Du Dich? Druthea war der Ansicht, daß sie in einer Art und Weise geprüft wurde, die in ihr „Ungewißheiten" ausgelöst haben, in ihrem Beispiel Geld. Sie möchte das nicht diskutiert haben, aber viele von Euch befinden sich auf der gleichen Spur wie sie. Das Lustige dabei ist, daß Druthea mehr hatte als sie braucht und dennoch könntet Ihr auf den Gedanken kommen, daß dieses Kind an der Armutsgrenze steht durch die Größenordnung, wie sie ihre „Ausgaben" sieht. Sie hat auf der einen Seite einen überentwickelten Sinn für Anspruchslosigkeit, und auf der anderen Seite kann sie ziemlich verschwenderisch sein. Viele von Euch sind bei diesem Thema ähnlich gelagert.

Was also ist die Wurzel dieser Unsicherheit? DIE ANGST schüttelt wieder ihr häßliches Haupt. Es ist eigentlich zum Lachen, wenn sie es sich anschaut. Sie hat keine Angst mehr vor dem Tod, aber sie hat Angst davor, daß ihr „shopping Budget" verloren geht! Diese Angst/ Unsicherheit in Geldangelegenheiten stammt in ihrem Fall aus einer tiefen Bindung an die materiellen Illusionen, denn sie hat sich darin wohlgefühlt. Chelas, die Menschen dieser Welt – von ein paar wenigen Ausnahmen abgesehen – sind gerade dabei, all ihr Geld/ihren Reichtum zu verlieren. Wie Hatonn sagt, „das wird jetzt von der Erde getilgt". Also wird sie, wie Ihr Alle, einige Anpassungen vornehmen müssen, was Eure Wahrnehmung von Komfort und „Bedürfnissen" betrifft. So sei es.

In den kommenden Tagen, meine Freunde, wird Komfort für ein warmes Bett, ein Heim, etwas zu essen und für Kleidung stehen. Und Ihr werdet GLÜCKLICH sein, wenn Ihr das habt. In Euren Köpfen wird es keinen Raum mehr für exzessiven Leichtsinn geben. Wenn Euch das ängstigt, tut es mir leid für Euch. Denn in den kommenden Zeiten werden Eure 30 Paar Designerschuhe, Euer wertvoller Schmuck, die Juwelen, Eure teuren Häuser, Autos und zahllose andere „Luxusgüter" nicht zu den Grundbedürfnissen zum Überleben zählen. NICHTS von alledem wird mit Euch gehen, wenn Ihr diese Ebene verlaßt und in die sogenannte „Todeserfahrung" eingeht. Ihr werdet Euch von diesen Dingen abnabeln müssen, von denen Ihr „denkt", sie machen Euch glücklich, denn wenn Ihr ehrlich zu Euch selbst seid, werdet Ihr Euch eingestehen müssen, daß das NICHT DER FALL IST.

Bedeutet das jetzt, daß Ihr Eure Pelze wegwerfen und Eure Häuser verlassen sollt? Natürlich nicht, Ihr Lieben. Gott IST Fülle, nur daß Seine Fülle NICHT AUF DIE MATERIELLE EBENE BESCHRÄNKT IST! Freut Euch an dem, was Euch Annehmlichkeiten bietet. Wenn Ihr aber ein kostspieliges Heim in der Stadt habt, vielleicht noch belastet mit einer großen Hypothek, solltet Ihr diese Entscheidung überdenken. Vielleicht wäre es nicht schlecht, dieses Heim zu verkaufen (wenn Ihr einen Käufer findet), aufs Land ziehen, einige Lebensmittel und Wasser einlagern und Euch auf magere Zeiten einrichten. Wenn das für Euch negativ und nach Schwarzmalerei klingt, dann stimmt vielleicht etwas mit Eurer Wahrnehmung nicht! Vielleicht versteht Ihr einfach nicht, WIE ERNST DIE LAGE WIRKLICH IST!

IST MEINE PRÜFUNG NOCH NICHT VORBEI?

Das fragt mich Druthea. Nein. Und sie ist solange nicht VORBEI, bis Ihr Eure Rückkehr zum EINEN Schöpfergott vollendet habt! Erinnert Euch, Ich, Sananda, werde in diesem großen Finale, der Konfrontation mit unserem Widersacher hier auf der Erde Shan, auch noch geprüft. Also fühlt Euch damit nicht alleine, Chelas.

Derzeit steht Druthea vor der Herausforderung, daß sie sich total rastlos fühlt nach dem Motto „los, gehen wir weiter, die Spiele des Widersachers ertrage ich nicht mehr". Diese Gefühle entstehen dann, wenn Ihr am Ende des Tunnels das Licht seht. Das ist aber kein Güterzug, sondern die Rückkehr Gottes. Und jetzt, da sie das in sich selbst spürt, wird sie ungeduldig und möchte ihren Auftrag erfüllt haben. Und sie fragt, warum nicht einfach jeder aufwacht und weitermacht? Nun, weil es so nicht geht, Chela. Genauso wie Du auf Deinem eigenen Weg ständig und immer mit dem Aufwachen und Deinem Dienst gekämpft hast, so werden ALLE durch ihre Prüfungen und den Bewußtwerdungsprozeß gehen. Dies ist Teil Eures Wachstums auf dieser geliebten Kugel. Mein Vorschlag? Sei mit denen, die Du erreichen kannst, genauso geduldig, wie Gott und Seine Heerscharen mit Dir waren! (Druthea schluckt hörbar.)

Möglicherweise kann ich Euch für das Gefühl, das sie hat, einen Vergleich geben, vielleicht mit einem Pferd, das Ihr reitet. Wenn Ihr mit dem Pferd ausreitet und den Stall verlaßt, wird es oftmals dahintrotten. Wenn Ihr auf dem Rückweg „nach Hause" seid, kann sich das Pferd kaum beherrschen und möchte auf dem ganzen Weg galoppieren. Druthea weiß, daß sie auf dem „Nachhauseweg" ist, möchte rennen und dabei all diese Bilder nicht mehr sehen. Sie würde aber nicht nur die Szenarien verpassen, sondern auch ganz unzweifelhaft in ein Rattennest treten, was ihre Reise langsamer und noch dazu schmerzhaft machen würde! Denkt tiefgründig darüber nach, Ihr Lieben! Zu Gott gibt es KEINE Abkürzungen. GENIESST Eure Reise! Heißt die „Hemmnisse" und Prüfungen willkommen, die IHR, zusammen mit GOTT, vorbereitet habt, um Euch nach Hause zu bringen.

WIE ALSO KÖNNT IHR INSPIRIERT ODER WIEDER NEU-INSPIRIERT WERDEN?

Ungeduld entsteht dann, wenn Ihr „den Erfahrungsprozeß" nicht durchlaufen oder etwas nicht „wiederholen" wollt, das Euch so offensichtlich erscheint. Wie ich sage, ist der eine Grund, dem GOTT zu vertrauen, der mit Euch arbeitet. Eure Ungeduld wird verschwinden, sobald Ihr das wirklich verinnerlicht habt. Der zweite Grund ist die Wiederholung von Situationen, wie zum Beispiel die Erkenntnis, wie der Widersacher Euch belügt und betrügt, oder wenn Ihr das den Anderen erklärt, sagen wir mal, Ihr habt die Spitze eines Bewußtseinsgrades erreicht und wollt jetzt begierig weitere Eingebungen haben, wie es weitergeht.

Es kann sein, daß Ihr diesen Bewußtseinsstand als Gefühl des „Steckenbleibens" wahrnehmt, also als „Langeweile" und/oder Rastlosigkeit. Und wieder – Wunsch, Hingabe, Disziplin. Vertraut auf den Prozeß Gottes, der in Euch arbeitet. Seid geduldig, denn die Entfaltung WIRD zur rechten Zeit für Euch kommen. Und abschließend möchte ich sagen – GOTT TRÄGT SEINEN TEIL IMMER BEI! WISSET DIES UND KÜMMERT EUCH UM EUREN TEIL!

Ich werde das Kapitel jetzt abschließen. Danke, Druthea, für Deinen Dienst und dafür, daß Du es erlaubt hast, Deine persönlichen Erfahrungen öffentlich zu machen. Es sind Viele, die davon profitieren werden und Du bist wirklich gesegnet, daß Du das geteilt hast! Ich danke auch Euch, meine lieben Brüder, daß Ihr Euch die Zeit nehmt, das zu lesen. Möge es Euch in Euren Wachstumsprozessen beflügeln. Geht liebevoll miteinander um und segnet unsere Mutter Erde Shan, daß sie es zugelassen hat, zu Eurer Entwicklungsbühne zu werden.

Ich danke Dir, Vater, daß ich durch diese Schreiberin sprechen darf. Bitte halte sie sanft in Deinem liebevollen Licht von Führung und Schutz, damit sie Friede finden möge, der nur in einem WISSENDEN BEWUSSTSEIN zu finden ist. So sei es und Selah. ICH BIN Sananda. Ich komme im Dienst unseres einzigen HEILIGEN Schöpfergottes/ Aton. Salu.

KAPITEL 32

3. Januar 1992

LEBENSPROZESSE

Ich grüße Dich, kleine Taube Druthea. ICH BIN Sananda, Esu, Jesus, Immanuel. Ich komme im Dienst von Gott/Aton des Lichtes und zu Euch, meine geschätzten Brüder auf der Erde Shan. Vielen Dank, Druthea, daß Du heute mit mir zusammen bist. Erlaube mir, Dir zur Seite zu stehen, meine Liebe, denn es ist mir eine Ehre, das zu tun. Du bist „im Sturm Deiner Gedanken", wie Du das ausdrückst, niemals allein. Du mußt nur bereit sein, um „Hilfe" zu bitten und Du wirst sie, zusammen mit Führung, in Zeiten von Verzweiflung und Niedergeschlagenheit auch bekommen, Chela. Das ist eine Lektion, die die meisten meiner Anhänger immer noch verbessern können.

Es stimmt schon, daß es keine „self-made" Männer und Frauen gibt. Denn Alle haben Führung und auch gelegentlich Verstärkung von ungesehenen und uneingestandenen Wesenheiten, sowohl auf physischer als auch ätherischer Ebene bekommen. Es ist eine dauerhafte „Gemeinschaftsleistung", die das Beste aus jedem von Euch herausholt, ob IHR diese Hilfe nun erkennt oder nicht.

Euer Erfolg bei Verständnis und breit gefächerter Bewußtheit entwickelt sich sowohl durch die dankbare Annahme der göttlichen Führung und Seiner auserwählten Helfer, als auch durch Eure durchgeführten Handlungen während Eurer Reise auf der Erde Shan, ob jetzt Euer Lebensstil Gott oder seinem Feind dient.

Eure Lebensprozesse dienen dazu, Euch immer näher an das WISSEN um Eure innere ICH BIN-Präsenz heranzuführen, damit Ihr zu Gott in Aktion werden könnt und schlußendlich Mit-Schöpfer von Universen innerhalb der Schöpfung.

DIE VORTEILE, EINSCHRÄNKUNGEN ZU ERFAHREN

Ihr fragt nach Vorteilen! Mit ziemlicher Sicherheit. Denn obgleich Ihr Eure Begrenzungen selbst erschafft, wird Euch auch das Handwerkszeug gegeben, darüber hinauszuwachsen. Zuerst einmal durch das Erkennen von Verantwortung und dann auch, sie zu übernehmen. Gott um Beistand bei der Grenzüberschreitung zu bitten. Und dann die Entscheidung zu treffen, die notwendigen Konsequenzen zu ziehen, um sie zu überwinden und über die selbstgesteckten Grenzen hinauszuwachsen. Einfach? Selten. Bequem? Wohl kaum. Der Mühe wert? IMMER!

Wie erkennt man Einschränkungen? Leicht. Ich werde Euch hier einige Gefühle/Ausdrucksformen aufzählen, die Ihr Alle aus Euren eigenen Lebenserfahrungen kennt: Widerstand gegen Veränderungen, Ungeduld, Starrköpfigkeit, Angst, Groll, Überlegenheit, Unterlegenheit, Unsicherheit, Engstirnigkeit, Gier, körperliche Lust, Schuld, falscher Stolz, Zorn, Selbstgefälligkeit, Faulheit, Neid und Eifersucht. Einige von Euch können vielleicht diese Ausdrucksformen einordnen, denn wir haben ausführlich über einige davon als *„Todsünden"* und *„Den Antichristen in Dir erkennen"* im *„Phoenix Operator-Owner Manual"* gesprochen.

All die oben genannten Einschränkungen und viele, nicht benannte Ausdrucksformen des Feindes, sind eine Verleugnung Eurer eigenen inneren göttlichen Macht. Die Verhaltensweise, sich gegen Veränderungen zu stemmen, Ungeduld und Angst zu erzeugen, haben damit zu tun, dem Lebensprozeß NICHT ZU VERTRAUEN oder ihn nicht zu verstehen, weshalb Ihr Euch hilflos und ohnmächtig fühlt. Diese Ausprägungen sind nichts anderes als **Symptome** Eures inneren Ungleichgewichtes. Wenn Ihr zum Beispiel erkennt, daß Ihr das Verweigerungssymptom habt, könnt Ihr Euren inneren Gott bitten, Euch den GRUND dafür mitzuteilen, der üblicherweise mit Angst zu tun hat. Ist es schlimm, Angst zu haben? Nein. Es ist nur das Symptom Eures Unwissens über die eigene Unfähigkeit, durch diese Angst hindurchzugehen in dem Wissen, daß Gott bei Euch ist, wenn Ihr mit der Absicht geht, Ihm zu dienen. Angst ist eine selbstbezogene Reaktion, die oft damit zusammenhängt, etwas zu verlieren, von dem man glaubt, es liebzuhaben. Es gibt nur einen einzigen akzeptablen Punkt, bei dem Euch das Angstsymptom dienen könnte. Und selbst hier paßt die Bezeichnung nicht ganz, um es zu beschreiben. Was könnte das sein? Eure Seele an den Widersacher „zu verlieren" und ein Gefangener seiner Hölle auf Erden zu werden, weil hier die Gottesferne vorherrscht. Hier ist sicherlich eine gesunde Auseinandersetzung angebracht, um die Folge dessen auch zu verstehen.

Für die meisten von Euch Gotteskindern hier gibt es dieses Problem nicht, denn Eure Herzen sind rein, obwohl Eure Taten manchmal alles andere als rein sind. Erinnert Euch, wir haben schon oft darüber gesprochen, daß IHR Gott hinauswerft! Er verläßt Euch nicht! Die meisten von Euch haben aufgrund ihrer Unwissenheit über ihre innere Gottespräsenz bereits Lebenszeiten in der Hölle verbracht. Das einfach nur, weil Ihr nicht wußtet, wie Ihr Eure innere Stärke annehmen sollt. Und außerdem habt IHR ALLE da oder dort Seine rettende, lichte Hand erfahren, die Euch aus der Dunkelheit gezogen hat, wenn Ihr um Hilfe gebeten habt. Und letzten Endes ist bereits für viele von Euch der Seelenstatus nicht das Problem, weil Eure einzige Wahl die Hinwendung zum Lichten Gott ist. Euer Lebensweg ist immer Gott und das ist ALLES, was Ihr braucht, um zu werden wie ER und Ihr den Weg gezeigt bekommt, wie Ihr die selbst erschaffenen Grenzen hinter Euch lassen könnt.

WORUM GEHT ES IN ALL DEN DISKUSSIONEN ÜBER DAS LOSLASSEN?

Das meiste Gerede ist einfach noch mehr „New Age" Unsinn. Als meine Schreiberin vor etwas über einem Jahr das erste Mal davon hörte, dachte sie das gleiche wie so viele von Euch „oh, das klingt gut". Dann dachte sie darüber nach. Was bedeutet das? Sie hat darunter körperliches Loslassen verstanden, in anderen Worten, die Loslösung von materiellen „Dingen". Aber wie bewerkstelligt man, was als „emotionale" Loslösung beschrieben wird? Nun, es hat eine Zeit gedauert, bis der Verstehensprozeß Früchte trug. Und dann fragte sie, „WARUM sollte ich mich von Emotionen und Gefühlen abnabeln? Was würde dann noch übrig bleiben?" Gute Frage, Chela. Hier ist das Schlüsselwort SELEKTIVE FREISETZUNG. Und ich benutze hier das Wort Freisetzung absichtlich, weil das Wort Loslassen oft mißbraucht wurde und eine gewisse Verwirrung darüber besteht. Bei Druthea habe ich erst dann eine Erleichterung wahrgenommen, als sie das Wort nachgeschlagen hat, so daß ich Euch jetzt die Definition dazu geben möchte: **Loslassen:** 1. Akt des Loslassens oder der Zustand, losgelassen zu werden (getrennt, abgeschnitten). 2. Mangelndes Interesse an Umfeld oder weltlichen Dingen. 3. **Weder Vorurteile noch Parteilichkeit haben.**

Jetzt, bitte, DENKT hierüber tiefer nach. Wollt Ihr Getrenntheit oder Einheit erreichen? Trennung oder Einheit? Könnt Ihr die Welt verändern, wenn Ihr kein Interesse an ihr habt? Möchtet Ihr gefühllos gegenüber Eurem Umfeld und dem Schicksal Eurer Brüder auf dem Globus sein? Ist es möglich, ein göttlicher Mensch mit Seinem Seelenleben zu sein, OHNE EMOTIONEN ZU SPÜREN? Liebe ist eine Emotion, ein Gefühl und eine Ausdrucksweise. Welche Handlungen beweisen Liebe? Fehlen von Vorurteilen (vorausgehendes Urteil) klingt gut, aber was ist mit dem Fehlen von Parteilichkeit? Habt Ihr nicht Partei ergriffen für Gott? Oder ist es der Widersacher? Klingt diese Bedeutung bei der Darstellung göttlich oder satanisch? Es hängt von der Umsetzung ab.

SELEKTIVE ENTLASTUNG (AKA LOSLASSEN)

Wie wäre es, wenn Ihr Euch einfach nur vom Bösen befreien oder Euch davon lossagen würdet? Befreiung von Angst, Abneigung, Neid, Haß, Unsicherheit. Mit anderen Worten, diese **einengenden** Emotionen des Widersachers zurückzulassen und Euch darauf konzentrieren würdet, die mit-schöpferische Emotion der brüderlichen Liebe zu entfachen? Und um hier wirkungsvoll in Eurem Dienst zu stehen, müßt Ihr für das menschliche Befinden auf Eurem Ort ein hohes Maß an Anteilnahme mitbringen.

Jetzt will ich Euch ein anderes Beispiel einer angemessenen Loslösung geben. Wenn Ihr das Wort verbreitet, ist es nicht Euer Problem, wenn Andere sich weigern, es zu hören, oder Euch dafür abschätzig zu behandeln. Das ist deren Wahl und Privileg und liegt NICHT in Eurer Verantwortung.

Ein Beispiel unangemessenen Festhaltens wäre ein materieller Ego-Status und ganz besonders auch das Festhalten an Euren MEINUNGEN, wie die Dinge sind oder sein sollten usw. Laßt Euch immer den Raum, Eure Einstellung von Meinung auf WISSEN umzustellen, besonders, wenn Ihr von Eurem inneren GOTT dazu angehalten werdet. Das bedeutet, die Bereitschaft zu haben, vor sich selbst oder einem Anderen zugeben zu können, daß Ihr Euch geirrt, aber jetzt den „rechten" oder ausgewogenen Weg erkannt habt.

Andere Bereiche unangemessenen Festhaltens gibt es bei den Bedürfnissen des Alter Ego, wenn es um Dominanz oder Manipulationen geht, um SEINE Ansprüche oder Wünsche zu erfüllen. Viele Elternpaare unter Euch sind mit dieser Art Herausforderungen konfrontiert, genauso geht es aber auch Allen, die sich an einem normalen Arbeitsplatz befinden oder irgendwo, wo sich Menschen treffen, sich gegenseitig beeinflussen oder gleiche oder ähnliche Ziele erreichen wollen. Ganz gleich, ob es nun um Freundschaften geht oder darum, Das Wort herauszubringen.

Betrachtet das mal so. Ihr habt die Möglichkeit, einen positiven oder konstruktiven EINFLUSS oder einen negativen, destruktiven EINFLUSS anzubieten. JEDE Wahl, jede Aktion und Entscheidung die Ihr trefft, vergrößert oder VERKLEINERT die brüderliche Liebe und den guten Willen. Hier liegt es an Euch, den Unterschied zu finden. Der größte Anteil Eurer Lebensprozesse bewegt sich rund um das Erlernen der Unterschiede zwischen Verhalten und Aktionen, die Harmonie und göttlichen Einfluß bringen oder Verhalten und Aktionen, die den Hunger des Widersachers nach destruktiver Manipulation, Dominanz und Kontrolle über Euer Wesen auf diesem physischen Planeten stillen. Es ist leicht, den Lebensprozessen zu VERTRAUEN, wenn Ihr jeden Moment WISSEND und in Harmonie mit göttlicher Verbundenheit unterwegs seid. Wie viele von Euch haben das bisher erreicht? SEHR, SEHR Wenige. Genau das ist aber die Herausforderung, Chelas. Es gibt VIELE, VIELE Prüfungshindernisse, die nur dazu da sind, Euch bei Eurem ausbalancierten Hochseilakt zu stören. Mit der Zeit lernt Ihr, immer mehr dieser Ablenkungen zu ignorieren, denn Ihr erkennt sie als solche und geht einfach darüber hinweg oder durch sie hindurch, denn IHR WISST, Ihr habt die Macht und die Wahl, das zu tun. In dieser Zeit seid nachsichtig mit Euch selbst. Denn selbst vollendete Meister des Wissens und der Verbundenheit haben bei ihrem Unterscheidungsvermögen von Zeit zu Zeit Fehler gemacht und unter den daraus folgenden Konsequenzen gelitten, einschließlich mir.

Ich könnte Euch in meiner Kapazität nicht wirkungsvoll unterstützen, wenn ich nicht viele Erfahrungen auf den physischen Ebenen gesammelt hätte wie Ihr Alle, damals und heute. Der Lohn, zum Schluß EURE Macht zu erkennen, positive, konstruktive Veränderungen herbeizuführen, ist bombastisch.

WARUM FÜHLE ICH MICH MANCHMAL ERFOLG- UND HILFLOS?

Diese Frage hat Druthea gestellt und einige Andere von Euch auch. In Eurem Fall, Ihr Lieben, meßt Ihr Eure Ergebnisse anhand dessen, was Ihr auf der Oberfläche seht. Und Eure Mühen scheinen Euch ziemlich vergeblich und hoffnungslos zu sein, wenn Ihr schnelle und offensichtliche Erfolge erwartet und davon ausgeht, Ihr könntet sie an einem Brief oder Kommentar zu Eurer Arbeit ablesen. Das wiederum liegt ebenfalls nicht in Eurer Verantwortung, Ihr Lieben. Ihr seid nämlich nicht in der Lage, die Veränderungen im INNEREN des Seelenbewußtseins einer Person zu erkennen, die Ihr berührt habt.

Ein Beispiel – wenn es den Anschein hat, Eure Schwester würde die Widrigkeiten weder sehen noch hören, besonders wenn sie ihr von Euch dargelegt werden, dann ist das EURE Wahrnehmung. Nur, weil sie beschließt, **sich nicht dazu zu äußern**, bedeutet nicht, daß sie in ihrem Bewußtsein oder ihrem Herzen nicht hin- und hergerissen oder davon berührt ist, selbst, wenn sie einfach nur denkt, Ihr spinnt. Und vielleicht betet sie sogar für EURE Seele, weil sie glaubt, Ihr seid auf dem falschen Weg.

Gott in seiner überaus fürsorgenden Liebe sieht in die Herzen. Er sieht in Eures, das die Wahrheit weitergeben möchte und in ihres, das einfach nur Frieden und Harmonie in den wenigen Stunden, die Ihr zusammen habt, haben möchte. Eure Frustration kommt daher, weil Ihr das „Schweigen" und Euer Bedürfnis beobachtet, von ihr gehört und verstanden zu werden. Laßt dieses Bedürfnis zurück, denn es ist nur Eure eigene Unsicherheit, wie Euch der Commander schon richtig gesagt hat, die Euch drängt, ihre Akzeptanz zu bekommen. Erlaubt ihr, daß sich der Prozeß bei ihr entfaltet, denn sie akzeptiert Euch genauso, wie Ihr seid. Ihre Ideen sind eine andere Sache. Mit der Verbindung der Liebe zwischen Euch sollt Ihr wissen, daß Sie um Annäherung bittet, wenn sie das möchte. Seid vorbereitet und laßt ihr die Zeit, die sie braucht. Das ist das Geschenk der Liebe. Versteht Ihr das? Ja, ich höre, daß Ihr das versteht. Und ich glaube, daß Ihr Alle in ähnlichen Situationen diese Lehrstunden in Euer Gedächtnis ruft, denn sie können bei ALLEN angewandt werden, die „zufällig" bei diesem Übergang dabei sind.

Bitte laß uns eine Pause machen. Danke Dir, Druthea, für diese Sitzung. Ich weiß, Du kannst auch länger schreiben, aber du bist körperlich noch nicht so stark wie Du glaubst. Du brauchst Deine Zeit, um gesund zu werden und Du hast es zugelassen, Deine Sorgen und Deine unruhigen Zeiten nicht nur in unsere gemeinsame Zeit eingreifen zu lassen, sondern auch in Deinen Heilungsprozeß. Ich will Dich damit nicht schelten, sondern möchte nur, daß Du Dir darüber bewußt wirst, was du Dir antust, meine Liebe.

Ich liebe Dich als Teil meines eigenen Wesens und Ich schätze Dich und die Zeit mit Dir sehr hoch. Du wirst lernen, daß es sehr wenig der so gesehenen Pflichten gibt, die die Sorgen und den Verzicht auf unsere Schreibzeiten wert sind. Es gibt VIELE jenseits Deiner Wahrnehmung, die inneren Halt und Frieden aus dieser Arbeit beziehen, einschließlich Du, meine kleine Taube. Die Unzulänglichkeit verschwindet, denn sie ist Teil der Illusion des Alter Ego und hat im Lichte Gottes und unserem gemeinsamen Werk keinen Bestand. Sei in Frieden. Dein Dienst ist sehr gut. Es gibt immer Möglichkeiten der Verbesserung und Deine Sehnsucht danach wird Dich dorthin tragen.

ICH BIN Sananda, Eins mit Gott. Gehet gemeinsam in Frieden und Liebe und WISSET, GOTT ist bei Euch. Salu.

KAPITEL 33

5. Januar 1992, 20.35 h

„NEW AGE" BLÖDSINN, TEIL 1

Grüße und guten Abend, liebe Druthea. ICH BIN Sananda, auch bekannt als Esu, Jesus, Immanuel, der Weiße Prophet und unter vielen „anderen" Namen. Ich komme im Dienst des Heiligen Gottes des Lichtes, Unseres Schöpfers, und zu Euch, meine Brüder auf der Erde Shan.

Dieses Kapitel möchte ich „New Age" Blödsinn nennen aus dem einfachen Grund, weil die meisten von Euch jetzt die *PHÖNIX-JOURNALE* lesen und jede Menge Unterweisungen oder Dogmen durchlebt haben, die in dieses Genre oder in diese Kategorie fallen und sich alle unter „New Age Bewegung" und/oder „Metaphysik" zusammenfassen lassen.

Zuerst möchte ich den Begriff etwas korrigieren, da sich viele der vorgeblichen Doktrinen der sogenannten großen und inspirierten „New Age"-Lehrer, sowohl der Sichtbaren als auch der Unsichtbaren, zur rechten Zeit als Mischung aus inspirierter Wahrheit und tödlichen Lügen herausstellen werden.

Wußtet Ihr, daß Viele, die hin- und hergesprungen sind auf der Suche nach diesem Lehrer oder jener Doktrin, die „gut klingen" und sich „gut anfühlen", im Grunde genommen ziemlich abgestumpft sind? Ich will Euch das erklären. Für dieses erste Beispiel jetzt möchte ich aber die „New Age Bewegung" umbenennen in „New Age Massenträgheit".

Warum Massenträgheit? Obgleich nicht Alle in diese Trägheit verfallen, so haben doch sehr Viele sehr viel Zeit darauf verwendet, zu SEIN, so daß sie darüber vergessen haben, sich zu bewegen, es sei denn für Drogenbeschaffung, um high zu werden, oder einen

Partner zu finden, mit dem sie sich sexuell ausdrücken können oder um Myriaden von anderen „körperlichen" Möglichkeiten zu finden, um ihre Sinne zu betören, die nichts zu ihrem Kosmischen Bewußtsein beigetragen haben. Wußtet Ihr, meine Hochgeliebten, daß Satansanbetung, Hexerei und Freimaurerei auch unter das Genre „New Age" fallen? Geht einfach mal zu einem solchen „New Age" Buchladen oder zu den vielen allgemeinen Buchhandlungen, die eine „New Age" Abteilung haben und schaut Euch das an. Wie findet Ihr goldigen „New Ager" das? Im Folgenden werde ich einige der falschen Lehrmeinungen bloßstellen, die die meisten von Euch durcheinandergebracht, verwirrt und auf den falschen Weg geführt haben.

LÜGE NR. 1: „ALLES IST VOLLKOMMEN"

Ja, alles ist Perfektion, WENN Ihr Euch im UNGETEILTEN EINEN Geist des Lichten Gottes befindet. Aber bis dorthin, meine Lieben, wird es Euch in den Lernprozessen auf der Reise Eures Seelenfragments öfter schmerzhaft bewußt gemacht, daß Ihr durch die geteilten, auf männlich/weiblich konditionierten gegengeschlechtlichen Erfahrungswerte in Eurer Beziehung zu Gott unvollkommen seid. Und bis zum letzten Moment Eurer Seelenreise werdet Ihr dauerhafte Sucher nach dem Wissen sein, das Euch nach Hause in SEINE vollkommene EINHEIT bringt. Die körperlich manifestierten Ebenen bieten Euch die meisten der unzähligen Gelegenheiten, Euch in der Unvollkommenheit sowie Ignoranz des Göttlichen zu üben. Das ist so vorgesehen. Und dabei lernen Eure Seelen den Unterschied zwischen der Göttlichen Harmonie innerhalb Seiner Gesetze und den unausgeglichenen Mißachtungen der Göttlichen Gebote durch den Widersacher kennen, so daß Ihr aus der Ignoranz ins WISSEN wachsen könnt. Durch dieses WISSEN werdet Ihr Stück für Stück frei von den Eingrenzungen durch die materiellen Wünsche, weil Ihr Euch danach sehnt, GOTT und Seine Wege IN EUREM INNEREN kennenzulernen.

LÜGE NR. 2: „ES GIBT KEIN GUT ODER SCHLECHT, NUR ERFAHRUNGEN"

Diese Art von Feststellungen gehört zu den am meisten Mißverstandenen, weil die allgemeine Interpretation ALLES beinhaltet, das heißt, jedes Benehmen, Verhalten und jede Tat ist ok. Und zu gleicher Zeit erzählen sie Euch „Du sollst einen Anderen nicht BEURTEILEN". Nun, das ist richtig. Erinnert Ihr Euch an die Gesetze Gottes, über die wir im *PHOENIX OPERATOR-OWNER MANUAL* geschrieben haben? Wir harmonisieren jetzt diese Aussage „Du sollst einen Anderen nicht beurteilen" und fügen hinzu, „Du MUSST Verhalten und Taten beurteilen, die den Göttlichen Gesetzen zuwiderlaufen".

Was ist der Unterschied? Ihr seid nicht dazu verpflichtet, das Verhalten oder die Handlungen, die die Göttlichen Gesetze brechen, ZU BILLIGEN. Könnt Ihr zum Beispiel jemanden davon abhalten, eine Abtreibung durchzuführen? Nicht mit Gewalt. Allerdings **könnt** Ihr denjenigen erklären, warum es falsch ist, jemanden zu ermorden, und gleichzeitig sehr gut wissen, daß SIE ihre Entscheidung selbst treffen und damit leben müssen, da Ihr weder an ihrer Stelle entscheiden noch handeln könnt.

Wisset, daß es KEINE Frauen mit Gottesbewußtsein gibt, die **nicht wissen**, daß sie eine Sünde gegen Gott und das Leben begangen haben, wenn sie sich für eine Abtreibung entschieden haben. Ändern sie Alle ihr Verhalten? Nein. Aber das schlechte Gewissen und die damit oft einhergehenden Selbstbestrafungen bleiben solange bei ihnen, bis sie in der Lage sind, ihr Fehlverhalten in ihrer persönlichen Verantwortung zu erkennen und nachfolgend ihre innere Einstellung und ihr Verhalten, das sie gezwungen hat, ein ungeborenes Baby zu ermorden, zu verändern.

LÜGE NR. 3: WALK-INS UND WALK-OUTS

Diese Begriffe wurden überwiegend von Ruth Montgomery in die Öffentlichkeit getragen, sie ist ein selbsternannter „Channel" in ihren Büchern *STRANGERS AMONG US* und *THRESHOLD TO*

TOMORROW [A.d.Ü.: nach meinen Recherchen keine deutschen Übersetzungen verfügbar]. Sie benutzt diese Begriffe, um gewaltige Veränderungen der Persönlichkeit zu beschreiben, die sich oft nach einem „Nahtod"-Erlebnis ereignen. Ich möchte ihren Gebrauch des Wortes mit dem Wort „Wiedergeburt" beschreiben, wie es von denen benutzt wird, die sich selbst als Christen bezeichnen, obgleich diese sogenannten Christen sich nur auf die Erfahrung beziehen, die sie „Wiedergeburt" nennen und die sie als wundersam ansehen und mit einer fast sofortigen Lebensveränderung gleichsetzen durch die Erkenntnis, daß Christus ihr Retter war und sie deshalb zu den in den unterschiedlichen Bibelversionen dargestellten „christlichen" Werten und Lehrmeinungen zurückgekehrt sind.

Gemäß ihrer „Geistführer" beschreibt sie in ihrem Buch *THRESHOLD TO TOMORROW* die Erfahrungen von über einem Dutzend „New Age" Lehrern, Heilern und vielen Anderen, die in diesem Bereich arbeiten.

Bitte seid Euch bewußt, daß Montgomery selbst (vermutlich durch Anweisung ihrer „Geistführer") die Erfahrungen eines Jason (Ray) Winters als „Walk-in" beschreibt, der sich selbst vom Krebs im Endstadium heilt, indem er eine Teemischung zusammenstellt. Sie beschreibt dieses Ereignis, das sie „Walk-in" nennt, als die ursprüngliche „Seelen"-Energie, die es wünscht, den Körper zu verlassen und einer anderen Energie aus der „Geistebene" erlaubt, dieses Leben zu übernehmen. Wirklich interessant hierbei ist, daß nach Montgomery derjenige, der „übernimmt", immer im Dienste der Menschheit steht, obwohl er auch nicht immer ein perfektes Wesen ist.

Jetzt frage ich Euch, die Ihr die *PHÖNIX-JOURNALE* gelesen habt, besonders die über „Robotoide" und „Duplikate", glaubt Ihr wirklich, Gott hätte es nötig, die ursprüngliche Seele zu entfernen, um konstruktiven Wechsel, Erkenntnisgewinn, Heilung und andere positive Veränderungen im Verhalten Seiner Kinder herbeizuführen? Warum sollte GOTT jemanden, speziell im Fall von Winters, seine Hilfe verweigern, wenn Winters SELBST ihn darum gebeten hatte? Hätte Gott es nötig, die Ursprungsseele auszulöschen und sie durch eine andere zu ersetzen? Warum sollte GOTT es zulassen, daß eine Seele den normalen Lebensablauf von Geburt über Kindheit und Erwachsenwerden umgeht und dafür einfach einen „fertigen" erwachsenen Körper ÜBERNIMMT?

Die Antwort, meine Lieben, heißt, daß GOTT nicht auf diese Art und Weise arbeitet. Er braucht keine Walk-ins, um Sein Werk zu tun oder zu vervollständigen. Er begünstigt keine Seelenenergien des Lichtes, denn sie kommen in die physische Dichte, um ZU LERNEN UND ZU DIENEN und nicht, um sich vor der Verantwortung zu drücken (Walk-out) oder den Lebensprozeß von GEBURT an (Walk-in) zu umgehen. Es tut mir leid, daß ich Eure Seifenblase zum Platzen bringe, wenn Ihr diesen Unsinn „glaubt".

Entweder GOTT unterstützt Euch bei Euren Wünschen und dem Vertrag, Euch um Euer Erwachen zu kümmern und in Seinem Dienst zu stehen, selbst wenn Ihr einschneidende Veränderungen in Eurer Wahrnehmung und Eurem Verhalten erlebt, Ihr aber dennoch demütig im Dienst steht, ODER viele der Gotteskinder haben es zugelassen, daß eine oder mehrere dunkle Energien Besitz von ihnen ergreifen und sie dadurch verwirrt und fehlgeleitet werden.

DAS BÖSE kann keine Seele erschaffen und nur niedere astrale und andere dunkle Energien hegen den Wunsch, einen anderen Körper zu besitzen, wenn sie dazu eingeladen werden oder es ihnen erlaubt wird. So ist es einfach. Das Böse kann und wird menschlich (aber auch nicht menschlich) erscheinende Körper und Robotoide ohne Seelenenergie „duplizieren", die dazu gedacht sind, teuflische Forderungen und Programme zu erfüllen, genauso wie es bei einem Computerprogramm der Fall ist.

Wenn Ihr mehr Informationen über „Robotoide, künstlich erschaffene und duplizierte Intelligenzen" wollt, kann ich Euch nur dringend anraten, die *PHÖNIX-JOURNALE* zu lesen, wenn Ihr diese Art der Technologie als „Science Fiction" abtut oder darüber empört seid, denn sie enthalten vom Widersacher gestaltete und kontrollierte, öffentlich zugängliche WAHRHEITEN über diese Prozesse. Commander Hatonn hat in MEHREREN *JOURNALEN* Informationen über das Wer, Wie, Wann Wo und Warum zur Entwicklung von Robotoiden, Künstlichen Intelligenzen und Duplikaten preisgegeben. Ich denke, es ist der Mühe wert, mit Eurem von Gott gegebenen Verstand diese Wahrheiten weiter zu erforschen, denn mit diesen Voraussetzungen wird Eure Welt regiert und es würde Euch gut zu Gesichte stehen zu wissen, wie das gekommen ist und wer Eure Feinde sind! So sei es.

Laß uns dieses Kapitel abschließen. Danke Druthea, für Deinen Einsatz, Du Liebe. Laß Dich von Gottes Hand zu dem führen, was Du in Deinem Inneren suchst. Denn es ist noch erstaunlicher, als Du momentan übersehen kannst. Sei in Frieden, meine Liebe. Du bist derzeit viel zu hart mit Dir. Ich liebe Dich und weiß die Zeit, die wir zusammen verbringen, sehr zu schätzen.

ICH BIN Sananda, Eins mit Gott, in Seinem Dienst in Licht, Wissen und Liebe. Ich danke Euch für Eure Aufmerksamkeit, meine Brüder. Geht sorgsam miteinander um und Eure Wege werden sich klären. Salu.

KAPITEL 34

6. Januar 1992, 17.00 h

„NEW AGE" BLÖDSINN, TEIL 2

Ich grüße Dich, liebe Druthea. ICH BIN Sananda. Ich komme im Dienst des Heiligen Göttlichen Vaters/Aton des Lichtes und zu Euch, meine Brüder, auf der Erde Shan. Ich habe Deinen Ruf gehört, mein Schatz. Ich habe Dich gebeten, das Buch *(THRESHOLD TO TOMORROW)* zu lesen, nicht, um Dich zu verwirren, sondern damit Du Klarheit bekommst. Ich beobachte Dich dabei und Du benutzt auch Deinen Verstand. Ich sagte nicht, daß Ruth Montgomery ein „schlechter" Mensch ist. Ich sagte nur, daß Gott den Austausch von Seelen in einem Körper weder braucht, noch ihn nutzt. WENDE Dein Unterscheidungsvermögen AN, mein Kleines. Könnte Gott eine Seele gegen eine andere austauschen, die gehen möchte? Natürlich kann er das. Ist es wirklich so gang und gäbe, wie Montgomery schreibt, daß VIELE Walk-in-Seelen aus höheren Ebenen kommen, um der Menschheit über die Erdveränderungen usw. zu helfen? Nein. Chela, es tut mir leid, wenn Dich das verwirrt.

Ist es falsch, wenn so Viele in ihrem Buch der Ansicht sind, sie seien Walk-ins? Nicht unbedingt. Sie glauben das, was für sie „richtig" ist solange, bis sie etwas anderes in Erfahrung bringen. Du mußt den roten Faden bei all diesen Fällen, die sehr gut dargestellt sind, finden. Es passiert etwas Dramatisches, bei einer Hochzeit oder einer anderen Gelegenheit, das großen emotionalen Streß verursacht und es entsteht der Wunsch, dieses Leben zurückzulassen, wie zum Beispiel Gedanken über einen Selbstmord, eine Nahtoderfahrung oder ein Koma aufgrund eines „Unfalles", oder sogar eine lange Gefangenschaft des Körpers.

Die Protagonisten sprechen vom Moment ihres „Übergangs" (von dem sie glauben, es sei ein Walk-out/Walk-in), oder über einen inneren Wandel, wie ich es nennen möchte, als eine wunderbar befreiende Erfahrung. Jeder WEISS seltsamerweise irgendwie, wie er seine „Probleme" lösen kann und findet sich in dem Wunsch wieder, der Menschheit mit bedingungsloser Liebe zu dienen, sich von überbordendem Materialismus, maßlosem Haß, Vorurteilen und anderen hemmenden Wünschen zu befreien.

Spiele ich die Erfahrungen dieser Menschen herunter? Überhaupt nicht. Ich unterstütze nur die Schlußfolgerungen nicht, die von ihnen und Montgomery „gezogen" werden, daß es der Originalseele zugestanden wurde, sich aus der Verantwortung in ihrer Inkarnation davonzustehlen. Und daß die „Originalseele" von Gott irgendwie nicht zu ihrem erwachten Lebenssinn „inspiriert" und „erhoben" werden konnte. Stattdessen wurde die Originalseele durch eine „geläuterte und menschenfreundliche Seele" ersetzt? Jetzt macht mal halblang, Chelas. Denkt mal scharf darüber nach!

Könnte Albert Einstein nicht ein persönlicher Führer für jemand sein, der an jemanden wie Bjorn Ortenheim Informationen übermittelte und noch übermittelt? Natürlich! Ist das Euer Problem? NEIN.

Gott hatte einen Grund, als er die Zyklen Geburt-Tod und Tod-Geburt auf den manifesten Ebenen erschaffen hat. ES IST DER PROZESS DER GEBURT UND DIE KÖRPERLICHE ERFAHRUNG VON URSACHE UND WIRKUNG IN AKTION, ALSO DER PROZESS EURES LEBENS! GOTT WIRD EUCH NICHT SO LEICHT AUS DER VERANTWORTUNG ENTLASSEN, CHELAS. ER WIRD EUCH DABEI UNTERSTÜTZEN, EUREN SINN UND ZWECK UND SEINE WEGE INNERHALB DER SCHÖPFUNG DURCH GOTTESERKENNTNIS ZU VERSTEHEN UND EUCH ZU EURER MACHT DER MIT-SCHÖPFUNG ERHEBEN!

Ach so, die „Wiedergeburt" ist wundervoll für die, die sie erfahren. Bedeutet es, daß das Original gehen muß? Natürlich nicht! Wir haben Euch gesagt, daß VIELE erleuchtete, höherschwingende Wesen inkarniert sind bzw. jetzt ALS BABYS auf Eurer Ebene inkarnieren, damit sie in die Verantwortung für ihre Mission und den Sinn ihres

Dienstes hineinwachsen können. Denkt daran, Commander Hatonn hat Euch mehrere Male gesagt, daß dies der Grund ist, warum die ABTREIBUNGEN so forciert werden. Um Gottes Kleine zu zerstören, bevor sie ihre Chance bekommen haben. Müßt Ihr mir mehr „glauben" als Ruth Montgomery? Überhaupt nicht. Ich gehe mal davon aus, daß die unter Euch, die meinen, „Walkins oder Walk-outs" zu sein, über meine Worte nachdenken. Am besten, Ihr meditiert einmal über die Prozesse und Wege Gottes und Seine unendliche Weisheit und WISST dabei, **daß Ihr Ihr selbst seid,** die Originalseele in erwachter Form, wenn sie wahrhaftig Sein Dienst IN AKTION ist. Scheut Euch nicht davor, Gott und EUREN persönlichen Führern dafür Anerkennung und Dankbarkeit zu zollen.

Wertet Euch nicht mit dem Gedanken ab, daß das „Original" zu unentwickelt war, um „transformiert" zu werden, indem Ihr so kurzsichtig seid und an Wunder denkt. Mit Gott als Eurem „Leitenden Strahl" ist ALLES möglich und nachvollziehbar.

Noch ein Punkt. Jeder von Euch hat einen Vertrag MIT GOTT, wenn Ihr in Seinem Dienst kommt. Ihr seid durch Eure Mit-Schöpfung mit einem Körper gesegnet, mit dem Ihr Eure Mission erfüllen könnt. Gott BRAUCHT EUREN KÖRPER NICHT, aber Ihr, um Euren Auftrag auf der Erde zu erledigen!

Gibt es noch „andere" Energien, die nur darauf warten, in Euren Körper zu schlüpfen, weil Ihr keine Verantwortung übernehmen wollt und nicht wißt, wie Ihr Euch schützen sollt? Natürlich. Aber diese stehen NICHT im Dienste Gottes! Und erstens BRAUCHT eine „höhere" Energie EUREN KÖRPER NICHT und zweitens WÜNSCHT SIE NICHT, SICH DEN DICHTEN KÖRPER EINES ANDEREN ANZUEIGNEN! (Erinnert Ihr Euch an das Gesetz der Nichteinmischung? Wenn nicht, dann lest es nach im *PHOENIX OPERATOR-OWNER MANUAL*.) Ich nehme an, daß ich Euch zu diesem Punkt einige Klarheit gebracht habe. So sei es.

Für alle diejenigen, die sich fragen, warum ich so auf diesem Thema herumreite – weil meine Schreiberin heute völlig aufgelöst und durcheinander war, weil die Geschichten so „wahr" klangen. Vielleicht sind sie das auch, Chela. Es sind doch nur die Schlußfolgerungen, an denen ich Anstoß genommen habe und Du hast das Recht zu verstehen warum, denn wenn Du es nicht verstehst, muß ich davon ausgehen, daß es Andere auch nicht verstehen.

Danke für Deine Suche, Druthea. Denk daran, ein aufrichtiger Ruf erzwingt die Antwort und ich verlasse Dich nicht in einem verzweifelten Zustand. Obgleich Du auch das erste Mal besorgt warst über das, was ich geschrieben habe, denn Du hast in diesem Bereich ja überhaupt keine Erfahrungen. Es ist nachvollziehbar, daß Du fragst, kläre Deinen Raum und wisse, das bin ich, Sananda, der bei Dir ist. Ich stelle NIEMALS in Frage, daß Du sicher bist über die Identifikation meiner Anwesenheit, meine Liebe. Ich gehe davon aus, daß Du WEISST, mit wem Du sprichst und in wessen Dienst sie JEDES MAL kommen!

Laß uns dieses Kapitel beenden. Seid bitte in Frieden, meine geschätzten Brüder, denn es ist Eure Lebensreise, die Euren Charakter mit Ehrgefühl oder Schande prägt. Wobei es vorgesehen ist, daß es durch Euren inneren Wunsch und entsprechende Taten das Ehrgefühl ist. Kennt Gott in Eurem Inneren und SEID sein ehrenhaftes Abbild. Ihr habt die Wahl.

ICH BIN Sananda. Ich komme in Licht und Liebe, um dem Heiligen Gott/Aton zu dienen. Vielen Dank für Eure Aufmerksamkeit. Salu.

KAPITEL 35

17. Januar 1992

„NEW AGE" BLÖDSINN, TEIL 3

Ich grüße Dich, liebe Druthea. ICH BIN Sananda, Jesus, Esu, Immanuel. Ich komme im Licht und Dienst des Heiligen Gottes, unseres Strahlenden Schöpfers.

Ich möchte diese Serie über den Unsinn und die Fehlinterpretationen fortsetzen, die die sogenannte „New Age" Bewegung unterwandern. Es ist nicht notwendigerweise immer so, daß die von Manchen geäußerten Klischees und „weisen" Sprüche nicht der Wahrheit entsprechen. Sondern es ist oftmals so, daß die sogenannten „New Age" Lehrer/Referenten eine Auffassung interpretieren, die entweder nicht ganz verstanden oder nicht korrekt wiedergegeben wurde. Und dann gibt es Welche, die einfach absichtlich die Lehre durch falsche Interpretationen manipulieren, um Andere in die Irre zu führen oder zu täuschen.

Ihr Alle habt die Lernaufgabe, durch Eure Vernunft und Verbundenheit mit dem Gott in Eurem Inneren Unterscheidungsvermögen zu lernen. Ihr müßt aber Alle das Problem überwinden, es zuzulassen, daß Andere für Euch „denken" und denjenigen auch noch zu „glauben", weil sie wie ernsthafte und weise Experten „klingen". Denkt daran, der Glaube an Gott zum Beispiel ist nicht das Gleiche wie das WISSEN über Seine Allmächtige und führende Gegenwart in Euch. Glaube ist immer noch eine Ansicht, die korrekt sein kann oder nicht. Es ist noch lange kein WISSEN, das Ihr erreicht habt, bevor Ihr nicht den Beweis Seiner Macht und Präsenz durch EUREN WUNSCH ZU WISSEN erarbeitet und EURE persönlichen Bemühungen und Taten eingebracht habt, die im Einklang mit diesem Wunsch erschaffen und demonstriert wurden.

Jetzt will ich mal einen Satz zitieren, den Viele, ganz besonders die Studierenden der östlichen Meister, bringen. Ich hätte gerne, daß jeder von Euch, der ihn jemals gehört hat, darüber nachdenkt, was er für Euch bedeutet hat und was er jetzt für Euch bedeutet, dann erst lest bitte weiter:

Worauf immer Du Deine Energie richtest oder mit welcher Energie Du in Wechselwirkung gehst, diese Energie ziehst Du an.

Jetzt sage ich Euch, wie viele Anhänger des „New Age" diese Aussage dahingehend interpretiert haben, die Übernahme von Verantwortung zu verweigern. Wenn die Information, die ihnen zuerst gegeben wurde, als „negativ" eingestuft wurde, weil sie bei ihnen Emotionen wie Angst, Schuld, Schmerz, Ärger usw. hervorriefen, dann hatten sie das Gefühl, sie dürften sich nicht damit auseinandersetzen. Und irgendwie sind sie danach vom „negativen" Denken freigesprochen und alles wird wunderschön und harmonisch werden in ihrem Leben. SO EIN QUATSCH!

Und jetzt will ich Euch sagen, WIE ES IST, und es ist nicht so, wie Viele von Euch es gerne hätten. Erstens werdet Ihr in diesem Lernprozeß oder in dieser Lebensschule mit EUREN EIGENEN Lehrstunden in allen Lebenslagen und mit allen Informationen konfrontiert, auf die Ihr Eure Aufmerksamkeit richtet. Und zweitens tauscht Ihr jeden Moment, in dem Ihr denkt und lebt, Energien mit anderen Energien aus, denn ALLES ist feinstoffliche Energie in unterschiedlichen Wellenformen. Wenn Ihr einen sorgenvollen Gedanken für ein geliebtes Wesen hegt, tauscht Ihr durch diesen Gedanken Energien aus. Wenn Ihr auf die Nachrichten reagiert, die Euch sagen, es gäbe einen Krieg, habt Ihr mit dieser Information schon Energie ausgetauscht, denn Information trägt ihre eigene Energie und Eure Reaktion darauf ist die Lektion für Euch.

Wenn Ihr meint, daß die Informationen über die Korruption der Regierung oder über die Robotoiden, die in den *PHÖNIX-JOURNALEN* enthalten sind, nicht der Wahrheit entsprächen, einfach weil es Euch Angst macht und Ihr es absolut nicht glauben könnt, dann sollt Ihr wissen, daß EURE Meinung hierzu die WAHRHEIT in dieser Information NICHT ÄNDERT. Wenn Ihr also irgend etwas ohne weitere Nachforschungen ablehnt oder in Abrede stellt, dann stellt Ihr Euch auch nicht der ANGST, die Ihr im Inneren spürt und die verstanden und zurückgelassen werden will. Sie zu IGNORIEREN bedeutet nichts anderes als diese Lehre aufzuschieben, DIE DANN ERNEUT WIEDERHOLT WERDEN MUSS, bis sie angenommen wird.

Ich gebe Euch ein kleines Häppchen Weisheit, auf das Ihr Euch auf Eurem Weg in Selbsterkenntnis und Meisterschaft verlassen könnt.

Wenn Ihr durch IRGENDEINE Information oder Situationen, über die Ihr hört, angstvoll, wütend oder von Schuld geplagt seid, dann könnt Ihr sicher sein, daß Ihr genau den „wunden" Punkt bei Euch getroffen habt, auf den Ihr Eure Aufmerksamkeit richten müßt, denn dadurch werden Euch Möglichkeiten unterbreitet, wie Ihr den Erlösungsprozeß angehen könnt.

Ihr müßt auch wissen, daß die Angst IN EUCH SITZT, wenn Ihr etwas anzieht, das Euch ängstigt und nicht in der Person oder der Information, die Euch vermeintlich diese Angst MACHT. IHR fühlt Euch auf so viele Arten bedroht, aber normalerweise ist diese Angst eine Art VERLUSTANGST. Und mit DIESER Art von Angst muß jeder von EUCH in Berührung kommen.

Chelas, es ist überhaupt nicht SCHLIMM, Angst zu empfinden. Es ist nichts anderes als ein zeitweise aus der Illusion entstehendes Hemmnis für Euer Wachstum und ein Mangel AN GOTTVERTRAUEN in Eurem Inneren. Angst, Schuld, Ärger sind Symptome eines tief sitzenden Gefühls von Ohnmacht, Hilflosigkeit und der unterbrochenen Verbindung zu Gott als Begleiterscheinung des Glaubens an das Getrenntsein.

Laßt Angst eine Vorwarnung für Euch sein. Anstatt sie zu ignorieren und zu hoffen, sie verschwindet von allein wieder, weil Ihr keine Aufmerksamkeit hineingebt, SCHAUT IHR IN DIE AUGEN. Bittet Euren Inneren Vater, Euch die Wurzel dieser Angst wissen zu lassen und was IHR TUN und WISSEN müßt, um sie zu verstehen und aufzulösen. Und Wut kann dabei auch eine sehr positive Auswirkung haben, denn wenn Ihr sie anschaut und die URSACHE in Euch erkennt, könnt Ihr sie in AKTION und LEIDENSCHAFT IM DIENST AN GOTT UMWANDELN, um Harmonie in die Umstände zu bringen, die Euch so verunsichert haben.

Was meine ich mit UMWANDELN? Das Wörterbuch sagt: „ändern der Natur, Form oder Qualität; transformieren". JEDER von EUCH hat die innere MACHT, jede Energie, jede Emotion und jede Situation/Lebensumstand zu transformieren, um sich selbst oder die Situation/Lebensumstand in Harmonie zu bringen. Wie macht man das? DURCH DEN WUNSCH, SICH ZU VERÄNDERN, UM WIE GOTT ZU SEIN UND IHN IN SEINEM INNEREN ZU KENNEN. Es wird Euch gezeigt werden, welche Aktionen Ihr angehen müßt, um GOTT als ehrenhaftes Abbild zu dienen, wenn es Eure ehrliche Absicht ist. Der Weg dafür wird frei werden, denn das Königreich des Himmels ist IN EUCH. Wenn Ihr wirklich Euer inneres spirituelles Wissen erweckt, KÖNNT UND WERDET IHR ALLES VOLLBRINGEN, was Ihr im Kopf habt, denn dem habt Ihr Eure Aufmerksamkeit gewidmet. Keine Energie wird EUCH kontrollieren, wenn Ihr es nicht erlaubt und Ihr könnt jeden Gedanken umwandeln. Viele von Euch machen das schon die ganze Zeit und wissen es gar nicht.

Wenn Ihr zum Beispiel dazu erzogen wurdet, schwarze Menschen als Frömmler zu bezeichnen, und IHR erfahrt und WISST dann, daß das falsch war und warum, dann habt Ihr diese Energie erfolgreich umgewandelt.

Und wie sieht es mit Abtreibung aus? Haben nicht viele von Euch, einschließlich meiner Schreiberin, eine dramatische Veränderung in Bezug auf Abtreibung erfahren? Früher dachte sie, es sei das Recht einer Frau, das zu tun, wofür sie sich entscheidet. Jetzt weiß Druthea, warum Abtreibung Mord ist. Eine Frau, die sich aufrichtig moralisch und spirituell verantwortlich fühlt, würde NICHT aus egoistischer Lusterfüllung „ins Bett springen", denn sie weiß, daß daraus die Zeugung eines „unerwünschten" Kindes entstehen könnte. Es gibt nur sehr wenige Elternpaare, Betreuer und Lehrer, die Jungen und Mädchen über Abstinenz und persönliche Verantwortung aufklären BEVOR sie anfangen, mit Sex zu experimentieren. Außer natürlich, wenn sie ihnen Gummis geben und über Geburtenkontrolle sprechen können.

Wenn es um Eure Einstellung geht, wie ist Eure Haltung, Euer Verhalten oder Benehmen im einen oder anderen Fall? Arbeitet nicht jeder von Euch fortlaufend daran, seine Einstellung anzupassen? Zum Beispiel, nicht depressiv und durch die weltlichen Umstände bei Euch nicht lahmgelegt zu werden, sondern in BEWEGUNG ZU KOMMEN und für eine Verbesserung zu sorgen? Euch nicht angegriffen zu fühlen von den Wahrheitsverweigerern, die Euch noch persönlich dafür attackieren?

Also ist das nicht die Art der Anpassung Eurer Einstellung, mit der Ihr versucht, einen Wandel herbeizuführen? WÜNSCHT Ihr Euch nicht, den ursprünglichen Gedanken dahingehend zu verändern, daß er Göttliche Harmonie für Euch selbst und/oder die Umstände bringt?

Jedes JOURNAL, das wir schreiben, jedes Kapitel, welches wir fertigstellen, ist speziell dazu gedacht, DEN GLAUBEN AN DIE LÜGEN IN WISSEN UM DIE WAHRHEIT UMZUWANDELN. Der Haken dabei ist, daß nur die, die ihre WAHL ZUM WISSEN DER WAHRHEIT treffen, auch die Umwandlung der „negativen" Lügen erfahren und damit frei werden. Ansonsten werden Viele, Viele im Energienetz der Lügen gefangen, das der Meisterbetrüger so durchdacht gewoben hat, um das Gottesvolk in den dichten Dimensionen zu halten und zu kontrollieren.

Bald werden viele von Euch, wenn sie es noch nicht getan haben, die Gelegenheiten zur SELBSTERKENNTNIS nutzen und notwendige Anpassungen in ihren Ansichten vornehmen. Das ist weder leicht noch unbedingt bequem oder spaßig. Es ist eine Geburt von DIR in die Macht der GOTTESERKENNTNIS und die Natur dieser Geburtswehen wählt jeder selbst.

Bedeutet das auch, daß die auf innere Freude ausgerichtete Aufmerksamkeit keine Lernprozesse bringen? Natürlich nicht. Solange Ihr

Euer Augenmerk auf dem WISSEN der Wahrheit liegen habt und Euch nicht hinter den Phantastereien und dem Unsinn des „New Age" versteckt, ist Eure Freude dann auch wohlverdient. Ihr sollt Euer Leben leben und Euch an Familientreffen oder liebevollen Festen, auch mit lieben Freunden, erfreuen. Und wenn Ihr innere Harmonie, Verstehen und Erfüllung gefunden habt, wird Euch auch Euer Lebenswerk und Eure Mission genauso viel Freude bringen.

Vergeßt nicht, Euer Wachstumsprozeß und die Entdeckung Eures Selbstes/Gottes als Mensch wird nicht einfach, schmerzfrei oder ohne Verwirrung, Depression oder Verzweiflung abgehen. Er ist so ausgelegt, daß Ihr durch Sinnestäuschung in Fangstricke und Kämpfe usw. geratet, damit jeder von Euch es kennenlernt und damit überwinden kann. Ihr fordert Euer Seelenwachstum in einem Prozeß der Prüfungen geradezu heraus, um weiter auf eine höhere Ebene der spirituellen Entwicklung zu gelangen als die, auf der Ihr Euch befandet, bevor Ihr hier inkarniert seid.

Ihr werdet feststellen, daß JEDE Erfahrung, egal ob Ihr sie als Scheitern oder Erfolg seht, einen ungeheuren Wert hat, denn sie bringt Euch näher zu GOTT. (Wenn das Euer Ziel ist.) Selbst die als von Euch schlimmsten Umstände oder Lebenslagen angesehenen Erfahrungen werden zu einem Katalysator der exquisitesten Lektionen zur Selbstbemeisterung. Wenn Ihr zurückdenkt, so hatten die meisten von Euch eine sehr schwierige Kindheit und haben aufgrund dieser Erfahrungen eine unglaubliche und unfehlbare Charakterstärke entwickelt. Und zugegebenermaßen würden auch die meisten von Euch an ihrer Vergangenheit nichts ändern wollen, denn Ihr WISST, daß sie Euch zu diesem Punkt des WISSENS UND DES DIENSTES geführt hat.

Manche von Euch mögen sich vielleicht immer noch durch ihre „vergangenen" Umstände des Mißbrauchs gelähmt fühlen. Ihr sollt wissen, daß Ihr solange gelähmt bleibt, wie IHR das entscheidet und Ihr den Schmerz zurücklasst und Eure diesbezügliche Lektion auch dann lernt, WANN IHR ES ENTSCHEIDET. Verantwortung? Ja, auch das liegt bei Euch, wie Ihr die Erfahrung in Selbst-/Gotteserkenntnis umwandeln wollt. Wenn Ihr soweit seid, wird Euch die Loslösung und die Erkenntnis ziemlich mühelos „erscheinen". Es ist dann fast wie ein „Spontan"- oder „Übernacht"-Erfolg. So etwas gibt es aber nicht, denn die meisten von Euch sprechen nicht gerne über die 5.000 „Fehler", die sie gefühlt in ihrem Leben gemacht haben, bevor sie es Ihrem Wunsch entsprechend geschafft hatten. Und so ist es auch.

Machen wir Schluß mit diesem Kapitel. Ich schätze, ich lasse Euch mit sehr viel Denkarbeit zurück, die Euch näher an die Lebensprozesse heranführt. Ich danke Dir, geschätzte Druthea, für Deinen Dienst. Ich schätze die Zeit, die wir zusammen hatten. Ich danke Euch für Eure Aufmerksamkeit. ICH BIN Sananda, Eins mit Gott, in Seinem Dienst der Liebe. Seid in Frieden und geht sanftmütig miteinander um. Salu.

KAPITEL 36

UNSICHERHEITEN UND SELBSTÜBERSCHÄTZUNG VERSTEHEN

Ich grüße Dich, liebe Druthea. ICH BIN Sananda. Ich komme im Dienst des Heiligen Gottes des Lichtes und zu Euch, meine Brüder auf der Erde Shan. Ich freue mich, daß Du mich gerufen hast, Chela, um zu schreiben und es mit Deinen Brüdern zu teilen. Es war für Dich, Dru, und für Viele im inneren Kreis eine sehr turbulente „Zeitspanne".

(Für Euch Leser: Dru's geliebte Katze ist gerade auf ihren Schoß gesprungen, was fast immer der Fall ist, wenn sie sitzt und für einen von uns schreibt. Das ist für Dru die Bestätigung, daß ihr Kleines unsere Präsenz und Dru's Zentriertheit sehr genau wahrnimmt.)

Wenn ich in diesem Fall von einer „turbulenten" Zeitspanne spreche, so beziehe ich mich auf emotionale Einflüsse. Wenn Ihr bei Euch selbst feststellt, daß Ihr aus emotionalen Gründen reagiert, so werdet Ihr Euch oft ziemlich unsicher, voller Zweifel und vielleicht ziemlich irritiert fühlen.

Ein geringes Selbstwertgefühl wird dann entwickelt, wenn Ihr in der Gewohnheit feststeckt, auf äußere Umstände mit emotionaler Unsicherheit zu reagieren, die Ihr bis jetzt nicht lösen konntet oder für die Ihr die Ursache noch nicht gefunden habt. Des weiteren entwickelt sich ein geringes Selbstwertgefühl immer dann, wenn Ihr den Meinungen derjenigen **glaubt**, die Euch hart verurteilt haben.

Laut Eurem Wörterbuch bedeutet Selbstwertgefühl einfach: **Eine gute Meinung über sich selbst haben.** Und wenn ich diesen Ausdruck benutze, dann spreche ich nicht über EGO-Zentrierung oder von einer überhöhten Meinung von sich selbst. Sondern ich spreche von **Selbstrespekt und Selbstachtung** in der Art, wie Ihr Andere respektieren und achten würdet.

LASST UNS DIE WURZEL DER UNSICHERHEIT FINDEN

Unsicherheit wird wie folgt definiert: **Aufgewühlt durch Furcht und Besorgnis; sich bedroht fühlen.** Ich ziehe diese Definition deshalb vor, weil sie genau die bestehenden Gefühle beschreibt und danach eine allgemeine Ursache angibt, nämlich sich auf die eine oder andere Weise BEDROHT zu fühlen. Was Ihr jetzt herausfinden müßt, ist die Ursache des Verlustes, der Euch bedroht. Denn der Grund Eurer Unsicherheit beruht auf der Illusion, daß Ihr etwas verlieren könntet, was Ihr nicht verlieren wollt. Sehr oft, Chelas, ist die Sichtweise Eurer selbst von Eurem Alter Ego aufgebaut und deshalb kann sie auch leicht erschüttert und bedroht werden. Ihr könnt niemals etwas Reales verlieren. Wenn eine Freundschaft/Ehe auf der ECHTEN Liebe und Fürsorge beruht, die ehrlich von BEIDEN PARTNERN eingebracht wird, gibt es NICHTS, was diese Basis zerstören kann. Nur äußerliche und vom Alter Ego aufgebaute Dinge können und werden auch immer wieder angezweifelt und „fallen auseinander".

Ihr müßt tief in Euch selbst hineinschauen und Eure Selbstzweifel hinterfragen. Viele von Euch „denken", daß sie nicht sehr „gut" sind. Dazu kommt, daß Ihr dieses Selbsturteil oft aufgrund eines Ideals von „Gutherzigkeit" fällt, das echt ist oder auch nicht. Die meisten von Euch vergleichen sich beständig mit Anderen, die Art, wie sie aussehen, sich benehmen, wie sie reagieren und leben. Bitte versteht diese Konditionierung, die Ihr Alle in unterschiedlichem Grad angenommen habt.

Ich gebe Dir ein Beispiel, Du liebe, geschätzte Druthea. Sie hier hat viele Jahre, angefangen in ihrer frühen Teenager-Zeit und bis vor Kurzem, sich selbst als unattraktiv eingeschätzt. Ich fragte sie und ich frage Euch: *wem erlaubt Ihr, Schönheitsstandards für Euch aufzustellen und WARUM wollt Ihr dem Standard Anderer entsprechen? Ist das wirklich ein Gott ANGEMESSENER Standard?* Und ich möchte Euch noch etwas sagen, in der Zeit, in der ich den sehr zerbrechlichen Selbstwert von Dru beobachtet habe, bewertete sie ihre Herzensgüte und Akzeptanz danach, wie ihr Körper und ihr Gesicht für die Welt „aussahen". Dieses liebevolle Kind ist so unglaublich schön, aber erst kürzlich hat sie verstanden, daß die Schönheit IN IHR liegt und das auch nach außen ausstrahlt. Sie ist ein Beispiel für viele, viele Frauen und Männer, die sich nur an der materiellen Illusion messen und sehr oft daran scheitern, sich selbst ZU KENNEN und ihre Einzigartigkeit als Beitrag zum GANZEN zu sehen. Die Wurzel dieser Art des Übels, also der materiellen Eitelkeit, wurde ausgiebig im PHÖNIX OPERATOR/OWNER MANUAL besprochen, also werde ich das hier nicht noch einmal wiederholen.

Bedeutet es, daß Dru deshalb aufhören wird, selbst immer besser zu werden und ein „besserer" Mensch sein zu wollen? Nein. Jeder von Euch hat für sich Ideale und Ziele gesetzt, was für Euer Seelenwachstum auch sehr dienlich sein kann, solange Ihr flexibel und bereit bleibt, Eure Ziele und Ideale immer wieder zu überdenken und eventuell Anpassungen vorzunehmen, die eine ausgeglichenere Betrachtung des Ideals ermöglichen.

Ihr kommt dann in Schwierigkeiten, wenn Ihr Euch ein Ziel auf eine spezielle Art und Weise setzt und Euch weigert, es anzupassen oder neu zu bewerten, wenn sich die Voraussetzungen ändern. Wenn das Ziel auf EGO-zentrierter Erfüllung liegt, wird genau das Gegenteil eintreten. Der Grund dafür ist, daß die EGO-zentrierte Erfüllung üblicherweise die Harmoniegesetze Gottes mißachtet. Denkt daran, der Widersacher KENNT sein Ziel – Kontrolle der Welt – und hat dies bereits in großem Maß umgesetzt, weil er seine Pläne immer anpaßt, wo es notwendig wird. Schlußendlich wird er dennoch verlieren, auch wenn er in der Zwischenzeit einige Millionen Seelen eingefangen hat, weil am Ende ALLES zu Gott zurückführt, und das schließt ihn mit ein, **auf die eine oder andere Weise.**

EIN VORBILD SEIN

Jede Person, die ab einem gewissen Grad eine Art Menschenführung innehat, seien es Eltern, Lehrer, Manager, Trainer oder

Regierungsmitglieder, wird zu einem Vorbild, das Andere wenigstens akzeptieren, wenn sie ihm nicht sogar nacheifern wollen. „Führer" tragen eine sehr große Verantwortung für das, was sie tun und für ihr Verhalten. Ein wirklicher Führer ist nur in dem Maß erfolgreich wie sein erlangtes INNERES, AUF GOTT AUSGERICHTETES WISSEN. Deshalb sucht ein wahrhaftiger, in Gott zentrierter Führer immer, eine harmonische Entscheidung zum Wohle des GANZEN und nicht nur für sich selbst herbeizuführen. Nun, in Eurem Fall hier, spreche ich nicht über Perfektion, sondern über die ABSICHT, durch Umfeld, Kommunikation und Verhalten die auf das GANZE ausgerichteten Ziele in Harmonie herbeizuführen.

Die Führungspersonen, die Ihr heutzutage am meisten bewundert für das, was sie getan haben, haben in ihrer Vergangenheit viele „armselige" Entscheidungen getroffen. Der Unterschied zwischen einem in Gott zentrierten Führer und einem egozentrischen Führer ist der, daß der in Gott ruhende Führer wertvolles Wissen und aufgrund seiner Erfahrungen auch Verständnis angesammelt und bessere Wege gesucht und gefunden hat. Er ist auch sehr bereit, sich seine Fehler einzugestehen und sie richtigzustellen. Einfach gesagt, er ist VER-ANTWORTLICH für seine Entscheidungen und Taten und wägt die Konsequenzen sorgfältig gegeneinander ab.

Nun (ich verrate Euch jetzt ihr Geheimnis), Dru bewundert Commander Hatonn auf eine ganz spezielle Art und Weise. Sie betrachtet ihn als ihren Vater, denn sie hatte nie einen „Vater", der mit ihren Idealen und Bedürfnissen auf der Erde Shan übereinstimmte. Commander Hatonn ist ein gutes Vorbild in Sachen Weisheit, Mitgefühl, Kraft und Führungsqualität, die Dru respektiert, schätzt und dem sie folgen will. Wir finden das so edel, weil sie ziemlich schnell ein so großes Maß an Selbstsicherheit und Vertrauen entwickelt hat, obwohl sie diese Eigenschaften in sich selbst nicht sieht. Ach ja, so ist das mit der Selbstbeurteilung. Jeder von Euch beurteilt sich selbst in seiner unvollkommenen Art immer härter. Ihr eignet Euch etwas Wissen an und danach könnt Ihr nur noch das Gebirge dessen sehen, was Ihr noch nicht wißt! So sei es.

Bedenkt eines, Ihr Lieben, jeder von Euch ist ein sich entwickelnder Führer und es wird Euch nur soviel Verantwortung gegeben, wie Ihr auch tragen könnt. Das bedeutet nicht, daß Ihr in jeder Lage die beste Entscheidung trefft. Ihr müßt bereit sein, Eure erkannten „Fehler" und Irrtümer in Sichtweise und Aktionen zu ermitteln und auszuwerten. Nur durch das Wissen um die URSACHE könnt Ihr in kommenden Situationen, die Euch vorgelegt werden, ausgeglichenere Entscheidungen treffen. Das bedeutet, daß die EHRLICHKEIT zu sich SELBST der Schlüssel ist, oder Ihr werdet in der SELBST-Täuschung steckenbleiben und weiterhin disharmonische Entscheidungen treffen, die Euch zu einem erfolglosen Führer machen.

KENNT EURE ZIELE

Überprüft Eure Ziele. Sind sie egoistischer Natur? Gier? Sicherheitsbedürfnis? Basieren sie auf Liebe? Kennt Ihr den Unterschied? Wenn nicht, dann lernt, Eure Gefühle zu analysieren. Seid Ihr angstvoll – WARUM? Seid Ihr mißmutig? WARUM? Fühlt Ihr Euch UNwürdig? WARUM? Fühlt Ihr Euch bedroht? WARUM? Wenn Ihr in der Lage seid, wirklich ehrlich die Ursache Eurer Gefühle zu benennen, werdet Ihr auch den Unterschied zwischen Gott-zentrierten und EGO-zentrischen Reaktionen und Entscheidungen erkennen. Ist das leicht? Zuerst nicht. Erinnert Euch an Eure SEHNSUCHT, die Göttliche Harmonie wird den Gedankenkörper für Euch erschaffen, den Ihr manifestiert, WENN es Eure Seelenabsicht ist, dem GOTT des Lichtes zu dienen.

Laß uns dieses Kapitel abschließen. Ich wünsche, daß ich Euch Verstehen gebracht habe, meine geschätzten Brüder. Vielen Dank, Druthea, für Deinen Dienst und daß Du es erlaubt hast, Deine persönlichen Erfahrungen mit einzubringen. Ihr werdet herausfinden, daß Ihr Alle die gleichen Fehler in Eurer Wahrnehmung macht, weshalb Ihr Euch auch für Eure vergangenen Erfahrungen nicht schämen müßt, die Euch auf die heutige Stufe Eures Verstehens und Wachstums gebracht haben. Die Umstände der Vergangenheit könnt Ihr nicht ändern. Ihr könnt aber durch das Wissen, das Ihr aus der Erfahrung gewonnen habt, entscheiden, es in den „jetzigen" Zeiten besser und harmonischer zu machen.

ICH BIN Sananda. Gehet in Frieden und Liebe und wisset, daß die Zeit Meines Kommens nahe ist. Salu.

KAPITEL 37

DEN UNTERSCHIED ERKENNEN ZWISCHEN EINEM URTEIL FÄLLEN UND KORREKTEM URTEILSVERMÖGEN

Ich grüße Dich, geschätzte Druthea. ICH BIN Sananda. Ich bin auch bekannt unter den Namen Esu, Immanuel, Jesus der Christus, der Weiße Prophet usw. Laßt KEIN Mißverständnis darüber aufkommen, WER ICH BIN. Denn ich kam als Lehrer im vollendeten Christusbewußtsein an Euren Ort, um Euch die Gesetze und Möglichkeiten der Lebensgestaltung zu lehren, die Euch Ausgeglichenheit und Wissen bringen. Das nennt man den „Christlichen Pfad" oder die „Rote Straße" der Wahrheit, wie es die Ureinwohner der Lakota-Sioux ausdrücken.

Ich habe damals Meinem Volk versprochen, daß ich hingehen und einen Platz für die Kinder Unseres Vaters vorbereiten werde, die nach den Göttlichen Gesetzen leben und daß ich zurückkommen würde, um das Königreich Unseres Vaters einzufordern. Eure Plätze sind bereitet und ich komme mit den Heerscharen Gottes, um die Rechtschaffenen nach Hause zu Seinen lichten Orten zu geleiten. Ich befinde mich noch nicht an Eurem Ort und doch nähert sich die „Zeit" Meines Kommens. Wer von Euch wird Meine Hand nehmen und in die Herrlichkeit der Freiheit gehen?

In dieser Erscheinung komme ich zu ein paar wenigen ehrenwerten Schreibern, damit ich Anweisungen bringen kann und Ihr Eure Vorbereitungen zum vollständigen Erwachen in Eurer Mission im Dienste Unseres Gottvaters/Aton treffen könnt. Ich habe auch einige wenige Kostbare getroffen, allerdings in „holographischer" Form. Wenn Ihr keine bewußte Erinnerung an Commander Hatonn oder Mich habt, heißt das nicht, daß Ihr unwürdig seid oder Euer Dienst weniger wichtig ist. Denn selbst diese geliebte Schreiberin erinnert sich nicht an Meine Besuche bei ihr, von der „körperlichen" Wahrnehmung aus gesehen. Und so muß es für die meisten von Euch für eine gewisse Zeit sein, geliebte Brüder. Ich bin für Alle da, die mich aus dem Inneren ihres Herzens um Beistand bitten. Und so viele von Euch erhalten persönliche Führung aus „höheren Ebenen", einschließlich mir. Aber doch ist es oft so, daß die Anweisungen nicht erhört werden.

Das ist einer der Gründe, warum der Commander und Ich die Anweisungen für so Viele in dieser für die Zivilisation höchst fragilen und bedenklichen „Zeit" bringen müssen. Viele haben einfach die Fähigkeit zu hören noch nicht entwickelt. Und Viele, die speziell gekommen sind, um in dieser Übergangszeit zu dienen, scheinen in „ihren Leitungen" oft durchkreuzt zu werden. Denn der Feind arbeitet effektiv an der Verwirrung und Vereitelung Eurer Anweisungen und in jedem Moment ausgeglichen voranzuschreiten scheint bei Euch ziemlich unmöglich zu sein, denn die Tücken und Behinderungen, obzwar Illusion, sind bei Konfrontation und Resonanz sehr „real".

Es scheint, daß Ihr, die Ihr durch die übelsten Minenfelder von Terror und Verwirrung gegangen seid, sehr viele Narben davongetragen habt. Hm nein, Ihr habt wertvolles Wissen und Lektionen erhalten, denn Eure SEELE kann durch die Illusionen des Widersachers keinen Schaden nehmen. Der einzige Schaden, den eine Seelenessenz erleiden kann, ist eine nukleare Explosion und dennoch, WENN Euer Ziel der Dienst in Gott Atons Licht ist, werdet Ihr sogar hier vor Seelenschäden bewahrt.

Jetzt komme ich zu unserem Thema *Urteilen und Urteilsvermögen*. Wir sprechen oft von diesen Begriffen und doch ist es als Mensch oftmals schwer, den Unterschied dazu in den eigenen Gedanken zu erkennen. Ihr müßt in allen Lebenslagen, die Euch präsentiert werden, die Unterschiede in Euren Gefühlen und Reaktionen erkennen. Es muß gewissenhaft gearbeitet werden und die eigene Einschätzung muß ehrlich sein.

Wollen wir diese Begriffe definieren. Es wird Euch helfen herauszufinden, was Ihr tut, wenn Ihr davon ausgeht, daß Urteilen eine

Meinung ist. Und eine Meinung ist eine Schlußfolgerung, die ohne positives Wissen gezogen wurde. Auf der anderen Seite bedeutet Urteilsvermögen, EINSICHT zu erhalten. Einsicht bedeutet „Erfassen der inneren Natur oder des echten Charakters eines Dinges".

URTEIL IST GLEICH MEINUNG UND URTEILSVERMÖGEN IST GLEICH EINSICHT

Wenn man jetzt alle oben genannten Bedeutungen verinnerlicht hat, muß mit dem nächsten Schritt erfaßt werden, was in jeder Situation stattfindet.

Wollen wir Urteil und Urteilsvermögen etwas weiter fassen. Wenn man eine Schlußfolgerung zieht oder sich eine Meinung über eine beliebige Situation bildet, OHNE sich vorher alle Informationen zu diesem Fall oder der entsprechenden Sachlage zugänglich gemacht zu haben, dann ist diese Meinung ein Irrtum. Dies darum, weil nur der Innere Gott die Fähigkeit besitzt, ein finales Urteil zu fällen, weil ER alle Sichtweisen KENNT oder Einsicht in die wahre Seelenabsicht bei jedem gegebenen Lebensumstand hat. Als menschliches Wesen habt Ihr nicht das Recht, einen anderen Menschen zu beurteilen. Ihr müßt durch Unterscheidungsvermögen LERNEN, welches Verhalten die Universellen Harmoniegesetze Gottes bricht. Kein Mensch kennt den wirklichen Seelenvertrag eines Anderen, so daß die Hintergründe nur am in Frage stehenden Verhalten oder den Taten erkannt werden können.

Also, welcher Teil von Euch fällt nun ein Urteil oder bildet sich eine Meinung, ohne die entsprechenden Informationen hinzugezogen zu haben? Oder, um es direkt zu sagen, welcher Teil von Euch maßt sich die Macht des Schöpfers an, zu URTEILEN? Wenn Ihr mir die Antwort gebt, das physische EGO, oder wie ich es auch öfter ausdrücke, das „Alter Ego", so habt Ihr absolut Recht.

Die Probleme entstehen, wenn Ihr ein Urteil fällt/Euch eine Meinung aus der Sicht Eures physischen Egos heraus bildet und Ihr aufgrund dieser Meinungsbildung handelt, weil Ihr den Fehler nicht erkennt.

Zum Beispiel gibt ein Mitarbeiter einen Kommentar ab oder stellt eine Anfrage und Ihr fühlt Euch „verletzt" oder seid verärgert. Welcher Teil von Euch fühlt das? Euer physisches Ego ist der Teil, der in die Offensive geht. War das eine beabsichtigte Beleidigung für Euch? Woher wollt Ihr das WISSEN? Wie wollt Ihr das herausfinden? Wenn Ihr jetzt aus Eurer Vernunft heraus zum Schluß gekommen seid, daß hier ganz offensichtlich ein Angriff gegen Euch vorliegt, was könnt Ihr tun? Wenn Ihr Euren Inneren Vater darum bittet, Einsicht in den beabsichtigten Angriff oder die Mißachtung Eures Selbstes zu bekommen, wißt Ihr, was dann passiert? Wie fühlt es sich an, wenn Ihr beginnt, ehrlich zu betrachten, WARUM Euch diese Person angegriffen hat oder absichtlich hat beleidigen wollen?

Ich werde Euch einen Hinweis geben, wie man EINSICHT erkennt. Ihr fühlt Euch nicht mehr verletzt oder verärgert. Das einzige Gefühl, das Ihr, je nach Lage, haben mögt, ist Mitgefühl. Das habt Ihr, wenn deren Meinung über Euch ein Fehler ist und Ihr WISST es, die Anderen jedoch nicht. Wie könntet Ihr, zum Beispiel, jemanden angreifen, wenn Ihr zu der Einsicht kommt, daß er Angst hat oder in seiner eigenen, vom physischen Ego belasteten Meinung feststeckt? Ihr könnt ja nur dann mit entsprechender Harmonie reagieren, wenn Ihr Eure physische emotionale Antwort beiseite legt und Ihr Euren Inneren Gott um Einsicht in die URSACHE des absichtlichen Angriffs auf Euch bittet.

Warum solltet Ihr mit Anderen Streitgespräche führen, wenn IHR wißt, daß Ihr im Licht der Wahrheit steht? Ihr könnt sicherlich jedes Thema diskutieren, selbst wenn die in Frage stehenden Personen sich nicht einig sind. Ihr müßt lernen, den Unterschied zu sehen, ob es um Diskussionen geht, WER hier Recht hat oder um Diskussionen, die Licht auf das Verständnis der unterschiedlichen Standpunkte werfen. In konstruktiven Diskussionen ist es doch oft so, daß sich herausstellt, daß offensichtlich gegenteilige Sichtweisen sich nicht unbedingt widersprechen (nicht im Gegensatz zueinander stehen). Es können sogar unterschiedliche Diskussionsmethoden sein. Mißverständnisse passieren doch oft wegen absichtlicher Fehlkommunikation oder aufgrund von absichtlich falscher Kommunikation. Wie wollt Ihr herausfinden, daß Eure Wahrnehmung falsch ist, wenn Ihr nicht aktiv und respektvoll nach Klarheit sucht?

WAS MACHT MAN IM FALLE VON „MORALISCHEN" VERSTÖSSEN?

Jetzt hat Druthea einige Schwierigkeiten bei der Vielschichtigkeit des Themas Urteil/Urteilsvermögen, wenn Göttliche moralische Werte von Anderen gebrochen werden. Was macht Ihr, wenn überhaupt, mit denen, die die Göttlichen Gesetze brechen? Sprechen wir über homosexuelles Verhalten. Wie wir schon viele Male besprochen und ganz speziell im *OPERATOR OWNER MANUAL* ausdrücklich dargelegt haben, ist zuallererst das sexuelle Verhalten zwischen Gleichgeschlechtlichen der springende Punkt des Fehlverhaltens und NICHT die Liebe, die sie miteinander teilen, denn diese hat ÜBERHAUPT NICHTS mit dem Sexualakt zu tun.

Wie Commander Hatonn schon gesagt hat, und das ist eine feststehende Tatsache, könnt Ihr Moral nicht gesetzmäßig festlegen, denn ein moralisch einwandfreies Verhalten kann nur durch Vorbildfunktion im Wissen und Vorleben der Göttlichen GESETZE vermittelt werden.

Des weiteren müßt Ihr verstehen, daß wir uns ausdrücklich auf das Verhalten zwischen EINWILLIGENDEN Erwachsenen beziehen. Wer jedoch so programmiert ist oder dazu neigt, wird sich außerhalb der Gesetze bewegen und mit Anderen auch so umgehen, egal, wie die menschliche Gesetzgebung dazu aussieht. Die einzigen Bereiche, in denen menschliche Gesetze schützen, wie es in der Verfassung und der Bill of Rights vorgesehen ist, ist der Übergriff auf das Wohlergehen derjenigen, die KEINE einwilligenden Erwachsenen sind. Das bedeutet, daß Ihr das Recht und die Pflicht habt, Eure Kinder zu schützen. Ihr MÜSST KEIN VERHALTEN BILLIGEN ODER UNTERSTÜTZEN, das gegen Gottes Gesetze verstößt und das schließt die Förderung pornographischer „Kunst", Lehrtätigkeit homosexueller Personen bei

Kindern zu „alternativen Lebensmöglichkeiten", vom Staat bezahlte Abtreibungen und Ähnliches mit ein.

Ihr müßt erkennen, daß Ihr im Moment in einer Gesellschaft lebt, in der man JEGLICHE ART von Gier, Korruption, Gewalt, Mord und sexuelle Abartigkeiten in Euch hineinstopft, während auf Euren anständigen menschlichen Grundrechten herumgetrampelt wird. Aus diesem Grund wird sich der Phönix aus Schutt und Asche des zerstörten Bösen wieder in SEINE WIEDERGEBURT erheben. All die Dinge dieser bösartigen Vorführung werden der Zerstörung anheimfallen, und das beinhaltet jegliches Geschäftsgeschehen, das auf Gier und Korruption von Sinnen, Geist und Planet basiert. Das haben sie selbst über sich gebracht und es sind die Konsequenzen ihrer eigenen Abkehr von Harmonie und Liebe.

Ihr, die Ihr ehrbar und rechtschaffen in Göttlicher Intention geht, werdet diejenigen sein, die übrigbleiben und aufbauen werden, einschließlich der Wiederherstellung der moralischen Charakterzüge bei den kommenden Generationen. Die Herrlichkeit und Freiheit, die auf Euch warten, Ihr mit Gott gehenden Lieben, könnt Ihr menschlicherseits gar nicht erfassen. Aber das sind die Dinge, die ich so gern mit Euch teilen will, denn ich sehe das größere Bild, genauso wie Hatonn.

Wir haben sehr viel zu tun und das hier ist nur ein Anfang, ich weiß, und obgleich wir mehr als 50 JOURNALE jetzt im Druck haben, ist diese Reise weit davon entfernt, vorbei zu sein.

Könnt Ihr also jemanden davon ABHALTEN, eine Abtreibung vorzunehmen? Ihr könnt sie nicht ZWINGEN, diese Entscheidung zu treffen, obwohl Ihr sicherlich etwas dazutun könnt, ihnen mit alternativen Möglichkeiten statt dem Mord an einem Baby weiterzuhelfen. Könnt Ihr Eltern Euren Teenager davon ABHALTEN, sexuelle Beziehungen einzugehen? Nicht durch Zwang. Ihr könnt allerdings eine Atmosphäre des Vertrauens, des Verständnisses für Verantwortung für die eigenen Handlungen aufbauen und kreative Kanäle erschaffen, die wenig Gelegenheit für die Entwicklung eines solchen physischen Verhaltens erschaffen.

Ich weiß, Ihr fragt jetzt, und was ist mit dem „Gruppendruck" durch Gleichaltrige? Jetzt frage ich Euch. Wenn Ihr Fürsorge, ehrliches Interesse, spirituelle Harmonie, kreative Möglichkeiten und ZEIT von Geburt an für Euer Kind aufbringt, glaubt Ihr, der „Gruppendruck" wird Eure LIEBE auslöschen? Und so viele von Euch sagen dann, es ist ZU spät, ich habe von diesen Dingen erst kürzlich gehört. Nun, dann würde sich vielleicht ein Umzug aufs Land anbieten, um Zeit der Gesundung und Fürsorge in einem natürlichen Umfeld zu haben, anstatt in den tödlichen Städten zu wohnen.

Ihr könnt argumentieren, wie Ihr wollt, Ihr Lieben. Was ich Euch sagen will ist, daß es NIEMALS zu spät ist und wenn Ihr bei einem Teenager Probleme mit Drogen, Kriminalität und Sex habt, was seid Ihr bereit zu tun für dieses Kind, damit es wieder in seine Balance kommt? Ich weiß, einige von Euch glauben, daß sie es sich einfach „nicht leisten" können, umzuziehen. Aber könnt Ihr Euch denn die Höllenqual eines gefühlsgestörten, drogenabhängigen Kindes leisten? Könnt Ihr es Euch leisten, in Eurem Wunschjob zu arbeiten, während Euer Kind Aufmerksamkeit und Akzeptanz bei miserablem Umgang sucht? Ich frage Euch, was seid Ihr bereit zu tun für ein Kind, das GOTTES Kind ist? Wenn Ihr nicht versteht, was ich hier sage, dann ist es vielleicht Zeit, Ihr hört mal nach Innen, denn wenn es Euer fester WUNSCH ist, die richtige Entscheidung zu treffen, dann kommen auch die Anweisungen ob sie nun aus diesem Dokument herauskommen oder durch Bestätigung aus dieser stillen, ruhigen Kammer in Euch. So sei es.

Ich weiß, Chelas, daß es oft harte Lektionen sind. Und es ist sehr schmerzhaft, sich seine Fehler und verpaßte Möglichkeiten und falsche Entscheidungen einzugestehen. Wie könnt Ihr erwarten, bei jeder Gelegenheit die beste Wahlmöglichkeit zu treffen, wenn Ihr nicht bereit seid zu verstehen, WARUM das die beste Entscheidung ist, an die KEINE andere Entscheidung heranreicht?

Oft ist es auch schwierig, „die Prioritäten" zu überblicken. Ich möchte Euch nur daran erinnern, daß Eure Kinder, solange sie nicht erwachsen sind, Eure Priorität haben müssen. Eure Familie ist die Keimzelle, in der LIEBE, WISSEN und Eure FEHLER an Eure Kinder weitergegeben werden. Auf dieser Basis der Wahrheit oder der falschen Basis der Illusion wird das Kind sein Leitbild zusammenstellen und demgemäß wird es mit Kraft und/oder Schwäche seinen Lebenserfahrungen begegnen und seine Verantwortung im Sinne des Schöpfergottes tragen. Was habt Ihr Eurem Kind anzubieten, was es als Vorbild den künftigen Generationen an RESPEKT, BALANCE und BEDINGUNGSLOSER LIEBE mitgeben kann?

Ich weiß, für viele von Euch sind das strenge Fragen. Denkt daran, es ist NIEMALS zu spät, um Lebenslagen oder Situationen zu verändern, um ein besseres, ehrenhaftes Ergebnis zu erzielen. Schaut Euch Eure Fehler an, damit Ihr sie nicht in Ignoranz noch einmal wiederholen müßt und natürlich unter dieser Ignoranz leidet. Ihr tragt die Konsequenzen Eurer Fehler, ganz gleich, ob Ihr sie WISSENTLICH ODER UNWISSENTLICH begeht. „Suchet und Ihr werdet finden." „Klopfet an und es wird Euch aufgetan." „Bittet, so wird Euch gegeben." Und am Allerwichtigsten „LIEBET EINANDER" [A.d.Ü.: ... so, wie ich Euch geliebt habe]. Das alles habe ich Euch gesagt und trotzdem verstehen es so Viele nicht. Woher ich das WEISS? Schaut Euch um, Ihr Lieben, auch in Eurem eigenen Leben. Wer kommt in Eurem Leben zuerst? WARUM? Ihr müßt Euch diese Fragen selbst beantworten. Denn am Ende seid IHR es, die mit den Konsequenzen oder dem Lohn für ihre Taten leben müssen. So sei es.

Schließen wir dieses Dokument. Druthea ist irgendwie über die Intensität dieser Lehrstunden überrascht. Es muß aber so sein, meine Lieben, denn die Zeit der letzten Entscheidungen ist nah. Die Illusionen des „Mittelweges" sind beinahe vorbei und Ihr seid entweder FÜR oder GEGEN GOTT. Eure Taten sind immer lauter als Eure Worte. ERKENNET EUCH SELBST UND DIE TÜR ZUM KÖNIGREICH DES HIMMELS IN EUCH WIRD GEÖFFNET WERDEN!

Ich danke Dir, meine kleine, hochgeschätzte Taube Druthea. Ich bin höchst angetan von Deiner Reife und Stärke, meine Kleine. Du lauschst und hörst so erfreut zu in Deiner Erfüllung, denn du hast sehr sorgfältig „gearbeitet", um bis hierher zu kommen. Ich bin immer bei Dir und es ist mir eine Ehre. Ich danke Euch Allen, meine Geliebten, daß Ihr mir hier zugehört habt. Mögt Ihr Alle das gewinnen, was Euch Kraft, Ausrichtung und Mut für Gottes Mission bringt. Gehet in Frieden zusammen. Ich liebe Euch ALLE jenseits Eures Verstehens. Jeder von Euch wird diese Liebe SPÜREN, denn es ist die Liebe unseres Vaters, der in uns Allen wohnt. Salu.

KAPITEL 38

17. März 1992

URTEIL/MEINUNG, URTEILSVERMÖGEN/ EINSICHT UND WAHRNEHMUNG, TEIL 2

Ich grüße Dich, liebe Druthea. ICH BIN Sananda. Ich komme im Dienst des Heiligen Gottes/Aton des Lichts und damit auch zu Euch, meine Brüder auf der Erde Shan.

Wir werden unsere Erörterung über Wissen und Verstehen der Feinheiten zwischen *Urteil, Urteilsvermögen und jetzt Wahrnehmung* fortsetzen. Nur auf diese Weise werdet Ihr lernen, Eure Worte sorgfältig zu setzen, den Urgrund Eurer Gefühle und Gedanken zu begreifen und damit, eingestimmt auf Selbstmotivation, in Eure Selbsterkenntnis wachsen. Indem Ihr Euch selbst erkennt, gestaltet Ihr das Fundament eines Wissens, das Euch in den GEIST DER EINHEIT mit dem Schöpfer/Gott führt, womit Ihr Euch die Sporen als würdige Mit-Schöpfer verdienen könnt.

Wir werden noch ausgiebiger über *Urteilen und Urteilsvermögen* sprechen. Zuerst aber sprechen wir über die Bedeutung von *Wahrnehmung. Etwas wahrzunehmen* bedeutet, sich über etwas bewußt zu werden, wie über die körperlichen Sinne – sehen, hören, fühlen, schmecken oder riechen. Wenn Ihr Germains PLEJADENSERIE gelesen habt, wißt Ihr, daß die physischen Sinne alleine sehr irreführend SEIN KÖNNEN, denn diese Sinne sind nur in der Lage, die AUSWIRKUNGEN der Illusion von BEWEGUNG zu verfolgen. Wenn Ihr also jetzt in der Lage seid, Eure physischen Sinne IN VERBINDUNG mit Urteilsvermögen/EINSICHT anzuwenden, das/die Ihr im LICHT des Höheren Wissens durch Eure Lebenserfahrungen, Gespräche mit Eurem Inneren Gott und Eurer wohl ausgewogenen Absicht zum Dienst erworben habt, habt Ihr Euch eine UMFASSENDE Grundlage an Wahrheit und Weisheit erschaffen, auf welcher Ihr HANDELN KÖNNT.

Nur durch Eure Höhere EINSICHT wird es Euch möglich sein, Schlußfolgerungen mit Verstehen (Weisheit) über den AUSLÖSER einer x-beliebigen Situation, eines Verhaltens oder einer Krankheit zu ziehen, was natürlich auch diese VERSCHWÖRUNG des Bösen auf Eurem Planeten einschließt, mit der Ihr gerade kämpft. Wenn Ihr nämlich keinen Zugang zu Höherem Wissen habt, ist JEDE Schlußfolgerung, die Ihr zu ziehen vermögt, eine Ego-basierte Meinung auf vielleicht einem Teil der aktuellen Informationen oder GAR KEINEN (aktuellen Informationen), die man aber braucht, um notwendige stichhaltige/wirkungsvolle Maßnahmen zu ergreifen. Mit anderen Worten, Ihr springt ins Blaue oder der Boden, auf dem Ihr landen wollt, ist Treibsand.

Gotteserkenntnis hilft Euch, das Fundament und die Basis von Wahrheit und Weisheit zu bilden, worauf Ihr die Struktur Eures Gleichgewichts und damit Euren Dienst an Gott in Höchster Ausformung erbauen könnt.

Auf dieser fest gebauten, durch nichts zu erschütternden Basis am rechten Platz könnt Ihr die Baustoffe erkunden, mit denen Ihr Eure spirituelle Vollkommenheit aufbauen könnt. Zuerst kommen die Gesetze Gottes und der Schöpfung als Untergrund. Für die Lage darüber wählt Ihr die Materialien aus, die das Fundament ausgeglichen und harmonisch halten und scheidet die Materialien aus, die nicht ganz vollkommen sind. Ihr werdet Euch oft für Baumaterial entscheiden, das Ihr später wieder entfernt um neu zu beginnen, weil es der PRÜFUNG nicht standhält, der alle Materialien (Informationen/Wissen) zwangsläufig ausgesetzt sind. Dabei wird unaufhörlich Eure feste Absicht überprüft, INWIEWEIT Eure Auswahl tragfähig ist oder nicht.

Niemand außer Euch kann Euer Fundament bauen oder die Materialien auswählen oder über Eure Absicht entscheiden. Es gibt Andere, die Euch die Fehler in Eurem Grundstock und den Materialien aufzeigen können oder warum Euer Ziel Euch sabotiert hat. Sie können für Euch weder die Veränderungen durchführen noch Euch verständlich machen, warum Ihr Euch verändern müßt. All dies müßt Ihr alleine mit Gott entscheiden. Es wird welche geben, die Euch aus tiefer Verzweiflung und Hoffnungslosigkeit herausziehen und Euch die Information geben können, wie Ihr ausgeglichen werden könnt. Aber sie können Euch nicht AUFRECHTERHALTEN oder Euch das Verständnis EINPFLANZEN, warum Ihr Euch geirrt habt. Ihr müßt Euch dafür entscheiden, im Rettungsboot zu bleiben und den Kopf über Wasser zu halten. Ihr müßt aus Euren eigenen Fehlern und durch eigenes Verstehen lernen, WARUM Ihr Euch zu Fall und in tiefste Verzweiflung gebracht habt. Ihr müßt lernen, Euch durch eigene Kraft in Balance zu halten und danach müßt Ihr Euch ganz bewußt bemühen, Euer Ziel zu erreichen. Und wenn Ihr das Ziel erreicht und die Verantwortung, die Eure Weisheit und Kraft begleitet, verstanden habt, werdet Ihr gerufen, um Anderen (mit ähnlichen Voraussetzungen) beizustehen, sich aber noch unter Wasser befinden und auf eine Hand der Liebe, Hoffnung und Barmherzigkeit warten. Und so geht der Wachstumszyklus in die Einheit immer weiter.

UNTERSCHEIDUNGSVERMÖGEN, EINSICHT UND WEISHEIT

Nach der Einsicht in die innere Natur und das wirkliche Wesen eines Dinges oder einer Sachlage und damit eine ausgeglichenere Einschätzung (Sichtweise), KANN Eure innere Weisheit Erfüllung finden.

Jetzt definieren wir Weisheit: Wissen, Lernen, Urteil; Einsicht und gesunder Menschenverstand. Das sind die Begriffe, mit denen Euer Wörterbuch das Wort definiert. Ihr seht jetzt, wie die Wörter Wissen, Einsicht, Urteil und Weisheit in Eurer Sprache als Synonyme verwendet werden.

Ich gehe davon aus, daß Ihr jetzt die Unterschiede in den Bezeichnungen erkennt, wenn ich von Terminologie spreche. Ich bemühe mich, Euch den Unterschied zwischen Information/Meinung/Theorien aufzuzeigen, die von den PHYSISCHEN SINNEN aufgenommen werden und auf den AUSWIRKUNGEN DER ILLUSION VON

BEWEGUNG basieren und demgegenüber Unterscheidungsvermögen/Einsicht/Wissen, erhalten aus höheren Quellen, zu denen Ihr Zugang habt; dem Inneren Gott (welcher der GRUND ist).

Wenn wir (die Heerscharen) von WEISHEIT sprechen, sprechen wir von BEWUSSTER Ankoppelung an Unseren Schöpfer in uns (Kommunion, Vereinigung) und damit das innewohnende Wissen, sein Leben in Einklang mit ALLEM zu leben. Ihr habt damit immer weniger Wahlmöglichkeiten und Entscheidungen, denn Ihr habt und seid die Weisheit, immer zu WISSEN, was eine ausgewogene Wahl ist. Demzufolge ist WEISHEIT die Anwendung des inneren Wissens/Einsicht/Urteilsvermögens.

Was ist jetzt mit dem „freien Willen"? Fragt mich meine Chela Druthea. Der Gebrauch dieses Wortes ist dann „überholt", denn Eure Gedanken, Wahlmöglichkeiten und Taten sind mit dem EINEN Willen Gottes verschmolzen. Dieses Ergebnis erlaubt Euch dann auch, eine sichtbar gewordene Bewußtheit zu erfahren, die nahe an der Vollkommenheit angesiedelt ist. Und nein, ich werde nicht weiterhin in diesen „Höhen" verweilen, denn es würde Euch, Ihr Lieben, nichts nützen, wenn ich es täte.

Genau wie Dru auch, sind viele von Euch frustriert in dem Bemühen, das Universum zu begreifen, bevor Ihr überhaupt herausgefunden habt, WIE IHR Eure Harmonie auf der Erde wiederfindet und sie aufrechterhalten könnt. Ich würde sagen, es ist der bessere Teil der Weisheit, in der Entfaltung Eurer Weisheit und ihrer ordentlichen Abfolge geduldig zu sein. So sei es.

Nun kommen wir zum inneren Teil Eurer „Hausaufgaben" und ich schlage vor, daß Ihr erst mal damit beginnt (wenn Ihr es noch nicht getan habt), Eure Gedanken, Gefühle, Reaktionen und Verhalten bei JEDER Gelegenheit und bei jeglichem Zusammenwirken zu beobachten. Am Anfang werdet Ihr Euch der UNGEMÜTLICHEN oder UNAUSGEGLICHENEN Reaktionen sehr bewußt sein. Hier habe ich ein paar Fragen, die Ihr Euch stellen könnt, damit Ihr die GRÜNDE für Eure Gefühle herausfinden könnt.

1. Wie fühle ich mich? – Bestimme die Emotion. Zum Beispiel: ärgerlich, verletzt, frustriert, nachtragend, ängstlich, traurig, gelangweilt, ungeduldig, nervös, überlegen, unterlegen, unzulänglich, einsam, schuldig, abgelehnt? 2. WARUM fühle ich mich so? Zum Beispiel: wenn Ihr feststellt, daß Ihr Euch in einer Interaktion oder Kommunikation verärgert, verletzt oder abgelehnt fühlt, dann fragt Euren Inneren Gott: war das eine absichtliche Beleidigung? Wenn dem so ist, findet heraus, warum Jemand den Wunsch haben sollte, Euch absichtlich zu beleidigen. WIE findet Ihr das heraus? Bittet Euren Inneren Vater um Hilfe, den Grund zu erkennen (Einsicht). Vielleicht wird es Euch gezeigt, vielleicht müßt Ihr mit dem vermeintlichen Täter sprechen, um überhaupt Verständnis und Ausgewogenheit in die Situation zu bringen. 3. Warum lasse ich es zu, daß mich die MEINUNG eines Anderen so verletzt? GLAUBE ich, daß seine MEINUNG richtig ist? Was ist der Grund für diesen GLAUBENSSATZ? 4. Welche Reaktion wünsche ich mir? Untersuche die Gewohnheiten für Deine Reaktionen, ganz besonders die emotionale Basis, von der aus Du reagierst. Willst Du RACHE oder irgendwelche anderen „Vergeltungsaktionen"? Gehst Du in die Defensive und attackierst Deinen vermeintlichen Gegner? Einzig und allein Dein physisches EGO würde sich solche Auge um Auge, Zahn um Zahn Aktionen wünschen. Um ins Gleichgewicht zu kommen, müßt Ihr Euer Ziel festlegen. Idealerweise wäre das Ziel die Heilung sowohl Eures eigenen inneren Zwiespalts als auch den der Anderen, wenn es denn angenommen wird. Könnt Ihr das bewerkstelligen, wenn Ihr Euch genauso wie der Angreifer verhaltet? Durch „Vergeltung"? (wenn so etwas überhaupt vernünftig ist). Wenn Ihr Euch jetzt dafür entschieden habt, den Zwiespalt zu heilen, wäre die nächste Frage: 5. Mein Innerer Vater, bitte zeige mir, WIE ich in diesem Fall REAGIEREN muß, um diesen Konflikt zu lösen? Dann müßt Ihr hinhören und oft auf den Herrn warten. Wie werdet Ihr die echte Führung Eures Inneren Gottes erkennen? Ihr werdet Euch gefühlsmäßig nicht

mehr verletzt fühlen. Ihr werdet oftmals viel Mitgefühl für Euren Bruder haben, weil Ihr keine Trennung zwischen Euch mehr wahrnehmt.

Wenn Ihr so reagiert, wie es Euer Innerer Vater empfiehlt, werdet Ihr spüren, wie sich die Disharmonie in Euch auflöst, was Euch tief bewegen wird und die Erfahrung von Göttlicher Ausgeglichenheit und Vergebung wird Euch demütig machen.

Ihr werdet nichts bereuen. Ihr seid vollkommen und erfüllt.

Merkt Euch aber bitte eines: Obgleich der vermeintliche Angreifer seine Feindseligkeit Euch gegenüber aufgegeben hat, weil Ihr gegenseitiges Einvernehmen erzielt habt, mögen seine Lektionen, was seine eigenen Reaktionen betrifft, noch nicht abgeschlossen sein. Das ist aber nicht Euer Problem und liegt auch nicht in Eurer Verantwortung, obgleich Ihr ein Beispiel für ein ausgewogenes Verhalten gegeben habt, das zwar von seiner Seele registriert wurde, aber vielleicht nicht von seinem Ego-Bewußtsein. Zum Schluß wird auch er lernen müssen, seine Motive zu hinterfragen, genauso wie Ihr, um SEIN Gleichgewicht in sich selbst zu finden.

Nun, Chelas, denkt nicht, Ihr hättet jetzt schon die Vollkommenheit erreicht! Ihr werdet VIEL mehr Chancen zum „Üben" ausgleichender Reaktionen bekommen! Das nennt man PRÜFUNG. Nach einiger Zeit werdet Ihr die Weisheit erlangt haben, Eure PRÜFUNGEN gerne anzunehmen, weil sie Euch helfen, Eure spirituelle Wahrhaftigkeit zu schärfen, die schlußendlich Eure Seele zur Vollkommenheit der EINHEIT in Gott führt. Ohne diese Herausforderungen hättet Ihr keinen Grund für eine LEBENSREISE wie Ihr sie habt. Was gäbe es für Aufgaben, wenn Ihr denselben Weg gehen würdet, dieselbe Umgebung betrachten könntet ohne Eure Leistung, Berge zu besteigen und Flüsse zu durchschwimmen, die doch diese Reise interessant machen, selbst wenn sie in Eurer Wahrnehmung nicht immer „lustig und vergnüglich" sind?

Ihr Alle habt hier das Geschenk des Lebens erhalten. Es wird jetzt Zeit, daß Ihr auch ALLE LEBT und LEBENDIG SEID. Was macht das

Leben SO ERFÜLLEND? Einander etwas zu GEBEN. Wahrheit, das Wort, Eure Zeit, Eure Ermunterungen, Eure Fürsorge, Eure Freundschaft und ja, sogar zum Wohle des Ganzen von Eurem „Reichtum" etwas abzugeben. So zeigt Ihr die bedingungslose, Göttliche LIEBE. Die Liebe Gottes ist das LICHT, das Ihr seid. Gebt Euer Licht weiter, denn so hat Gott Euren Dienst vorgesehen. LIEBET EINANDER! Das ist der goldene Faden aus den Lehren aller Meister. Weise seid Ihr dann, wenn Ihr nicht mehr fragt, wie Ihr Liebe geben sollt. Naturgemäß lebt Ihr ein Leben, in dem Ihr bei allen Vorgängen und in allen Lebenslagen etwas gebt, denn das hat Unser Schöpfer so vorgesehen.

Ich möchte dieses Kapitel jetzt beenden, damit sich Druthea ausruhen kann. Ich wünsche mir, daß jeder von Euch sein Verstehen und sein Bewußtsein erweitern konnte. Vielen Dank, Druthea, für Deinen Dienst. Hab Geduld, meine Kostbare, denn für sehr Viele müssen die Lektionen in ihrer Abfolge auch deren Auffassungsgabe entsprechen. Wenn Ihr einen Fehlstart verursacht, könnten Alle noch einmal zur Startlinie zurückkehren müssen. Lernt, dem Ablauf und den notwendigen Abfolgen Eurer Lektionen zu vertrauen, denn im Tempo und der Selbstdisziplin werden ALLE, die es möchten, siegreich bei GOTT willkommen sein. Ich danke Euch, meine lieben Chelas, daß Ihr diese Lehrstunden „gehört" habt. Seid in Frieden mit Euch, dann wird Euch der Kampf auch nicht als solcher erscheinen. ICH BIN Sananda, im Dienste des Heiligen Gotteslichtes. Salu.

BIBLIOGRAPHIE

Die gesamten Phönix-Journale in Englisch finden Sie hier zum kostenlosen Download:
http://phoenixarchives.com/

Infos über die in den drei Ausgabeformaten Hardcover, Paperback und eBook erschienenen **Phönix-Journale in deutscher Sprache** finden Sie unter:
https://christ-michael.net/die-phoenix-journale/

Einige der bis jetzt ins Deutsche übersetzten Phönix-Journale finden Sie hier zum kostenlosen Download:
https://christ-michael.net/download-phoenix-journale/

Glossar

Für die Phönix-Journale generell

CHRIST MICHAEL ATON VON NEBADON (CM)

Christ Michael ist ein Paradies Schöpfersohn, geschaffen vom Ewigen Vater und dem Ewigen Sohn. Seine Identität als Schöpfersohn prädestinierte ihn zum Schöpfer eines eigenen Universums, unseres Lokaluniversums von Nebadon, das in der Peripherie des großen Universums liegt. Alle Schöpfersöhne werden Michaele genannt (vgl. „El Machal", der Allerhöchste). Dazu hat jeder seine individuelle Namenskennung, die in diesem Fall Christ/Christ Michael lautet. Christ Michael ist erst seit ca. 2000 Jahren vollständig souverän über sein Universum.

Durch die 7. Selbsthingabe als Jesus von Nazareth (gemeinsam im gleichen Körper mit Esu Jmmanuel Kumara als Navigator) auf einem Planeten der Luziferrebellion erlangte er vor dem Ewigen Vater den Rang des Souveräns von Nebadon. Christ Michael gilt unter den Schöpfersöhnen als sehr risikofreudiger und unkonventioneller Schöpfersohn, der die Tendenz besitzt, neue Wege zu beschreiten. Sein vollständiger Name ist übrigens um vieles länger und würde auf Papier wohl eine halbe Seite einnehmen. Dieser Name wird im Urantia-Buch nicht offenbart. Er nennt sich einfach Christ Michael, bzw. CM, Aton, Hatonn, oder auch George, und manchmal auch in seinem reichhaltigen Humor „Big Cheese".

ATON BZW. GYEORGOS CERES HATONN

Kommandant des plejadischen Sternschiffes Phönix, hinter dem sich die aktuelle Verkörperung von Christ Michael Aton – kurz CM genannt – verbirgt. CM löst hierdurch das Versprechen seiner

Rückkehr ein. Er ist nicht durch Geburt inkarniert, sondern benutzt den geklonten Körper eines „großen Grauen" für seine spezielle Mission in der Korrekturzeit. Unter diesem Namen wurden auch die meisten Beiträge für die Phönix-Journale „durchgegeben". (Eve)

Esu JMMANUEL Kumara – Sananda

Esu ist der Sohn von Sanat Kumara und bekleidet den Rang eines Mächtigen Botschafters. Er ist ein Sternenkrieger erster Güte, erprobt und erfahren, und er diente Christ Michael in der Inkarnation als Jesus, wo er in einer Doppelinkarnation mit CM im Körper von Jesus seinen Erfahrungsschatz auf materiellen Welten zur Verfügung stellte. Er trägt den Titel „Sananda", unter dem er als „Aufgestiegener Meister" bekannt ist. Sananda bedeutet „Eins mit Gott". In den kommenden ca. 1000 Jahren des Neuen goldenen Zeitalters hat er das Amt des planetaren Fürsten auf der materiellen Ebene inne. Er ist definitiv verkörpert und wird wieder sichtbar auf der Erde sein. Sein weibliches Komplementär ist die Aufgestiegene Meisterin Lady Nada, die damals als Maria Magdalena verkörpert war.

Adam und Eva

Auszug aus einem Channeling mit El Morya, „Verschmelzen der Religionen" Adam und Eva: Dies war eine große Mission, eine der großen Offenbarungen, aber was Eva gemacht hat – ihr „Versagen", wurde durchweg lächerlich gemacht und in die Geschichte gepackt, in der ein Apfel gegessen wurde. Vergeßt die Apfelgeschichte, Ihr Lieben. Adam und Eva kamen als hochgebildete Persönlichkeiten hierher, von der Sphäre Jerusem. Sie hatten einen hohen Rang in der universellen Hierarchie, sie waren erfahrene Mitarbeiter in den universellen Labors und Mitglieder des Ordens der planetaren „Adame und Evas", die im Allgemeinen auf Planeten entsandt werden, die eine Offenbarung benötigen. Sie kannten ihren Job gut, und verpflichteten sich selbst wie verlangt, den Job ohne weitere himmlische Unterstützung zu vollbringen, sozusagen „in Quarantäne".

Nun liefen die Dinge auf diesem speziellen Planeten von Urantia nicht so gut, wie es erhofft worden war. Adam und Eva war es nicht gestattet, ihre DNS mit den „gewöhnlichen" Leuten zu vermischen, die hier angesiedelt waren. In ihrer Mission ging es um die Implementierung der höheren DNS durch Fortpflanzung, exklusiv aus der vermischten DNS von Adam und Eva und ihren direkten Nachkommen, wie auch um Unterrichtung.

Es geschah nicht aus Gier nach persönlichen Vorteilen, daß Eva gegen die Abmachung verstieß und im Mitgefühl ihre DNS an die „gewöhnlichen" Leute weitergab. Es war ihre bewußte Entscheidung, die aus dem Wunsch des Dienstes an der Menschheit in Kraft gesetzt wurde. Adam war sehr betroffen über Evas Entscheidung, und daher solidarisierte er sich mit Eva, so daß sie nicht alleine die Konsequenzen aus dem Vertragsbruch tragen mußte.

Auch Adam gab seine DNS jenseits des vorgegebenen Rahmens weiter, um sich selbst auf dieselbe Ebene wie Eva zu begeben. Die Konsequenzen bestanden darin, daß Adam und Eva den Garten, in dem sie lebten, verlassen mußten und Beide sämtliche Privilegien verloren, die ihnen vorher zugestanden hatten.

Nachdem ihr irdisches Leben geendet hatte, wurden sie zur Verantwortung gezogen, weil sie vertragsbrüchig geworden waren, aber Gott ist wahrhaftig Liebe und Christus rehabilitierte sie. Jetzt sind Beide Mitglieder im planetaren Rat von Urantia.

Soweit zu diesem Thema, nur um Euch ein Beispiel zu geben, wie Information abhanden kommen kann, geschmälert, ins Lächerliche gezogen wird. Und denkt mal darüber nach, wie viele Frauen in der Geschichte gefoltert worden sind, nur wegen eines Alptraumes, den der Mensch als „Erbsünde Evas" bezeichnet.

Diese gescheiterte Mission hatte mit Sicherheit Konsequenzen für alle Menschen, die auf Erden gelebt haben, aber das was ungebildete, gierige und naive Menschen daraus gemacht haben, kann nicht wirklich Eva zugeschrieben werden.

Zusatz aus dem UB: Adam und Eva materialisierten vor fast 38000 Jahren auf Urantia. Sie waren ca. 2,5 Meter groß und hatten eine violette Hautfarbe. Ihre Körper leuchteten und in der Nacht, wenn sie ihre Mäntel trugen, erschien das Leuchten von ihren Köpfen wie ein Heiligenschein. Sie hatten eine sehr schwierige Mission, weil die planetare Quarantäne sie von jeglichem Kontakt mit dem Rest des Universums isolierte. Sie kamen auf einen rückläufigen Planeten, ohne planetarischen Prinzen, mit Menschen, die wenig auf ihr Erscheinen vorbereitet waren.

Eva gebar 105 Nachkommen aus reiner Herkunftslinie, bevor sie ihr Mandat aufgaben – siehe oben. Adam wurde 530 Jahre alt und starb an Altersschwäche. Eva starb 10 Jahre vor Adam an einem schwachen Herzen. (Urantia-Buch, Schriften 73-76)

SANAT KUMARA

Sanat Kumara ist das Oberhaupt der weitläufigen Familie Kumara. Esu JMMANUEL Kumara ist sein Sohn – in kosmischem Verständnis eine „Ausdehnung seiner Energie" (vgl. Esu's Biographie durch Jess, unter der Rubrik VIPs, Esu). Seine weibliche Entsprechung ist Lady Venus Kumara. Die Kumaras sind eine Familie von „Sternenkriegern", was bedeutet, daß sie Spezialisten für komplizierte und verfahren erscheinende Situationen sind.

Während Christ Michaels 7. Selbsthingabe als „Jesus" gemeinsam mit Esu waren eine Menge der Leute in seinem direkten Umfeld inkarnierte Kumaras. Bekannt ist, daß die Kumaras ursprünglich aus dem System Lyra kamen, von wo sie aufgrund von Zerstörung ihres

Heimatplaneten umsiedeln mußten. Ein Teil integrierte sich ins plejadische System, ein anderer ins Sirius-System.

Sanat Kumara ist uns hauptsächlich geläufig als „Herr der Venus", der sich aber auch ausgedehnte Zeitalter um Urantia kümmerte. Derzeit ist sein Amt das des solaren Logos, was man quasi als Supervisor unseres Sonnensystems bezeichnen könnte. Das Wort Kumar bedeutet im Indischen soviel wie „Prinz". Passenderweise wird Esu Jmmanuel Kumara in den nächsten ca. 1000 Jahren das Amt des materiellen Fürsten (vgl. engl. „Prince") bekleiden, gemeinsam mit seiner weiblichen Entsprechung Lady Nada.

NEBADON

Nebadon ist der Name des Lokaluniversums, in dem wir uns befinden. Es ist die Schöpfung des Schöpfersohnes Christ Michael gemeinsam mit dem Muttergeist Nebadonia. Es ist bis jetzt ein Projekt von 400.000.000.000 Jahren. Es wird, wenn es fertig ist, aus 100 Konstellationen, 10.000 Systemen und 10.000.000 bewohnten Planeten bestehen. (Urantia-Buch, Teil II)

NEBADONIA

Universum Mutter Geist von Nebadon. Sie wurde von der Dritten Person der Trinität erschaffen, dem „Vereinigten (Mit-)Spieler (Conjoinded Actor), auch „Mitvollzieher" genannt und auch als der „Heilige Geist" bezeichnet. Nebadonia ist die Repräsentantin dieser Dritten Person der Trinität, in unserem Lokaluniversum von Nebadon. Universum Mutter Geist von Salvington, Göttliche Ministerin, Gehilfin und spirituelle Begleiterin von Michael – in aller Liebenswürdigkeit in ganz Nebadon als „Mutter" bekannt. Sie allein erschuf unzählige Persönlichkeiten. Sie ist die Schöpferin der Seraphimen Wesen in Nebadon und die Selbsthingeberin des Geistes durch das Repräsentieren des „Mitvollziehers", wie auch durch ihren eigenen Einfluß als die Präsenz des Heiligen Geistes. Sie stellt den „Lebensfunken" zur Verfügung, der alles Leben, Geschöpfe und Pflanzen auf allen Welten Nebadons belebt. (UB, Schrift 34)

ORVONTON

Name des Superuniversums, in dem sich unser Lokaluniversum Nebadon befindet. Es handelt sich um das SIEBTE Superuniversum, das ganz Besonders auf den Fokus der Liebe ausgerichtet ist. Der amtierende Hauptgeist ist Lord SIRAYA, von den Sirianern auch als Lord Surea bezeichnet.

Durch BEYOND wissen wir jetzt, daß Siraya wesentlicher Teil eines Komplottes gegen CM ist und seine Aufgabe zur Disposition steht.

(Eve) Zusatz: Eigentlich wird ein Superuniversum von drei Persönlichkeiten „regiert". Sie werden die „Ältesten der Tage" genannt.

Orvonton rotiert, zusammen mit den anderen sechs Superuniversen um das Zentrale und Göttliche Universum, der perfekten Schöpfung des Paradies Havona. Nach Vollendung wird es aus 1 Trillion bewohnter Planeten, 10 Hauptsektoren (relativ symmetrische Sternhaufen) und 10 Trillionen Sonnen bestehen. Wenn man durch die dichtesten Ebenen von Orvonton in Richtung Paradies schaut, sieht man die Milchstraße. Orvonton ist noch nicht vollendet. Seine Hauptstadt ist Uversa. (UB, Schrift 15)

PHÖNIX

Plejadisches Raumschiff, Mutterschiff. Es hieß früher anders, wurde im Rahmen von Christ Michaels Mission umbenannt. Die Phönix ist CMs materieller „Sitz" und seine Kommandozentrale in seinem Projekt der Säuberung Urantias. CM kehrte 1954 als Kommandant Hatonn bzw. Gyeorgos Ceres Hatonn (auch genannt Aton) gemäß seinem früher gegebenen Versprechen zurück und fing an, Durchgaben zum Zeitgeschehen über das irdische Medium Dharma zu machen. Diese Journale wurden bis Ende der 90er Jahre fortgesetzt und werden als „Phönix-Journale" bezeichnet. Der aus der Asche emporsteigende Phönix ist auch das Siegel auf jedem Journal. (Eve)

QUARANTÄNEPLANET

Planeten, die einer Rebellion anheimfallen (wie es auf Urantia mit der von dunklen Kräften inszenierten „Luzifer-Rebellion" der Fall war), werden von den kosmischen universellen Kreisläufen des Lichts abgekoppelt und in „Quarantäne" isoliert, damit sich die Rebellion nicht weiter ausbreiten kann.

Urantia wurde sofort nach Caligastias Anschluß an die Rebellion unter Quarantäne gestellt und es wurde damals auch sofort damit begonnen, die Korrekturzeit zu planen. Mit Beginn der Korrekturzeit wird der Planet wieder an die kosmischen Kreisläufe angeschlossen und unter ein besonderes Programm gestellt.

Die Quarantäne war mit ein Grund, warum die Amnesie der Menschen auf Urantia bezüglich ihrer kosmischen Herkunft besonders schwerwiegend ausgefallen ist. (Eve) Zusatz: Die Isolation und Abkopplung vom Universellen Kreislauf wird so lange aufrechterhalten, bis die Ältesten der Tage darüber zu Gericht sitzen und über die Angelegenheit ein Urteil fällen.

Die Isolation, die auch weitere 36 Planeten betraf, dauerte 200.000 Jahre, bis 1985 der Gerichtsprozeß stattfand. Dies war der Beginn der Korrekturzeit.

KORREKTURZEIT

Kosmische Zyklen sind als Taktgeber für die Entwicklungsstufen gemäß dem Schöpfungsplan anzusehen. Da Urantia seit der sogenannten „Luzifer-Rebellion" vor etwa 200.000 Jahren aus dem Tritt gekommen ist, der Planet mit der Menschheit jedoch nicht aufgegeben werden soll, hat Christ Michael eine Korrekturmaßnahme eingeleitet, die mit Unterstützung vieler himmlischer Persönlichkeiten, der Menschheit und dem Planeten den Anschluss an den Rest des Lokaluniversums ermöglichen soll und die Verankerung in „Licht und Leben" zum Ziel hat. Die Korrekturzeit wird sich voraussichtlich über die nächsten 1000 Jahre erstrecken. Die Korrekturzeit bezieht sich nicht nur auf die Erdveränderungen – aufgrund natürlicher oder vom Menschen verursachter Gründe, wie Umweltverschmutzung, Überbevölkerung – sondern auch auf die Veränderungen in Bezug auf die Institutionen, die mit Wirtschaft, Politik, Religion, Erziehung und der Familie zu tun haben. Christ Michael hatte sich mit dem Plan für diese nötige Korrektur schon vor 200.000 Jahren befasst und er betrifft noch 36 andere Planeten, die ebenfalls in die Rebellion involviert waren und somit auch in Quarantäne und ohne Möglichkeit der Kommunikation mit dem Universum waren.

Urantia

Der Name von diesem Planeten, der Erde, in den kosmischen Registern. Unser Planet wurde schon so genannt, lange bevor es auf ihm Bewohner gab, die fähig dazu waren, in einer gesprochenen Sprache zu kommunizieren. Der Name geht auf den Planetarischen Höchsten zurück, der mit den Lebensträgern zusammen ankam, um Leben einzupflanzen und dessen Name Urantia war.

Urantia-Buch

Das Urantia-Buch (engl. The Urantia Book) ist ein 1955 erschienenes Buch in englischer Sprache, in dem der Begriff „Urantia" als eigentlicher Name des Planeten Erde vorgestellt wird. Das Buch entstand in Chicago, Illinois, USA zwischen 1924 und 1955 und beruft sich auf Offenbarungen durch geistige Wesenheiten aus sehr hohen kosmischen Kreisen.

Die Schriften des Urantia-Buches (erste deutsche Ausgabe 2005; 2. Ausgabe 2008) bietet dem Leser u.a. einen einzigartigen Überblick über Struktur, Verwaltung und Personal des Schöpfungsreichs sowie über die Geschichte unseres Universums von Nebadon, der Erde Urantia, der Evolution der Menschheit, der Mission von Adam und Eva und der Ersten Ankunft von Christ Michael auf der Erde vor 2.000 Jahren.

Auch wenn das Buch aus heutiger Sicht nicht frei von irreführenden Beschreibungen ist, präsentieren die Inhalte insgesamt einmalige und überzeugende Darstellungen über die Grundfragen der Existenz und insbesondere über das Abenteuer der menschlichen Evolution in Bezug auf die Wiederherstellung der Verbindung zum Schöpfer.

WEITERE INFORMATIONEN

zu den Themen dieses Buches, insbesondere im Zusammenhang mit der Mission von Christ Michael Aton, finden Sie unter

https://christ-michael.net/

Buchempfehlungen

Phönix-Journal Nr. 01

Das Journal Nr. 01, SIPAPU ODYSSEE, ist das einzige Journal, was ein Copyright hat, weil es offiziell als „Roman" deklariert ist und direkt von *Doris Ekker*, aka *Dharma*, aka Pseudonym *Dorushka Maerd* geschrieben wurde.

Allerdings erklärt CM/Hatonn darin bereits in der Einleitung, es sei alles genau so gewesen. Im Rahmen einer Nahtoderfahrung beschreibt *Dorushka Maerd* ihre Erfahrungen mit den „Raumbrüdern" in einer Art höheren Dimension.

Die spannenden Schilderungen umfassen metaphysische und schwer erklärbare Geschehnisse, die sich als Folge eines absichtlich von dunklen Kräften herbeigeführten Verkehrsunfalles ereignen.

Der Unfall bildet die Rahmenhandlung, die mit dem scharfen Blick des Rotschwanzfalkens beobachtet wird. Von da aus beginnt eine spannende Reise voller Poesie und ewiger universeller Wahrheiten. Dabei werden spirituelle Dimensionen der indianischen Ureinwohner Amerikas ebenso berührt wie die Verantwortung des Menschen auf diesem Planeten im Sinne des Schöpfers.

Bemerkenswert ist, daß die Schilderungen der kosmischen Persönlichkeiten durch die Autorin vollends deckungsgleich sind mit den eigenen Erfahrungen der Übersetzerin während ihrer Kontakte in der meditativen Praxis, wobei besonders der großartige Humor einer der Hauptakteure auffällt.

Ein weiteres wichtiges Thema sind die im Rahmen der Transformation unseres Planeten möglichen Erdveränderungen. Sollten diese in unserer Zeit einsetzen, dann wäre es unbedingt zu empfehlen, sich mit den im Buch beschriebenen Evakuierungsmaßnahmen von OBEN vertraut zu machen.

Es ist eine spannende Lektüre für Suchende und Aufgewachte, bei der auch die Komponente zwischenmenschlicher Herzensliebe einen großen Raum einnimmt.

Erhältlich beim *tredition Verlag* (https://tredition.de) oder im Buchhandel in drei Ausgabeformaten Taschenbuch, Hardcover und eBook.

Das Journal Nr. 02 gehört zu den wichtigen Grundlagen-Werken. Nicht umsonst empfiehlt auch Christ Michael, alias Hatonn, dringend die Lektüre dieses Buches.

Es enthält die ungefilterten und unzensierten Zeugnisse über die dramatischen Ereignisse in Israel vor 2000 Jahren. Erschütternd, berührend – und sehr kontrovers zur kirchlichen Lehrmeinung. Unter schwierigsten Bedingungen hat diese Schrift den Weg in die Öffentlichkeit gefunden. Jesus Sananda Jmmanuel sagt dazu in der Einleitung:

„Das folgende Dokument wurde übersetzt von Schriftrollen, die in Eurem Jahr 1963 von einem katholischen Priester griechischer Herkunft ans Licht gebracht wurden. Die Schriften wurden meistens mit mir an der Seite aufgezeichnet. Diese Schrift beweist zweifelsfrei, daß die falschen Glaubenslehren der Religionen jeglicher Wahrheit entbehren und daß sie die verantwortungslosen Machenschaften skrupelloser Kreaturen sind, die teilweise vom ‚Heiligen Stuhl' angeheuert wurden."

Allein mit diesen Worten zeigt Jesus Sananda Jmmanuel, daß er nicht den Zerrbildern des weichgespülten „Softie" entspricht. Er ist damals gekommen – wie es im Buch heißt – *das Schwert der Wahrheit und des Wissens und der Kraft des Geistes, die dem Menschen innewohnt"* zu überbringen.

Die Inhalte dieses Buches verschaffen z. B. Klarheit darüber, was er gelehrt und vorgelebt hat, warum sein Name in „Jesus" abgeändert wurde, wer seine Lehrer waren, warum er den Weg der Kreuzigung gegangen ist, wer die wirklichen Verräter waren und viele – prophetische – Einzelheiten über sein Versprechen, wieder zu uns zurückzukehren.

Es sind Worte von großer Kraft und Weisheit. Wer bereit ist, sich mit dem Herzen auf den „Geist" dieser Texte einzulassen, wird mit tiefen Erfahrungen der Erkenntnis beschenkt.

Erhältlich beim *tradition Verlag* (https://tradition.de) oder im Buchhandel in drei Ausgabeformaten Taschenbuch, Hardcover und eBook.

Das Journal Nr. 03 gehört – ähnlich wie das Journal Nr. 02 – zu den wichtigen Grundlagen-Werken.

In diesem Buch enthüllt Commander Hatonn hochgeheime Aktivitäten in den USA, wie z. B. des MJ-12-Programms (Majestic 12) und der Jason Society, deckt die Hintergründe der mysteriösen UFO-Abstürze oder des geheimen Raumfahrtprogramms auf und nennt den wirklichen Mörder von John F. Kennedy.

Es vermittelt schockierende, aber auch erkenntnisreiche Einblicke in eine Welt jenseits unseres durch Zensur eingeschränkten Vorstellungsvermögens.

Obwohl bereits 1989 zum ersten Mal veröffentlicht, hat dieses Phönix-Journal nichts von seiner Brisanz verloren. Im Gegenteil. Jetzt, fast 30 Jahre später, können durch den anhaltenden Aufwach- und Erkenntnisprozeß die dargestellten Fakten und Zusammenhänge besser verstanden werden. Unverblümt sagt Hatonn:

„Ihr sitzt und meditiert über dies oder jenes in Euren lächerlichen Kostümen und singt Kristalle an und Gott allein weiß, was sonst noch, – sehr riskant für Eure Gesundheit und die Existenz im Ewigen Leben. Beherzigt die Warnung! Geht diesen Dingen nach – erforscht sie und hört der Wahrheit zu, die versucht, von Eurem inneren Wissen in Eure Gehirne vorzudringen."

Durch Indoktrination seitens einer selbsternannten Elite halten uns Lüge und Selbstbetrug seit Generationen gefangen. Zur Befreiung reicht uns Hatonn seine helfende Hand:

„Die einzige Weise, in der Ihr hoffen könntet, Stand zu halten, wäre, wenn Ihr angemessene ähnliche Fähigkeiten hättet – die Eure Brüder aus dem Kosmos Euch anzubieten haben." Wenn wir diese Hilfe nicht annehmen, sagt Hatonn weiter, marschieren wir geradewegs zum Armageddon. – Höchste Zeit, endlich – in Einheit mit dem Göttlichen – unser Schicksal zu wenden.

Erhältlich beim *tradition Verlag* (https://tradition.de) oder im Buchhandel in drei Ausgabeformaten Taschenbuch, Hardcover und eBook.

In diesem Buch enthüllt Hatonn die WIRKLICHEN Hintergründe der Aids-Krankheit und gibt dem Leser jede Menge wertvoller Hinweise zu Viren, Retroviren und deren Mutationen.

Beispielsweise zeigt er schlüssig auf, daß hier keine einzige Impfung helfen wird, genauso wenig wie ein Kondom, da die Größenordnung der offenen Poren eines Kondoms sich zu einem Virus verhält wie ein Basketballkorb zu einem Tennisball.

Zudem erfahren wir, daß die WHO in die Entwicklung und Verbreitung des AIDS-Virus verstrickt war. Somit war es nur folgerichtig, daß US-Präsident Donald Trump im April 2020 die Unterstützung für diese Organisation aufgekündigt hat. Die Parallelen zur verheerenden „Corona-Krise" in 2020, bei der die WHO ebenfalls korrupt im Interesse einer Impfmafia weltweit die Fäden gesponnen hat, sind unverkennbar.

In diesem Buch werden aber nicht nur die dunklen Hintergründe der AIDS-Krankheit beleuchtet, sondern auch die Möglichkeiten zur Linderung und Heilung aufgezeigt. Hierzu kommen Walter Russell und Nikola Tesla zu Wort, wie mit Licht, Farben und Frequenzen die Krankheit aus der Welt geschafft werden kann.

Also wieder ein sehr spannendes Werk von Hatonn und Mitgliedern seines Teams mit einer Fülle an Wissen und Mut machenden Ausblicken darauf, daß die „Plagen" letztlich alle überwunden werden auf dem Weg der Befreiung des Planeten von den dunklen Machenschaften einer selbsternannten Elite."

Erhältlich beim *tradition Verlag* (https://tradition.de) oder im Buchhandel in drei Ausgabeformaten Taschenbuch, Hardcover und eBook.

In diesem Buch zeigt Sananda (Esu Jesus Jmmanuel) mit der ihm eigenen schonungslosen Offenheit eine schockierende Realität, welche sich seit Generationen im Geheimen aber doch letztlich mitten unter uns abspielt. Aus Geld-

und Machtgier haben Hunderttausende ihr Denken und Handeln einem Kult unterworfen, der als Satanismus bezeichnet wird. Es sind zu einem großen Teil sehr prominente Menschen aus Politik, Kultur und Medien. Hinter einer ehrenwerten Maske sind sie abscheuliche Monster mit perversen Praktiken, bei denen z. B. hilflose Kinder erbarmungslos sexuell mißbraucht und am Ende rituell ermordet werden.

Es geht hier aber auch um Aufklärung über die subtilen und verführerischen Vorstufen zur Hölle. Drogen, geisttötende exzessive Musik, sexuelle Perversionen oder auch heilsversprechende Ideologien können besonders junge Menschen in einen Teufelskreis führen, dem sie nur schwer wieder entrinnen können.

Sananda nimmt kein Blatt vor den Mund bei der Erklärung satanischer Symbole, Rituale und vor allen Dingen, wie bereits im Kindesalter die Weichen gestellt werden für das Abgleiten in die Knechtschaft des Bösen. Und das alles mit den „Segen" von Eltern, Pädagogen und der Politik. Umso wichtiger ist es, daß wir die kranke Gottesferne bereits im Keim erkennen. Denn, so Sananda, „wenn Ihr nicht aufwacht und euch dieses Problems annehmt, dann werdet Ihr eine Generation Kinder verlieren, entweder an die Krankheit selbst oder als Mordopfer in den Händen dieser Bösartigen – oder sowohl als auch."

Wie gute Eltern zu ihren Kindern zeigt Sananda aber auch einfühlsam die Wege zur Selbsterkenntnis auf: „Ihr seid bis zu eurer nahenden Zerstörung Menschen der Lüge gewesen. Ihr müßt Wissen darüber erlangen, wie Ihr dem Widerstand leisten könnt, was dabei ist, euch einzunehmen. Gott hat euch nicht verraten – IHR habt das Göttliche verraten und in eurer Ignoranz ein Angebot bei Skorpionen abgegeben. Ich biete euch nun meine Hand an, auf daß ich euch heimbringen möge."

Erhältlich beim *tradition Verlag* (https://tredition.de) oder im Buchhandel in drei Ausgabeformaten Taschenbuch, Hardcover und eBook.

Das Journal Nr. 12 gehört auch – ähnlich wie das Journal Nr. 02 und 03 – zu den wichtigen Grundlagen-Werken. Hier spricht Hatonn wie so oft Klartext, nennt die Dinge beim Namen und neigt dazu, sehr direkt zu sein und seine Information unverblümt und unorthodox auszusprechen.

In „Die Kreuzigung des Phönix" spannt Gyeorgos Ceres Hatonn einen sehr weiten Bogen. Von der Beantwortung der Korrespondenz von damaligen Lesern aus dem Jahr 1990 bis zu den Hintergründen vieler Mythen alter Völker.

Dabei geht es immer um das Überwinden der Unwissenheit, die unsere Spezies Mensch in die gottesferne leidvolle Umnachtung, in den geistigen Tod führte. Einengende religiöse und politische Glaubenskonzepte werden von satanischen Kräften bereits im Kindesalter eingetrichtert, um das Wissen über die Macht des Geistes und über die Schöpfungsgesetze zu behindern oder zu verfälschen.

Was früher die Hexenverbrennung war, ist heute die subtile Unterdrückung jeder Art von Denken über den Tellerrand der vorgegebenen Denkschablonen. Das ist die Kreuzigung des Phönix, der durch die Unwissenheit im Feuer leidvoll zu Tode kommt.

Der Phönix wird somit zum Symbol für unseren Evolutionszyklus der Transformation. Nach seinem qualvollen Tod erhebt sich der Vogel aus der Asche. Mit den Flügeln der Erkenntnis schwingt er sich wieder empor und erwacht zu neuem Leben. „Ihr müßt der Wahrheit ins Auge sehen, dann könnt ihr handeln", sagt Hatonn in seinem Vorwort und übermittelt uns auch in diesem Journal wieder tiefgreifende Fluganleitungen für das Erheben aus der Asche der Unwissenheit.

Erhältlich beim *tredition Verlag* (https://tredition.de) oder im Buchhandel in drei Ausgabeformaten Taschenbuch, Hardcover und eBook.

Dieses Phönix-Journal ist der erste Band der sogenannten „Plejaden-Serie", einer insgesamt 8 Bände umfassenden Reihe, die der Autor Kommandant Hatonn als „die 8 wichtigsten Bücher auf dem Planeten" bezeichnet.

Gyeorgos Ceres Hatonn

Die Rückkehr
des Phönix

Die Plejadenverbindung
Band 1

Man könnte diesen ersten Band als Einleitung für die Plejaden-Serie bezeichnen. Wir erfahren hier – wie üblich in den „Journalen" – viel über die beim Erscheinen des Buches aktuellen politischen Hintergründe der George Bush-Regierung und ihre dunklen Machenschaften.

Sehr spannend wird es, wenn wir von Hatonn einiges über unsere kosmischen Verwandten, die Plejadier erfahren. Wie sie wohnen und leben, welche Raumschiffe sie haben und welche Metalle sie dabei verwenden, etc.

Hatonn offenbart uns hier auch sehr interessante Hintergründe aus der Entstehungsgeschichte unserer Erde. Wie der Planet Venus in unser Sonnensystem kam und Einzelheiten über seine Oberfläche (nicht ganz das, was von manchen „Experten" erzählt wird). Auch erfahren wir einiges über die sog. Robotoiden und deren destruktiver Einfluss und vieles, vieles mehr.

Letztlich geht es Hatonn immer darum, durch Erkenntnis den Pfad zurück in die Einheit mit Gott zu finden:

„Diese Dokumentationen werden erstellt, um euch Nahrung für eure Gedanken zu geben, als Marker für Wachstum und Verstehen, denn die Verwirrung überschattet die Zeit, in der die Mysterien dieser wundervollen experimentellen Reise durch das Leben entschleiert werden."

Erhältlich beim *tredition Verlag* (https://tredition.de) oder im Buchhandel in drei Ausgabeformaten Taschenbuch, Hardcover und eBook.

Gyeorgos Ceres Hatonn diagnostiziert in diesem Journal in seiner typischen direkten Art die skrupellosen Machenschaften einer Medizin, die nicht daran interessiert ist, daß wir vollkommen gesund sind.

Das alles ist schockierend, aber auch heilsam und schützend. Denn nur durch das Erkennen der Fallstricke der „unheiligen Allianz" können wir uns und unsere Kinder aus den gefährlichen Täuschungen befreien und alternative Wege der Heilung finden, wozu Hatonn auch viele Tipps und Hinweise gibt. Mit gutem Grund widmet er dieses Journal den vielen ganzheitlichen Ärzten und Heilpraktikern, denen „von den medizinischen Gesellschaften und der Verschwörung der Priester in den Todestempeln übel mitgespielt wird" so Hatonn.

Denn die moderne Medizin ist wie eine Religion, die in ihren grundlegenden materialistischen Glaubenssätzen keinen Widerspruch duldet und deren Priester primär dem Mammon dienen, statt unserer Gesundung. Es ist deshalb heilsam, nicht länger ein blinder Gläubiger zu sein.

Hatonn beschränkt sich hier aber nicht nur auf Gesundheitsthemen. Beispielsweise enthüllt er Hintergründe über den Mord an John F. Kennedy und über die geheimen unterirdischen Anlagen bei einem US Air Force Stützpunkt in Kalifornien oder spricht über den Opium-Gehalt im Zigarettenpapier.

Bei all den verstörenden Einblicken begleitet Hatonn den Leser wie ein guter Freund und fordert auch dazu auf, ihn direkt auf unserer Erkenntnisreise um Unterstützung zu bitten: „Mit welchem Namen Ihr mich auch immer rufen mögt – ich komme, um Euch den Weg zu weisen und Euch nach Hause zu bringen."

Erhältlich beim *tradition Verlag* (https://tradition.de) oder im Buchhandel in drei Ausgabeformaten Taschenbuch, Hardcover und eBook.

In diesem Journal nimmt Gyeorgos Ceres Hatonn den Leser sorgsam mit auf eine außergewöhnliche Entdeckungsreise zu den ewigen Zyklen der Schöpfung und der daraus resultierenden Entstehungsgeschichte unseres Sonnen-

systems. Dabei erläutert er auch ausführlich die Enuma elish, das sumerische Schöpfungs-Epos, welches laut Hatonn die Grundlage der Schöpfungs-Epen aller Religionen ist. Beispielsweise entspricht die biblische Einteilung der sieben Schöpfungstage den sieben sumerischen Schrifttafeln, in denen sechs Teile vom Schöpfungsvorgang handeln und die siebte Tafel ausschließlich der Verherrlichung „Gottes" gewidmet ist.

Die Sumerer hatten also bereits vor 6000 Jahren nicht nur umfassendes Wissen um die Entstehungsgeschichte unseres Planeten, sondern beschrieben auf ihren Tontafeln auch sehr exakt die astronomischen Zusammenhänge unseres planetaren Systems. Woher hatten die Sumerer dieses enorme Wissen? Hatonn bestätigt hier die Forschungsergebnisse von Zecharia Sitchin, daß dieses von den Anunnaki stammt, einer hochentwickelten außerirdischen Zivilisation, „jene, die vom Himmel auf die Erde kamen". In der Bibel wird von ihnen als den „Anakim" gesprochen und in Genesis Kapitel 6 werden sie auch als „Nephilim" bezeichnet. Somit können im Licht des göttlichen Plans der geistigen und physischen Evolution nicht nur die sumerischen Texte und die biblische Genesis verstanden werden, sondern auch Götter-Mythen bis hin zu den Sagen über die verschwundenen Kontinente Atlantis und Lemuria.

All diese Einblicke in das „Nähkästchen" des Schöpfers werden eingebunden in ein tiefes Verständnis um den Sinn und Zweck unserer menschlichen Existenz innerhalb des Göttlichen Plans. Wir stehen am Ende eines kosmischen Zyklus, in dem wir aus der Gottesferne einen evolutionären Sprung in die nächsthöhere Bewußtseinsstufe machen müssen. Dabei reicht uns Hatonn die Hand mit den Worten: „Ich bin Euer älterer Bruder und komme als Euer Begleiter, um Euch nach Hause zu geleiten."

Erhältlich beim *tradition Verlag* (https://tredition.de) oder im Buchhandel in drei Ausgabeformaten Taschenbuch, Hardcover und eBook.

Spaziergänge mit Adama

Adama von Telos ist bekannt als Hohepriester plejadischer Herkunft, mit Sitz in der unterirdischen Stadt Telos unterhalb von Mount Shasta in Kalifornien, wohin sich der überlebende Teil der lemurianischen Bevölkerung nach dem Verlust des Mutterlandes zurückgezogen hatte.

Dieses Buch erfasst durch lockere Gespräche mit Adama über ganz unterschiedliche Themen des Lebens seinen einzigartigen, humorvollen Charakter und dient durch seine Inhalte als eine Art Brücke zwischen der alten und neuen Zeit. Ein Beispiel daraus:

„Leben war es, das aus der Liebe erschaffen wurde und es waren Beziehungen, die aus der Bedeutung des Lebens entstanden. Und es wird niemals Leben ohne einen gewissen Risikofaktor geben. Ganz gleich, ob ihr die Meere durchtaucht oder die Himmel durchfliegt ... die Kunst zu Leben wird von der Lebensfreude inspiriert, durch den Tanz der Elemente um euch herum, mit euch selbst, die ihr eure Nase in den Strom von Wind, Sonne, Wasser und Erde haltet, während ihr vollständig zu dem Wesen werdet, das ihr seid.

Adama offenbart sich dem Leser als nahestehender, väterlicher Freund mit tiefer Empathie, großer Herzlichkeit und einzigartiger Authentizität inmitten imaginärer Spaziergänge durch die legendären goldenen Felder Lemurias.

Leserkommentar: „Sicher ein sehr ungewöhnliches spirituelles Buch der ‚next generation': impulsgebend, kurzweilig und mit hohem Unterhaltungswert."

Erhältlich beim *tredition Verlag* (https://tredition.de) oder im Buchhandel in drei Ausgabeformaten Taschenbuch, Hardcover und eBook.